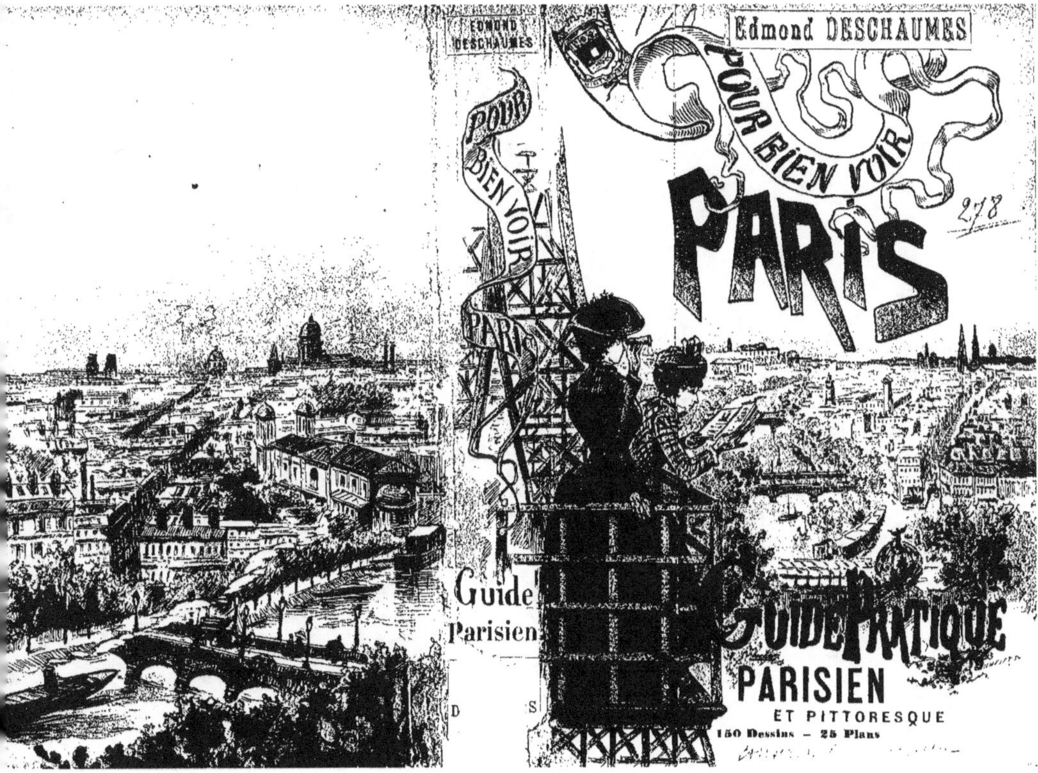
EDMOND DESCHAUMES
POUR BIEN VOIR PARIS
Guide Parisien
Edmond DESCHAUMES
POUR BIEN VOIR
PARIS
278
GUIDE PRATIQUE
PARISIEN
ET PITTORESQUE
150 Dessins – 25 Plans

POUR
BIEN VOIR PARIS

GUIDE PARISIEN

PITTORESQUE ET PRATIQUE

> Le texte du présent livre
> ne contient
> pas une seule ligne de réclame

EDMOND DESCHAUMES

POUR
BIEN VOIR PARIS

GUIDE PARISIEN
PITTORESQUE ET PRATIQUE

Illustré de 150 Gravures et de 25 Plans

OUVRAGE CONTENANT

Tous les Renseignements nécessaires aux Touristes

PARIS

MAURICE DREYFOUS, ÉDITEUR

13, RUE DU FAUBOURG-MONTMARTRE, 13

1889

DROITS DE REPRODUCTION ET DE TRADUCTION RÉSERVÉS

TABLE GÉNÉRALE

DES MATIÈRES ET DES PLANS

I

TABLE DES CHAPITRES

PREMIÈRE PARTIE. — Les Boulevards.

I.	— La Madeleine.	1
II.	— Les bonbons et les fleurs.	10
III.	— Petite histoire de l'Opéra.	16
IV.	— Le « Vrai Boulevard ».	30
V.	— Le Boulevard des Comédiens.	38
VI.	— L'ancien Boulevard du Crime.	51
VII.	— La Bastille.	57
VIII.	— Le Bois de Vincennes.	64

DEUXIÈME PARTIE. — Le Cours de la Seine.

I.	— En revenant de Bercy.	68
II.	— La Cité.	75
	I. — L'Art et la Cité.	75
	II. — Le Pont Saint-Louis et la Morgue.	79
	III. — Notre-Dame de Paris.	84
	IV. — L'Hôtel-Dieu et le Tribunal de Commerce.	93
	V. — Le Palais de Justice.	98
	VI. — La Sainte-Chapelle.	112

VII. — La Préfecture de Police. 114
VIII. — Les Ponts de la Cité 119
III. — Du Pont-Neuf au Point-du-Jour 122

TROISIÈME PARTIE. — LA RIVE DROITE.

I. — Auteuil-Passy 135
II. — Le Bois de Boulogne. 144
III. — Les Champs-Elysées (Elysée) 159
IV. — Le boulevard Haussmann et la Plaine Monceau. 177
V. — Batignolles et Montmartre 189
VI. — Le IXe arrondissement. 196
VII. — La Bourse 217
VIII. — L'arrondissement des Palais 234
    I. — Les Tuileries et le Louvre 234
    II. — Le Palais-Royal. 269
    III. — Les Halles. 284
IX. — L'Hôtel de Ville 303
X. — Le Temple. 315
XI. — L'Enclos Saint-Laurent 333
XII. — La Villette et Belleville. 344
XIII. — Le quartier du Père-Lachaise. 357
XIV. — Le Faubourg Saint-Antoine. 361

QUATRIÈME PARTIE. — LA RIVE GAUCHE.

I. — Les nouveaux arrondissements 380
II. — Le Pays de la Science 409
III. — Le Luxembourg 452
IV. — Le Noble Faubourg 480
V. — Le Champ de Mars et l'Exposition 505
— des Boulevards. XII
— du Cours de la Seine. 68

II

TABLE DES PLANS

Plan sommaire des 20 arrondissements. 156
Ier Arrondissement 235
IIe Arrondissement 215

IIIe Arrondissement	317
IVe Arrondissement	301
Ve Arrondissement	407
VIe Arrondissement	453
VIIe Arrondissement	481
VIIIe Arrondissement	157
IXe Arrondissement	197
Xe Arrondissement	331
XIe Arrondissement	363
XIIe Arrondissement	373
XIIIe Arrondissement	381
XIVe Arrondissement	391
XVe Arrondissement	397
XVIe Arrondissement	133
XVIIe Arrondissement	175
XVIIIe Arrondissement	191
XIXe Arrondissement	345
XXe Arrondissement	355

PLANS DE L'EXPOSITION

I. — Le Champ de Mars	514
II. — L'Esplanade des Invalides	515
III. — Le Trocadéro	518
IV. — Les annexes des quais	518

III

TABLE DE L'ANNEXE MÉTHODIQUE DES RENSEIGNEMENTS SPÉCIAUX

L'Opéra	525
Théâtre du Vaudeville	525
Le Théâtre des Variétés	526
Le Théâtre du Gymnase	526
Le Théâtre de la Porte-Saint-Martin	526
Le Théâtre de la Renaissance	526
Le Théâtre de l'Ambigu-Comique	526
Le Monument de la place du Château-d'Eau	527
La Gare de Vincennes	527
La Colonne de Juillet	527
Château de Vincennes	527

La gare d'Orléans 528
Pont d'Austerlitz 528
Le Pont Saint-Louis 528
Le Pont Marie 528
Le Pont Louis-Philippe 528
Le Pont de la Tournelle 528
La Fontaine Notre-Dame 528
Le Trésor de Notre-Dame 529
Quai aux Fleurs 529
La conciergerie 529
La Sainte-Chapelle 529
Pour les permis de visite 529
Préfecture de police 529
Pont d'Arcole 529
Pont Notre-Dame 529
Pont-Neuf 530
Institut 530
Pont des Arts 530
Pont des Saints-Pères 530
Pont-Royal 530
Pont-Solferino 530
Pont de la Concorde 530
Pont des Invalides 530
Pont d'Iéna 530
Pont d'Auteuil 530
Les serres de la Muette 531
L'Arc Triomphe 531
Le Pré Catelan 531
L'entrée du Jardin d'Acclimatation 531
Palais de l'Industrie 531
Hôtel Pontalba 532
Église Saint-Philippe du Roule 532
Ministère de la Marine 532
Église Saint-Augustin 532
Église de la Trinité 532
Saint-Louis-d'Antin 533
Lycée Condorcet 533
La Bourse 533
Église Notre-Dame des Victoires 533
Musée de la Révolution 534
Salle Lacaze 534
Salle Henri II 534
Salon des Sept Cheminées 534
Salon des Bijoux 534
Galerie d'Apollon 534

Chambre des notaires. 535
La décoration de la Salle des fêtes de l'Hôtel de Ville. . . 535
Lycée Charlemagne. 535
Porte Sainte-Martin. 535
Porte Saint-Denis. 535
Église Saint-Joseph. 535
Église Sainte-Marguerite. 536
Église Sainte-Ambroise. 536
Panthéon. 536
École de pharmacie. 536

IV

TABLE DES RENSEIGNEMENTS PRATIQUES

GARES DES CHEMINS DE FER. — *Emplacement des gares.*

I. — Desservant les environs de Paris. 537
II. — Desservant grandes lignes. 537
III. — Moyens d'accès aux gares. 538

MOYENS DE TRANSPORT *dans l'intérieur de Paris.*

I. — Voitures prises sur la voie publique. 539
      Tarif. 539
      Extrait des règlements de police. 540
II. — Lignes d'omnibus. 540
III. — Lignes de tramways. 541
    1° Réseau central. 541
    2° Réseau Nord. 542
    3° Réseau Sud. 542
IV. — Bateaux à vapeur. 542

CE QU'ON PEUT VOIR EN OMNIBUS, EN TRAMWAY, EN BATEAU.

I. — En omnibus. 543
II. — En tramway. 553
    1° — Tramways de la Compagnie des Omnibus. . 553
    2° — Tramways Sud. 558
    3° — Tramways Nord. 560
III. — En bateau. 562

PRINCIPAUX MONUMENTS

I. — Palais. 564

TABLE GÉNÉRALE

- II. — Musées.. 565
- III. — Eglises... 567
- IV. — Eglises et chapelles non catholiques................... 567
    - Eglises réformées (Calvinistes)..................... 567
    - Eglises de la Confession d'Augsbourg (Luthérienne)... 568
    - Eglises et chapelles libres......................... 568
    - Synagogues.. 568
    - Eglises et chapelles anglaises...................... 568
    - Eglise russe.. 368
- V — Bibliothèques... 568
- VI. — Monuments divers...................................... 570
- VII. — Cimetières, Catacombes, Egouts...................... 571
- VIII. — Tour Eiffel... 571

THÉATRES ET CONCERTS

Prix des places.. 572

POSTES ET TÉLÉGRAPHES, TÉLÉPHONES

- I. — Postes... 577
    - Tarifs postaux intérieurs........................... 577
    - Union postale....................................... 578
    - Mandats de poste.................................... 578
    - Départs et arrivées des courriers................... 578
    - Liste des bureaux de poste.......................... 579
- II. — Télégraphes et téléphones............................ 580
    - Taxe des dépêches................................... 580
    - Liste des bureaux télégraphiques.................... 581
    - Bureaux de téléphones............................... 582
    - Téléphonie à longue distance........................ 582

MINISTRES ET DIPLOMATES

- Ministères français...................................... 583
- Légations, ambassades et consulats....................... 583

Moyens de transport aux principales localités des environs de Paris.. 586

Liste alphabétique des rues, boulevards, avenues, places, passages, etc.. 588

Index alphabétique des monuments, curiosités, personnages cités, etc. dans l'ouvrage............................ 609

CARTE GÉNÉRALE DU PARCOURS DES BOULEVARDS

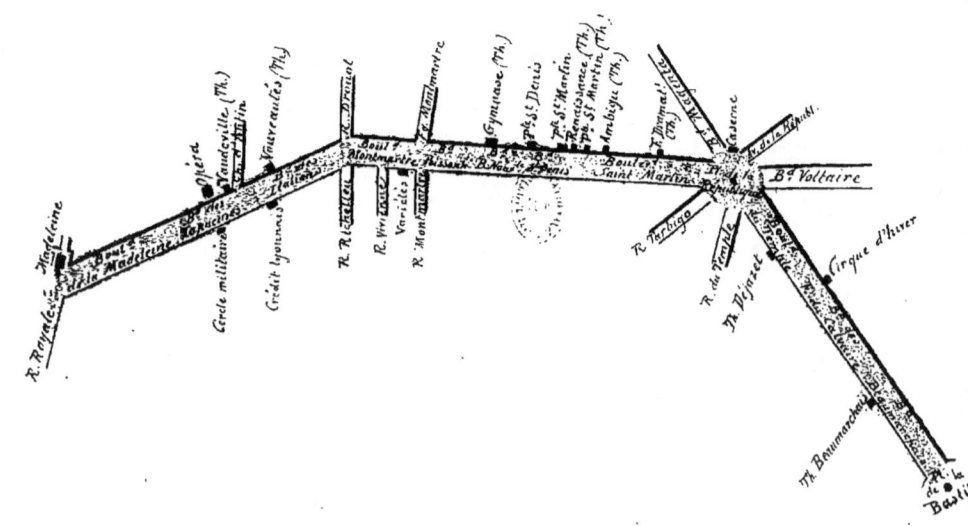

POUR BIEN VOIR PARIS

PREMIÈRE PARTIE

LES BOULEVARDS

I

LA MADELEINE

Comment je me suis embarqué pour Paris. — La Mess: mondaine. — L'église de la Madeleine. — Enterrements *chic* et Mariages riches. — Où se dégage la *Parisine*. — Le Cap fleuri. — Une des Coulisses de l'Amour. — Le Marché aux Fleurs. — Un Coin de Province. — Le Billard de Meilhac. — Le Balcon de M. Jules Simon. — Bouillons et Restaurateurs. La Politique dans un café. — Le xx⁰ Siècle.

— Tiens ! vous voilà. Justement je vous cherchais ! me cria joyeusement l'éditeur Maurice Dreyfous, que je venais de rencontrer à l'angle de la rue Royale et de la place de la Madeleine.

— Et vous me vouliez ? lui demandai-je à mon tour.

— O mon Dieu, presque rien, une chose très

simple... Je voulais vous prier d'écrire pour ma librairie un livre de notes rapidement croquées sur le vif, bondé de renseignements utiles à l'usage des voyageurs, étrangers ou provinciaux, échoués sur le pavé de Paris : en un mot, un guide qui ne serait pas un guide et qui en aurait l'utilité sans en avoir l'aridité, qui serait amusant à lire et pratique à consulter.

— C'est énorme ce que vous me proposez là ! répondis-je avec l'instinct de l'homme qui veut défendre sa liberté et son oisiveté.

— Qu'importe, s'écria-t-il, puisque l'affaire est excellente, puisque nous allons être couverts d'or !

— Nous serons couverts d'or ? fis-je, ébranlé par l'espérance du courageux éditeur.

— Absolument, répliqua Dreyfous, qui devint tout à fait lyrique. A nous, l'or des couchants radieux ! A nous les pépites du document humain ! A nous les pierres les plus fines de l'écrin de Paris !

Dreyfous m'offrait des trésors véritables, des valeurs de premier ordre, de celles que les banqueroutes et les krachs n'atteignent pas. J'acceptai sa proposition — il était si sûr de lui-même ! — et j'entrai sur-le-champ chez un papetier qui me vendit deux petits livres : l'un destiné à mes découvertes pratiques, l'autre réservé à la notation des impressions et des sensations que j'allais éprouver dans cette excursion tant de fois faite par les Anglais, les Américains, les Russes, les Chinois et les Français même, par tout le monde enfin... excepté par les Parisiens.

L'endroit où j'avais échangé cette conversation avec mon ami Maurice Dreyfous me fournissait un excellent point de départ. Je commençai sans plus tarder mon expédition.

Il était une heure... On sortait de la messe ; et, sur le haut des marches de pierre, la Madeleine se détachait baignée de plein air, caressée par l'aile de cette brise parisienne qui porte dans son murmure le bruit des propos mondains, le froufrou des robes de soie, le piaffement des chevaux de sang.

Cette messe est moins aristocratique que celle de Sainte-Clotilde ou de Saint-Thomas, mais elle est plus chic... La femme qui s'habille chez Worth où chez Félix, l'homme dont la jaquette a été coupée par Debacker ou Dusautoy doivent logiquement se marier et se faire enterrer à la Madeleine, sous peine de déchoir. Cette église est le rendez-vous *select* du catholicisme. On voudrait y entendre prêcher de *Petits Carêmes* par Alexandre Dumas, qui a eu des polémiques avec un vicaire distingué de Saint-Roch, l'abbé Vidieu, et j'y ai cherché, je le confesse, le *priediable* de Mérimée et celui de Roqueplan.

Les étrangers conduits par les guides ont étudié les richesses artistiques de cette église parisienne. Ils ont admiré le *Baptême du Christ*, de Rude ; le *Mariage de la Vierge*, de Pradier ; la *Sainte-Clotilde*, de Barye ; les portes de bronze de Trichetti et les bénitiers de Moyne. Ils se sont arrêtés, avec le *gentleman* explicateur attaché à leur hôtel, devant la *Conversion de Madeleine*, peinte par Schnetz ; devant la *Madeleine priant*, d'Abel de Pujol ; le *Repas chez Simon*, de Couderc ; la *Madeleine apprenant la Résurrection*, de Cogniet, et la *Mort de Madeleine*, de Signol. Quant au Parisien, il n'a vu ni ces statues, ni ces tableaux, et cela pour une bonne raison, c'est qu'on ne les vois pas... Il faudrait, pour regarder les peintures dans la plupart de nos églises, avoir l'œil du chat.

Ce que le Parisien sait de son église à la mode, c'est qu'elle a donné, à tel jour, telle *première* ou telle *dernière* : le mariage de mademoiselle X... ou l'enterrement du comte de Z..., avec le concours de mademoiselle Richard ou de M. Auguez, de madame Escalaïs et de MM. Gresse ou Giraudet. La Madeleine, en effet, est un théâtre aussi parisien que les *Variétés*. Elle a ses prédicateurs-étoiles, et son répertoire est *vécu* comme le théâtre de M. de Goncourt. Dans le drame réaliste qui s'y joue, le premier tableau est un baptême. Au dernier, un chant funèbre est entonné par des chantres aux lourdes chapes de velours et d'argent devant un catafalque à la dernière mode, entouré de lampadaires à flammes vertes, jonché de lilas, de violettes, de roses et de couronnes enrubannées avec une grâce qui révèle la main habile d'une bouquetière en renom.

C'est chose fort extraordinaire que la Commission chargée d'écarter de nos salles de spectacle tout danger d'incendie n'ait point jeté les yeux sur le couloir qui mène à la sacristie, ce couloir maudit de tous les Parisiens, fatal aux robes des femmes, funeste aux chapeaux des hommes, où l'on s'étouffe pour aller porter ses félicitations aux nouveaux mariés, tandis que l'orgue de Cavallié-Coll emplit les profondeurs de l'Église des sonorités de son admirable harmonie.

Mais le coin favori du Parisien à la Madeleine, c'est le perron colossal, ouvert à tous les vents qui lui apportent l'air brûlant des boulevards, la brise tiède et parfumée des Tuileries et des Champs-Elysées, les senteurs mystérieuses du parc Monceau, en même temps que le roulis de la gare Saint-Lazare. Là, le Parisien se sent chez lui, pendant ou après l'office qui se célèbre, comme dans son fauteuil à l'Opéra, comme au balcon de son club, comme à l'enceinte du pesage de Longchamps.

La Madeleine

La Madeleine est un cap à doubler pour l'homme politique qui court à la Chambre; pour la mondaine que son équipage emporte au Bois ; pour la *nounou* coiffée du bonnet ruché d'une large moire aux couleurs éclatantes, qui tient dans ses bras le petit Parisien couvert de dentelle et coiffé de plumes ; pour le peintre qui descend de l'avenue de Villiers dans la ville à conquérir ; pour le journaliste qui rapporte du

Palais-Bourbon une nouvelle à sensation : la chute du ministère ou la composition du nouveau cabinet.

Ce cap de la Madeleine n'est battu par la tempête qu'aux jours de Révolution, quand la « sainte canaille » d'Auguste Barbier, le poète des *Iambes*, s'élance à travers la rue Royale pour envahir le Palais-Bourbon et renverser le gouvernement qui a cessé de lui plaire. C'est là qu'elle passa, le quatre septembre, pour jeter bas l'Empire, sans rencontrer de résistance, en criant Vive la République ! au nez des gendarmes impassibles sur leurs grands chevaux. Autrement, le géographe parisien ne relève sous cette élégante latitude qu'un ciel sans nuage ; et il aborde sur cette côte mondaine, par bâbord ou tribord, en traversant l'océan fleuri du marché aux fleurs.

Ce marché est un rendez-vous. On y flirte. On y bavarde. C'est l'unique marché où l'on cause... Les marchandes y tiennent boutique de fleurs coupées, de fleurs en pots et d'arbustes. Dans ce bazar en plein vent, la Parisienne peut, à son choix, garnir son corsage, son balcon, la fenêtre de sa mansarde, ou même faire le choix de la faune dont elle enrichira son jardin d'hiver.

Flâner entre ces deux allées d'échoppes fleuries, c'est marcher dans une des coulisses de l'Amour à Paris. Le collégien y achète un modeste bouquet de violettes ; l'amant heureux envoie, par les lèvres entr'ouvertes des roses triomphantes, le chant orgueilleux de l'amour partagé ; le vieux beau, parfumé, luisant, astiqué des pieds à la tête, verni des chaussures à la moustache, vient rimer sur les éventaires ses bouquets à Chloris, sachant que le langage des fleurs ne

trahira point en lui « le feu d'une ardeur qui s'éteint. »
Les commissionnaires à médaille de cuivre qui se
tiennent près des marchandes ont l'air d'entrer dans
les confidences des Lovelaces de vingt ans et des
Cupidons de soixante. Ils sont discrets comme des
tombes ou comme des garçons de restaurant; et ils

Marché aux Fleurs de la Madeleine

portent, avec la même dignité de muets du sérail, le
palmier offert par le viveur parisien à sa femme et la
botte de roses destinée à quelque blonde fille du corps
de ballet de l'Opéra.

Autant la façade de la Madeleine est mouvementée,
autant le reste de la place est paisible, comme un coin
de préfecture mélancolique tombé dans la fournaise

de ce quartier vivant et bruyant. Un oiseleur a exposé dans ce calme le tapageur étalage de ses cages bourdonnantes. Au milieu de ce vol d'oisillons apportés au Havre par les steamers gigantesques, des écureuils tournent leur roue, une petite guenon accroche ses menottes maigres aux barreaux de sa prison, un havanais gros comme le poing dort en boule de soie, un angora contemple de son œil songeur deux perruches inséparables qui se bécotent sur le perchoir de leur sabot de bois blanc.

Meilhac s'est logé sur cette place. De la fenêtre de ce Parisien, l'opérette guette le rastaquouère, dont la femme fait ses dévotions à la Madeleine, tandis que, sur son balcon, M. Jules Simon observe de plus haut les hommes. L'auteur dramatique léger et « fin de siècle » est à l'Académie le collègue du philosophe, de l'érudit, de l'orateur illustre, du pédagogue, qui fut grand maître de l'Université de France. Cet heureux de la vie, ce joueur audacieux, qui gagna sur le tapis vert de son billard et sur les planches de nos théâtres tant de batailles enragées, cet Henri Meilhac, si aimé, si fêté, si « joie de vivre », a dû souvent achever son cigare sur le perron de la Madeleine à l'heure où les Parisiennes, venaient, inconscientes et adorables, au sortir de l'église, poser devant le maître-portraitiste de leur âme et de leur cœur.

Quant à M. Jules Simon, c'est avec un regard plus amer qu'il regarde d'un autre côté. Son oreille est ouverte aux bruits que la rue Royale apporte du Palais-Bourbon. Il regarde la grande rue, commerçante et fastueuse, avec son coin britannique, sa chapelle protestante, ses *bars* où l'on boit, debout et le chapeau sur la tête, l'ale, le stout et le gin. Il sonde l'horizon comme le vieux pêcheur fouille la nue et l'Océan. Revenu des chimères, déçu des hautaines espérances, il prévoit le grain qui passe et la tempête qui menace...

A deux pas du balcon du philosophe, le soir venu, deux façades s'illuminent : celle du restaurateur Durand et celle du Bouillon Duval. C'est le restaurant du passé qui lutte contre le restaurant de l'avenir. L'un offre sa cave amassée depuis de longues années et sa cuisine épicée et savante. L'autre riposte par des quartiers énormes de viande bouillie, rôtie ou grillée. Sa devise est « *bon marché.* » Cette devise, c'est celle du Paris nouveau, du Paris qui voyage en train de plaisir, achète ses vêtements à la confection et dévore les journaux à un sou.

Le restaurant est servi par des garçons cravatés de blanc, froids et solennels. Le Bouillon est servi par des bonnes accortes, en bonnet blanc et en col plat. L'établissement Duval est assailli par la foule. Le café Durand n'est envahi que les jours où la politique y tient ses assises. C'est dans ce restaurant que le **général Boulanger** a dépouillé les dépêches qui annonçaient les résultats de ses élections et que les orléanistes se donnent rendez-vous pour leurs réunions de la *Poule au Pot*. Pendant le Septennat, le maréchal de Mac-Mahon y présida de nombreux repas de corps. Boulanger a bu peut-être dans le verre du duc de Magenta... Morny et Gambetta eurent bien la même baignoire !

C'est l'histoire éternelle de ce Paris qui se métamorphose tous les quarts de siècle... Qui sait ce que M. Jules Simon verra passer sous son balcon avant le moment où la grosse horloge du temps marquera aux cadrans des monuments de Paris la première heure du xx⁰ siècle !

II

LES BONBONS ET LES FLEURS

Physionomie du Boulevard de la Madeleine. — Fleuristes et confiseurs. — Le forçage du Muguet. — Le Muguet « retour de Nice. » — Le coup de feu du jour de l'an. — Le Cadeau pratique. — Les Montagnes russes. — Conférenciers. — Un Caravansérail. — Le Café de la Paix. — Le loueur Brion. — Voitures et médecins pour duels. — Témoins et arbitres.

Le boulevard de la Madeleine vous a gardé des airs anciens qui le distinguent de ses rivaux, les parvenus, fils insolemment riches et trop neufs des architectes du baron Haussmann. Il sent encore son vieux Paris. On trouve dans ses maisons des magasins de bijoutiers, de confiseurs, et de fleuristes dont les industries élégantes prospèrent jusqu'au boulevard des Italiens.

Souvent, j'ai cru voir entrer dans le magasin de Gouache ou chez Verdier l'ombre du maréchal de Richelieu venant de son pavillon de Hanovre, la canne à la main, paré de ses plus fines dentelles, croisant sur son chemin les financiers à large bedaine, en habit doré, qui se faisaient traîner dans des carrosses massifs attelés de quatre chevaux. Cette rue

Basse-du-Rempart qui longe le coquet boulevard, il semble qu'elle s'ouvre encore sur les jardins de l'hôtel de la Guimard!

Le bonbon et la fleur ont leurs temples dans ce tronçon du Boulevard qui part de la Madeleine et va jusqu'à la Chaussée-d'Antin. Boissier et Siraudin illuminent leurs devantures non loin des corbeilles fleuries des Labrousse et des Vaillant-Rozeau. La Fleur, cette terrible rivale, est en train de détrôner le Bonbon. A côté des orchidées étranges, Labrousse expose ses gigantesques azalées en fleurs. Vaillant offre à ses visiteurs les grappes odorantes des lilas blancs, les grelots embaumés du muguet. Il faut en effet flatter les goûts les plus divers de ces blasés qui veulent tantôt des complications dans la nature, tantôt du raffinement dans la simplicité, et qui exigent au mois de janvier des bourriches de muguets sur les tables de peluche des boudoirs, des branchettes de lilas dans les potiches des cheminées.

C'est dans les serres de Persan, près de Beaumont (Seine-et-Oise) que se pratique le forçage du muguet. « Persan, écrit le marquis de Cherville (1), dans une de ses fines et instructives causeries, s'en est fait une spécialité, et il y réussit si bien que nous avons retrouvé, en plein mois de janvier, ces nappes de clochettes émergeant de feuilles satinées, qui nous avaient si fort émerveillés au mois de mai dans la forêt de Villefernoy.

« L'habile directeur de Persan, M. Loury, ancien jardinier-chef des cultures de la ville de Paris, est arrivé

(1) *Fleurs, Fruits et Légumes*. (Chez Maurice Dreyfous.)

à la perfection que nous signalons, et grâce à laquelle ces milliers de fleurettes embaumées s'expédient tous les jours, non-seulement à Paris, mais encore à l'étranger. »

Les muguets envoyés de Nice, ô honte pour le soleil du Midi, ont fleuri dans les serres de Persan ! Et le muguet voyage comme le bordeaux — retour des Indes...

Parmi ces hauts barons et ces marquises pimpantes de la Fleur, saluons au passage madame Lion, la bouquetière des journaux, et Isabelle qui fut la bouquetière du Jockey, lorsqu'elle tenait boutique dans un tonneau de velours ou vendait ses bottes de roses sur les hippodromes, vêtue d'une casaque brodée, d'un fer à cheval sur la manche.

Confiseurs et fleuristes font leurs grosses recettes dans les premiers jours de l'année. Les magasins sont dévastés. Le bonbon manque et les retardataires se disputent les dernières corbeilles et les derniers coffrets. Jadis, les confiseurs déployaient toutes les ressources de la coquetterie. Ils recrutaient un personnel de jolies vendeuses qui, faisant assaut d'élégance, amenaient le client à oublier l'élévation du prix d'un bibelot dans le charme de leur sourire... Temps envolés ! On compte. On compte beaucoup... L'étrenne se fait utile et les grands magasins de nouveautés l'offrent sous toutes ses formes « à des prix inconnus jusqu'à ce jour. » Le cadeau pratique a tué la babiole et la frivolité dont la cherté constituait l'unique valeur.

Dès que la nuit enveloppe Paris de son voile, la lumière électrique jaillit et ruisselle... Voici l'entrée des

Montagnes russes remises à la mode par Zidler, un vieil et habile amuseur des Parisiens. Oui, les Montagnes russes, ce vieux plaisir de nos pères, qui nous renvoie au temps des coucous et des pataches, au restaurateur Bombarda, à la *Fantine* des *Misérables*, à la douce et poétique grisette de Victor Hugo, Zidler les a rendues aux badauds, aux oisifs, à l'innombrable armée de ceux qui ont besoin de s'étourdir.

Sur ce même boulevard, les gens sérieux qui ont peur du bruit et des lumières peuvent aller passer la soirée à la salle des Capucines où des journalistes (Sarcey et Lapommeraye), des acteurs (Mounet-Sully parfois, et le plus souvent Coquelin Cadet), des savants tels que M. Géraldi, des poètes, parmi lesquels Emile Goudeau, viennent entretenir le public de questions scientifiques et littéraires, ou, simplement, réciter des vers.

Sarcey attirait les Anglais par grandes troupes. Sa parole claire les intéressait, quand ils possédaient assez bien notre langue pour profiter de sa conférence. Ils s'en consolaient autrement en s'amusant des accidents causés par sa myopie légendaire. Certaines *missess* n'ont pas manqué une des soirées où il parlait, dans l'espérance de le voir laisser tomber le sucrier sur le plancher ou vider l'eau de la carafe dans l'intérieur de son chapeau. Joies disparues! Sarcey ne veut plus *conférencer*.

Il n'y a plus de nuit. Le soleil est remplacé par cette électricité radieuse qui inonde la cour d'honneur du Grand-Hôtel. Dans cet immense caravansérail, la nuit est plus lumineuse, plus agitée, plus vivante que le jour. C'est l'auberge des souverains en voyage et de la nation qui s'amuse. Fêtes de charité, bals d'associations professionnelles établissent dans ces salons éblouissants de clarté leurs orchestres et suspendent leurs girandoles. On y dort en musique. On y dîne sur des airs de danse. A minuit, assis sur un

Cercle Militaire

large fauteuil, au milieu de ce flamboiement, le spectateur voit entrer en même temps les membres d'une ambassade africaine et quelque femme de riche industriel couverte d'une claire sortie de bal garnie de cygne.

Ce caravansérail qui contient 70 salons et 700 chambres, un bureau télégraphique, une boîte aux lettres, des bains, un café, des salles de billard, un salon de lecture, où fonctionnent sans cesse trois ascenseurs, donne un caractère particulier à ce coin de quartier. Devant la grande porte, de l'autre côté du boulevard, se trouve la seule place de voitures où stationnent des landaus de louage. La Régie a établi là un de ses deux bureaux (l'autre est à la Bourse), où elle vend ses cigares de choix. Notons en passant qu'elle s'est décidée à approvisionner également les simples débits de tabac des mêmes cigares — ce qui affranchit le consommateur des manières rogues des mandataires de l'administration. On parle anglais dans les boutiques, et l'on vend des journaux étrangers dans les kiosques.

A côté du Grand-Hôtel, le café de la Paix attend la fin des représentations de l'Opéra et du Vaudeville. C'est une avalanche de cravates blanches, d'habits noirs, de pelisses, de fourrures, des robes de bal ou de soirée largement échancrées, de pierreries et d'aigrettes. Avant de rentrer, on vient boire une coupe de champagne, avaler une tranche de foie gras ou un léger sandwich. Les viveurs sages se contentent de la classique bavaroise. Des journalistes, des hommes politiques, des préfets appelés au ministère de l'Intérieur cherchent autour des tables le dernier écho, le dernier potin de la soirée.

Les fenêtres des clubs flamboient, les voitures roulent : fiacres, coupés de maîtres, coupés de cercles ou équipages loués chez Brion.

Une gloire parisienne, ce Brion, ce loueur fameux célébré par tous les romanciers d'il y a trente ans, chez qui l'on va toujours commander le classique landau pour duel : « Un landau bien doux, s'il vous plaît. » Car le duel à Paris a ses voitures, ses médecins, ses témoins. Oui, ses médecins, médecins de club qui n'ont d'autre clientèle que la *clientèle de terrain* et que le clubman qui va se battre est toujours sûr de trouver, à n'importe quelle heure, la trousse dans la pelisse, devant le tapis vert du tripot. Quant aux témoins, il y en a de célèbres, d'officiels à payer patente. Sur le tard ils deviennent arbitres et sont juges au Tribunal de l'Honneur. C'est leur bâton de maréchal.

Il n'y a que Paris, pour avoir ainsi, à côté de ses filous surveillés par la Préfecture, ses « hommes d'honneur » assermentés par l'opinion.

III

PETITE HISTOIRE DE L'OPÉRA

La place de l'Opéra. — La façade du monument. — LA MUSIQUE A L'OPÉRA : Les premières loges. — Le berceau de l'Académie nationale. — Lulli. — La Régence. — Installations successives. — Deux Relâches. — L'OPÉRA PENDANT LA RÉVOLUTION : L'Opéra sans-culotte. — Le Spectacle révolutionnaire. — Le personnel figure dans les fêtes patriotiques. — Mademoiselle Maillard incarne la déesse Raison. — LE GRAND DRAME LYRIQUE : Roqueplan. — La scène de l'Opéra. — Perrin et Halanzier. — L'escalier de l'Opéra. — LA DANSE : Le corps de Ballet. — Les loges. — Le Foyer de la Danse. — Théophile Gautier et la Leçon de Danse. — LES BALS : La Tradition et la Légende.

— Une Emeute pour un bal. — Chicard et le Débardeur. — Le Faux-Nez. — Les Intrigues des premières loges. — Le Monsieur en habit noir. — Ce que l'on trouve dans la foule. — Ceux qui dansent. — N'approchez pas!

A cette poussée d'hommes, de chevaux, de voitures qui viennent de l'ouest et de l'est, comme absorbés puis rejetés par le siphon colossal du Boulevard, il fallait un trop-plein par lequel ce flot marchant, hennissant, piaffant ou roulant pût s'échapper et se fondre dans toutes les directions.

Avec ses larges refuges, ses énormes candélabres de bronze, la place de l'Opéra forme ce trop-plein qui se déverse sur la place Vendôme par la rue de la Paix, sur la place du Théâtre-Français par l'avenue de l'Opéra, bornée par la Société des Comptes Courants et le Cercle Militaire dont la rotonde, aux jours de fêtes, se pare des couleurs nationales, enfin par la rue du Quatre-Septembre qui se termine à la place de la Bourse.

C'est sur la façade septentrionale de ce quadrilatère en perpétuelle ébullition que se développe la lourde mais grandiose façade de l'Opéra.

Cet Opéra de marbre et de bronze, dont l'Apollon, chef-d'œuvre de Millet, élève vers le ciel sa lyre d'or vibrante, étonne et saisit par ses proportions et par sa masse. Quel peuple de figurants pour animer cette vaste scène! Quelles voix puissantes pour emplir cette salle gigantesque! Et ces mots ACADÉMIE NATIONALE DE MUSIQUE, gravés sur le fronton de l'immense édifice, apprennent au passant qu'il ne va pas entrer dans un simple théâtre de Paris, mais dans un théâtre érigé aux frais de la France, subventionné par la bourse de tous les contribuables.

Ce fut et c'est encore un brevet d'élégance et de notoriété que d'être titulaire d'une première loge à l'Opéra. L'administration trouverait un bénéfice à mettre ces loges aux enchères, dès qu'une vacance

Opéra

se produit; mais, l'État n'ayant pas autorisé un semblable négoce, la salle gagne en éclat ce que la direction perd ainsi en numéraire. On voudrait aujourd'hui adopter ce système. Espérons, pour la beauté du coup d'œil, que les Chambres ne s'y prêteront pas.

Le spectateur qui s'assied à l'orchestre, dans cette salle toute en or, devant cette scène colossale au pied de laquelle une armée d'exécutants attend le signal du chef d'orchestre, ce spectateur, curieux de visiter une des grandes merveilles de Paris, se reporte-t-il à l'origine précaire, à l'humble berceau de l'Opéra, dans cette petite salle du Jeu de Paume de la Bouteille, rue Mazarine, où le musicien Cambert et l'abbé Perrin — qui croyait faire des vers — firent représenter leur *Pomone?*

C'est une histoire mouvementée que celle des différents avatars de l'Académie royale de musique. Le véritable père de l'opéra en France, fut un Italien : Lulli, qui s'installa d'abord à la salle du Bel-Air, rue de Vaugirard. Mais la première salle vraiment digne de l'Académie de musique fut celle du Palais-Royal, bâtie par Richelieu sur la place des Fontaines, cette salle dans laquelle l'auteur du *Misanthrope* venait de mourir, en pleine scène, dans le fauteuil du *Malade imaginaire*, aux applaudissements du public qui, prenant pour une géniale imitation la réalité de la souffrance, criait : « Bravo Molière! » à son poète, à son acteur favori.

Déjà, le spectacle a de la grandeur, comme il convient à un art protégé par Louis le Grand. Les machines du marquis de Sourdéac, les chars dorés, les nues habitées par les déesses de l'Olympe charment les yeux et surprennent l'esprit.

Il faut la Régence, avide de toutes les joies dont fut sevrée la fin d'un règne morose; il faut le jeune et beau Louis XV pour faire du « temple d'Euterpe et de Therpsychore » l'asile des plaisirs et des ruineuses amours. Le feu chasse l'Académie royale de la cour des Fontaines. Elle se transporte provisoirement à la salle des Machines aux Tuileries (1763), revient au Palais-Royal dans une nouvelle salle que le feu détruit encore en 1781 et se loge jusqu'en 1794 dans la salle provisoire de la Porte Saint-Martin bâtie en six semaines sur un ordre — qui ressemble à un caprice — de la reine Marie-Antoinette.

L'Opéra se tranforme alors en une sorte de Cour, à côté, au-dessus de la Cour. Les danseuses et les cantatrices deviennent des puissances avec lesquelles comptent les grandes dames. Jeunes et vieux, grands seigneurs, financiers et prélats offrent leur cœur, leur fortune et jusqu'au nom de leurs aïeux. Les pensionnaires de l'Opéra font la Révolution avant le peuple dont elles sont filles, et c'est au fond de leurs alcôves dorées que la noblesse et le clergé proclament tout d'abord l'égalité.

Un homme d'esprit, expliquant l'influence des intrigues amoureuses de la fin du dix huitième siècle sur l'effondrement de l'ancienne monarchie, disait : « Quoique le bâtiment fût vieux, il eut pu tenir encore mais, quand les *rats* s'y furent mis, il n'y eut plus aucune chance de salut. »

Ce beau monde, plus fier que Vestris, le *diou* de la danse « qui consentait à toucher terre pour ne pas humilier ses camarades », ne touchait pas assez terre et n'entendait pas le rugissement des faubourgs et le grondement des campagnes... Le 12 juillet 1789, l'Opéra faisait relâche. Le roi venait de renvoyer Necker... Le 14 juillet, l'affiche était ainsi libellée : *Relâche exigée par le peuple.* — Le peuple avait pris la Bastille. Une nouvelle ère allait s'ouvrir.

La Révolution qui avait installé de vive force l'Académie nationale dans la salle construite par la Montausier, place Louvois, livrait entièrement l'Opéra à l'actualité politique. Dans la nomenclature des spectacles, on relève la *Prise de la Bastille*, la *Bataille de Jemmapes*, la *Patrie reconnaissante* ou l'*Apothéose de Beaurepaire* — ce Beaurepaire qui se brûla la cervelle pour ne pas signer la capitulation de Verdun, — l'*Inauguration de la République française*, la *Journée du 10 août 1792*, le *Triomphe de la République* (musique de Gossec), la *Fête de la Raison* (musique de Grétry). Selon l'expression des frères de Goncourt, l'Opéra s'était *sans-culottisé*.

Le personnel figure sans cesse dans les solennités publiques, aux fêtes de Barra et de Viala, à la translation des cendres de Rousseau au Panthéon, sous la présidence du grand Carnot.

Les artistes et les chœurs entonnent l'hymne de Gossec en l'honneur de l'Être suprême, dont Robespierre inaugure officiellement le culte. Ne vit-on pas sur le maître-autel de Notre-Dame, la pique à la main, le bonnet rouge sur la tête, la danseuse Maillard incarnant la déesse Raison de Chaumette et d'Hébert, présider, à peine vêtue, aux saturnales de la nouvelle religion.

Le duc de Berry ayant été assassiné par Louvel à la sortie du théâtre, le 13 février 1820, la salle Louvois fut démolie et l'Académie se transporta rue Lepelletier dans une construction provisoire qui fut également détruite par l'incendie.

Le spectacle avait été à la fois galant et mythologique sous la monarchie et sans-culotte avant la Révolution. Il devient lyrique à la salle Lepelletier, où les soirées de *Guillaume Tell* et de la *Muette* annoncent les orages de la musique de Meyerbeer, les larges et sublimes compositions d'Halévy.

Dans cette salle provisoire, l'Opéra, sous les directions successives du Dr Véron, de Duponchel, de Roqueplan, de Perrin, traverse sa plus belle période. C'est celle de *Robert-le-Diable* et de la *Juive*, de l'*Africaine*, d'*Hamlet* et de *Faust*. C'est celle où les chanteurs se nomment Nourrit, Levasseur, Lafont, Mario, Roger, Faure, Bonnehée, où, parmi les cantatrices, brillent Mmes Damoreau, Dorus, Falcon, Stolz, Gueymard, Alboni, Bosio, Tedesco, Cruvelli, Viardot, Nilson, Carvalho et Marie Sass.

Jetons pendant l'entr'acte un coup d'œil sur la scène, derrière le rideau, au milieu des manœuvres des machinistes, des commandements des régisseurs. Rien ne peut mieux donner l'idée de ce mouvement, de ces mœurs, que ce morceau pris sur le vif par Roqueplan, l'ancien directeur de l'Opéra.

« Les artistes du chant ne flânent dans aucun foyer, s'enfermant dans leurs loges où les ténors et les *soprani* essayent des gammes, où les basses cherchent à descendre et à s'appuyer sur leur si bémol au moyen de ce son : *pââ, pââ*, qui est le tic éternellement comique des basses.

« Toute chanteuse est escortée, dans la coulisse, d'une femme de chambre qui tient sur le bras gauche une mantille, dans la main droite un verre rempli d'un liquide rafraîchissant ou tonique. Dans les intervalles d'une scène à une autre, elle couvre de sa mantille les épaules de la chanteuse, et lui donne à boire.

« Tout chanteur, après avoir roulé des *a, a, a, a, a, a, a, a,* s'il est ténor, ou creusé des *pââ, paâ,* s'il est basse, descend sur le théâtre, le plus généralement accompagné de sa femme, qui lui tient tout prêt un cache-nez et une timbale où brille le rubis d'un vin de Bordeaux ou la topaze d'un vin de Madère ; cette brave dame fait aussi pour le compte de son mari une généreuse police, attrape au vol les propos bons ou mauvais qui l'intéressent, mesure la sonorité de la claque, et raisonne avec son mari des causes atmosphériques — ils n'en admettent guère d'autres — auxquelles il faut attribuer le *couac* du jour. »

Tableau toujours moderne et toujours vrai !

Tout Paris connaît Halanzier, ses petites jambes et sa grosse canne, sa large rosette d'officier de la Légion d'honneur, ses colères et son bon cœur. Ce fut lui qui accepta la lourde tâche de remplacer M. Perrin. Ce fut lui qui inaugura la salle de Charles Garnier, et qui eut la bonne chance d'essuyer les plâtres du Nouvel Opéra après l'incendie de la salle Lepelletier.

Années d'opulence que celles-là... Le monde entier vint visiter ces merveilles entassées à profusion dans la gloire du nouvel édifice. Toutes les races humaines se coudoyaient sur les marches de cet escalier colossal, taillées dans la blancheur des marbres de Serravezza, dont la balustrade est d'onyx et les balustres d'antique marbre rouge. Les grands-ducs de Russie, les archiducs d'Autriche, les lords anglais, les grandesses espagnoles, les mandarins, les pachas, les émirs et les Yankees milliardaires ont admiré la richesse du grand foyer d'une tonalité vieil or, avec sa voûte décorée des belles peintures de Paul

Baudry, ainsi que la splendeur de cette salle (égale en grandeur à celles du San Carlo de Naples et de la Scala de Milan), avec son ornementation rouge et or, et son plafond qui est l'œuvre Lenepveu.

La danse et la figuration exigent à l'Opéra un per-

Pavillon de l'Opera

sonnel considérable. Il existe au Palais Garnier pour les sujets de la musique et de la danse quatre-vingts loges, chauffées à volonté par des cheminées ou par les quatorze calorifères allumés dans les sous-sols. Les choristes (hommes) ont une loge de soixante places avec armoires. Les choristes (dames), une de cinquante avec toilettes et armoires. Pour les élèves du chant et les enfants des chœurs, deux loges de douze places. Les danseurs ont aussi leur loge. Ils sont trente-deux. Pour les danseuses, le premier, le deuxième quadrille, danseuses-élèves et marcheuses, autant de loges de vingt toilettes.

Rochefort a écrit dans la *Lanterne* qu'il y avait en France trente-six millions de sujets, sans compter ceux de mécontentement. A l'Opéra, il y a de nombreux foyers — sans compter ceux d'incendie...

Foyer du chant. Foyer spécial pour les rôles à l'étude. Foyer de la danse décoré avec un goût infini, pour lequel le peintre Boulanger a brossé de superbes portraits de toutes les célébrités de la danse, depuis 1651 jusqu'à 1859. Le premier est celui de mademoiselle de La Fontaine. Le dernier, celui de madame Rosati. Quatre grands panneaux du même artiste représentent la *Danse guerrière*, la *Danse champêtre*, la *Danse amoureuse*, la *Danse bachique*.

Ce dernier foyer est le plus fréquenté. Le mur du fond, éclairé par un lustre de 104 lumières, est entièrement revêtu de glaces de Saint-Gobain. Le plancher sans cire a une pente calculée sur l'inclinaison de celle du théâtre, et les danseuses s'y exercent sur des barres recouvertes de velours et placées à hauteur d'appui (1).

Dans sa légendaire histoire des *Petites Cardinal*, M. Ludovic Halévy a fait la peinture morale de ce monde de la danse. Théophile Gautier, dans sa monographie du *Rat*, en montre le labeur constant.

« La leçon va commencer. Le rat, muni d'un petit

(1) Voir *Annexe méthodique des Renseignements spéciaux*, Ire partie, chap. III, note 1.

arrosoir de fer-blanc peint en vert, fait tomber une pluie fine et grésillante sur la place qu'il va occuper, pour abattre la poussière et dépolir le parquet. C'est une politesse de bon goût que d'arroser le carré d'une amie ou d'une rivale : cette attention se reconnaît par un salut dans toutes les règles.

» Le maître fait exécuter des *assemblés*, des *jetés*, des *ronds de jambes*, des *glissades*, des *changements de pied*, des *taquetés*, des *pirouettes*, des *ballons*, des *pointes*, de *petits battements*, des *développés*, des *grands fouettés*, des *élévations*, et autres exercices gradués selon la force des élèves : toutes font le pas ensemble, et viennent ensuite le reprendre devant le professeur. Une heure de ces exercices équivaut à six lieues avec des bottes fortes, dans les terres labourées, par un temps de pluie.

» Tout cela se fait en silence, courageusement, avec un sérieux parfait. Les élèves qui ont besoin de tout le souffle de leurs poumons ne l'usent pas à de vaines paroles; l'on n'entend que la voix du maître qui adresse des observations aux délinquantes. « Allons donc, les genoux arrondis, les pointes en dehors, de la souplesse; doucement, en mesure, ne sabrez pas ce passage. Aglaé, un petit sourire, montre un peu tes dents, tu les a belles; et toi, là-bas, tiens ton petit doigt recoquillé quand tu allonges la main, c'est marquis, c'est gracieux, c'est régence; des mouvements ronds, mademoiselle, jamais d'angles! l'angle nous perd. Eh bien! Emilie, qu'est-ce que c'est que cela? nous sommes roides, nous avons l'air d'un compas forcé; tu n'as pas travaillé hier, paresseuse: diable, diable, cela te recule d'une semaine. » Le maître, comme on peut le voir par ces lambeaux de phrases, tutoie toutes ses élèves, grandes et petites : c'est l'usage. »

Pour danser passablement, il faut dix ans de ce travail où les petites danseuses courent de gros dangers dans les vols qui les emportent à la hauteur des cintres et dans le jeu des trappes qui les engloutissent dans les profondeurs des dessous. Ce qui faisait dire par l'une d'elles à M. Duponchel : « Je ne suis pas de celles qui ont refusé de monter dans la *Gloire du Lac des Fées*, parce qu'elle n'était pas assez solide. »

Où le courage va-t-il se nicher ?

Quatre fois, en plein hiver, l'Opéra donne ses grands bals pendant la durée du Carnaval.

Que d'illusions, de chimères, de rêves, de tristesses, de nausées dans ces simples mots : le bal de l'Opéra. Une tradition s'est transmise, une légende s'est colportée... la tradition et la légende ont tué la réputation de ces nuits où il est également convenu que l'on s'amusait naguère et que l'on s'embête aujourd'hui. Sans doute, le bal de l'Opéra connut une vogue extraordinaire sous la Régence, quand le duc d'Orléans disait au cardinal Dubois, qui l'assassinait de coups de pied pour donner le change aux curieux : « Dubois, tu me déguises un peu trop ! » Sans doute, il eut toutes les fureurs de l'orgie, tout le poivre du coup de gueule, quand Mira, sous la direction du Dr Véron, arracha au gouvernement de Louis-Philippe, en provoquant de véritables émeutes, l'autorisation de faire danser sur le plancher mobile de l'Académie nationale de musique.

Mais n'a-t-on pas exagéré l'esprit des hommes, le mystère des dominos, la gaieté de ces nuits? Avaient-ils une *furia* si exaspérée, les Chicards, les Brididis ? Etaient-ils si agaçants, si entraînants, les débardeurs auxquels Gavarni fit l'aumône de son esprit ? Il se peut que le passé cherche à écraser le présent sous le poids de souvenirs que les jeunes hommes d'aujourd'hui ne peuvent contrôler !

Je ne regrette même point le faux-nez, que Monselet a pleuré spirituellement... Il était d'un comique avilissant et bas.

Pour les gens riches, le bal de l'Opéra est un simple rendez-vous. Ils font un tour au foyer et passent une ou deux heures dans leurs loges. On sait que M. de X... occupe tel numéro et le banquier Y... tel autre. Cela suffit. Des femmes voilées d'une épaisse mantille font toc-toc et montrent patte blanche. C'est toute l'intrigue de ce coin.

Des couples nombreux circulent dans les couloirs. Ceux-là ne sont pas venus pour intriguer, mais pour passer une nuit agréable terminée par un souper arrosé de champagne et monté en truffes. On rencontre toujours le « monsieur en habit noir qui s'embête »; le commis voyageur qui a bu un peu trop; la vieille fille galante qui, pour cacher ses rides, s'enveloppe du domino noir et veut se faire passer auprès des novices pour une femme du monde qui cherche aventure; des filles avinées qui s'en vont, cyniques, la gorge nue, et stupides...

Fouillez cette foule, ô chercheurs, et c'est bien le diable si vous ne trouvez pas aventure ! Vous verrez bien alors si l'intrigue ne fleurit plus au bal de l'Opéra pour ceux qui se donnent la peine de la cultiver...

Supposons que vous soyez moral, ou même simplement difficile, contentez-vous du coup d'œil féerique que présentent les danses de tout ce peuple de masques.

C'est un tourbillon, un vertige dans l'harmonie d'une couleur vieux-rose, dans le déchaînement des cuivres de l'orchestre et le babillement des violons. Velours de coton, maillots défraîchis, pourpoints riant aux coudes, paillettes de cuivre, panaches lamentables et feutres bosselés : toutes ces pauvretés disparaissent. Les groupes sont hardis et lascifs. L'acier étincelle, la plume ondoie, le velours resplendit. Tout est joie, amour et musique! Ne vous mêlez pas à cette foule... N'ayez pas la fantaisie de la coudoyer. Ses Pierrettes puent l'eau-de-vie. Ses Colombines parlent argot. Ses Arlequins sont faméliques. La blancheur des Pierrots est douteuse, et les seigneurs Louis XIII ont la tête faite non pour le feutre, mais pour la casquette à trois ponts. Admirez-les de loin. C'est peut-être en tout le secret du sage!

De loin, ces gens pauvrement costumés vous communiqueront leur joie, leur couleur et leur verve, et vous rentrerez au foyer, vous sentant fort comme Polichinelle, spirituel comme Arlequin, amoureux autant que Pierrot... tout en étant beaucoup moins lunaire.

IV

LE « VRAI BOULEVARD »

Les Boulevardiers. — La « Banlieue » du « Boulevard » — Roqueplan et le marronniers. — Le Café Américain. — Les Soupeuses. — Le trottoir de la Renommée. — Les Nuits du Grand-Seize. — Comment on soupe. — Le Grouillement. — Café et Restaurants. — Une voix pour deux! — Les Livres. — La « Fine Gueule ». — Additions.

Le « Boulevard », cet agora de la vie parisienne, est une voie de 500 mètres qui part de la Chaussée d'Antin et se prolonge jusqu'à la rue Drouot.

Le Boulevard des Capucines n'en est que l'amorce, la préface... Il a bien ses cafés : l'*Américain* et le restaurant Duchesne ; son glacier : le *Napolitain* ; son théâtre : le Vaudeville ; ses journaux : le *Gil Blas* et la *Presse*... Mais pour un vieux boulevardier comme Gustave Claudin, ce boulevard des Capucines n'est que la banlieue du vrai Boulevard.

« Il n'y a rien de bête comme un marronnier! » s'écriait Roqueplan. Le marquis de Boissy, raconte Scholl, allant un jour à Saint-James, demandait à son cocher au moment où sa voiture venait de franchir la Porte-Maillot : « Dans quel département sommes-nous ici ? »

Le Boulevardier se distingue en effet par un signe

infaillible : il est dépaysé dès qu'il est sorti de l'étroite latitude sous laquelle il a l'habitude de vivre. Il n'a qu'une excuse pour la dépasser le soir : le théâtre des Variétés.

La vue d'un bouquet d'arbres ou d'un pré lui est dangereuse. Il est incapable de marcher autre part que sur le bitume. Cette espèce spéciale devient d'ailleurs de plus en plus rare. Le néo-boulevardier se déplace avec joie. Il est tout aussi à son aise à Trouville qu'à Monaco.

Le Café Américain a une clientèle fort mélangée. De cinq à sept, des boursiers, des hommes de lettres, des rédacteurs de *Gil Blas*... Victor Wilder, le savant et spirituel musicographe, discute les questions théâtrales avec Emile Bergerat. Maurice Talmeyr raconte à Armand d'Artois les dessous du dernier gros drame judiciaire. Jule Guérin, le monocle à l'œil, écoute d'un air railleur les potins du jour. Georges Pradel sort des bureaux du *Gaulois* où il vient de corriger les épreuves de son feuilleton.

Dans la soirée, l'*Américain* devient le café du Vaudeville (1). Les spectateurs s'y rafraîchissent pendant l'entr'acte ; les femmes en toilette élégante et beaucoup d'hommes en habit.

Nous sommes loin du temps où Désaugiers bâclait une « machine » au dessert, entre la poire et le fromage. Le Vaudeville ne donne plus guère que des comédies ou des choses qui voudraient y ressembler, et cela au grand désespoir de Sarcey. C'en est fait des couplets

(1) Voir *Annexe méthodique des Renseignements spéciaux*. Ire partie, chap. IV, note 1.

faciles de Duvert et de Lausanne. Le Vaudeville de la Chaussée d'Antin a suivi l'exemple de la Comédie-Française. Il n'a plus de musiciens à son orchestre et la ritournelle de l'ouverture est remplacée par les trois coups du régisseur

A partir de minuit, le Café Américain est envahi

Vaudeville.

par des noctambules et des horizontales. Certaines portent des bijoux à faire rêver un Pranzini ou un Prado... Elles vont souper au premier étage aménagé en vastes salons, espérant toujours nouer l'intrigue qui leur a échappé dans les lieux de plaisir où elles ont passé la soirée. Elles tuent le temps en consommant du bouillon froid et des huitres et en dépensant une quantité prodigieuse de poudre de riz ou de veloutine. Vers la fin de la nuit, elles se font aimables auprès des soupeurs solitaires et leur demandent cent sous pour leur voiture, ou deux francs pour le chasseur.

Ces petites dames ont autant de goût pour la *carotte* qu'elles en ont peu pour le *lapin*. Si elles ont cessé d'entendre le javanais, elles parlent l'argot des voleurs et la langue verte.

Traversez la Chaussée-d'Antin, et vous touchez à cette terre promise : *le Boulevard*, — cette Cannebière des Marseillais de Paris !

Pour le Parisien, le boulevard des Italiens est ce que Rome était pour les Latins. C'est le pays de la fièvre et du plaisir. C'est l'asphalte consacrée et trois fois sainte. C'est le trottoir de la renommée.

Or, le Boulevard est en décadence, et son prestige a pâli. Passé minuit, le couvre-feu sonne à la Maison d'Or, au Café Anglais. Ils sont finis, les joyeux soupers! Adieu, les nuits folles du Grand-Seize! Où sont-ils, les Demidoff, les princes Citron, les Caderousse ?

Le Paris noctambule soupe toujours, mais c'est au club, au tripot, à la brasserie. Les écrevisses du *claque-dents* ou la soupe à l'oignon de la taverne ! Voilà pourquoi le Boulevard est silencieux et morne, quand le cadran lumineux marque une heure du matin au clocheton du Café Riche.

Et pourtant, il vit tout de même, le Boulevard, avec sa cohue de camelots criant la feuille à chantage ou le nouveau plan de Paris, avec ses cafés bondés de monde et étincelants de lumière, ses bohèmes qui

guettent l'homme « à taper » d'une pièce de cent
sous, ses ramasseurs de bouts de cigares qui se disputent à coups de crochet la fin d'un Uppmann parfumé ou le tronçon d'un *deux-soutados!* Il est le
phare autour duquel voltigent, éperdus, dans un vol
fantastique, les oiseaux du jour et de la nuit : les colombes et les vautours.

Aux jours de crise et de tumulte, aux soirs d'angoisse, les hommes d'action et les fauteurs de
désordre se ruent sur la place de l'Hôtel-de-Ville;
mais les curieux descendent au Boulevard. Les journaux y font prime. Des inconnus, grimpés sur les
bancs, les lisent à haute voix. La chaussée est envahie. Des importants prennent sous leur chapeau de
grosses nouvelles, des révélations capitales, qu'ils
livrent à la foule qui les prend pour argent comptant.

La ruche bourdonne... Le soir devant le Crédit Lyonnais, des boursiers pérorent... Celui-ci révèle une
manœuvre de Bourse; celui-là connaît, avant les ministres, une nouvelle importante qui a été expédiée
de Londres à l'*Havas*... Et, à deux pas, les officiers
prennent l'absinthe, la demi-tasse; au Helder où l'un
des garçons, le célèbre Félix, était un véritable *Annuaire* en chair et en os, connaissait toutes les promotions, toutes les garnisons, et aurait su dire à
brûle-pourpoint les noms de deux sous-lieutenants
qui ont permuté la veille!

Au déjeuner de la Maison d'Or, des remisiers, des
coulissiers. Chez Tortoni, des journalistes. Avant le
dîner, sur le perron célèbre, sous l'œil de Percheron,
sévère comme un notaire et cravaté de blanc, s'attable

une troupe nombreuse de célébrités parisiennes : Aurélien Scholl est le chef de ces réunions. Il y tient bourse d'esprit, de cet esprit tranchant, railleur et clair, qui est cousin germain des hardiesses de Chamfort et des railleries de Rivarol. La terrasse de Tortoni réunit autour de Scholl les poètes Catulle Mendès, Armand Silvestre et Montégut, l'éditeur Charpentier ; des rédacteurs de feuilles boulevardières : Dubail, Mermeix, J. Everton-Pariente, Lucien Valette ; des Parisiens fins causeurs et lettrés : MM. Fournier, le baron Gotchowski ; les peintres Stevens, Gervex, Paul Robert, etc.

Au Café Riche, clientèle politique et sérieuse. Devant un verre de madère servi par Jean, MM. Ranc, Isambert, Paul Strauss, Abel Peyrouton, Décherac, font et défont des ministères — comme s'ils jouaient une simple partie de dominos. A l'heure du dîner, Gustave Claudin s'installe à sa petite table et se mêle aux gourmets parisiens, provinciaux ou étrangers, amateurs de bonne chère, qui ont su garder cette conviction précieuse : le respect de leur estomac !

Deux théâtres sur le « Boulevard » : l'un pour les petits enfants, *Robert Houdin ;* l'autre pour les enfants terribles, les *Nouveautés,* avec leurs revues, leurs petites femmes canailles, leurs vaudevilles *bébêtes* et la voix syndiquée du père et du fils Brasseur... Une voix pour deux !...

A la sortie de cet édicule surnommé « la boîte à Brasseur », la journée du Parisien n'est pas terminée encore. Il fait son tour à sa librairie habituelle : à la Librairie Nouvelle, chez Marpon, chez Sevin, dont les boutiques sont à l'encoignure du passage de l'Opéra, galerie sombre traversée par des rédacteurs de l'*Événement* et de vieux messieurs habitués du Cabinet de lecture. Réunion d'industries bizarres : étalages de marchands d'habits et de *laisser pour compte*, officines de bandagistes, boutiques de costumiers et de cireurs de chaussures.

Parmi les bibliophiles et les bibliomanes, il est des fidèles qui font un crochet rue Laffitte et vont dire un petit bonsoir ou demander la dernière nouveauté à Achille, qui a quitté la Librairie Nouvelle pour se mettre dans ses meubles. Le livre est, en effet, un des besoins du Parisien. Il ne s'en passerait pas plus facilement que de sa cigarette, et il veut un oracle qui le guide à travers la pile des volumes portant cette mention, devenue le plus beau mérite littéraire : « Vient de paraître. » Celui-ci veut du raide... du très raide, même... Un désabusé réclame une prose pessimiste. Un sentimental s'écrie : « Eh quoi ! ne fait-on donc plus rien dans le goût de madame Sand? » Un chroniqueur entre dans le magasin, en coup de vent. Il lui faut de suite — tout de suite — le livre documenté pour son article de demain. Les polyglottes font escale chez Truchy qui tient toutes les nouveautés de la librairie cosmopolite.

Le Parisien achète ses livres avant de se coucher parce qu'il ne peut lire que la nuit. Quand dort-il alors? C'est son affaire, et cela ne regarde que lui. A ses yeux, le sommeil est une habitude venue de province, et ne sert qu'à tuer le temps des gens désœuvrés qui s'assomment. Plusieurs journaux ont, ainsi que l'*Événement*, leur bureau de rédaction sur le boulevard des Italiens. Ce sont le *Temps*, dirigé par le sénateur Hébrard, le journal le mieux informé de

Paris, et le *Gaulois*, feuille royaliste et mondaine appartenant à M. Arthur Meyer.

Autant que la lecture, le boulevardier aime la table. Cependant les bons restaurants se font rares, et c'est peut-être la réputation de certains chefs de cabarets à la mode qui a fait durer la vogue du boulevard des Italiens.

Néanmoins, les vieux Parisiens disent avec un hochement de tête mélancolique qu'on ne mange plus comme à l'ancien Café de Paris — qui était à l'angle de la rue Taitbout à la place du magasin fondé par le célèbre tailleur Pomadère — ce café où Roqueplan reconnaît qu'il vous en coûtait un louis, rien que pour avoir eu l'honneur de toucher au bouton de la porte d'entrée.

Beaucoup de nos restaurateurs n'ont pas les scrupules des propriétaires de l'ancien Café de Paris pour la qualité du beurre, la fraîcheur du poisson, l'authencité des vins et la correction du service. Cela ne les empêche pas d'avoir les mêmes prétentions dans leurs prix. L'exagération ne leur suffit plus. Ils y ajoutent la fantaisie.

« Un restaurateur connu pleurait à chaudes larmes sa femme qu'il venait de perdre.

— Mais, lui dit un client, vous ne pouvez ignorer qu'elle vous trompait ?

— Elle trompait tout le monde, monsieur, répondit le restaurateur, et c'est une grande perte pour moi.

— Parce que ?

— *Elle commettait trente mille francs par an d'erreurs d'addition !* »

L'historiette est de Scholl. Une promenade au Boulevard ne pouvait se terminer que par un mot du plus boulevardier des journalistes.

V

LE BOULEVARD DES COMÉDIENS

Le Palais du chauffage économique. — Le Poêle et la Cheminée. — Adieu soufflet! — Le Musée Grévin. — Le chapeau d'Albert Wolff. — L'ancien café de Mulhouse. — Les Jouets de luxe. — Les Poupées. — Le Joujou naturaliste. — Les Variétés. — Odry, poète. — Le café de Suède. — Le café des Variétés. — Hamburger. — Le « Madrid. » — Le Restaurateur des Lettres. — Le Bouillon Brébant. — La maison Sallandrouze. — M. Barbedienne. — La galette du Gymnase. — Sainte-Mousseline. — Les colonels de M. Scribe. — *La Ménagère*. — La Porte Saint-Denis. — Le Nègre. — La Chartreuse. — Les « M'as-tu vu? » — La Porte Saint-Martin. — L'Ambigu. — Le père Billion. — La mort du « Mélo ».

A l'angle de la rue Drouot, une rotonde éclatante d'or et de lueurs marque l'entrée du boulevard Montmartre.

L'édifice, avec ses colonnes, ses mosaïques et ses peintures, évoque la richesse et la majesté d'un temple. C'est l'asile magnifique que l'ingénieur de Choubersky a élevé à ses poêles mobiles qui remplacent aujourd'hui, dans les ménages modestes, la grille où pétillait la houille, le foyer où flamblaient les grosses bûches brodées de fragments jaunes de mousse sèche, souvenir des hautes futaies! Il est fini, le jeu des pincettes qui élevaient de si jolis châteaux de flamme ; et le soufflet n'éveille plus dans l'âtre la gerbe fuselée des étincelles...

A l'hôtel Menier, au parc Monceau, dans la salle de billard, on voit encore un soufflet énorme accroché à la paroi extérieure d'une cheminée monumentale, véritable vestige du vieux temps (1). Le conservateur du musée de Cluny ferait œuvre de prévoyance, en mettant dans ses vitrines un simple soufflet de salon, un soufflet en acajou rehaussé de clous dorés, car, dans vingt ans, on n'en trouvera plus un seul ni dans le commerce, ni dans les maisons.

Le poêle remplaçant la cheminée, la cire a remplacé le marbre pour nos célébrités contemporaines. La raison philosophique de la création du Musée Grévin, le rival du musée Tussaud de Londres où les Anglais lunchent dans la berline de Napoléon, est peut-être dans l'instabilité de nos fortunes et de nos mœurs, dans nos engoûments pour des bonshommes de cire, dans nos admirations à roulettes, mobiles comme les poêles de l'ingénieur Choubersky.

Un jour, surpris par la pluie, Albert Wolff entre au musée, s'arrête devant son effigie et remarque qu'elle est coiffée d'un chapeau aussi luisant, aussi neuf, que s'il sortait de chez Pinaud et Amour, tandis que celui qu'il portait venait d'être criblé de pluie. Humilié par cette comparaison défavorable pour sa propre coiffure, Wolff fit un échange de chapeau. Il

---

(1) Charles Monselet — *le Petit Paris*.

prit le frais, laissa le vieux, et l'administration du musée en fut quitte pour un coup de fer.

La galerie Grévin est construite sur l'emplacement du café de Mulhouse, célèbre par ses dominotiers. Villemessant, le fondateur du *Figaro*, y trônait au milieu de sa rédaction. Le café de Mulhouse avait une entrée sur le passage Jouffroy, où un magasin de jouets expose ses richesses enfantines, car, dans tous les passages, il y a toujours un marchand de jouets. On n'a jamais bien su pourquoi.

Des polichinelles et des éléphants en baudruche se balancent en l'air comme des enseignes du moyen âge. Des têtes de cotillon grimacent. Une poupée en toilette de soie et de dentelle reçoit d'élégantes visiteuses dans l'éternel salon de soie rouge et de bois doré.

Hippolyte Rigault eut au *Journal des Débats* son quart d'heure de gloire en écrivant sur les jouets d'enfant un feuilleton, dans lequel il accablait les jouets scientifiques, locomotives à chaudière chauffée par l'alcool, *steamers* comparables, pour le fini, aux modèles du Musée de marine, canons, machines électriques, imprimeries en miniature, de tout son mépris de poète, de moraliste ancré dans sa passion pour les polichinelles aux chapeaux bordés de grelots et pour les chevaux à bascule. Rigault peut dormir tranquille. Ceci n'a pas tué cela. Le joujou ancien se vend autant, si ce n'est plus, que le joujou moderne destiné aux petits ingénieurs de l'avenir.

Mais, devant ces étalages, groupés avec un art incomparable, Émile Zola peut être fier. Le jouet est devenu naturaliste. Il est « réel et vécu ». A côté de la poupée articulée, coiffée d'une perruque de cheveux véritables, un bébé, grandeur nature, ouvre et ferme les yeux. Il crie, il appelle « Papa, Maman » et tête avidement son biberon rempli de lait. La fillette qui veut jouer à la fermière, trouve dans le jouet mécanique les éléments d'une basse-cour complète : la vache qui meugle et que l'on trait, le paon qui marche en faisant la roue, la poule qui pond, le lapin, la souris et le caniche noir qui fait le beau. En dépit des concurrences qui le copient servilement, en le camelotant, le jouet français a su conserver sa supériorité universelle.

Si le jouet est une industrie foncièrement parisienne, le théâtre des Variétés est peut-être notre théâtre le plus parisien (1).

Il n'y a pas de salle où le public soit plus incommodément assis. Les fauteuils d'orchestre sont des instruments de torture. Dans les loges, les spectateurs sont mis à la question, moyen sans doute de les contraindre à déclarer la pièce amusante... Mais le Parisien a toujours eu une tendresse spéciale pour les plaisirs où on l'empile.

De tout temps, les artistes des *Variétés* ont joui d'une popularité énorme. Ils ont eu leurs historiographes, qui répétaient leurs calembours, leurs scies, leurs farces — bonnes ou mauvaises. Potier, Vernet, Odry, Lepeintre aîné, ont été réédités par tous les journaux.

Odry, lui-même, fut poète. Il a publié les *Gendarmes*, poème en deux chants et de seize vers ! précédé d'une épitre à *monsieur* Odry, par *monsieur* Arnal. Le pre-

(1) Voir *Annexe méthodique des Renseignements spéciaux*. Ire partie, chap. v, note 1.

mier chant est consacré à l'exposition du sujet. Les gendarmes viennent d'acheter du bois de réglisse chez un épicier pour soigner leur rhume de cerveau. Respectons le texte intégral du *chant second*.

> Les bons gendarm' suce et resucent
> Les morceaux d' bois qu'est pas sucré ;
> Il s'en va chez les épiciers :
> — *Épicier, tu nous as trompés !*
> L'épicier prend les morceaux d' bois,
> Il les fourr' dans la castonade ;
> Les bons gendarm' n'a plus eu d' rhumes,
> Ils ont vécu en bonne intelligence.

Cela a été trouvé très drôle et s'est tiré à 56,000 exemplaires.

On faisait des gorges chaudes de ces calembredaines des comédiens au café de Suède et au café des Variétés, où passa Murger accompagné de Théodore Barrière, son collaborateur de la *Vie de Bohème*, Murger, follement amoureux de mademoiselle Thuillier, la créatrice de *Mimi!* Noriac, en veston, fumait son éternel cigare. Lambert Thiboust, Moineaux, Rochefort et Wolff faisaient partie de cette clientèle d'acteurs, de vaudevillistes, d'échotiers de petits journaux. On y vit Banville et Catulle Mendès avec les collaborateurs de la *Revue fantaisiste* : Cladel et Villiers de l'Isle Adam. Baudelaire s'y montra. Asselineau, Babou, Monselet y eurent leur table. Lassouche y parle aujourd'hui, avec amour et respect, des estampes et des gravures de sa collection, qui est remarquable. José Dupuis est sérieux comme un pape. Christian prépare ses effets. Il avait un rival : Hamburger, dont les mots étaient imprimés tout vifs et tout crus.

Quand on eut dit à Léonce :

— Tu sais, Hamburger vient de mourir.

— Tout à fait ? » demanda le comique, de son air le plus effaré.

Le gros succès des Variétés dépend de la vogue de sa diva. Sous l'Empire, c'était Schneider ; aujour-

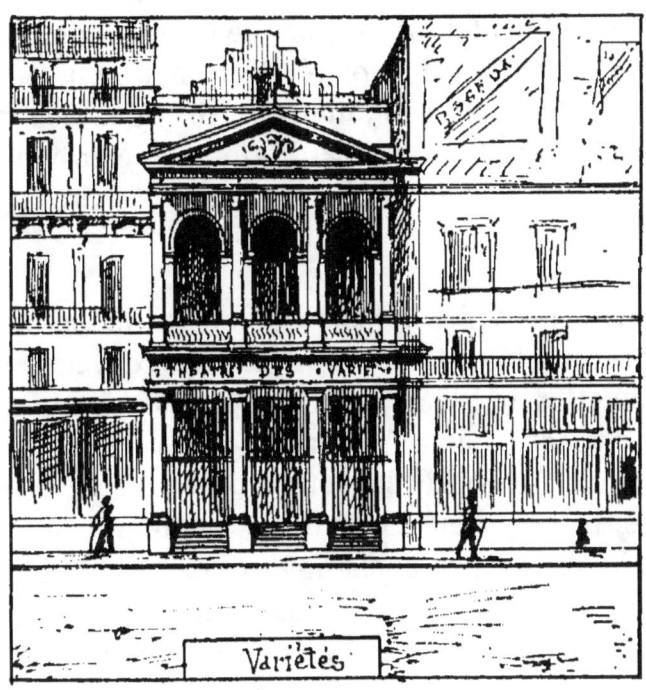

d'hui, c'est Mme Judic qui, pendant ses congés, a pour suppléantes Mme Chaumont ou Jeanne Granier.

A hauteur du théâtre, de l'autre côté de la chaussée, le café de Madrid est politique et littéraire. Gustave Mathieu et Fernand Desnoyers s'y montrèrent les premiers ; mais la politique devint bientôt la note dominante du « Madrid ». Ce fut le café des hommes d'État de la République. Gambetta, après y avoir discuté, faisait sa partie de *nain jaune* avec Castagnary, Spuller et Ranc. J.-J. Weiss y venait avec M. Edouard Hervé. Sous la Commune, le « Madrid » vit ses habitués les plus fougueux et les plus jeunes — ceux qui n'avaient pas été de la promotion parlementaire et administrative de la Défense nationale — traînant le sabre, faisant sonner leurs éperons, portant sur l'oreille le képi galonné de colonel ou de général. De ces officiers ou dignitaires civils de la Commune, avaient été Pascal Grousset, Razoua, ancien collaborateur de la *Vie Parisienne*, Vallès, Raoul Rigault, Andrieu.

Plus gaie et plus tapageuse encore fut la clientèle de Brébant, le restaurateur des lettres, qui nourrissait des miettes de la table des riches les vagabonds, les va-nu-pieds logés à l'auberge de la belle étoile, accourant à l'aube, sur le trottoir du boulevard Poissonnière, pour avaler une gamelle de soupe chaude. On voyait les viveurs noctambules passer, le rouge du remords au front, devant ces faméliques. La joie et la misère se touchaient d'assez près pour inspirer la peinture de genre... Puis, le cabaret des gens de lettres a connu des heures difficiles... Aujourd'hui, c'est toujours la maison Brébant; mais ce n'est plus le restaurant : c'est le Bouillon où l'on mange pour vivre, et où l'on ne mange plus pour le seul plaisir de manger !

En face, la maison Sallandrouze mitraillée au Deux-Décembre — ce qui est une singulière manière de battre des tapisseries d'Aubusson !

C'est sur ce même boulevard Poissonnière que

Barbedienne expose ses bronzes, ses onyx, ses cloisonnés. On admire à cette incomparable vitrine les impeccables reproductions des chefs-d'œuvre de la statuaire moderne, signés des noms d'Antonin Mercier, de Millet, de Dubois, de Saint-Marceaux et à côté des lions, des éléphants de Barye, les cavaliers de Mène et les beaux chiens d'Auguste Cain. M. Barbedienne a atteint la perfection dans son art auquel il a sacrifié tout intérêt mercantile, et c'est par ce noble désintéressement que le célèbre industriel est arrivé à se faire un nom qui marche de pair avec ceux des grands artistes dont il a répandu les œuvres à travers le monde entier.

A quelques pas des magasins de Barbedienne, il n'est pas rare de rencontrer un gamin qui dévore un morceau de galette — la galette du Gymnase! — et un homme à l'allure militaire, sanglé dans une redingote noire sévèrement boutonnée (1).

— Vous pâlissez, colonel! lui disent ses vieux et fidèles amis. Et c'est vrai qu'il a pâli terriblement, le beau et vaillant colonel qui, sur les planches de l'ancien Théâtre de Madame, avait remué les cœurs de tant de bonnes et honnêtes bourgeoises, admiratrices de « Monsieur Scribe. »

O salle vénérable du Gymnase, que de larmes tu vis couler! Tu fus le temple de l'Honneur et de la Sainte Mousseline! Aucun colonel ne fut plus colonel que le pauvre Landrol et le théâtre dirigé par Montigny refléta nos vertus bourgeoises. Son répertoire avait fait rire et pleurer nos pères jusqu'au jour où il les fit

(1) Voir *Annexe méthodique des Renseignements spéciaux*. Ire partie, chap. v, note 2.

réfléchir sur les théories d'Emile Augier et les boutades d'Alexandre Dumas.

Il est logique que le théâtre qui s'appela longtemps « Théâtre de Madame », ait pour voisin ce bazar immense : la *Ménagère*, où la femme trouve réunis tous les ustensiles et tous les accessoires de la maison de

Théâtre du Gymnase.

ville et de campagne, où les gens pressés peuvent s'improviser en deux heures un mobilier complet, depuis le lustre du salon jusqu'à la niche du chien de garde, depuis le lit jusqu'au balai.

Nous voici à la Porte Saint-Denis... Merci, bon Nègre à l'habit doré ! Le cadran qui te sert de ventre et d'entrailles, ce cadran qui digère les heures et les minutes de Paris, marque la sixième heure, et le café de la Chartreuse est proche... « Allons voir les mentons bleus, les cabotins à la face glabre, battre leur absinthe, en échangeant le traditionnel « M'as-tu vu? »

— M'as-tu vu dans la *Grande Duchesse*? J'ai égalé Baron. J'ai *dégoté* Grenier !

Porte St Denis

— M'as tu vu dans les *Pirates*? J'ai cinq centimètres de plus que Dumaine et je remplissais la scène à moi tout seul ?

— Ah ! si tu m'avais vu à Béziers et à Vidauban, dans la *Seiglière !* Got en aurait fait une maladie... Les abonnés étaient si contents que toutes mes représentations avaient l'air de bénéfices. On me jetait des poignées de gros sous ! La maîtresse du directeur était tellement jalouse qu'elle a fait résilier mon engagement...

C'est là qu'il faut aller pour voir les défroques hyperboliques, les chapeaux phénomènes, les inénarrables ulsters, les introuvables vestons « caca d'oie », la misère atroce et l'orgueil, le ridicule et le sublime !

Porte St Martin

Et maintenant : A la tour de Nesles !

Nous voici au pays du drame. Les ouvrières au teint pâle, vêtues de minces robes de laine noire, sont les héroïnes du drame larmoyant de Dennery. Ces gaillards moustachus et maigres doivent porter le soir la rapière et revêtir le pourpoint. « Pâques Dieu, mes gentilshommes ! — Le Jeu du Roy ! — Que Dieu vous garde, Monseigneur ! »

Je l'aime, ce boulevard, avec ses trottoirs en terrasse, ses boutiques basses où l'on vend des brochures de théâtre, où des luthiers bâillent devant leurs portes, où passent des acteurs importants, des figurants, des machinistes; et il me semble, dans le roulement des voitures, percevoir le rythme des airs nouveaux de M. Arthus.

La Porte Saint-Martin (1) est trop neuve, de même que sa voisine la Renaissance (2) ; mais l'Ambigu a conservé son cachet de crasse et de vétusté, et, sur ses murailles sombres, son odeur de vieux *Mélo*. Pendant

(1) Voir *Annexe méthodique des Renseignements spéciaux*, 1re partie, chap. V, note 3.
(2) Voir *Annexe méthodique des Renseignements spéciaux*, 1re partie, chap. V, note 15.

l'entr'acte, les gavroches achètent encore « la belle Valence » dont ils jetteront la peau à la tête du traître, au moment où celui-ci aura persécuté l'innocence au-delà des limites permises. Mais que vois-je, en entrant à l'orchestre ? La salle est fraîche et convenablement décorée. Les costumes des artistes

Théâtre de la Porte St Martin

sont neufs. Du luxe à l'Ambigu ! Où allons-nous, Seigneur tout-puissant ? Quel est le Harel ou le Hostein qui t'a changé, vieux théâtre du père Billion, toi dont le répertoire était plus usé encore que la cape de tes héros (1) !

Et pourtant il faut rendre justice à ce père Billion

(1) Voir *Annexe méthodique des Renseignements spéciaux*, 1re partie, chap. V, note 5.

tant bafoué. Quand il avait confiance, le pauvre cher homme ne lésinait plus.

Un jour, on lui livre un décor. Il le fait planter pour la répétition et l'examine :

— Que représentent ces neuf statues ? demande-t-il au décorateur.

— Ce sont les neuf Muses, réplique l'artiste.

— Neuf Muses, fait Billion avec une moue dédaigneuse. On va m'accuser de lésiner... Mettez en douze !

Malgré sa parcimonie légendaire, le père Billion n'a point fait fortune. Il est mort dans la misère, dignement, cachant fièrement une détresse qui fut dévoilée trop tard à la charité publique pour qu'elle pût faire autre chose qu'adoucir ses derniers moments...

VI

L'ANCIEN BOULEVARD DU CRIME

L'Emigration parisienne. — Il y a deux siècles. — Les Théâtres du Boulevard du Temple. — La Pantomime. — Le Cirque Olympique. — Auriol. — La Place du Château-d'Eau. — Les Aboyeurs. — Le « Père La Réclame. »

Par une attraction mystérieuse, Paris est entraîné de l'Est à l'Ouest. Les théâtres ont suivi peu à peu le mouvement et se replient vers le centre. Le fameux boulevard du Crime n'existe plus qu'à l'état de souvenir.

Il y a une quarantaine d'années, le Parisien, après avoir franchi les Portes Saint-Denis et Saint-Martin, se trouvait sur le boulevard du Temple au centre des plaisirs et des spectacles.

« Si l'on remonte à deux siècles seulement, écrit Monselet (1), on trouve des moulins à vent sur l'em-

Caserne du Château d'Eau

placement du Château-d'Eau ; des fossés, des glacis et des contrescarpes à l'endroit où s'élève la caserne. Ce n'est que sous le règne de Louis XV, que s'accomplit la transformation du boulevard du Temple. Les salles de spectacle, les guinguettes, les cafés y poussèrent bientôt comme des champignons ; la vogue s'en mêla ;

(1) Monselet. — *Le Petit Paris.*

on abandonna le jardin des Tuileries, on déserta le Palais-Royal. »

Le jeudi était le jour à la mode. Deux files de voitures suivaient le boulevard. Les femmes et leurs cavaliers s'asseyaient sur des chaises disposées en rang. Des vielleuses demandaient l'aumône, écor-

Statue de la République

chant impitoyablement les oreilles des promeneurs.

Le soir, le Cirque, la Gaité, les Folies-Dramatiques, les Délassements-Comiques, les Funambules, le Petit-Lazari ouvraient leurs portes à la cohue des spectateurs. Le bourgeois de Paris se passionnait pour ses acteurs et ses auteurs. Le théâtre était un plaisir peu coûteux. On y allait sans grande toilette, et pour y rire. Nullement blasés, les spectateurs n'avaient pas été habitués à voir sur les planches des comédiennes vêtues de robes faites par Worth et constellées de diamants. Les directeurs ne s'effarouchaient point d'une chute ; ils montaient les pièces à la vapeur et, avec quelques raccords ingénieux, le matériel du magasin de décors suffisait à toutes les exigences de la mise en scène. On était loin de la perfection recherchée par les délicats, qui est onéreuse pour le public et l'éloigne de son plaisir favori, mais qui conduit les directeurs à la déconfiture et retarde les débuts des jeunes auteurs.

Aussi, sur ce boulevard du Crime, les théâtres vivaient-il côte à côte, s'envoyant mutuellement le trop-plein de leurs spectateurs. Ceux qui n'avaient point trouvé de place au Cirque Olympique ou à la Gaîté s'en allaient philosophiquement au *Petit-Laz* et aux *Fol-Dram*.

Les Funambules avaient leur public. C'étaient alors les beaux soirs de la pantomime avec la dynastie des Deburau, avec ce Paul Legrand que nous avons vu, à son déclin, courir le cachet dans les petits théâtres et les beuglants. Debureau écrivait à Georges Sand : « Ma plume est comme ma voix sur la scène, mais mon cœur est comme mon visage ! » Cette pantomime délaissée, méprisée, malgré les plaidoiries passionnées de Théodore de Banville pour Pierrot et Colombine, pour Léandre et Isabelle, est redevenue à la mode. Elle n'a plus de théâtre, mais elle a un cercle, dans lequel des amateurs donnent des représentations fort curieuses devant un public fanatique de ce spectacle. Pierrot avait son poète : Théodore de Banville. Il a maintenant son journal qui porte son nom et qui est dirigé par son moderne portraitiste: Adolphe Wilette, dont le crayon a fait revivre la face lunaire et expressive du Pierrot rajeuni, remplaçant la colerette et la blouse blanche à larges plis par la roideur de l'habit noir.

C'était encore le temps des pièces militaires, où Colbrun et Jenneval portaient le petit chapeau et la redingote grise, où l'on s'amusait d'un couplet, où l'on

Cirque d'Hiver

se passionnait pour une fusillade, où une vivandière française mettait en fuite vingt-cinq Kaiserlich.

Le spectacle commençait de bonne heure et finissait de même. A la sortie, suivant l'état de leur bourse, les spectateurs allaient souper chez Truchot ou chez Bonvalet; les comédiens se retrouvaient chez le traîteur Bertrand.

Aujourd'hui le vide s'est fait. Le boulevard du Crime

a vécu. Les amateurs de spectacles trouvent un dernier refuge au théâtre Déjazet où, jadis, on allait sucer des sucre d'orge à l'absinthe, où M. Ballande donna ensuite des comédies vertueuses et morales portées sur l'aile pesante d'alexandrins pseudo-classiques.

La dernière élégance du boulevard du Temple, c'est le Cirque d'Hiver, le royaume des Franconi. Tout Paris y admira Auriol qui passait à travers un étroit cercle de pipes et franchissait d'un bond six chevaux avec leurs cavaliers ou les vingt-quatre baïonnettes d'un peloton de fantassins. « Il marcherait contre un plafond », disait de lui Théophile Gautier. Et Monselet a exhumé de l'anthologie grecque l'épitaphe du clown illustre :

« Que la terre lui soit légère ! Il a si peu pesé sur elle ! »

Le vieux Parisien qui renaîtrait à la vie, ne reconnaîtrait plus son boulevard du Crime, transformé en quartier industriel, s'il se trouvait un soir sur cette énorme place du Château d'Eau, dont la fontaine a été remplacée par un monument politique (1), où les maisons sont hautes et froides comme l'immense caserne d'infanterie construite sur ce point qui est d'une grosse importance stratégique.

La trompe du tramway sonne maintenant devant ces façades sombres, où les aboyeurs légendaires, éclairés par un cordon de gaz, lançaient naguère leurs joyeux boniments. Le dernier des aboyeurs ne vient-il pas de mourir ! Il s'appelait Gal, et on l'avait sur-

(1) Voir *Annexe méthodique des Renseignements spéciaux*, 1re partie, chap. VI, note 1.

nomme le *Père La Réclame*. Il était de toutes les premières. Tout récemment, il criait de sa voix furieuse, au public du café-concert des Champs-Elysées : « Ne partez pas, sans voir Kraô — dans les salons de l'Alcazar! » Kraô était une petite fille monstrueuse, velue de la tête aux pieds.

Quelle longue et curieuse histoire à écrire que celle des caprices de Paris !

VII

LA BASTILLE

En omnibus. — Le cocher d'omnibus. — Le Boulevard des Filles du Calvaire. — Le Boulevard Beaumarchais. — Les Enseignes. — Le dimanche à la Bastille. — Forains. — Le Quatorze-Juillet 1789. — Palloy et les matériaux de la Bastille. — La colonne et l'éléphant. — Napoléon et Victor Hugo.

A la Bastille !
Le cri de la Révolution est également le cri du touriste qui a entrepris le voyage des boulevards. Il peut et doit même terminer ce pèlerinage en escaladant l'impériale de l'omnibus, la diligence du Parisien dans Paris.

Les voitures « Madeleine-Bastille », en arrivant au Cirque d'Hiver, ont semé sur leur parcours tous leurs passagers hétéroclites. Bourgeoises, demoiselles de modes, couturières, sont descendues, déposées avec précaution sur la chaussée — si elles sont jolies — par le conducteur qui sait toujours « ce qu'il doit au sexe ». Il ne reste plus à l'intérieur et sur les bancs de l'impériale que la population indigène de ce quartier industriel : des ouvrières en cheveux, portant le tablier noir, des artisans, des apprentis à la mine éveillée, des hommes de peine avec des paquets enveloppés dans une toilette, ou un crochet de commissionnaire entre les jambes.

Le cocher de la lourde voiture prend une attitude paternelle et, renversé sur son siège, se livre à une conversation technique sur les percherons qu'il conduit.

Tout en *roulant* sur la chaussée du boulevard des Filles-du-Calvaire et du boulevard Beaumarchais, il apprend à un ébéniste la date de l'entrée de ses chevaux au dépôt, évalue la nourriture qu'ils mangent et dénombre les heures de travail qu'ils fournissent. Le cocher d'omnibus a son orgueil. Il est toujours prêt à déclarer que son attelage a prospéré depuis qu'il lui a été confié. Si l'on croyait ces braves gens, l'administration des omnibus n'aurait qu'à faire passer successivement ses chevaux par les mains de tous ses cochers et à prendre note de leurs observations. Les bêtes vicieuses n'auraient plus de défaut. Les attelages surmenés retrouveraient une nouvelle vigueur. Les chevaux couronnés n'auraient jamais fait un faux pas... « Ah, monsieur ! j'aurais voulu vous montrer ces animaux-là, le jour où je les ai pris ! » Le conducteur a tiré le cordon, et la conversation demeure suspendue. Le cocher fait halte en maugréant : « Ça a-t'y du bon sens de descendre à deux cents mètres d'une *estation !* »

Le rêve du cocher d'omnibus serait de ne s'arrêter qu'à des relais réglementaires.

Cette grande voie n'a plus du boulevard que le nom. Elle tient plutôt du faubourg. Plus de boutiques de luxe, de pâtisseries, de cafés, de restaurateurs.

Hôtel de Ninon de Lenclos

C'est le tour des traiteurs et des marchands de vin. Les industries sont sérieuses. Quelques-unes sont surannées, comme ce magasin qui sert de dépôt à une fabrique de globes pour pendules, vases, flambeaux, croix de la Légion d'honneur et couronnes de mariées. Des spécialistes, fiers de leur longue renommée, sûrs de garder leur clientèle, sont restés fidèles à leur vieux quartier. On lit sur l'enseigne d'un marchand d'éponges : « Maison fondée en 1852 », et sur celle d'un marchand de brosses et de plumeaux : « Maison fondée en 1856. » L'enseigne peinte, le tableau enluminé s'y retrouvent encore. Un Saint Martin à cheval déchire son manteau. Une sage-femme reçoit un bébé qui semble jaillir d'une rose comme d'une boîte à ressort. Les quatre sergents de la Rochelle prêtent serment au-dessus de la porte d'un restaurant dont la cave est ancienne et la chère délicate. Les maisons ont gardé le cachet de la première moitié du siècle. Les boutiques semblent flatter les manies et les goûts des petits bourgeois du Marais, de même que la colonne de bronze surmontée du Génie de la liberté évoque, sur l'énorme place de la Bastille, le souvenir des Journées de Juillet et les colères puissantes des faubourgs. La Révolution semble s'être engouffrée rageusement à la sortie de ce carrefour dans la grande voie parisienne. La maison de Ninon de Lenclos (Boulevard Beaumarchais n°ˢ 21 et 23) est restée debout, avec sa grille, ses mascarons en cariatides du vestibule du temps de Mansard, les peintures des plafonds, et celles du boudoir (Apollon entouré des neuf Muses, peint par un élève de Lebrun). Par contre, il ne demeure plus aucun vestige du somptueux hôtel de Caron de Beaumarchais, de même qu'il ne subsiste plus trace des somptueuses résidences des seigneurs et des couvents qui renfermaient les richesses des communautés.

Le dimanche, par un coup de soleil qui se brise sur le Génie d'or, la grande place populaire flamboie, rugit, piaille et grouille. Elle est le rendez-vous et le passage de toutes les familles faubouriennes qui vont déjeuner sur l'herbe au bois de Vincennes, ou savourer une matelote au bord de l'eau, à Charenton ou à Bercy. Les gares (1) vibrent du souffle des locomotives, de la poussée des foules sur les grands quais d'embarquement, des appels humains et du sifflement des machines, du bruit des roues, du sinistre tapage des chaînes sur les plaques mobiles, lourdes et sonores comme les portes en fer d'une prison. Et les trains partent, partent, glissant sur le long ruban poli des rails, courant entre les poteaux de bois et la portée montante et descendante des fils télégraphiques, traversant les dernières rues de Paris, filant à travers les maisons hautes, grises ou blanches, au bruit des chansons des voyageurs qui portent tous des gerbes de fleurs, car ils vont flâner, boire et dormir dans des campagnes où l'herbe est rare, où les parterres n'appartiennent qu'aux riches, et où l'ombrage d'un arbre étonne autant le faubourien de Paris que la vue d'un cheval, un gondolier de Venise.

Autour de la colonne de bronze, sous l'œil du prodigieux lion de Barye, les apprentis s'attardent la bouche ouverte, les yeux écarquillés, devant une sorte de foire permanente. Les amateurs de sport font cercle autour des banquistes. Les bambocheurs se payent une timbale de coco que le marchand tient au frais dans la borne à chapeau de métal qu'il porte sur son dos. Des glaciers ambulants, des débitants de sirop de Calabre ont installé leurs buvettes en plein vent sur des charrettes légères pavoisées de drapeaux d'un sou. Les joueurs se risquent à une loterie dont

(1) Voir *Annexe méthodique des Renseignements spéciaux*, 1re partie, chap. I, note 1.

un grand diable au teint bronzé fait tourner la roue multicolore, en agitant en même temps une cloche de cuivre et en accompagnant de cris rauques ce charivari augmenté des cacophonies d'un vieil orgue de barbarie.

Plus de coucous! Plus de pataches! Des railways,

Colonne de Juillet

des tramways absorbent et vomissent par milliers, toute cette population de boutiquiers, de négociants, d'employés et d'ouvriers qui envahissent chaque dimanche les zones pelées de la banlieue parisienne.

C'est au pied de la colonne que le peuple des faubourgs se groupe encore aux jours d'émeute pour marcher sur l'Hôtel-de-Ville. Sa grande fête politique, l'anniversaire le plus glorieux qui hante sa mémoire, c'est la journée du 14 Juillet, où fut prise la Bastille — la citadelle aux huit tours énormes dont le souvenir est de douleur et d'ombre — dont la légende fait encore trembler les ouvriers qui lisent l'histoire de la Révolution (1).

Napoléon Ier avait voulu effacer le souvenir de la prison d'État. Rasée au milieu des chants de triomphe, des acclamations et des danses populaires, la Bastille maudite subsistait toujours. Dans chaque famille républicaine, on en avait conservé un fragment. Palloy, qui avait exécuté les démolitions, avait transformé les matériaux en reliques nationales. Le métal avait été fondu, puis frappé en médailles commémoratives et l'on vendait des bonbonnières, des cornets, des encriers, des réductions même de la prison, taillées dans les matériaux. Pour donner le change, étonner les faubourgs, Napoléon avait ordonné la construction d'un éléphant de bronze d'une dimension gigantesque qui devait servir d'ornement à une immense fontaine. Il n'y eut qu'un simulacre de monument, et ce simulacre ne servit qu'à Victor Hugo qui logea le petit *Gavroche* de ses *Misérables* dans les flancs du monstrueux animal.

Le grand empereur avait travaillé pour le grand poète.

(1) Voir *Annexe méthodique des Renseignements spéciaux*, 1re partie, chap. VII, note 1.

VIII

LE BOIS DE VINCENNES

L'avenue Daumesnil. — Docks et Chantiers. — Le Bois de Vincennes. — Sa Majesté le Peuple. — Les jours du Bois. — Les escarpes. — Les noces. — Les lacs. — Déjeuners sur l'herbe. — Dormeurs. — Les courses. — La Porte-Jaune. — Le Polygone.

De grandes avenues, des espaces libres, des docks, des cheminées, des chantiers, des hangars, des treuils, des grues qui tournent sur elles-mêmes, lentement, gravement, au rythme essoufflé des machines, donnent la sensation du voisinage des portes de Paris. Sur la droite de l'avenue Daumesnil, s'élèvent les ateliers de réparation de la Compagnie de Lyon, tout pleins du grincement des scieries mécaniques et du fracas des chaudronneries.

Le nom de Daumesnil, du brave soldat répondant aux alliés qui l'invitaient à se rendre : « Quand on m'aura rendu ma jambe! » ce nom, répété sur les plaques d'émail bleu, annonce que nous approchons de Vincennes et de son bois, violemment coupé en deux sections par l'énorme bande de terrain appropriée au polygone de l'artillerie, au champ de manœuvres de l'infanterie et au champ de courses (1).

(1) Voir *Annexe méthodique des Renseignements spéciaux* 1re partie, chap. VIII, note 1.

Ce Bois, absorbé en partie par l'administration de la guerre, est la promenade créée, entretenue pour la population ouvrière. Il sert de Parc national à Sa Majesté le Peuple, tandis que le Bois de Boulogne est sillonné par les cavaliers à la mode et les brillants équipages de l'aristocratie de la race et de l'argent.

Gare de Vincennes

Aussi, le Bois de Vincennes a-t-il ses jours de fête et ses jours de chômage. Le samedi, il est fréquenté par les noces, à pied ou en carrosses, — comme dit la chanson. Les jours fériés, il est la proie des petits boutiquiers qui « ferment les dimanches et fêtes ». Dans les taillis, les culottes des tourlourous, semblables à des taches de sang ou à d'énormes coquelicots, apprennent au solitaire que le petit troupier français est toujours cher à Vénus, personnifiée sous les traits de quelque *Fille Élisa*, ou modestement coiffée du bonnet blanc d'une payse de *Germinie Lacerteux*. Les *sublimes* à l'œil émerillonné, au nez rouge comme la lanterne d'un commissaire, la tribu des travailleurs « qui demandent de l'ouvrage en priant le bon Dieu de ne pas leur en donner », la peuplade des ouvriers qui ont « un poil dans la main », les souteneurs, les rôdeurs viennent y *faire* délicieusement le *lundi*.

Toute une population irrégulière s'agite dans l'ombre des fourrés, derrière l'épaisseur des halliers, traquée souvent par les gardes du Bois et les agents de la Sûreté. Mais, fort heureusement pour les braves gens, ce dangereux gibier a peur du soleil et de la lumière, autant que les oiseaux de nuit. Les noces populaires, les troupiers et leurs payses, les ouvriers avec leur *gosse* aux cheveux ébouriffés, à califourchon sur leurs fortes épaules, circulent librement dans les grandes allées, autour des lacs d'où émergent les îles verdoyantes et fleuries, semblables à d'énormes bouquets trempant dans l'eau. Des escarpolettes improvisées sont suspendues aux arbres et des fillettes en robes claires s'y balancent au milieu des éclats de rire. Des rondes enfantines tournoient sur les airs de : *La Tour, prends garde!* ou de : *Il était une bergère...* Des « sociétés », assises sur l'herbe jaunie, font gaiement un repas composé de viande froide et de charcuterie. Ça serait tout à fait gentil, si elles ne laissaient point traîner de tous côtés le papier qui leur a servi de vaisselle.

Des ventres, blancs sous la chemise, et des trognes empourprées somnolent à l'ombre des arbres à l'écorce verdie. Le soleil qui filtre à travers les feuillages dore les cheveux de ces paisibles dormeurs. Les coccinelles se jouent dans les poils des larges barbes ensoleillées, et il est plus facile, pour une « bête à bon Dieu », de trouver un refuge sur une barbe humaine que sur une touffe de folle-avoine, le dimanche, au bois de Vincennes.

Ce lieu a pourtant aussi son public élégant, son public de *sportsmen*, qui, le soir, vont sabler le champagne au restaurant de la Porte-Jaune, et célébrer, la coupe en main, la victoire du favori de l'hippodrôme de Vincennes, ou se consoler de sa défaite. Aux jours de courses, l'avenue des Tribunes est parcourue par les énormes chars-à-bancs qui contiennent la foule des parieurs, les charrettes en bois verni des *bookmakers* et des marchands de chevaux, et les voitures d'horizontales qui espèrent grossir la cagnotte de Vénus des profits du pari mutuel.

Souvent, ce Bois tout plein de rires et de chansons s'éveille au grondement du canon, au crépitement de la fusillade, comme en un jour de bataille. L'artillerie et l'infanterie font l'apprentissage de la guerre sur le vaste polygone. Quand la fusillade s'arrête, des hommes hâves et déguenillés rampent au pied des buttes, autour des cibles, pour ramasser les balles perdues qu'ensuite ils iront revendre dans les boutiques de brocanteurs interlopes.

DEUXIÈME PARTIE

LE COURS DE LA SEINE

I

EN REVENANT DE BERCY

La Navigation sur la Seine. — Le port de Bercy. — L'Entrepôt. — Louis Veuillot. — Cartouche. — La Grand'Pinte. — Chand d'tonneaux ! — Le Vin et la Chimie et M. Pasteur. — Deux Gares. — Au Pont d'Austerlitz. — Le cheval d'Attila. — L'Ile Saint-Louis. — L'Hôtel Lauzun ou Pimodan. — L'Hôtel Lambert — La rue de la Femme sans tête.

Il y a dans tout Parisien un marin qui sommeille : marin d'eau douce ou loup de mer, *Yachtman* ou *Mathurin*. La seule navigation qui soit à sa portée, entre les murs de sa bonne ville, c'est celle de la Seine, du Pont-National (à Bercy) au viaduc du Point-du-Jour, à Auteuil.

Bercy n'est pas loin de Vincennes. Allons nous y embarquer ! Nul besoin de s'équiper du « suroit »,

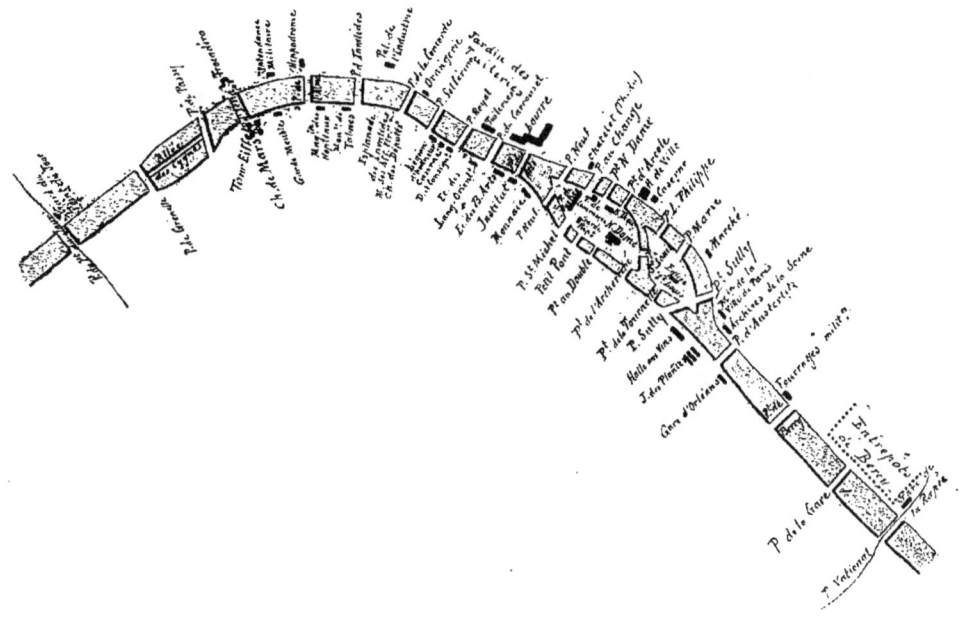

de se « *gréer* » de grosses bottes. Nul risque d'avoir à souffrir en route du « mal de Seine. »

Bercy est un port d'embarquement aussi agréable que pittoresque. Avant de s'installer sur le pont de la *mouche*, le voyageur peut se ravitailler en déjeunant finement et solidement. Bercy n'est pas seulement le pays du vin : c'est aussi le pays de la savante cuisine. Le château a disparu. Le parc est rasé. La demeure luxueuse de M. de la Râpée n'existe qu'à l'état de souvenir. Les splendeurs du passé sont mortes. « Mais, s'écrie Monselet, toutes les maisons sont des cabarets ! »

L'un d'eux était à l'enseigne du *Soleil d'Or*. Celui-là était tenu par la femme d'un tonnelier nommé Veuillot... Le fils de cet homme devait écrire un jour les *Odeurs de Paris*. Sans doute, il avait eu, en venant au monde, le cerveau chauffé aux fumées des caves de Bercy.

L'ancien village dont les vignerons de Bourgogne ont fait leur cellier eut un hôte fameux, un héros du crime et du roman : l'immortel Cartouche, qui habitait, à l'angle des rues de Charenton et de la Grange-aux-Merciers, une maison qui devint un cabaret illustre.

Le poète Auguste de Châtillon, mis en verve par de respectables et poudreuses bouteilles, le chanta dans ces vers truculents :

> A la *Grand'Pinte*, quand le vent
> Fait grincer l'enseigne en fer-blanc,
>   Alors qu'il gèle,
> Dans la cuisine on voit briller
> Toujours un tronc d'arbre au foyer
>   Flamme éternelle!

Par les fenêtres des cabarets bondés de gens hauts en couleur, entrent le vacarme et la joie du travail des Entrepôts.

Nous sommes en pleine Suisse des tonneaux. Voici un Saint-Gothard de fûtailles et un Mont-Blanc de barriques ! Foudres et feuillettes roulent des péniches

Entrepôt de Bercy

sur les quais. Les débardeurs déchargent les pièces. De vigoureux chevaux traînent les haquets en tirant à plein collier. Bercy reçoit des tonneaux pleins et renvoie des tonneaux vides. Ces gars au tablier de bure qui passent dans les rues de Paris en criant d'une voix forte « *Chand* d'tonneaux ! *Chand* d'tonneaux ! » brocanteurs habiles et madrés comme des Auvergnats, vous débarrassent pour une obole de vos fûts vides, en jurant sur la tête de leur grand-père qu'ils ne sont bons qu'à faire du feu.

Ne nous attardons pas aux délices. Arrière, bouteilles ventrues ! Par ce siècle tout à la chimie, quelle part faut-il faire à la vigne, et quelle part aux cornues? Tu entendras, ô voyageur, répéter vingt fois autour de toi ces mots qui ne sont pas français : Vinage, coupage, mouillage? N'as-tu pas discerné dans les fumées du vin le spectre rouge de la fuschine ? N'as-tu point soupçonné de sombres conspirateurs d'organiser la *vendetta* des maigres vendanges en se préparant à prendre le colorant maqui? N'y a-t-il pas non seulement le maqui, mais encore le maquillage?... On fait vieillir le vin comme on fait rajeunir les femmes. Pasteur, lui-même, s'en est mêlé... Et il a su bonifier le Bordeaux sur place tout comme s'il lui avait fait faire un voyage à Chandernagor ou Pondichéry ! Ça devient de la sorcellerie...

Pftt! pftt! Le bateau-mouche halète et souffle. Il nous appelle, il nous enlève, et le voilà qui file, laissant derrière lui un léger remous, voguant parmi les chalands et les péniches aux cabines blanches, au large gouvernail manœuvré à l'aide d'une longue barre, dépassant les longs trains de bois qui flottent lentement au cours de l'eau.

Le petit bateau nous entraîne entre deux rives commerçantes et industrielles. Ces bâtiments? Le magasin des fourrages militaires... La gare de Lyon à droite; à gauche, la gare d'Orléans (1). Les trains se

---

(1) Voir *Annexe méthodique*. II° partie, Chap. I, note 1.

croisent, les disques tournent, les camions se chargent et se déchargent au milieu des jurons, des claquements de fouet et des hennissements des nobles et lourds étalons.

Fleuve, quais, gares, magasins, sont autant de bouches du Gargantua, de la ville colosse, qui ab-

Gare d'Orléans.

sorbe et qui produit quotidiennement des denrées en quantité équivalente à la production et à la consommation d'un petit peuple, d'une grande province.

Coup d'œil admirable au pont d'Austerlitz (1). Le Jardin des Plantes, rempli de rugissements sourds et

(1) Voir *Annexe méthodique des Renseignements spéciaux*, chap. I, note 2.

de cris rauques, donne l'illusion d'une forêt peuplée de fauves en plein Paris. L'embouchure du canal Saint-Martin couvert de bateaux, bordé de chantiers, ouvre la perspective de la place de la Bastille. La mouche file devant les quais du Port et de la Halle aux vins fermée par des grilles, entourée de postes de

Gare de Lyon

douaniers à l'uniforme triste comme les murailles sombres des pavillons loués aux négociants du Bordelais, de la Côte-d'Or et des Charentes.

Déjà, le vieux Paris s'annonce. Voici le Pont Sully et les deux îles : l'île Saint-Louis et la Cité. Ces rives encaissées dans la pierre virent naguère le cheval d'Attila et les barques des pirates du Nord. L'âme de la Lutèce des consuls en tunique bordée de pourpre, et du Paris des Mérovingiens, lentement traînés par des bœufs, plane encore sur ces maisons grises, sur ces édifices séculaires.

Il n'y a guère plus de deux siècles que la Seine, emprisonnée sous ses quais, ne mord plus les berges et ne lèche plus le pied des maisons. De ces quais magnifiques, les Augustins et la Mégisserie sont les plus anciens.

Débarquons ici. La halte sera fructueuse...

Le clocher de Saint-Louis-en-l'Ile domine de sa flèche de 30 mètres taillée à jour les toitures de ce quartier paisible. Quinault a été enterré dans cette église qui possède une *Vierge* de Mignard; les *Pèlerins d'Emmaüs*, de Coypel; deux statues de Pierre et Paul, du sculpteur Bra.

Sur le quai d'Anjou, l'hôtel de Lauzun ou de Pimodan (2, rue Saint-Louis), a été admirablement restauré par les soins du baron Pichon. Il avait été construit pour un des hommes qui partagèrent la fortune de Fouquet, le financier Gruyn, dont le père avait tenu le fameux cabaret de la *Pomme de Pin*. Lauzun se livra, dans ce noble logis, à toutes les folies dont il était capable. Roger de Beauvoir y écrivit plus tard les *Mystères de l'Ile Saint-Louis*. Les souterrains de l'hôtel de Pimodan vont jusque sous la Seine. Il y avait là de quoi inspirer un auteur de roman-feuilleton.

Au n° 17 de ce quai d'Anjou, s'élève la fastueuse demeure des Czartoriski. La Restauration avait installé dans l'hôtel du président Lambert de Thorigny l'administration des lits militaires. La princesse Czartoriska sauva ces nobles murailles de la dévastation, de la ruine. Les décorations du *Salon de l'Amour*, qui sont l'œuvre de Lebrun, et celles de ce *Cabinet des Muses* où Voltaire, hôte de madame du Châtelet, traça le plan de la *Henriade*, ont été transportées au Louvre ; mais la galerie de Lesueur est demeurée intacte, restaurée entièrement par Delacroix avec une maîtrise admirable. Un jour de l'année 1815, on vit à l'hôtel Lambert Napoléon vaincu et pâle... Il venait conférer avec Montalivet.

De nombreuses rues ont conservé leur caractère et certaines, leur nom... Telle, la rue de la *Femme-sans-Tête*, où, sur une enseigne portant cette légende : « Tout est bon » une femme décapitée tenait un verre dans sa main.

II

LA CITÉ

I

L'ART ET LA CITÉ
LE PONT SAINT-LOUIS ET LA MORGUE

La Cité moderne vue par Émile Zola. — — La Cité au moyen âge reconstituée par Victor Hugo.

La Cité offre un admirable coup d'œil qui a inspiré, dans le roman, deux des plus grands écrivains du siècle.

Victor Hugo a écrit *Notre-Dame de Paris*. Zola, dans l'*Œuvre*, a rendu avec sa puissance de coloriste ce superbe panorama parisien.

« A toutes les heures, par tous les temps, écrit Zola, la Cité se leva devant Claude Lantier, entre les deux trouées du fleuve. Sous une tombée de neige tardive, il la vit fourrée d'hermine, au-dessus de l'eau couleur de boue, se détachant sur un ciel d'ardoise claire. Il la vit, aux premiers soleils, s'essuyer de l'hiver, retrouver une enfance, avec les pousses vertes des grands arbres du terre-plein. Il la vit, un jour de fin brouillard, se reculer, s'évaporer légère et tremblante comme un Palais des songes. Puis, ce furent des pluies battantes qui la submergeaient, la cachaient derrière l'immense rideau tiré du ciel à la terre; des orages, dont les éclairs la montraient fauve, d'une lumière louche de coupe-gorge, à demi détruit par l'écroulement des grands nuages de cuivre ; des vents qui la balayaient d'une tempête, aiguisant ses angles, la découpant sèchement, nue et flagellée, dans le bleu pâli de l'air. D'autres fois encore, quand le soleil se brisait en poussière parmi les vapeurs de la Seine, elle baignait au fond de cette clarté diffuse sans une ombre, également éclairée partout, d'une délicatesse charmante de bijou taillé en plein or fin. Il voulut la voir sous le soleil levant, se dégageant des brumes matinales, lorsque le quai de l'Horloge rougeoie et que le quai des Orfèvres reste appesanti de ténèbres, toute vivante déjà dans le ciel rose par le réveil éclatant de ses tours et de ses flèches, tandis que lentement, la nuit descend des édifices, ainsi qu'un manteau qui tombe. Il voulut la voir à midi, sous le soleil frappant d'aplomb, mangée de clarté crue, décolorée et muette comme une ville morte, n'ayant plus que la vie de la chaleur, le frisson dont remuaient les toitures lointaines. Il voulut la voir sous le soleil à son déclin, se laissant reprendre par la nuit montée peu à peu de la rivière, gardant aux arêtes des monuments les franges de braise d'un charbon près de s'éteindre, avec de derniers incendies qui se rallumaient dans des fenêtres, de brusques flambées de vitres qui lançaient des flammèches et trouaient les façades. Mais, devant ces vingt Cités différentes, quelles que fussent les heures, quel que fût le temps, il en revenait toujours à la Cité qu'il avait vue la première fois, vers quatre heures, un beau soir de septembre, cette Cité sereine sous le vent léger, ce cœur de Paris battant dans la transparence de l'air, comme élargi par le ciel immense, que traversait un vol de petits nuages. »

Telle est la Cité, à toutes les heures, en toute saison, reflétée par l'œil de Zola.

La voici au moyen âge, reconstituée par Hugo. Après la note moderne, le tableau archaïque, mouvementé, coloré comme un antique vitrail d'église gothique :

« La Cité, cette île semblable à un grand navire échoué au fil de l'eau, s'offrait d'abord aux yeux avec sa poupe au levant et sa proue au couchant. Tourné vers la proue, on avait devant soi un innombrable troupeau de toits, sur lesquels s'arrondissait largement le chevet plombé de la Sainte-Chapelle, pareil à une croupe d'éléphant chargée de sa tour. Seulement, ici, cette tour était la flèche la plus hardie, la plus ouvrée, la plus menuisée, la plus déchiquetée qui ait jamais laissé voir le ciel à travers son cône de dentelle.

Devant Notre-Dame, au plus près, cinq rues se détachaient dans le Parvis, belle place à vieilles maisons; sur le côté sud de cette place se penchaient la façade ridée et rechignée de l'Hôtel-Dieu, et son toit qui semblait recouvert de pustules et de verrues. Puis, à droite, à gauche, à l'Orient, à l'Occident, dans cette enceinte si étroite pourtant de la Cité, se dressaient les clochers de ses vingt-et-une églises de toutes dates, de toutes formes, de toutes grandeurs, depuis la basse et vermoulue campanile romane de Saint-Denys-du-Pas, jusqu'aux fines aiguilles de Saint-Pierre-aux-Bœufs et de Saint-Landry. Derrière Notre-Dame se déroulaient, au nord, le cloître, avec ses galeries gothiques; et au sud, le palais demi-roman de l'évêque; au levant, la pointe déserte du terrain. Dans cet entassement de maisons, l'œil distinguait encore, à ses hautes mitres de pierre percées à jour, qui couronnaient alors, sur le toit même, les fenêtres les plus élevées des palais, le gothique hôtel des Ursins; un peu plus loin, les baraques goudronnées du marché Palus; ailleurs encore, l'abside neuve de Saint-Germain-le-Vieux, et puis, par places, un carrefour encombré de peuple; un pilori dressé à un coin de rue; un beau morceau du pavé de Philippe-Auguste, magnifique dallage rayé par les pieds des chevaux, au milieu de la voie, et si mal remplacé au xive siècle par le misérable cailloutage dit pavé de la Ligue; une arrière-cour déserte, avec une de ces diaphanes tourelles de l'escalier, comme on en faisait au xive siècle, comme on en voit encore une rue des Bourdonnais. Enfin, à droite de la Sainte-Chapelle, vers le couchant, le Palais de Justice (ou de la Cité) asseyait au bord de l'eau son groupe de tours. Les futaies des jardins du

Roi, qui couvraient la pointe occidentale de la Cité, marquaient l'îlot du Passeur. Quant à l'eau, du haut des tours, on ne la voyait guère des deux côtés de la Cité : la Seine disparaissait sous les ponts, les ponts sous les maisons. »

II

LE PONT SAINT-LOUIS ET LA MORGUE

Les conférences du professeur Brouardel. — La Salle d'Exposition. — Photographies et défroques. — Le Jardin de la Morgue. — Les Queues. — Comment on enterre les cadavres. — Mœurs disparues. — Le chanoine Fulbert.

Le Pont Saint-Louis (1) (ancien Pont-Rouge) relie à la Cité l'île Saint-Louis, qui communique avec la rive droite (Quais Henri IV, des Célestins et de l'Hôtel-de-Ville) par les ponts Marie (2) et Louis-Philippe (3), et avec la rive gauche par le pont de la Tournelle, ainsi nommé en mémoire d'une tour élevée près de la porte Saint-Bernard, qui était la première au sud de l'enceinte de Philippe-Auguste.

Ce pont de la Tournelle (4) débouche entre les quais Saint-Bernard et de la Tournelle. A la descente du quai, deux maisons portent des inscriptions. L'une est celle du président Rolland, et l'autre celle de M. de Nesmond, où le distillateur Joanne a installé ses alambics.

A côté du pont Saint-Louis se dresse le pavillon de

(1) Voir *Annexe méthodique*. 1re partie, chap. II. Note I.
(2) Voir *Id*. Note II.
(3) Voir *Id*. Note III.
(4) Voir *Id*. Note IV.

la Morgue. Le professeur Brouardel y fait des conférences de médecine légale pratique très suivies. Si elle n'avait pas la clientèle de l'éminent professeur composée d'étudiants, de magistrats, d'avocats, la Morgue serait encore un des monuments les plus visités de Paris.

On ne rencontre pas seulement là des figures anxieu-

Hôtel Nesmond

ses, pâlies par la douleur et brûlées par les larmes. Des flâneurs sceptiques, des curieux avides d'émotions s'arrêtent à ce vitrage dressé devant les douze funèbres dalles de marbre sur lesquelles, voilés d'un étroit tablier de cuir, lavés par l'eau froide d'un robinet perpétuellement ouvert, sont étendus les cadavres, étalant au grand jour les plaies béantes des blessures, la bouffissure de l'immersion.

Toutes les nuits, un gardien veille pour recevoir les corps qui lui sont adressés avec l'autorisation d'un commissaire de police; car, autrement, la Morgue resterait impitoyablement fermée.

Les vêtements sont exposés à côté des photographies des morts qui n'ont pas été reconnus. On les classe ensuite. Naguère, ils étaient vendus, au

La Morgue

bout d'un certain laps, par l'administration des Domaines. Elle a renoncé à ce lugubre profit et fait brûler cette sinistre défroque.

Le personnage important de la Morgue est le greffier, aimable homme que l'on dit lettré et très friand de livres modernes. La Morgue a son jardinet... Les cimetières ont bien leurs fleurs!

Ce bâtiment a ses jours de succès et de vogue. Comme au théâtre, on y fait queue... Des queues

5.

de mille à quinze cents personnes, où les femmes — intrépides par curiosité — se trouvent en majorité. Les crimes à sensation provoquent cette affluence. On se rua à la Morgue pour voir les débris du corps d'Auguste Dautun, receveur de l'enregistrement. Même affluence pour la Belle Écaillère et pour la Bergère d'Ivry! Pendant plus de deux mois, on alla visiter le corps de l'enfant de la Villette, embaumé et couché sur un petit lit blanc, et dont le meurtre demeura un mystère. Chaque nouveau crime appelle une cohue nouvelle.

La Morgue est le musée des victimes. Ses funèbres pensionnaires ne la quittent que pour être transportés au cimetière, sur un fourgon spécial. Ils sont enveloppés d'une serpillière ; les inhumations n'ont lieu que la nuit. Les morts ne faisaient que passer sur ces dalles : l'installation d'appareils frigorifiques permet de conserver plus longtemps les cadavres et multiplie les facilités d'établir leur identité.

A quelques pas de la Morgue, derrière le chœur de Notre-Dame, s'ouvrent les grilles d'un petit square, orné d'une ancienne et jolie fontaine. (1)

Dans cette Cité où nos premiers rois eurent leur Palais, où la populace se ruait en vociférant autour des criminels publiquement exposés, les écoliers venaient entendre leurs maîtres sur la paille fraîche et foulée dont était jonché le Clos Notre-Dame.

Tout comme les joyeux enfants du nouveau Pays Latin, à côté des lieux de travail, les escholiers eurent leurs lieux de plaisir et de débauche. Sous le règne mystique de saint Louis, un Val d'Amour ouvrait ses

(1) Voir *Annexe méthodique*. Chap. II. Note V.

rues chaudes, non loin du Clos. Les gentes ribaudes, finement parées, lisaient leurs prières en de riches missels, assises devant leurs maisons, offrant à ceux qui passaient du vin parfumé d'épices versé dans des gobelets d'argent. (1)

Les marchands ambulants poussaient leurs cris : « Des aiguilles pour du vieux fer ! De l'eau pour du pain ! »

Le logis du chanoine Fulbert était proche. On en reconnaît la place aux médaillons d'Héloïse et d'Abailard qui ornent la maison portant le n° 9 de l'ancien quai Napoléon.

Les grands travaux d'édilité qui, bouleversant la Cité, firent surgir, de ce sol remué et fouillé par tant de générations, les monuments du Paris nouveau à côté des superbes pages architecturales du Moyen Age, ont détruit les vestiges anecdotiques et chassé les souvenirs. Il faut relire Eugène Sue pour retrouver la description de ces ruelles tortueuses et les hideurs des tapis-francs de la *rue aux Febvres*, peuplée primitivement de marchands drapiers, et dénommée plus tard par corruption « rue aux Fèves. »

(1) Dictionnaire Larousse.

III

NOTRE-DAME DE PARIS

La Pose de la première pierre de Notre-Dame. — Mutilations successives. — La façade principale. — Les faces septentrionale et méridionale de Notre-Dame. — La Porte rouge. — Comment s'éclaire Notre-Dame. — Le Chœur. — Le grand orgue.

La merveille de Paris, le joyau incomparable de la Cité, est cette église de Notre-Dame, magistrale symphonie de pierre que la plume géniale de Victor Hugo traduisit en prose sublime.

La première pierre en fut posée l'an 1163 par le pape Alexandre III. L'édifice fut achevé en 1235.

De 1699 à 1845, la cathédrale subit une série de mutilations : d'abord par suite de l'exécution du vœu de Louis XIII qui fit dégrader le chœur, détruire le jubé, les stalles du quatorzième siècle, le maître-autel, ses colonnes de cuivre et ses châsses; puis, par la complaisance de Soufflot qui consentit à supprimer le trumeau de la grande porte occidentale et à entailler la partie inférieure du tympan pour y introduire l'arc de la nouvelle porte qui allait offrir un plus large passage à la pompe religieuse des processions.

La Révolution, malgré les efforts de Chaumette, passa comme une bourrasque sur le monument, respectant l'ensemble de son architecture, mais s'acharnant sur les rois et les reines de pierre, les jetant bas de leurs niches dentelées où ils trônaient couronne en tête et sceptre en main, installant sur le maître-autel, à la place de la Vierge invoquée par Louis XIII, la figurante Maillard métamorphosée en déesse Raison.

Ce fut seulement en 1845 que la Chambre des Députés vota, sur la proposition de Montalembert, la restauration de Notre-Dame de Paris. Les travaux, conduits par Lassus et Viollet-Leduc, furent terminés en 1864.

Notre-Dame.

La superficie de Notre-Dame, bâtie en forme de croix latine, est de 126^m,68 de long sur 48^m,07 de large. Sa hauteur mesure 33^m,77.

La façade principale à l'Orient, — c'est-à-dire du côté du Parvis — offre l'aspect de trois étages sectionnés en autant de parties verticales par quatre contreforts qui s'élèvent jusqu'au sommet.

Au premier étage, les trois portails creusés en ogive,

surmontés d'une galerie de vingt-huit niches royales. Au deuxième, l'immense rosace centrale, de 14 mètres de diamètre, aux meneaux d'un travail exquis, flanquée de ses deux fenêtres latérales « comme le prêtre, du diacre et du sous-diacre (1). »

Au troisième, « la haute et frêle galerie d'arcades à trèfles, qui porte une lourde plate-forme sur ses fines colonettes (2) », et fait communiquer les deux noires et massives tours, avec leurs auvents d'ardoises, hautes de 68 mètres. (C'est-à-dire une hauteur dépassant le double de celle du monument.)

En la mesurant du linteau, la *Porte du Jugement* (portail central), est haute de 7 mètres. Son trumeau, qui a été heureusement rétabli, est orné d'une belle statue du Christ, de M. Geoffroy-Dechaume, dont on retrouve la main habile dans toutes les parties de Notre-Dame où l'architecte a eu besoin du concours du statuaire. Les jambages ornés des statues des apôtres reposent sur un soubassement formé de deux rangs de médaillons. Le rang supérieur représente douze vertus ; et le rang inférieur, les douze vices opposés à ces vertus.

Le tympan est décoré d'une vaste composition répartie en trois étages superposés. Au sommet, le Christ est assis sur son trône entre deux anges porteurs des instruments de la Passion. A droite, Marie et, à gauche, Jean, intercèdent pour les pécheurs. Au pied du trône de Jésus, le Pèsement des âmes, la Marche des élus vers le ciel, la Chute des réprouvés en enfer. Plus bas enfin, formant linteau, la première scène du Jugement : la Résurrection des morts.

(1) Victor-Hugo. *Notre-Dame de Paris.*
(2) *Id.*   *Id.*

Ces figures décoratives étaient colorées et le nimbe du Christ a conservé des traces de dorure.

Sur les voussures, six rangées successives de décorations : la cour céleste des anges, des prophètes, des docteurs, des martyrs ; les vierges sages, portant droites leurs lampes et les vierges folles, les tenant renversées ; Abraham recevant les élus dans son sein ; Isaac et Jacob ; la Jérusalem céleste. Puis, la Mort, sur le cheval pâle de l'Apocalypse qui se cabre, escortée de démons armés de crocs qui font souffrir aux damnés des tortures effroyables et les plongent dans une chaudière couverte de crapauds.

La *Porte de la Vierge* (portail de gauche), qui a reçu son nom de la statue du trumeau représentant Marie, l'enfant Jésus sur le bras gauche, un bouquet dans la main droite, n'a que 5 mètres d'élévation. Dans chaque ébrasure, quatre statues : à droite, saint Jean-Baptiste, saint Etienne, sainte Geneviève, saint Sylvestre ; à gauche, Constantin, saint Denis portant sa tête, et deux anges. Une femme qui tient des plantes et une autre, assise sur un poisson, près d'une barque, forment le principal décor des jambages et symbolisent la Terre et la Mer. Sur les deux faces de chacun des pieds-droits de la porte, trente sept bas-reliefs composent un véritable almanach de pierre reproduisant les travaux qui caractérisent les saisons et les figures du Zodiaque.

Le tympan de ce portail présente la même ordonnance que celui du centre. Dans la partie supérieure, la Vierge est couronnée après avoir été ensevelie par son fils et par les apôtres. L'ornementation du linteau représente trois rois et trois prophètes étudiant un long phylactère. Un rinceau d'une incomparable architecture encadre les voussures décorées de figures d'anges, de patriarches, de rois, d'ancêtres de la Vierge, et de prophètes.

La *Porte Sainte-Anne* ou *Saint-Marcel* (portail de droite), est la plus ancienne de toutes. Viollet-Leduc est d'avis qu'il y entre des fragments d'une porte de l'ancienne église de Saint-Etienne.

Un Saint-Marcel d'une longueur énorme, appuyé sur le dragon, sort de la tombe d'une femme adultère. De chaque côté, quatre statues modernes encadrent le portail. A droite, saint Paul, le roi David, Bethsabée et Salomon. A gauche, saint Pierre, la reine de Saba et deux rois du Vieux Testament.

Le tympan et les voussures sont consacrés à la Vierge : le grand-prêtre refuse les présents des parents de Marie qui supplient Dieu de faire cesser leur stérilité ; un ange annonce à sainte Anne la naissance de Marie ; la Vierge prie dans le Temple ; le bâton de Joseph se couvre de fleurs tandis que les bâtons de quatre jeunes gens, qui prétendent également à la main de Marie, ne fleurissent point. Marie quitte sa famille. L'ange rassure Joseph sur l'innocence de la Vierge, Joseph implore son pardon. Ce sont ensuite l'Annonciation, la Visitation, la Nativité, l'Adoration, Hérode et les Mages... Puis, la Vierge portant l'Enfant Jésus domine cette succession de scènes reproduisant les principaux épisodes de sa vie.

Les vantaux de bois des trois portails sont revêtus de pentures de fer forgé d'un travail admirable. Les pentures du centre sont attribuées à un nommé Biscornette que le populaire accusa d'avoir fait un pacte avec le diable.

Au Nord et au Midi, la cathédrale offre deux autres portails.

Le portail méridional, *Porte des Martyrs* fut, ainsi que l'atteste une inscription, commencé en 1527 par le maçon Jean de Chelles. C'est le seul des architectes de Notre-Dame dont le nom ait subsisté. Ce portail

présente la même disposition que celui du Nord. Une porte à deux baies encadre un Saint-Etienne de M. Geoffroy-Dechaume. Les statues des dix apôtres, qui forment les jambages, sont modernes. Les sculptures du tympan représentent la vie de saint Etienne et Jésus bénissant le martyr.

La *Porte du Cloître* (portail septentrional) donnait accès aux maisons des chanoines. Elle est consacrée à la gloire de Marie. C'est l'image de la Vierge qui orne le trumeau. C'est l'histoire de sa vie qui illustre le tympan. L'artiste a retracé dans la pierre la naissance du Christ; la crèche, l'âne et le bœuf réchauffant l'Enfant divin de leur souffle ; Joseph assis, Marie présentant Jésus au vieillard Siméon ; Hérode, inspiré par un petit démon, donnant l'ordre d'égorger les nouveaunés ; le massacre des Innocents et la fuite en Egypte. Ce tympan est divisé en trois zones. Cette légende emplit la première. La légende du diacre Théophile, qui vendit son âme au démon et fut délivré par la Vierge, emplit les deux autres.

Sur cette même face septentrionale, sous la fenêtre de la troisième chapelle du chœur en comptant du portail, se trouve la Porte Rouge qui fut percée à l'usage des Chanoines, baie ogivale coiffée d'élégantes aiguilles, surmontée d'un pignon évidé en trèfle orné de crossettes et de fleurons, aux ébrasures garnies de colonnettes et de niches, aux stylobates fourmillant d'animaux, de figurines et de centaures armés d'un arc. Sur les tympans : les armes de saint Louis et de Marguerite de Provence, sa femme. Sous les voussures, les épisodes de la vie de saint Marcel.

Il a été dit plus haut que Notre-Dame avait la forme d'une croix latine. Sept chapelles ont été construites, sur chaque façade latérale, entre les contreforts. La cathédrale en contient trente-neuf, en totalité.

Elle est ornée, à l'extérieur, de plus de 1200 statues. Cent vingt colonnes se dressent à l'intérieur. Cent huit colonnettes soutiennent la galerie circulaire qui règne autour de la grande nef et du chœur. Outre les trois roses des façades Ouest, Nord et Sud, Notre-Dame reçoit le jour par cent treize fenêtres.

Viollet-Leduc s'est appliqué à rendre au chœur sa physionomie primitive que lui avaient enlevée les travaux exécutés sur l'ordre de Louis XIII. Le maître-autel a été réédifié sur l'ordonnance de celui du xvii° siècle. Le chœur a été restauré avec le même respect et la même science du passé. Le jubé qui séparait le chœur de la nef a été remplacé par deux ambons de marbre et une grille d'une grande beauté.

Le chœur renferme 52 stalles hautes et 26 basses, dont les boiseries sont magnifiques. La clôture du chœur, en boiseries primitivement peintes et dorées, (dont plusieurs parties ont été enlevées en même temps que le jubé), mérite d'être examinée avec une longue attention. Elle reproduisait intégralement l'histoire de la Passion.

L'orgue a été réparé par M. Cavaillé-Coll. Ses 86 jeux sont manœuvrés par 110 registres distribués sur cinq claviers à main et un clavier à pieds. La machine colossale a une étendue de dix octaves et vingt-deux pédales de combinaisons. Elle absorbe l'air comprimé par six paires de pompes fournissant 600 litres à la seconde et vomit, par les tubes de 6.000 tuyaux, un son assez large, assez puissant, pour emplir cet immense vaisseau de Notre-Dame couvert d'une charpente tellement fournie qu'elle a été appelée « la Forêt », tellement solide qu'elle supporte sans faiblir, sur l'enchevêtrement de ses énormes bras de cœur de chêne, un poids total de 210,120 kilogrammes de plomb.

A l'extrémité sud du chœur, une sacristie légère

comme une dentelle est l'œuvre de Viollet-Leduc. Elle renferme le trésor (1). Tout près de la cathédrale, s'élève la maison de l'archiprêtre.

Il faudrait des mois pour admirer les boiseries, les tableaux, les statues de Notre-Dame, les richesses et les souvenirs de chacune de ses chapelles.

Abside de Notre-Dame

En sortant de la vieille église métropolitaine, en jetant un dernier regard sur le profil du vaste édifice, le cerveau subit une sorte d'hallucination. Cette forêt de clochetons, de gargouilles monstrueuses aux gueules emblématiques et d'aiguilles dressées dans le ciel ; ces ogives, ces trèfles, ces mascarons semblent vivre

---

(1) Voir *Annexe méthodique*. IIe Partie, Chap. II, Note VI.

et s'animer autour de la flèche de 45 mètres hérissée de chapiteaux, de ciselures et de crochets.

Le visiteur reste les pieds cloués sur le parvis, croyant que les cloches vont carillonner, les orgues gronder, les portails s'ouvrir pour laisser passer le cortège de l'Assomption s'avançant sur un sol jonché des fleurs et portant comme le dragon d'osier terrassé par saint Marcel au jour des Rogations, ou pour laisser voir, au fond de l'église métropolitaine, le chœur rempli du vol des pigeons et des passereaux et de l'embrasement des langues de feu faites d'étoupes enflammées — comme dans les fêtes de la Pentecôte !

IV

L'HOTEL-DIEU ET LE TRIBUNAL DE COMMERCE

Voyez pour messieurs vos malades ! — Une Consigne. — Sauval et le vieil Hôtel-Dieu. — Les bâtiments. — Le Palais de la souffrance. — Le Dôme du Tribunal de commerce. — Les Faillites. — Le galant agréé. — Les Prudhommes.

A droite de Notre-Dame, sur le parvis, se dresse un édifice monumental.

Les dimanches et jeudis, la foule se presse devant cet édifice dont les portes latérales vont s'ouvrir à une heure : à gauche pour les hommes ; à droite pour les femmes. Des marchands chargés de paniers de biscuits, de sucre d'orge et d'échaudés, ou poussant devant eux des voitures d'oranges, crient d'une voix persuasive et invitante : « Voyez, messieurs et dames, voyez pour messieurs vos malades ! »

Tous ces visiteurs qui viennent à l'Hôtel-Dieu consoler un être cher, contempler la face amaigrie et ravagée d'un moribond, sont fouillés avant d'entrer dans l'hôpital. Précaution sage ! On a trouvé sur ces imprudents des bouteilles d'alcool et d'absinthe, des bocaux de fruits à l'eau-de-vie, et jusqu'à l'assaison-

Hotel - Dieu

nement d'une salade... La consigne, si sévère, s'incline respectueusement devant les fleurs, même devant celles qui dégagent les plus capiteuses senteurs : les jacinthes et les tubéreuses... « Dans la salle Sainte-Marthe, écrit M. Maxime du Camp à qui sont empruntés ces détails (1), j'ai vu un moribond qui

(1) Maxime Du Camp. — *Paris*.

pleurait en regardant une branche de lilas que sa femme venait de lui apporter. »

Sauval disait au dix-huitième siècle : « On voudrait bien que les malades ne fussent pas tous ensemble dans un même lit, à cause de l'incommodité, n'y ayant rien de si importun que de se voir couché avec une personne à l'agonie et qui se meurt. » Trélat vit encore, il y a 50 ans, deux malades couchés côte à côte.

Rien ne fut plus misérable, plus pestilentiel, plus terrifiant que le vieil Hôtel-Dieu de Paris. Le nouveau pécherait au contraire par magnificence. Sa création d'après le plan exécuté sur l'emplacement actuel, la valeur des terrains, le luxe des bâtiments ont provoqué les plus vives critiques de la part du corps médical. L'édilité n'en a point tenu compte, voulant à tout prix qu'un Hôtel-Dieu superbe subsistât dans le voisinage de Notre-Dame et que la Cité fût couverte de monuments.

L'établissement moderne se compose de trois corps de bâtiments, dont la façade principale donne sur le Parvis-Notre-Dame. Sur les trois autres façades, il est bordé par la rue de la Cité, le Quai aux Fleurs (1) et la rue d'Arcole. Le premier bâtiment est affecté à l'administration : aux bureaux, salles d'attente, cabinets des médecins, salles de pansements, logements des fonctionnaires et des internes. Le deuxième est une longue construction flanquée de six pavillons séparés par des préaux plantés d'arbres et entourés de galeries. Les trois pavillons de droite reçoivent les hommes. Ceux de gauche sont réservés aux femmes. Le troisième bâtiment, ayant entrée sur le quai, con-

(1) Voir *Annexe méthodique*. Chap. II, Note VII.

tient une chapelle, la salle des services funéraires, l'amphithéâtre d'anatomie et la lingerie. Les cuisines, buanderies et magasins sont installés dans les sous-sols. Les leçons de clinique sont professées dans les deux amphithéâtres de la grande cour.

Cette construction hospitalière, élevée sur un terrain d'environ 22,000 mètres, a coûté une cinquantaine de millions. L'Hôtel-Dieu contient à peine 500 lits !

On peut dire que la ville de Paris a doté d'un palais la maladie et la souffrance. N'est-il pas imprudent et insensé de mettre autant de luxe et d'ostentation dans une charité désarmée contre l'extension permanente de la misère ?

Du même côté du Parvis, où surgit près du quai la colossale statue équestre du Charlemagne de Rochet, s'élève le Tribunal de commerce, formant l'angle du quai et du boulevard du Palais. Ce tribunal siégeait primitivement dans un hôtel de la rue du Cloître-Saint-Merri. (Aujourd'hui rue des Juges-Consuls). Il s'installa ensuite à la Bourse. En 1860, un local particulier fut reconnu indispensable à son fonctionnement.

Le Palais de la justice consulaire a été construit par l'architecte Bailly. De loin, il se reconnaît à son dôme bizarre, que M. Frédéric Thomas a comparé à un couvercle mobile tournant sur un diorama. L'extérieur en est décoré de cariatides de Carrier-Belleuze et de statues, parmi lesquelles la *Justice*, d'Elias Robert, la *Prudence*, d'Eudes, la *Loi*, de Chevalier. Son grand escalier à double rampe reçoit le jour de la coupole et est orné de statues.

Au premier étage, à droite, au-dessus d'une porte, est gravée une inscription qui révèle bien des luttes, bien des douleurs : Salle des faillites... A gauche, dans la salle d'attente qui précède la salle d'audience, décorée par le pinceau de Robert Fleury, de Jacob et de Denuelle, des groupes de plaideurs, des agréés... On rit soudain. On entend une voix de femme... C'est elle d'une actrice qui plaide contre sa couturière ou

Tribunal de Commerce

son tapissier, ces exploiteurs éternels des femmes de plaisir, et qui explique son affaire à un agréé galant — car il y en a.

Un peu plus loin, un gros homme au menton bleu, au teint rouge, fait avec ses bras des mouvements d'ailes de moulin au milieu de gens de loi qui l'écoutent, indifférents, désabusés... C'est un comique qui vient d'être condamné à payer à son directeur le dédit stipulé par un traité en bonne forme. Enfin, toute la séquelle des gens d'affaires et des plaideurs...

Une partie des bâtiments du Tribunal de commerce est affectée aux conseils des Prudhommes, qui ont leur salle spéciale des Pas-Perdus, ainsi qu'une salle réservée à l'exposition des dessins de fabrique.

Le palais de nos juges consulaires occupe la place de l'ancien bal du Prado où la jeunesse des écoles et de la basoche passa de si joyeuses nuits. C'est là qu'était également le café d'Aguesseau où les gens du Palais descendaient en robe et en toque, la serviette de chagrin sous le bras, se rafraîchir en continuant à pérorer — ce qui altère formidablement.

V

LE PALAIS DE JUSTICE

La Cour du Mai et la Basoche. — Le Montoir aux mules. — Le Palais des rois. — La Salle des Pas-Perdu. — La Grand' salle. — La Table de marbre. — La Grande chambre. — La Conciergerie et ses tours. — Les cuisines de Saint-Louis. — Les chats du greffe. — Les Assises. — Les Curieuses. — Le Jury. — La Cour, Messieurs ! — Le Verdict. — La galerie des Merciers. — Le Dépôt. — La salle des *Habits noirs*. — Le Petit-Parquet. — Les Juges d'Instruction.

De l'autre côté du boulevard du Palais, s'étend le vaste quadrilatère du Palais de Justice.

Une grille monumentale, en fer forgé et doré, chef-d'œuvre de serrurerie datant de Louis XIV, borde la cour d'honneur et relie deux pavillons d'avant-corps d'ordre dorique, à fronton triangulaire. Cette cour s'appelait encore Cour du Mai. Tous les ans, les clercs de la basoche y plantaient en effet, le dernier samedi de mai, un chêne arraché dans la forêt de Bondy. La *Revue* annuelle, ou *Monstre générale* des Basochiens, y avait lieu de même, « au son des tambours et fifres, » et le Parlement vaquait en l'honneur de cette

Palais de Justice

fête traditionnelle. Au bas du grand perron, était installé un montoir à l'usage des magistrats qui arrivaient montés sur leurs mules, ces mules dont Pantagruel coupait l'estrivière, de sorte que « quand le gros enflé de conseiller ha pris son bransle pour monter sus, ils tombent tous plats... » C'est dans cette cour que les condamnés étaient exposés et que le bourreau brûlait les livres.

Un perron élevé, démesurément large, donne accès au pavillon central. Un drapeau flotte sur son dôme quadrangulaire qui supporte une horloge colossale.

Le Palais de Justice, un des plus anciens monuments de Paris, fut d'abord — ainsi qu'il a été dit antérieurement — la demeure de nos premiers rois. C'est indiquer son antiquité que rappeler au visiteur qu'il fut rebâti par Saint Louis. François Ier y résida temporairement. Henri II l'abandonna au Parlement, qui le garda. Sous le règne de Philippe-Auguste, certains appartements n'étaient pas meublés. Des bottes de paille y tenaient lieu de siège.

Les portes du pavillon central ouvrent sur un vestibule où sont installés les vestiaires des costumiers qui louent des robes aux avocats, à peu près à cette place décrite par Boileau :

> Où, sans cesse étalant bons et mauvais écrits,
> Barbin vend aux passants des auteurs à tous prix.

Ce vestibule forme une galerie aboutissant à gauche à la Sainte-Chapelle, à droite à la salle des Pas-perdus.

Cette salle offre, vers onze heures du matin, le spectacle le plus animé. Les plaideurs, les avoués, les clercs, se dispersent dans toutes les directions. Les avocats affairés, chargés de volumineux dossiers, agitent leurs grandes manches noires, boutonnent leur robe en courant, rajustent un rabat trop vite attaché. C'est le moment du coup de feu, le moment où se prépare tout le travail de la journée. Puis, la ruche bourdonnante va rentrer dans le calme. De jeunes maîtres, dénués encore de renommée et de clientèle, font les cent pas, la toque victorieusement inclinée sur l'oreille. De vieux défenseurs de la veuve — auxquels l'orphelin manque et la veuve fait défaut — se consolent de leur silence à la barre en ergotant, en jacassant dans des robes fanées et roussies. En hiver, des flâneurs se chauffent autour des poêles. En toutes saisons, des visiteurs s'arrêtent devant la statue de Malesherbes, froide production de Bosio, ou devant celle de Berryer, œuvre remarquable de Chapu. Des gardes se tiennent devant les portes de la Chambre civile et criminelle de la Cour de cassation, de la quatrième Chambre de la Cour d'appel, des première et cinquième Chambres du Tribunal. Un escalier de pierre, faisant vis-à-vis au monument de Malesherbes, conduit aux trois autres Chambres de première instance.

La salle des Pas-Perdus mesure 73 mètres de longueur sur 28 de largeur. Elle offre au regard deux nefs parallèles, dont les voûtes en berceau se joignent en s'appuyant sur d'énormes piliers reliés entre eux par des arceaux. Des œils-de-bœuf et de larges baies surmontées de demi-rosaces, éclairent magnifiquement ce décor du vaste antichambre de la procédure.

Brûlée en 1617 et en 1871, cette salle des Pas-Perdus est à peu près semblable à celle qui fut reconstruite à la première de ces dates par Salomon de Brosse et s'élève sur l'emplacement de cette grande salle qui servit de cadre à tant de tableaux dramatiques de notre histoire reconstitués par la plume de Victor Hugo.

« A quelques pas de nous, un énorme pilier, puis un autre, puis un autre, en tout sept piliers dans la longueur de la salle. Autour des quatre premiers piliers, des boutiques de marchands, toutes étincelantes de verre et de clinquant : autour des trois derniers, des bancs de bois de chêne, usés et polis par le haut-de-chausse des plaideurs et la robe des procureurs.

» Alentour de la salle, le long de ces hautes murailles, entre les portes, entre les croisées, entre les piliers, l'interminable rangée des statues de tous les rois de France, depuis Pharamond : les rois fainéants, les bras pendants et les yeux baissés ; les rois vaillants et bataillards, la tête et les mains hardiment levées au ciel. »

Le plafond en était lambrissé de sculptures en bois et le sol dallé de marbre blanc et noir.

Cette grand'salle avait été élevée par l'ordre d'Enguerrand de Marigny et inaugurée par Philippe le Bel qui allait envoyer au gibet de Montfaucon son trop puissant ministre. Les fêtes d'apparat y étaient célébrées. Les rois y reçurent l'hommage des vassaux. Ils y solennisèrent leurs entrées, avènements et mariages. Ce fut là qu'ils tinrent les cours plénières et qu'ils assemblèrent les États généraux. Là encore était la fameuse table si longue, si large, si épaisse que jamais on ne vit « pareille tranche de marbre au monde. »

Sur cette table se jouèrent les mystères de la Passion, farces, moralités, sotties, et se rendirent les jugements des maréchaux. Dans cette salle, le prévôt des marchands Marcel égorgea Robert de Clermont et le maréchal de Champagne. La Ligue la traversa comme une trombe. Pendant la Fronde, Retz, le coadjuteur, cachant sous son rochet un poignard que le peuple appelait « le bréviaire de notre archevêque », Retz y pénétrait et, sans le secours du fils du président Molé, risquait d'être étouffé par la Rochefoucauld entre deux battants de porte, en voulant forcer la Grand'Chambre, cette Grand'Chambre, aujourd'hui Chambre civile et criminelle de la Cour de cassation, où la Révolution installa son tribunal de cassation, puis son tribunal révolutionnaire, où, parmi tant d'autres, furent prononcées les sentences de mort de la reine Marie-Antoinette, des Girondins, de Charlotte Corday, de Mme Roland et de la du Barry, folle de terreur.

Il faut visiter la partie du Palais bordée par le quai de l'Horloge, si l'on veut rechercher les lieux qui ont conservé le plus de vestiges du passé (1).

D'abord, à l'angle du boulevard, la tour avec le cadran bleu à fleurs de lys d'or de l'horloge restaurée par Toussaint et Flandrin, la vieille horloge qui marqua l'heure du massacre de la Saint-Barthélemy. Puis, sur la face latérale, c'est-à-dire sur le quai : la Conciergerie, dite Maison de Justice, avec sa porte ogivale et sa façade flanquée de trois tours rondes.

L'une s'appelait la *Tour d'Argent* et contenait le Trésor royal ; l'autre *Bon Bée* ou *Bon Bec*, parce que l'on y appliquait la question — ce qui donnait bon bec aux patients. Celle-là renfermait en outre deux oubliettes recouvertes de chausse-trapes. La troisième, élevée sur des fondations romaines et couronnée de créneaux, reçut le nom de Tour de César.

La Conciergerie sert de prison. Les anciennes cuisines de saint Louis aux voûtes énormes, aux cheminées où rôtissaient des bœufs entiers, ont été converties en cachots. Les accusés sont détenus dans

---

(1) Voir *Annexe méthodique des Renseignements pratiques*, IIe partie, chap. II, note 8.

ces bâtiments avant de comparaître aux Assises et ils y demeurent, après avoir été jugés, pendant le délai qui leur est accordé pour se pourvoir en cassation. Le séjour des prisonniers dure rarement là plus de quinze jours. Le régime est relativement doux.

On a conservé la lampe qui éclaira Marie-Antoinette.

Palais de Justice

Sa prison a été transformée en chapelle ; et le caveau où fut déposé Robespierre, couvert de sang, a été affecté à la sacristie. Les autres prisonniers célèbres de la Conciergerie furent Bailly, Malesherbes, le vertueux défenseur de Louis XVI, Mme Roland, Camille Desmoulins, Danton, Fabre d'Eglantine, Cadoudal, les quatre sergents de la Rochelle, Teste, Béranger, Proudhon. Pendant l'instruction de l'affaire de Boulogne, le prince Louis-Napoléon fut logé à l'infirmerie.

La Conciergerie sert également de prison au Tribunal de Police. On avait surnommé Quartier des cochers ce coin de la prison — parce qu'il était le plus fréquemment peuplé par nos automédons qui venaient y subir un ou deux jours d'incarcération. Le Quartier des cochers est maintenant à la Petite Roquette. La garde de Paris et la gendarmerie de la Seine sont chargées de ce service. C'est dans cette partie du Palais que sont installés le Dépôt des archives — qui est immense — et le Dépôt du greffe où sont entassées les pièces à conviction : des *fac-simile* de maisons où ont été commis des crimes, des pinces-monseigneurs, des fausses clefs, des gourdins, des revolvers : défroques et ferrailles vendues tous les cinq mois par le Domaine et gardées contre les souris et les rats par un formidable régiment de chats !

La façade occidentale du Palais tournée vers le Pont-Neuf s'élève sur un large perron à triple escalier. Elle est ornée de statues allégoriques. Huit colonnes la supportent. Deux lions décorent le pied de l'escalier central.

Sur le perron, trois portes de bronze servent d'entrée au vestibule qui communique par un escalier de pierre à double rampe et en fer à cheval à la Salle des Assises.

Cette salle est éclairée par sept grandes fenêtres. Elle est décorée d'un Christ de Bonnat, placé derrière le bureau du tribunal, et de peintures du même artiste.

La partie réservée au public est de médiocre grandeur. Elle est envahie par une foule avide aux jours de procès à sensation ou à scandale. Dès que ces « causes célèbres » renferment quelque circonstance romanesque ou passionnelle, un public spécial et très parisien se livre à mille intrigues, à tout un jeu diplomatique, pour suivre les débats depuis la lecture de l'acte d'accusation par le greffier jusqu'à la sentence rendue par le président. M. Alexandre

Palais de Justice

Dumas vient chercher aux Assises la position de nouveaux problèmes sociologiques dont il trouvera plus tard la solution. Des journalistes y étudient à la loupe le document vivant. Des philosophes, des médecins, des artistes connus occupent les places d'honneur derrière les sièges des magistrats. J'ai vu ainsi, grâce à la courtoisie d'un jeune substitut, quelques procès retentissants, parmi lesquels celui de Mlle Marie Bière acquittée sur une des dernières plaidoiries de Me Lachaud. Les femmes abondent à ces audiences :

comédiennes, grandes dames et filles galantes, dans une étrange promiscuité — ce qui fit dire à un président d'Assises ce mot fameux rappelé par M. Maxime Du Camp :

« La cause que nous allons entamer contient des détails inconvenants ; aussi j'engage les honnêtes femmes à se retirer. » Personne n'ayant bougé, le président ajouta : « Audiencier, maintenant que les honnêtes femmes se sont éloignées, faites sortir les autres ! »

Avant l'audience, l'accusé a reçu l'acte d'accusation et le président doit s'en assurer par lui-même. C'est devant l'accusé que l'on procède au tirage des jurés qui s'installent assez tumultueusement à leur banc. Ils trouvent à leur place de l'encre, du papier, des plumes, un flacon de vinaigre, précaution indispensable pour des nez qui vont respirer certaines pièces à conviction posées sur une table placée devant le tribunal, dûment scellées et étiquetées.

Le premier frisson est causé par l'entrée de l'accusé, qui s'assied entre des gendarmes, à droite du public, près du banc des journalistes. Toutes les jumelles sont braquées sur lui comme sur une première danseuse.

L'huissier frappe à une porte : « La Cour, messieurs ! » Et les robes rouges font grande impression dès qu'elles paraissent.

Le public : avocats, gendarmes, accusé se lèvent.

La lecture de l'acte d'accusation et les préliminaires sont accueillis avec la même indifférence qu'un lever de rideau. L'audition des témoins excite tour à tour l'hilarité, l'indignation, la colère. Dans toutes les causes célèbres, un concierge se charge généralement de donner la note grotesque et hilarante. Il y a toujours redoublement de curiosité à l'audition du médecin légiste et les experts en écritures se chargent de mêler à cette note grave un élément bouffon. M. Maxime du Camp révèle une particularité curieuse pour l'observateur qui veut se rendre compte du degré d'émotion du prévenu. Cette émotion se traduit par la difficulté de secrétion de la salive que révèle un mouvement de déglutition répété, facile à suivre sur le cou de l'accusé par le va-et-vient de la pomme d'Adam.

Une suspension d'audience animée comme un entr'acte, égayée souvent par des explosions de bouchons de champagne, pendant laquelle les plus curieux se pressent autour de la table des pièces à conviction, précède le réquisitoire de l'avocat général, dont le siège domine le banc des jurés. A la suite de ce réquisitoire, la défense prend la parole. Après les plaidoiries, les jurés se retirent dans leur salle de délibération, le verdict est prononcé et la Cour rend sa sentence. Si l'accusé est condamné, il est réintégré sur-le-champ dans sa cellule de la Conciergerie. S'il est acquitté, la foule court l'attendre sur le quai et l'acclame ou le hue, selon qu'elle approuve ou blâme le verdict.

Si l'on veut se rendre à la Cour d'Assises par la salle des Pas-Perdus, il faut suivre la *Galerie marchande* ou des *Merciers*, qui tire son nom des boutiques de merceries qui s'y tenaient. C'était une promenade à la mode où se pressaient les gens de qualité, où les robins d'humeur galante coquetaient avec les pimpantes vendeuses de rubans. On ne dit plus coqueter. On dit *flirter*. Mme de Boufflers se plaignait déjà de l'anglomanie. Que n'eût-elle dit aujourd'hui ? Un souvenir littéraire sur la galerie du Palais : elle a fourni au grand Corneille le sujet d'une de ses premières comédies.

A cette galerie aboutit celle de Saint-Louis où l'on

La Conciergerie

voit la statue du roi croisé faite de pierre peinte, d'un style semi-gothique et semi-Renaissance.

La partie neuve du Palais, comprise entre les Assises et les vieux bâtiments de la Conciergerie, est affectée à la Cour de cassation. Aux étages supérieurs se trouvent le Parquet du procureur général ; le salon de conversation, encadré de tapisseries anciennes et chauffé par une cheminée sur le modèle de celle de saint Louis, et (dans l'une des tours) la bibliothèque de la Cour qui contient 25,000 volumes.

Le *Dépôt* est installé au quai de l'Horloge.
Le régime cellulaire y a été développé dans la plus grande proportion possible. Cette amélioration était devenue indispensable.
Les voitures cellulaires amenaient chaque jour leur récolte de malfaiteurs, de vagabonds, de filles. Tout ce monde, après avoir subi un interrogatoire à la Permanence, était parqué dans des salles communes et, la nuit venue, se couchait dans la plus ignoble promiscuité sur des matelas posés à terre. La nuit se passait en rires, en chansons. La surveillance était insuffisante. Deux salles étaient affectées aux détenus du Dépôt : l'une, petite, dite des *Habits noirs*; l'autre, plus vaste, dite des *Blouses*. La troisième était réservée aux femmes et la quatrième aux enfants.
Des gardiens surveillent les hommes. Les femmes sont confiées aux sœurs de Marie-Joseph.
Les dossiers des inculpés sont adressés à la Préfecture et, s'il y a lieu, transmis au Parquet. Chaque matin, les inspecteurs de la Sûreté viennent *frimer*, c'est-à-dire dévisager les nouveaux pensionnaires, pour reconnaître les chevaux-de-retour et les détenus accusés de crime.

A gauche du quadrilatère formé par le Palais de Justice, les bâtiments qui enclavent la Sainte-Chapelle sont réservés à plusieurs Chambres correctionnelles, au greffe correctionnel, à l'Assistance judiciaire du Tribunal de la Seine.

L'inculpé qui a été maintenu au Dépôt par décision des agents de la Préfecture subit un premier et sommaire interrogatoire du Petit-Parquet.

S'il y a contestation ou mystère, s'il s'agit d'un vol qualifié, de faux ou d'assassinat, le substitut du Petit-Parquet passe le dossier au Procureur de la République qui commet un juge d'instruction. Le coupable est transféré à Mazas, d'où on l'extrait en voiture cellulaire pour se rendre aux interrogatoires. Avant d'être introduit dans le cabinet du juge, il attend son tour dans un des cabanons de la *Souricière* (Petit Dépôt).

Ces cabinets des juges d'instruction sont meublés d'acajou et assez piètres. Un gendarme y veille sur les détenus auxquels le magistrat instructeur doit faire signer l'interrogatoire reproduit par le greffier. C'est là qu'ont lieu les premières confrontations. Un commissaire de police se tient en permanence à la disposition des juges. C'est le commissaire aux délégations judiciaires. Par une singulière injustice, résultant des rigueurs juridiques de Merlin, le magistrat-instructeur n'est tenu ni de provoquer les témoignages à décharge ni même de consentir à les entendre.

Quand on a côtoyé ces cellules et ces cachots, longé ces galeries hantées par les hommes noirs, traversé ces prétoires où l'un défend son bien, l'autre son honneur, où s'évoque la rigueur du bagne, où se dresse la sombre apparition de l'échafaud, c'est avec joie que l'on franchit un porche d'église et que l'on pénètre dans la Sainte-Chapelle pour y trouver enfin le calme et le silence.

VI

LA SAINTE CHAPELLE

Une Châsse. — Les Reliques. — Le Réduit de Louis XI. — La Sainte Chapelle pendant la Révolution. — La Messe Rouge.

Extérieurement, la Sainte-Chapelle a l'aspect d'une châsse. Intérieurement, elle en a la richesse et l'éclat, avec ses verrières, ses arcatures, ses voûtes, ses piliers couverts de peintures et de dorures, ses gaufrures, ses fonds de verre treillissés d'ornements d'or. C'est pitié que cette pure merveille, spécimen admirable de l'architecture du XIIIe siècle, soit enserrée de tous côtés et avilie par les tristes et mesquines dépendances du Palais de Justice.

C'était une châsse que Saint Louis avait voulu construire pour abriter, dans un lieu digne d'elles, ces reliques précieuses (un fragment de la vraie croix et la couronne d'épines) achetées à l'empereur Baudouin II, qu'il montrait lui-même aux fidèles agenouillés dans la nef, et que le populaire, assemblé sur la place du Palais, pouvait contempler à travers un large panneau de verre blanc, ménagé dans la fenêtre centrale qui éclaire le fond du chœur.

La Sainte-Chapelle (1) a deux étages: une haute et une basse chapelle. La haute était réservée au roi.

---

(1) Voir *Annexe méthodique des Renseignements spéciaux*, IIe partie, Chap. II, note 9.

Louis XI, ayant plus peur des hommes que de Dieu, vint y prier dans une sorte de réduit percé d'une meurtrière qui avait jour sur le sanctuaire. Ce réduit a subsisté. Il reçoit la lumière extérieure par deux baies et s'élève à hauteur de la quatrième fenêtre de la façade méridionale.

La Sainte Chapelle.

Cette façade, entièrement dégagée, tandis que la façade septentrionale est obstruée par les bâtiments voisins, s'éclaire de deux rangs de fenêtres surmontées de légers pignons qui correspondent à la chapelle basse et à la haute chapelle. Chacune de ces fenêtres est encadrée de contreforts surmontés de clochetons de pierre dentelée et de gargouilles. La toiture charpentée en chêne de Bourgogne, couverte de feuilles de plomb aux arêtes dorées, est entourée d'une élégante balustrade surmontée d'une flèche ornée de sculptures de Pyanet et de statues de Geofroy-Dechaume.

Pendant la Révolution, la Sainte-Chapelle servit d'archives, puis de magasin à farine. Bien que ses reliques appartiennent actuellement au Trésor de Notre-Dame, elle a été de nouveau affectée au culte.

Tous les ans, quand les tribunaux reprennent leurs audiences, une messe du Saint-Esprit est dite à la Sainte-Chapelle. Elle a reçu le nom de *Messe-Rouge* ou des *Révérences*, parce que les Conseillers du Parlement s'y rendaient en grand costume et en saluant le public.

VII

LA PRÉFECTURE DE POLICE

L'Hôtel du Préfet. — La sûreté. — M. Goron. — Vidocq et Coco-Latour. — Moutons et Casseroles. — *La Musique.* — Les dangers du métier. — Pas de *coton !* — Le service anthropométrique et M. Bertillon. — Les Bureaux. — Les couloirs de la Préfecture.

La Préfecture de police avait été d'abord une dépendance du Palais de Justice. Le préfet habitait l'ancien hôtel du président de Harlay et l'on entrait dans les bâtiments administratifs par la rue de Jérusalem.

Aujourd'hui, l'hôtel du Préfet se trouve 7 boulevard du Palais, sur le même côté que le Tribunal de commerce. Les bureaux se prolongent rue de la Cité, place du Parvis, et quai du Marché-Neuf, où se trouve l'entrée du service des divisions. Ils occupent une grande partie de la caserne de la Cité.

Le cabinet du Préfet et ceux du secrétaire général et du secrétaire particulier sont installés dans l'hôtel du Boulevard du Palais (1).

Le domaine de la Préfecture comporte plusieurs départements et touche à la politique — ce qui lui attire des horions de tous les adversaires du gouvernement. Les agents attachés à ce service sont des *mouches*. Ceux qui veillent sur l'ordre dans la rue, sur la circulation et le stationnement des voitures publiques, sont

(1) Voir *Annexe méthodique des Renseignements spéciaux*, II° partie, chap. II, note 10.

de la *Rousse*. Les limiers dressés à la chasse à l'homme sont salués le plus souvent de ce farouche cri de guerre : « *Mort aux vaches !* » par les escarpes dont ils s'emparent.

La population parisienne témoigne fort peu de sympathie pour les hommes du service des mœurs, bien qu'ils aient pour mission de surveiller un monde qui ne vit que de prostitution ou de proxénétisme. Elle va jusqu'au mépris pour ceux qui trempent dans les besognes politiques. Mais elle est très portée à l'admiration pour les hommes de la sûreté qui travaillent pour le compte de la Justice et sont le plus souvent les habiles pourvoyeurs de la guillotine.

Il n'est rien de plus délicat que le rôle de chef de la Sûreté. Quand Paris s'éveille sur l'annonce d'un assassinat, il lui faut immédiatement le coupable. Si celui-là dépiste la police, on n'attribue pas sa fuite à une habileté exceptionnelle, on la met sur le compte de l'incurie du chef de la Sûreté. M. Goron est un des motifs d'orgueil du peuple parisien parce qu'il s'est signalé par des captures importantes. Ses subordonnés Rossignol, Jaume et Soudais sont aussi populaires que des héros de romans-feuilletons. Il faut dire que la Sûreté ne recrute plus que des hommes dépourvus de casier judiciaire, depuis qu'elle a été réorganisée par M. Delessert, tandis qu'elle enrôlait auparavant des bandits de la pire espèce et les plaçait sous les ordres d'un Vidocq, d'un Coco-Latour, gredins honoraires qui prétendaient que, pour empoigner les filous, il fallait avoir été filou soi-même !

En repoussant ces auxiliaires infâmes, la Police ne dédaigne pas néanmoins d'employer d'anciens condamnés dont elle paye les délations d'une indulgence volontaire à l'égard de leurs antécédents. Les délatrices reçoivent, en argot policier, le sobriquet de « *casseroles* ». Les détenus qui trahissent les confidences de leurs compagnons de geôle sont connus sous le vocable de *moutons*. Tout ce monde de délateurs s'appelle la *musique*. L'indicateur touche de l'Administration 5 francs pour avoir révélé un vol simple, 25 pour un vol qualifié, 50 pour un assassinat. Le *mouton* est récompensé d'un paquet de tabac ou de quelque légère faveur administrative.

Il faut à l'agent de la Sûreté pour exercer son dangereux métier un tempérament bien robuste, une bravoure à toute épreuve et un rare désintéressement. Mariés pour la plupart, le plus souvent pères de famille, travaillant la nuit autant que le jour, ces hommes n'ont point seulement à *filer* des criminels, ils ont à livrer contre eux de redoutables luttes. Ils doivent se jeter sur des individus que le péril rend plus forts et qui ont entre les mains de terribles armes. Eux, les agents, ne possèdent qu'un cabriolet pour maintenir leur prisonnier par le poignet, et qu'une ligote pour lui ficeler les jambes, s'il se défend trop violemment. Ils ont d'ailleurs pour instruction générale d'éviter le plus possible les rixes — ce qu'ils appellent le *coton*. Il est fort rare qu'ils se déguisent ou se *camouflent*, pour parler leur idiome. Le vestiaire de la sûreté avait même été supprimé. Actuellement, il est rétabli.

Certains de ces agents ont à un point extraordinaire la mémoire des noms et des physionomies. Ils reconnaissent un criminel qu'ils ont à peine eu le temps de dévisager. Ils se souviennent au bout de plusieurs années d'un signe ou d'une particularité remarqués sur la personne d'un malfaiteur.

En cela, ils rivalisent avec M. Bertillon, le chef et le créateur du service anthropométrique, qui a trouvé un système de fiches, de mensurations et de photographies qui lui permet d'établir l'identité des chevaux-de-retour qui voudraient reparaître devant les juges sous une nouvelle incarnation. En prenant la mesure de la longueur et de la largeur de la tête, du doigt *medius* de la main gauche, du pied gauche, de l'auriculaire, de la longueur de l'oreille, de la couleur de l'iris, de la taille et de l'envergure, M. Bertillon est sûr, à l'aide d'un classement habile, de retrouver en quelques minutes les origines de l'individu qui lui est amené, du moment que son signalement se trouve sur l'une des soixante et quelques mille fiches réunies dans ses tiroirs.

Plus encore que le Parisien, l'étranger doit compter qu'il passera par les bureaux de la Préfecture pour réclamer un parapluie ou un cache-poussière oublié dans un fiacre et rapporté fidèlement par un cocher honnête. Bien heureux s'il n'a pas été victime d'un vol à la *tire* ou à l'*américaine* !

En parcourant les couloirs mal éclairés au gaz, même en plein jour, les couloirs puants et sales, il lira sur les paliers, sur les portes, les inscriptions des Bureaux des prisons, des passeports, des livrets d'ouvriers, des hôtels garnis, des maisons d'aliénés et des recherches dans l'intérêt des familles — tout un monde d'attributions et de subdivisions derrière lesquelles se retrouvent quelques-unes des grandes lois organiques, des tares, des souillures, des tragédies intimes de l'existence d'une cité telle que Paris.

VIII

LES PONTS DE LA CITÉ

Les Ponts de la Cité. — Les Oiseleurs du Pont-au Change. — Le Pont-Neuf. — Le Cheval de Bronze — Brioché et ses marionnettes. — Parades et tire-laines. — Le Canon d'alarme.

Trois ponts font communiquer la Cité avec la rive droite :

1° Le pont d'Arcole (1), d'où l'on découvre la masse de l'Hôtel-de-Ville ;

2° Le pont Notre-Dame (2), qui relie le quai de la Cité et le quai aux Fleurs au quai de Gesvres ;

3° Le pont au Change, dont le nom remonte aux changeurs, orfèvres et marchands d'or, qui s'y établirent en vertu d'une ordonnance de Louis VII (1141). Le marché aux oiseaux s'y tenait également, jours de fête et dimanches ; et, quand le roi et la reine passaient sur le pont pour entrer solennellement dans leur bonne ville, les oiseleurs devaient, en manière de redevance, lâcher deux cents douzaines d'oiseaux.

Le pont au Change va du quai de l'Horloge, dénommé aussi quai des Lunettes à cause des opticiens qui s'y fixèrent, au quai de la Mégisserie, à ce

(1) Voir *Annexe méthodique*, Chapitre II, note 11.
(2) V. *Id.* Note 12.

quai de la Ferraille, cette ancienne Vallée de Misère, où les marchands de fer millionnaires ouvrent aujourd'hui leurs immenses magasins à côté des boutiques des marchands d'instruments de pêche qui vendent aux pêcheurs novices des engins miraculeux, et à côté des devantures de ces marchands de graines

Pont-Neuf

qui débitent des corbeilles, des massifs et des parterres en petits paquets...

Trois autres ponts : le pont de l'Archevêché (1), le pont au Double (2), le pont Saint-Michel (3), sont jetés des quais de la Cité (quais de l'Archevêché, du Marché-

(1) Voir *Annexe méthodique*, chap II, Note 13.
(2) V. *Id.* Note 14.
(3) V. *Id.* Note 15.

Neuf et des Orfèvres) sur les quais de la rive gauche : quai Montebello, sur lequel s'élèvent les vieux bâtiments de l'ancien Hôtel-Dieu ; quai du Pont-Saint-Michel, quai des Grands-Augustins, avec ses boutiques de libraires et ses boîtes de bouquinistes.

S'appuyant sur le terre-plein, effilé comme l'éperon d'un formidable navire de guerre, le Pont-Neuf relie les deux rives de la Seine : la rue du Pont-Neuf, où la Belle-Jardinière est toujours au coin du quai, et la rue Dauphine.

Si quelque contemporain du grand cardinal repassait aujourd'hui sur le Pont-Neuf (1), il se croirait dans une ville morte... C'est en vain qu'il chercherait les marionnettes de Brioché ou la parade de Tabarin ; c'est en vain qu'il attendrait près du cheval de bronze, œuvre de Jean de Bologne, le joyeux carillon de la Samaritaine...

Toute cette fête foraine et ce grouillement, ces sergents racoleurs poudrés et bonisseurs, ces filles, ces paillasses, ces charlatans, ces voleurs et ces marchands de jouets ont disparu, laissant la place libre aux gens pressés.

Un jour, le carillon de la Samaritaine fut remplacé par une musique plus grave. Le canon d'alarme tonna régulièrement sur le Pont-Neuf près d'une estrade surmontée de drapeaux sur laquelle venaient s'enrôler les volontaires de Quatre-Vingt-Douze.

(1) Voir *Annexe méthodique*, chap. II, note 10.

III

DU PONT-NEUF AU POINT DU JOUR

Un Logis de Bonaparte. — La Monnaie. — La Tour de Nesles et l'Institut. — Les bouquinistes. — Le Pré-aux-Clercs. — Voltaire chez M. de Villette. — La Grenouillère. — Les Ponts. — La Tour Eiffel. — Le Trocadéro. — Le Champ de Mars. — Le Port aux Pierres. — Jean Richepin et les Bains à quat' sous. — L'égout collecteur.

Après avoir exploré ainsi la Cité en tous sens, montons dans un nouveau bateau et terminons cette course sur la Seine en jouissant du coup d'œil qui se déroule rapidement sous nos yeux.

A droite, le Louvre étend sa masse de pierre jusqu'au pavillon de Flore, où est installé le préfet de la Seine. Sur la rive gauche, le quai Conti. Dans la maison qui porte le n° 5 logea, à la fin du siècle dernier, un élève de l'École militaire qui se nommait Bonaparte. Sur ce même quai, l'Hôtel des Monnaies élève sa façade principale, qui mesure 120 mètres de longueur. Le pavillon du milieu forme avant-corps. Il est orné d'une colonnade d'ordre ionique au-dessus de laquelle sont placées six statues de Lecomte, de Pigalle et de Mouchy. Cet édifice, construit sur l'emplacement de l'hôtel de Conti, date du règne de Louis XV. Sur l'emplacement de la Tour de Nesle (1),

(1) Voir *Annexe méthodique*. IIe Partie, Chap. III, Note 1.

de sombre mémoire, voici le pacifique palais de l'Institut, bâti d'après les plans de Levau pour le cardinal de Mazarin. Le collège des Quatre-Nations s'y installa plus tard. La chapelle, où avait été enterré le cardinal dans un tombeau exécuté par Coysevox, sert aujourd'hui de salle des séances publiques.

La Monnaie

Le pont des Arts (1), réservé spécialement aux piétons, fait correspondre le palais de l'Institut avec le Louvre. C'est là que se tenait jadis l'aveugle légendaire avec son caniche et sa clarinette.

Sur cette même rive gauche, le quai Malaquais et le quai Voltaire. Sur le premier, la galerie de l'École

(1) Voir *Annexe méthodique*, II° partie, chap. III. note 2.

des Beaux-Arts et l'ancien hôtel de Chimay, qui va servir d'annexe à cette École.

Ici, les libraires et les marchands d'antiquités dominent. Les libraires du quai Voltaire sont des seigneurs à côté de leurs humbles rivaux des quais... « Le vrai bouquiniste, écrit Monselet, est généralement un mo-

Pavillon de Flore

deste libraire en chambre qui s'approvisionne de livres achetés par lots à l'hôtel des ventes ou à la salle de la rue des Bons-Enfants. Rentré chez lui, il en fait le triage avec une attention extrême, car il n'existe plus de bouquinistes inconscients comme autrefois ; l'espèce en est disparue. Le bouquiniste d'aujourd'hui se connaît relativement en livres, il se méfie, il s'informe, il étudie les catalogues. Avec lui, les trouvailles deviennent de jour en jour plus difficiles. « Il sait la légende du César de Montaigne, acheté dix-huit sous par Parison et payé à sa vente 1500 francs. — Il a entendu M. Fontaine de Rebecq se vanter d'avoir acquis pour six sous le charmant *Pâtissier français* (Elzévir, 1655), qui dépasse maintenant 4000 francs. Il ne veut plus

Le Pont Neuf.

se rendre complice de pareils faits, humiliants pour la corporation. (1) »

Point de boutique qui n'ait son attrait et sa curiosité pour ceux qui aiment les bibelots, les vases anciens, les vieilles tapisseries, les estampes... Voici l'Hôtel du *Moniteur Universel*, avec ses bureaux, ses presses, ses

(1) Charles Monselet. — Le *Petit Paris*.

messageries. Au numéro 23 du quai Voltaire, au coin de la rue de Beaune, Voltaire est venu mourir dans l'hôtel de son ami M. de Villette, hôtel qui touchait à un couvent de Théatins. Ces terrains s'appelaient naguère le Pré-aux-Clercs. En l'an de grâce 1889, le Pré aux Clercs de nos duellistes parisiens est au Vésinet.

Après le pont des Saints-Pères (1) et le port du Louvre, où les bateaux à vapeur faisant le service du Havre et de l'Angleterre débarquent leurs marchandises, le Pont-Royal (2) plonge ses piles dans l'eau à la place où le passeur avait établi son bac. Sur la rive droite, se dressent les terrasses du Jardin des Tuileries. Sur la rive gauche, le quai d'Orsay. A côté du pont, se balance la vieille frégate-école où l'on prend des bains d'eau de mer.

Sur ce quai, les monuments publics se suivent sans interruption. Ce sont la Caisse des Dépôts et Consignations, la Caserne de cavalerie, le Palais en ruine du Conseil d'État dont les murailles mutilées renferment l'été tout un jardin de plantes sauvages, la Légion d'honneur avec sa terrasse, l'ambassade d'Espagne, le Cercle agricole, le Palais Bourbon regardant la Madeleine et, enfin, l'hôtel des Affaires étrangères. Ce quai s'appelait la Grenouillère. Des marécages s'étendaient à la place de ces Palais.

De l'autre côté de l'eau, se profile la vaste cage du Palais de l'Industrie sur le quai de la Conférence. A la suite du Pont Solférino (3), qui est à hauteur du Palais de la Légion d'honneur, et du pont de la Con-

---

(1) Voir *Annexe méthodique*. Chap. III. Note 3.
(2) Voir *Id*. Note 4.
(3) Voir *Id*. Note 5.

corde (1), à hauteur du Palais-Bourbon, le pont des Invalides (2) est jeté devant l'Esplanade au bout de laquelle se dresse le vieil Hôtel des Invalides. Puis, le pont de l'Alma se reconnaît à ses quatre grandes figures de soldats : un grenadier et un zouave, par Dieboldt ; un chasseur à pied et un artilleur, par Arnaud. Ce

Pont des Invalides

pont sera le premier de Paris qui aura reçu un pavage en bois.

Sur les deux rives de la Seine, l'administration possède encore des bâtiments : la Manutention, sur l'emplacement de la Manufacture royale de la Savonnerie (Rive droite), la Manufacture des Tabacs, les Magasins

(1) Voir *Annexe méthodique*. Chap. III, note 6.
(2) V. *Id*. Note 7.

centraux du Campement et des Hôpitaux militaires, le Garde Meuble et le Dépôt des marbres de l'État. (Rive gauche.)

Si le voyageur a pu s'arrêter longuement pour admirer le splendide décor de la vieille Cité, il a main-

Pont d'Iéna

tenant sous le regard, sur les deux rives du fleuve, en approchant du pont d'Iéna (1), un des spectacles les plus vivants, les plus colorés, les plus féeriques existant au monde.

Tandis que, sur la rive droite, les tours du Trocadéro se dressent dans le ciel au-dessus de la longue galerie

(1) Voir *Annexe méthodique*. Chap. III, note VIII.

recourbée en forme d'arc et dominant les jardins qui s'étagent jusqu'à la Seine, — ces jardins peuplés de statues et remplis de la mélodie des cascades jaillissantes — le colosse de fer, la Tour Eiffel, posé sur la rive gauche, indique au loin, semblable à un phare gigantesque, l'emplacement de l'Exposition universelle de 1889.

Il n'y a que les splendeurs de la foire de Beaucaire au Moyen Age, que le mouvement et la couleur de celle de Nidjini-Novogorod qui puissent être comparés à cette explosion de forces, à ce déploiement de richesses, à ce concours d'intelligences, à ce mélange de toutes les races humaines, groupés sur le vaste terrain du Champ de Mars au pied de cette moderne tour de Babel qui semble avoir été tressée, comme une corbeille phénoménale, par un vannier gigantesque.

Au milieu des jardins, émergent, coiffés d'étendards et de bannières, les pavillons et les galeries : bâtiments de l'Agriculture et de la Ville de Paris, section des Beaux-Arts et section des Arts libéraux, pavillon des groupes divers couronné au centre par un dôme, galerie des machines où grondent les forces motrices, où tournent les énormes roues, où glissent infatigables les longues courroies de transmission.

Au mugissement cyclopéen qui sort de cette forêt d'engins puissants et perfectionnés, répondent la rumeur de la foule, le bruit des voix, des pas de cette multitude, le cliquetis des verres et des assiettes dans les restaurants de tout pays et de tout ordre, le son confus des orchestres exotiques disséminés sur toute l'étendue de cette vaste enceinte dans laquelle tient une réduction infinitésimale de l'Art, de la Science, de la Civilisation, des Mœurs, de l'Industrie et de la Richesse des peuples de l'Univers.

Il ne faut, au petit bateau qui porte le voyageur, que quelques minutes pour traverser sur la Seine cette Exposition pour laquelle la France a sacrifié tant d'or, et que le monde entier a préparée par plusieurs années d'efforts et de travail.

Le fleuve, à ce moment, sépare les quartiers de Passy et d'Auteuil (rive droite) de ceux de Grenelle et de Javel (rive gauche.)

Voici le Port aux Pierres... Péniches, chalands sont encombrés de blocs de pierre, de cubes de grès, de montagnes de plâtre chargé à pleines soutes, et de pesantes tonnes de ciment. Le bord de l'eau retentit du fracas des jurons, du claquement des fouets, du roulement des fardiers et des tombereaux tirés par de vigoureux percherons, harnachés de gros cuir à clous de cuivre, de lourds grelots, de queues de renard, de pompons rouges et de peaux de mouton teintes en bleu.

Puis, les usines de Grenelle et de Javel crachent dans le ciel des torrents de fumée noire et, dans le fleuve, des cataractes d'eaux violemment teintes qui bouillonnent et fument comme des sources volcaniques, alors que, sur la rive droite, il ne fume que de la friture dans les gargotes du Point-du-Jour où se tient une fête foraine perpétuelle, avec café-concert, jeux de bague et carrousels pour l'esbaudissement et jouissance d'une population fluviale et trop maritime, très documentaire pour les amateurs de bas-fonds, mais peu rassurante pour les gens d'humeur paisible.

Sur tout le cours de la Seine, du Pont National au Pont d'Auteuil (1), que domine un viaduc sur lequel les trains du chemin de fer de Ceinture ont l'air de grands joujoux, les embarcations de plaisance sont inconnues. A peine rencontre-t-on de loin en loin la barque d'un pêcheur qui, debout à l'avant, s'apprête

Viaduc d'Auteuil.

à lancer l'épervier déployé sur son épaule. La navigation du fleuve appartient toute entière aux bateaux-mouches et aux remorqueurs et toueurs auxquels sont amarrés les longs trains de bateaux marchands.

Contre les quais, la Seine a aussi sa flotte sédentaire de pontons, de dragues, de bateaux-lavoirs où

(1) Voir *Annexe méthodique*. Chap. III. Note 10.

les lavandières battent leur linge, et d'établissements de bains froids à l'usage de toutes les bourses, depuis l'école de natation du quai d'Orsay jusqu'aux modestes « bains à quat'sous » auxquels Jean Richepin a consacré une des pièces de la *Chanson des gueux* (1) que Thérésa chantait si bien.

>Les bains à quat'sous,
>Voyez-vous,
>Ont un fond d'bois qu'est traître.
>Moi qui prends mon bain
>Chaqu'matin
>Et qui m'y noy'rai p't'être,
>J'veux pour mon sommeil
>L'fond vermeil
>Où qu'miroit' le soleil !

La Seine, brisant la ceinture des fortifications, sort de Paris et zigzague dans la banlieue comme un fleuve ivre, charriant trop longtemps les résidus et les immondices que la capitale déverse dans son cours par la gueule infâme des égouts-collecteurs, de ces égouts dont on veut faire aujourd'hui, après l'épreuve tentée dans la presqu'île de Gennevillers, la corne d'abondance répandant sur les cultures maraîchères de la banlieue l'engrais qui développera les choux-géants et les asperges-phénomènes.

Philosophie cruelle de l'histoire des grandes villes ! Elles empoisonnent les fleuves qui sont la cause de leur origine et de leur richesse.

(1) Maurice Dreyfous, Éditeur.

PLAN DU XVIᵉ ARRONDISSEMENT

(Voir au dos les renseignements pratiques.)

XVIᵉ ARRONDISSEMENT

(PASSY)

Mairie. — Avenue Henri Martin, 119.

Commissariats de police. — Rue Michel-Ange, 23. — Rue Eugène-Delacroix, 19. — Rue Magdebourg, 7.

Postes, télégraphes, cabines téléphoniques. — Avenue Marceau, 29. P. T. C. — Auteuil, rue Pierre-Guérin, 9. P. T. C. — Passy, rue Guichard, 9. P. T. C. — Place Victor-Hugo, 3. P. T. C. — Rue Dufrénoy, 16 bis. P. T.

Eglises catholiques. — *Saint-Honoré.* — *Saint-Pierre-de-Chaillot.* — *Notre-Dame d'Auteuil.* — *Notre-Dame-de-Grâce.*

Temples protestants. — Auteuil, rue des Sablons, 65 (*calv.*).

Ambassades, légations et consulats. — *Perse*, place d'Iéna, 1. — *Mexique*, 46, avenue Kléber. — *Chine*, rue de Juigné. — *Suède et Norwège*, rue Gœthe. — *Siam*, rue de Siam.

TROISIÈME PARTIE

LA RIVE DROITE

I

AUTEUIL-PASSY

Le Pays des sages. — Sainte-Périne. — M*me* de Bassanville. — Berryer, diseur. — M. Magnard et le Grenier d'Edmond de Goncourt. — La maison de Gavarni. — La rue Raynouard. — Franklin et le premier paratonnerre. — La Muette. — Marie-Antoinette et la du Barry. — Le Ranelagh. — Lamartine et la réclame. — Wagner et Rossini. — Le château de Boulainvilliers. — Les serres municipales. — Alphonse Karr et les orangers.

XVIᵉ ARRONDISSEMENT

Il n'y a point de méthode pour visiter Paris; mais Paris n'a pas de quartier qui ne mérite tout au moins d'être traversé ou parcouru.

Ce qui vaut le mieux en voyage, c'est la surprise, l'imprévu, le contraste. Pour bien voir, il faut flâner. Flânons donc!

Nous venons de traverser Paris une première fois en suivant la ligne des grands boulevards, et, une seconde fois, en descendant le cours de la Seine jusqu'au Point-du-Jour. C'est de là que nous allons repartir pour battre, sur toute la rive droite, les quartiers que nous rencontrerons successivement.

Entre le mur d'enceinte et le fleuve, deux anciens villages forment deux quartiers : Auteuil et Passy. Ce n'est plus la ville et ce n'est pas la banlieue. C'est le faubourg intérieur. Auteuil est calme et silencieux. Passy est déjà plus vivant.

Avec ses rues endormies, ses maisons discrètes entourées de jardin, Auteuil a l'aspect d'une ville de retraite. Véritable Thébaïde pour les noces d'or de M. et Mme Denis ! Sorte de ville d'eau — car Auteuil a des sources minérales — à l'usage des gens retirés du monde.

Les maisons de retraite, les pensions de famille, les pensionnats et les couvents pullulent. Un pays de sages ou de vieillards... Le patron laïque d'Auteuil est le chancelier d'Aguesseau, qui a son monument sur la place de l'Église : une pyramide en marbre rouge surmontée d'un globe et d'une croix.

Les sages en effet furent de tous temps attirés par ce village. Ce furent Boileau, dont la maison est démolie, mais qui est resté parrain de sa rue, et Molière, à qui on a élevé un temple, dont le patriarche devrait être M. Auguste Vitu, l'érudit critique du *Figaro*, et l'archiprêtre, M. Monval, l'archiviste de la Comédie Française, aussi connu pour son moliérisme fervent que pour sa perruque authentique.

Les vieux fonctionnaires et leurs veuves trouvent à Auteuil, derrière les murailles de Sainte-Périne, un asile où ils achèvent dignement et paisiblement leur laborieuse et modeste existence. Porte à porte, M. et

Mme Chardon Lagache ont fondé une maison de retraite où les ménages sont reçus.

Champfleury a écrit un livre curieux : les *Amoureux de Sainte-Périne*, et ce livre est exact. On s'aime encore dans cet étrange hospice... Ernest Renan a soutenu, dans l'*Abbesse de Jouarre*, la thèse du monde finissant sur un chant d'amour. A Sainte-Périne, ce n'est pas le monde qui finit, c'est la vie... Eh bien ! au seuil de la mort, les femmes demeurent coquettes, les hommes galants et empressés. C'est à qui toussera un madrigal, ou béquillera une révérence...

M. Jules Claretie a écrit une charmante page : une visite à Sainte-Périne (1). Il y alla voir Mme de Bassanville, l'auteur du fameux *Code du cérémonial*, et la trouva dans sa petite chambre ouverte sur des jardins fleuris et ombragés, étendue sur un grand fauteuil, donnant du pain aux oiseaux et vivant au milieu de rares souvenirs pieusement conservés : son portrait, peint par Isabey, une aquarelle de Gavarni la représentant en robe rose, un petit meuble à ornement de cuivre venant de Trianon, une mèche de cheveux de Marie-Antoinette... Cette femme avait connu Byron, Gall, Walter Scott, Musset, la princesse Bagration, la vicomtesse Merlin, Casimir Delavigne, la princesse de Belgiojoso, ce joli spectre. Elle avait joué des charades avec Berryer, à qui on imposait, quand il avait perdu au jeu des gages, de réciter une fable, car Berryer disait à merveille et Rachel l'avait consulté, avant de réciter les *Deux Pigeons*, dans sa triomphante création d'*Adrienne Lecouvreur*.

(1) Jules Claretie : *La Vie à Paris*.

M°¹° de Bassanville avait même connu — et de très près — Lacenaire, qui avait été l'ami intime du fils de sa gouvernante. Lacenaire, l'assassin, fut l'homme de confiance de M°¹° de Bassanville, dont il soigna les enfants malades avec un dévouement admirable. Il lui servit assez fréquemment de valet de pied, quand elle revenait seule du bal, les épaules couvertes de diamants !

Combien d'existences brisées et déçues, ont été heureuses de s'achever à Sainte-Périne, dans « ce *Manoir du malheur comme il faut* », comme cette aimable et brillante mondaine, parente ou alliée des Portalis, des Forbin-Janson, des Mirabeau !

Peut-être est-ce à cause même de ce calme, que M. Francis Magnard a choisi Auteuil pour se reposer des soucis et des fatigues de la direction du *Figaro ?* A coup sûr, c'est pour vivre sur une terre couverte de souvenirs du siècle dernier que M. Edmond de Goncourt a installé son fameux « grenier » au boulevard Montmorency : grenier rempli de brochures rares, de fines reliures, d'estampes, d'aquarelles, de pastels, de japonaiseries, tantôt plongé dans le recueillement de l'étude et du rêve, tantôt réveillé par le bruit des polémiques littéraires ou des discussions des élèves groupés autour du vieux maître.

C'est à Auteuil aussi que vécut Gavarni, loin du bruit, loin des hommes, comme Grévin qui a sa maison à Saint-Mandé. Le *Journal des Goncourt* nous dépeint la demeure curieuse de ce philosophe au regard profond, à l'esprit affamé de science :

« — Sur la route de Versailles, au Point-du-Jour, à côté d'un cabaret ayant pour enseigne : *A la Renaissance du Perroquet savant*, un mur qui avance, avec de vieilles grilles rouillées, qu'on ne dirait jamais s'ouvrir. Le mur est dépassé par un toit de maison et par des cimes de marronniers étêtés, au milieu desquels s'élève un petit bâtiment carré, — une glacière surmontée d'une statue de plâtre tout écaillée : la Frileuse d'Houdon.

« Dans ce mur fruste, une porte à la sonnette de tirage cassée, dont le tintement grêle éveille l'aboiement de gros chiens de montagne. On est long à venir ouvrir ; à la fin, un domestique apparaît et nous conduit à un petit atelier dans le jardin, éclairé par le haut et tout souriant. C'est là que nous faisons notre première visite à Gavarni.

« Il nous promène dans sa maison dont il nous raconte l'histoire : un ancien atelier de faux monnoyeurs sous le Directoire, devenu la propriété du fameux Leroy, le modiste de Joséphine, qui utilisa la Chambre de fer où l'on avait fabriqué la fausse monnaie à serrer les manteaux de Napoléon, brodés d'abeilles d'or. Il nous fait traverser les grandes pièces du rez-de-chaussée, décorées de peintures sur les murs représentant des vues locales : le port d'Auteuil en 1802.

» Nous parcourons avec lui toute la maison et les interminables corridors du second étage, où d'anciens costumes de carnaval, mal emballés, s'échappent et ressortent des cartons à chapeaux de femmes.

» Nous redescendons dans sa chambre, où, près d'un petit lit de fer étroit, — une couche d'ascète, — il y a sur la table de nuit un couteau en travers d'un livre ayant pour titre : le *Cartésianisme*. »

Passy a ses souvenirs, sa colonie et ses sources —

tout comme Auteuil. Passy a son château : *La Muette*; sa promenade, l'ancien Ranelagh ; sa forêt, le Bois de Boulogne. Passy est une ville de gourmets, d'épicuriens. Ses pâtissiers sont des gloires... C'était bien la ville d'un Rossini et d'un Janin.

Que de souvenirs dans la seule rue Raynouard ! (Ancienne rue Basse). Cette maison surmontée d'un paratonnerre, c'est l'ancienne demeure de Franklin, et ce paratonnerre (Nous trompes-tu, légende ?) serait le premier qui ait été planté sur un toit en France... Béranger était au n° 22. On ne devinerait guère sur quel lit est mort Béranger. « Il est mort sur le lit de travail articulé, où l'Impératrice est accouchée du prince Impérial, lit que les Tuileries ont offert à l'agonie du chansonnier du grand Empereur (1). » Mlle Contat habitait la maison portant le n° 25. L'Hôtel Bertin (n° 2) appartient à la famille Delessert, la gloire et la bienfaisance de Passy. C'est dans la maison de M. Pastoret qu'André Chénier fût arrêté. On vit passer dans ces paisibles rues La Tour d'Auvergne qui mourut au champ d'honneur et le général Moreau que tua un boulet français. Jean-Jacques vint travailler à Passy à son *Devin du Village* et y rencontra l'abbé Prévost et le médecin Procope. L'établissement actuel du Dr Blanche servit de résidence à Lauzun et à la princesse de Lamballe.

C'est un coup d'œil royal que celui des jardins de la Muette développant leurs riches parterres derrière le vaste saut-de-loup qui borde le carrefour sur lequel

---

(1) *Journal des Goncourt.*

s'ouvre la Porte du Bois et débouchent les boulevards Lannes et Suchet.

La Muette, actuellement propriété de Mme Érard, veuve du célèbre facteur de pianos, fut d'abord un simple rendez-vous de chasse. Embelli par le Régent, le coquet château porta bientôt la devise de la duchesse de Berri : *Courte et Bonne*.

Marie-Antoinette coucha à la Muette, le soir de son arrivée à Paris ; et le cynique Louis XV l'y fit souper avec la du Barry.

Lous XVI ne vint guère dans cette riante demeure que pour passer la revue de ses gardes françaises. En 1783, Pilâtre des Roziers et le marquis d'Arlande tentèrent une ascension en ballon qui est demeurée célèbre.

Le Ranelagh où l'on dansait si gaiement, si follement, et que la reine Marie-Antoinette « honora plusieurs fois de sa présence », était un bal public, avec salle de concert et restaurant. Sous le Directoire, l'*incompa-able* Strenitz y fit *flores*. Ce bal fut plusieurs fois fermé. Il rouvrit avec des fortunes diverses et finit par être exproprié. Il était établi sur le terrain qui s'appelle aujourd'hui la Pelouse et qui s'étend entre le mur de la Muette, le chemin de fer d'Auteuil et les fortifications.

Tout près du Ranelagh, avenue Ingres, l'ancienne villa de Rossini et, avenue du Trocadéro (n° 135), le chalet où mourut Lamartine, pauvre, usé par le travail et les luttes, dont Michelet disait aux frères de Goncourt : « Est-ce que vous reconnaîtriez, sur la vue, M. de Lamartine? Rien dans la tête, les yeux éteints... Seulement une élégance de tournure que l'âge n'a pas cassée... (1) » Cette homme, qui avait remué la France par ses écrits et qui avait occupé le pouvoir vint mourir au milieu de ce calme, lui, l'affamé de renommée qui avait fait dire que « l'annonce est un art inventé par Girardin et accompli par Lamartine, » lui qui mesurait cependant ce que valent les admirations humaines, le jour où il racontait à M. Charles Alexandre (2) que son père ne lui avait reconnu de talent que le jour où il entra à l'Académie...

Quant à Rossini, il se vengeait par des *lazzi* des succès croissants et justifiés de Richard Wagner.

— N'est-ce pas maître, lui demandait-on un jour, qu'il est très fort comme science ?

— En effet, répondit-il, et c'est là le malheur... S'il ne savait pas du tout la musique, il ne pourrait pas en faire de mauvaise !

Il affectait de poser à l'envers sur son piano les partitions de Wagner.

— Que voulez-vous ? disait-il quand on regardait. J'ai voulu souvent jouer cette musique dans l'autre sens... Eh bien, ça ne va pas !

C'est sur le territoire de Passy que se trouve le Palais du Trocadéro. Passy eut aussi son château seigneurial : le château de Boulainvilliers qui compta parmi ses opulents propriétaires les fils de Samuel Bernard et le fermier général la Poplinière. Ce beau domaine fut démembré par la spéculation.

C'est dans le voisinage de la Muette (3) que la ville

---

(1) *Journal des Goncourt.*
(2) Charles Alexandre. *Souvenirs de Lamartine.*
(3) Voir *Annexe méthodique des Renseignements spéciaux*, III° partie, chap. I, note 1.

de Paris a établi ses incomparables serres et ses riches pépinières qu'il faut visiter principalement à l'époque de la floraison des camélias et des azalées. La ville possède aussi une orangerie. Les orangeries font le désespoir d'Alphonse Karr, qui voudrait que les orangers fussent mis en pleine terre et entourés de légères serres mobiles pendant la mauvaise saison, au lieu

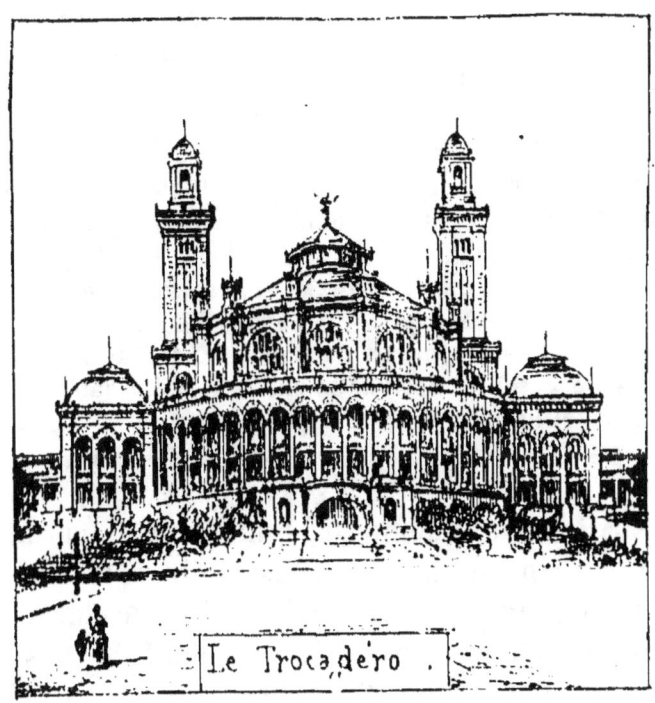

Le Trocadéro.

de végéter dans les bacs où s'étiolent leurs racines.

Pour faire admettre cette réforme et contenter les Parisiennes, il faudrait que la République eût un surintendant des Fleurs, comme l'Empire avait un surintendant des Beaux-Arts, et la Monarchie, un surintendant des Menus.

II

LE BOIS DE BOULOGNE

L'avenue du Bois-de-Boulogne et le quartier du Bois. — La forêt de Rouveret. — L'œuvre de M. Alphand et de ses collaborateurs. — Le chic et l'allée des Acacias. — Le Grand-Prix de Paris. — Les premières courses de France. — La Société d'Encouragement. — Les « Piaules » de nos pères. — La revanche de Waterloo. — Les toilettes du Grand-Prix. — Hip! hip! Hurrah! — Le chômage de l'équarrisseur. — La démocratie coule à pleins bords. — La journée des *pickpockets*. Les chapeaux en accordéon. — Auteuil et le prince de Sagan. — L'allée des Poteaux. — Les Amazones. — Les élèves de l'École Monge. — L'abbaye de Longchamps. — Bagatelle. — Les restaurants du Bois. — Le Château de Madrid. — Le Jardin d'Acclimatation. — A dromadaire. — Les phoques. — Une mariée sur l'éléphant. — Les serres. — La poulerie. — Oiseaux et volières. — L'adieu des singes.

Le Parisien ayant démontré qu'il pouvait parfaitement vivre sans respirer, l'air est un luxe. Ce qui n'a pas été fait pour l'hygiène a été fait pour le chic, dans ce quartier riche et nouveau qui s'étend de Passy et de la Porte Dauphine à l'Arc-de-Triomphe et à l'avenue de la Grande-Armée.

L'avenue du Bois-de-Boulogne avait été une véritable solitude. Aujourd'hui, elle est bordée d'une double rangée d'hôtels magnifiques et traverse des quartiers que la spéculation a fait sortir, d'un coup de baguette, de terres qui étaient en culture il y a trente ans.

Autour de l'Arc-de-Triomphe (1) rayonnent douze larges avenues, que relient entre elles des rues bâties d'hôtels coquets, confortables, égayés par toute la fantaisie de l'art moderne. Cottages, chalets, villas italiennes, communs de briques, grilles ornées, donnent à ce coin de Paris l'aspect d'un lieu de villégiature où l'on oublie les soucis de l'existence. Les larges portes s'ouvrent sur les cours dallées pour livrer passage aux cavaliers, aux amazones. Les chiens eux-mêmes ont l'air de grands seigneurs. Les havanais se carrent dans leurs paletots. Les bulls et les terriers minuscules gambadent en faisant sonner les grelots argentins de leur harnachement. Des caniches, qui semblent avoir été frisés par un coiffeur, se promènent fièrement, un ruban au front, à côté des grands danois à la robe luisante. Les boutiques sont luxueuses sur les grandes avenues ; les laquais indolents et gras.

Le matin, des troupes de cavaliers se dirigent vers le Bois par la chaussée réservée de la grande avenue. A la chute du jour, les attelages rentrent au grand trot vers Paris. La vie extérieure, dans ces grandes avenues, dans ces rues aristocratiques, se manifeste par un flux et un reflux : l'allée au Bois, le retour du Bois.

Cette belle forêt, dessinée comme un parc et soignée comme un jardin, a été la cause de la fortune et de la vogue des terrains qui l'environnent. La Ville y a englouti les millions, en prodigue. MM. Varé, Alphand et Barillet-Deschamps ont été les enchanteurs qui ont

---

(1) Voir *Annexe méthodique des Renseignements spéciaux*, IIe partie, chap. I, note 1.

fait de cette ancienne forêt de Rouveret (nom qu'elle tirait des chênes-rouvres qui y abondaient jadis) la plus belle promenade du monde.

Ces messieurs avaient à travailler sur une étendue de 873 hectares. Ils y ont tracé 95 kilomètres d'allées et de routes. De ces chemins, les deux plus fréquentés sont la route de Suresnes, qui, partant de la porte Dauphine, mène aux lacs et au champ de courses d'Auteuil ; et l'allée des Acacias, qui va de la Porte Maillot à l'Hippodrome de Longchamps, au Pré-Catelan (1), à la Cascade.

Les Parisiens, étant de véritables moutons de Panurge, ont l'habitude d'adopter exclusivement une fraction du Bois pour leurs promenades. Ce n'est pas la saison ou la beauté du site qui les décide : c'est la mode. Pour être dans le mouvement, dans le train, le Parisien défilerait, en plein été, sur une route poudreuse et dénuée d'ombrage, à condition qu'il pût y faire voir ses équipages et ses chevaux. En ce moment, la route des Lacs (sauf les jours d'Auteuil) est livrée aux berlines de noces. Le Tout-Paris s'exhibe aux Acacias.

L'endroit est admirablement choisi d'ailleurs, et, cette fois, l'engouement est justifié. Les *clubmen*, en speeder ou en phaéton, y échangent des signes maçonniques avec celles qui furent des cocottes et des biches, et qui sont devenues, en ce temps de sciences exactes, des horizontales. En argot parisien, ces rendez-vous demi-mondains se nomment le *persil*.

Quelques peintres ont eu l'idée de grouper, dans

(1) Voir *Annexe méthodique des Renseignements spéciaux*, III⁰ partie, chap. II, note 2.

un panorama, toutes les célébrités parisiennes. C'est un des derniers projets que caressa le caricaturiste Gill, avant que la démence ne l'eût terrassé. MM. Stevens et Gervex se sont associés pour mener à bien une œuvre semblable. M. Castellani s'est attelé seul à cette colossale besogne. Le panorama existe dans la réalité. Il se déroule vivant et brillant, chaque jour, sur la chaussée de l'avenue des Acacias. On y voit défiler le corps diplomatique et les hauts barons de l'industrie et de la finance, la fine fleur des salons et des clubs, les figures connues de la politique, du journalisme et de l'art. M. Coquelin passait dans cette foule, olympien, superbe. M. Carolus Duran y salue ses aristocratiques modèles, et M. Clémenceau y montre sa physionomie intelligente et inquiète. Gambetta et Girardin y passaient discrètement en coupé. De dix à onze, aux abords de l'enceinte grillée du Cercle des Patineurs, M. de Lesseps conduit la petite caravane de poneys qui aurait suffi à le rendre célèbre. Pour peindre exactement ce tableau parisien, il faudrait mettre un nom sur chaque visage. Sur certains, on a mis des sobriquets. Tous les promeneurs connaissent « l'homme qui rit ». N'insistons pas sur ces détails... Si la foule est parfois spirituelle, elle est presque toujours méchante.

En arrivant à la Cascade, dont le café-restaurant possède le chasseur le plus solennel de Paris, on a sous le regard le coup d'œil, admirable par un beau soleil, de cet hippodrome de Longchamps sur lequel se court le Grand-Prix de Paris, solennité (le mot n'a rien d'exagéré) devenue européenne dans les fastes du sport et qui n'a de pareille qu'à Epsom, le jour du *Derby*.

La première course de France eut lieu dans la plaine des Sablons (1776), entre un cheval du comte d'Artois et un cheval du marquis de Conflans. Les premiers propriétaires connus qui firent courir furent le duc de Nassau, le prince de Guéménée, le comte d'Artois, Horace Vernet. Les marchands et les loueurs de chevaux luttaient contre les grands seigneurs. C'étaient, entre autres, Drake et le fameux Zilges, qui donna son nom aux cabriolets. On disait alors : « Je vais prendre un zilges (1). »

Les hommes d'État anglais et français n'ont pas dédaigné le sport hippique. Lord Derby, lord Palmerston eurent une écurie de courses. Le comte Walewski fut le premier propriétaire qui ait monté dans un *Steeple-chase*. Il avait pour concurrent lord Seymour. Le duc de Morny fut un des plus intrépides dans ce genre de sport qui comptait alors parmi ses fidèles le comte d'Orsay, le prince de la Moskowa, aide de camp de l'empereur, le général Fleury, Anatole Demidoff.

La Société d'encouragement a rendu à l'armée et à l'élevage des services signalés. Elle n'en a pas rendu de moindres aux modistes, aux couturiers, aux carrossiers et aux bijoutiers. Nestor Roqueplan constate les progrès qui nous ont valu de beaux et bons chevaux à la place des *piaules, carcans, ficelles et cerisiers* qui traînaient nos pères ou les portaient : quadrupèdes informes « qui tenaient de l'ours ou du cochon » (2).

Si ces raisons n'étaient pas suffisantes pour rendre populaire la Société d'encouragement, la population parisienne lui voterait des acclamations unanimes

---

(1) Nestor Roqueplan. *Parisine*.
(2) *Id. — Id.*

pour les splendeurs de la journée du Grand-Prix.

A midi, les rues s'emplissent d'un roulement de voitures. Tout ce qui peut rouler, tout ce qui peut tirer une machine roulante est sorti des écuries et des remises. L'équarrisseur a une semaine de chômage avant le Grand-Prix. Les grandes voies s'encombrent d'une file de véhicules. Le cortège se déroule sans interruption de la place de la Concorde à la cascade. Sur la pelouse verte, coupée de massifs d'arbustes derrière laquelle disparaîtra tout à l'heure le peloton bariolé des jockeys au signal du *starter*, des milliers de voitures s'alignent, semblables au convoi d'une armée. Sous le crû rayonnement de la lumière éclatante, les ombrelles des femmes debout sur l'herbe, assises dans les victorias et les calèches, juchées sur les mails ou sur les omnibus, forment une immense flambée de boucliers chatoyants, de satin ou de soie, aux couleurs claires qui se confondent, se heurtent et forment un gigantesque kaléidoscope offrant toute la gamme d'un arc-en-ciel déchiqueté en menus morceaux.

Si cette journée fait battre le cœur des *sportsmen*— car il s'agit de savoir si la France prendra une nouvelle revanche de Waterloo—elle est aux habilleuses de la Parisienne ce que le vernissage est aux exposants du Palais de l'Industrie. Couturières et modistes sont à leur poste. Les princesses du chiffon viennent étudier au grand jour les reines de la mode qu'elles ont armées pour la bataille et qui font assaut d'élégance au pesage et dans les tribunes.

Quand la grande course a été courue, si le champion français a gagné le Grand-Prix, une acclamation formidable ébranle l'air. Des cris de victoire s'échappent de toutes les poitrines, et l'artillerie du Rœderer et du Mumm souligne de l'explosion de ses bouchons ce nouveau triomphe national et la joie des parieurs heureux.

Dès lors, le retour commence. Ce retour, c'est la fête des humbles. Les petits bourgeois, les familles

Hippodrome de Lonchamps

d'ouvriers ont envahi le Bois. Les gardes astiqués et gantés de blanc laissent paternellement « la démocratie couler à plein bord. » On a apporté des pliants. On a installé des chaises dans l'avenue du Bois et tout un public émerveillé regarde passer cette armée du plaisir et de la fortune qui se déploie en grande pompe pour le charme des yeux du populaire.

Ce tableau a ses ombres... Les fiacres sordides déparent le défilé. Les rosses poussives font pitié au milieu de la réjouissance publique. L'allure insolente de ces *bookmakers*, dont la sacoche est enflée de l'argent des pauvres gens, rappelle que les courses ne sont pas seulement un sport et que le jeu a dressé là ses embûches et ses séductions.

Les Courses font vivre un monde interlope. Le Grand-Prix attire de Londres les coquins émérites. Le pick-pocket de grande marque se déplace en cette circonstance, pour ses affaires, (*Business*) comme un honnête commerçant (1). La fête se terminera le soir en orgie. Certains *horsemen* ne croiraient pas leur journée complète s'ils n'avaient pas bu plus que de raison et transformé leur chapeau en accordéon.

Les Courses d'Auteuil ont un public plus restreint. La *Gentry* les suit cependant avec cette assiduité qui donne à ses plaisirs un air de devoir professionnel. Le président de la Société est le prince de Sagan dont tout le monde connaît la tête blanche, le monocle au large ruban de moire. Le prince est arbitre de l'élégance comme M. Anatole Delaforge est arbitre de l'honneur.

C'est à l'Allée des Poteaux que les hommes de cheval se donnent rendez-vous chaque jour pour les chevauchées matinales. Au printemps, rien de plus pittoresque que ce défilé sous les arceaux de verdure. Les uniformes noirs relevés de rouge des officiers d'artillerie, les dolmans bleu clair des chasseurs et des hussards se mêlent aux robes sévères des amazones. On chemine botte à botte en causant, en *potinant*, car l'Allée des Poteaux est aussi l'allée des Potins. Les

---

(1) G. **Macé**. — *Un joli monde.*

Mackensie-Grives, les Rothwiller, les Greffulhe sont les oracles de cet art du cheval dont ils maintiennent les nobles traditions. Les femmes de Paris peuvent rivaliser avec les amazones anglaises. Citons dans ce charmant et unique escadron : MM^{mes} la duchesse de Fitz-James, marquise de Castellane, de Saint-Roman, baronne A. de Rothschild, princesse de Sagan, baronne de Vatry, baronne Reille, vicomtesse de Greffulhe, comtesse de Clermont-Tonnerre, etc., etc. Plusieurs de nos comédiennes enlèveraient les suffrages des connaisseurs les plus difficiles de Rotten-Row.

L'Allée des Poteaux est le royaume du cheval. Le sport règne encore au tir aux pigeons, où nos meilleurs fusils (cet art est sans pitié) massacrent d'inoffensives colombes ; au club des patineurs où le plaisir est rare, car il suffit au Club d'organiser une fête, dont M. Frost est le roi, pour que la glace fonde immédiatement ; au Pré-Catelan où les élèves de l'École Monge se livrent à des débauches de vélocipède; aux Lacs où ces mêmes jeunes gens se font des biceps en tirant l'aviron ; sur les pelouses où les potaches du lycée Janson de Sailly rivalisent avec les *Mongistes*, et entament de gigantesques parties de crosse. Ce beau lycée Janson de Sailly, récemment construit rue de La Pompe à quelques minutes de l'Avenue du Bois, a déjà commencé à suivre les principes que M. Paschal Grousset (Ph. Daryl) a fait prévaloir pour le développement physique de la jeunesse de nos écoles.

A côté du Tir aux pigeons, les ruines de deux tours et les débris d'un pignon de grange sont les derniers vestiges de ce qui fut l'Abbaye de Longchamps, où le chant des religieuses était si parfait, si pur, que le monde ambré et musqué du xviiie siècle se rendait à Longchamps avec autant de plaisir que s'il se fût agi d'aller applaudir Sophie Arnould ou la Sainte-Huberty. D'ailleurs, en 1727, une chanteuse, Mlle Le Maure, avait pris le voile dans ce couvent contre lequel s'était élevée la vertueuse et rude voix de Vincent de Paul. Ce fut un plaisir à la mode de défiler dans l'Avenue de Longchamps pour aller entendre Ténèbres. La duchesse de Valentinois s'y rendait dans son carrosse de porcelaine. L'usage de ce pèlerinage a persisté longtemps après la démolition du couvent et le vicomte de Launay (Mme de Girardin), venait chercher dans cette promenade, pour ses aimables chroniques, la description des modes printanières. C'était en effet la « Première » des modes du printemps. Le concours hippique, le vernissage et le Grand-Prix ont détrôné le pèlerinage de l'Abbaye.

Tout près de l'emplacement de l'ancien couvent, à une courte distance de la grande allée de la Reine-Marguerite qui, traversant le bois, relie la porte de Madrid à la porte de Boulogne, s'élève le château de Bagatelle, cette folie du comte d'Artois, achevée jadis en un mois, et qui est devenue la propriété de sir Richard Wallace, l'Anglais généreux et ami de la France qui a fait connaître à Paris sa richesse par le noble usage qu'il en a fait. Résidence vraiment royale, dont le parc a une contenance de plus de 21 hectares, Bagatelle s'était appelé Babiole. Une babiole de 21 hectares en plein Bois de Boulogne !

Le Parisien indéracinable, qui ne veut pas quitter son asphalte, a tout à côté de lui la forêt et l'hôtellerie forestière. Ce n'est pas la femme du garde qui bat devant l'âtre pétillant les œufs de l'omelette croustillante et dorée. Non! le cabaret forestier a tous les luxes, toute la science gastronomique du grand restaurant parisien. Armenonville et le restaurant de l'île sont approvisionnés l'été comme la Maison d'Or et le Café Riche. Mais c'est surtout au restaurant de Madrid, propriété d'un agronome distingué, M. Simon Legrand, que les Parisiens de race vont dîner sur une table de jardin. Cadre royal que cette hôtellerie qui fut bâtie par François Ier, à son retour de captivité !

A roi galant, galant cabaret... Ah ! s'ils étaient à écrire, les mémoires du Restaurant de Madrid ! Que de joyeux déjeuners précédés de coups d'épée! Que de joyeux dîners aussi, accompagnés de coups de canif dans de respectables contrats oubliés au fond d'une carafe frappée ! Roulez, roulez, petits coupés, au retour du château de Madrid. En route pour les Champs-Elysées!

Mais, dans la promenade au Bois, une visite au Jardin d'Acclimatation est de rigueur. Le Jardin d'Acclimatation est le Jardin des Plantes des enfants (1).

Tout est disposé pour leur plaisir et leur service devant le pavillon où sont installées ces écuries, véritable ménagerie, où l'on trouve des éléphants, des girafes à côté des ânons robustes de l'Egypte et des zèbres à la robe rayée.

Une cavalerie étrange est mise à la disposition des jeunes promeneurs dont la bourse est assez garnie pour leur permettre de prendre un ticket au guichet. Le petit Parisien peut faire un tour de chameau

(1) Voir *Annexe méthodique des Renseignements spéciaux*, IIIe partie, chap. II, note 3.

ou de dromadaire sans avoir gagné la bataille d'Aboukir, ou, nouvel Antiochus, cheminer à dos d'éléphant. L'autruche traîne une légère carriole d'osier. Des ânes et des poneys sellés et attelés font concurrence aux délices oubliées de Montmorency et aux caravanes de Robinson.

La promenade devant les phoques est très en faveur. Ces braves bêtes connaissent très bien le gardien qui les nourrit et l'accueillent par des cris de joie. L'administration est honnête. Elle ne prétend pas qu'ils disent Papa ! Les phoques sont très visités par les cortèges de noces populaires qui abondent le samedi. On voit des mariées en robe blanche, couronnées de fleur d'oranger, circuler à dos d'éléphant. L'observateur superficiel doit se méfier. Cette coutume n'étant pas générale, il ne devra pas la donner comme telle en retournant dans son pays. Toutes nos mariées ne se promènent pas à dos d'éléphant.

Les serres du Jardin d'Acclimatation sont fort belles. En hiver, on y voit des forêts de camélias en fleurs. Le chenil contient de superbes variétés de la race canine. La pouleric est fort bien organisée. Une gaveuse qui fonctionne permet de comparer les résultats obtenus sur la poularde libre et la poularde engraissée mécaniquement.

Mais la population la plus attirante du Jardin est la population ailée. Au bord des serpentines qui arrosent les pelouses, sur les petites rivières qui sillonnent ce royaume des animaux, tout un peuple d'oiseaux aquatiques nage, bat des ailes, lisse ses plumes, ou dort au soleil, le corps en boule. Des pélicans songent sur un rocher, le bec pendant, l'air très grave. Des cigognes sont perchées sur une patte, sachant bien sur quelle patte dormir... Coquettes, les demoiselles de Numidie secouent avec fierté leur aigrette. Des cygnes, les uns noirs, les autres blancs nagent lentement entre ces rives trop étroites pour leur majestueuse allure. Les canards ne s'en vont ni par deux ni par trois — comme dit la chanson. On les compte par énormes bandes. Et l'on voit là de nombreux mandarins qui sont des canards de bonnes mœurs, nous apprend M. Maxime du Camp — ce qui leur a valu l'honneur, en Chine, d'être offerts aux jeunes mariés, le soir des noces.

Dans les grandes volières, les paons font la roue à côté des superbes flamants roses. Le lophophore brille au soleil dans sa belle robe métallique dont les plumassiers tireront des parures pour la mode.

La faisanderie contient une superbe collection : faisans de lady Ahmers, faisans dorés et argentés, faisans versicolores. Un supplice de Tantale pour un chasseur! Que dire des aras aux couleurs éclatantes, à l'assourdissant ramage? Si vous aimez les perruches, elles sont là en vivants chapelets, posées sur leurs perchoirs, regardant de leur petit œil doux et sans colère ces curieux pour la jouissance desquels on les tient emprisonnées.

A quelques pas de la porte du Jardin, il faut subir les cris et les grimaces des singes. Grimpés sur les grilles de leur cage — sans doute pour nous rappeler que c'est d'eux que nous descendons — ils semblent railler le visiteur qui vient regarder les animaux. Il est probable que, si la chose était en leur pouvoir, les singes n'auraient point quitté leurs forêts mystérieuses pour venir regarder les hommes!

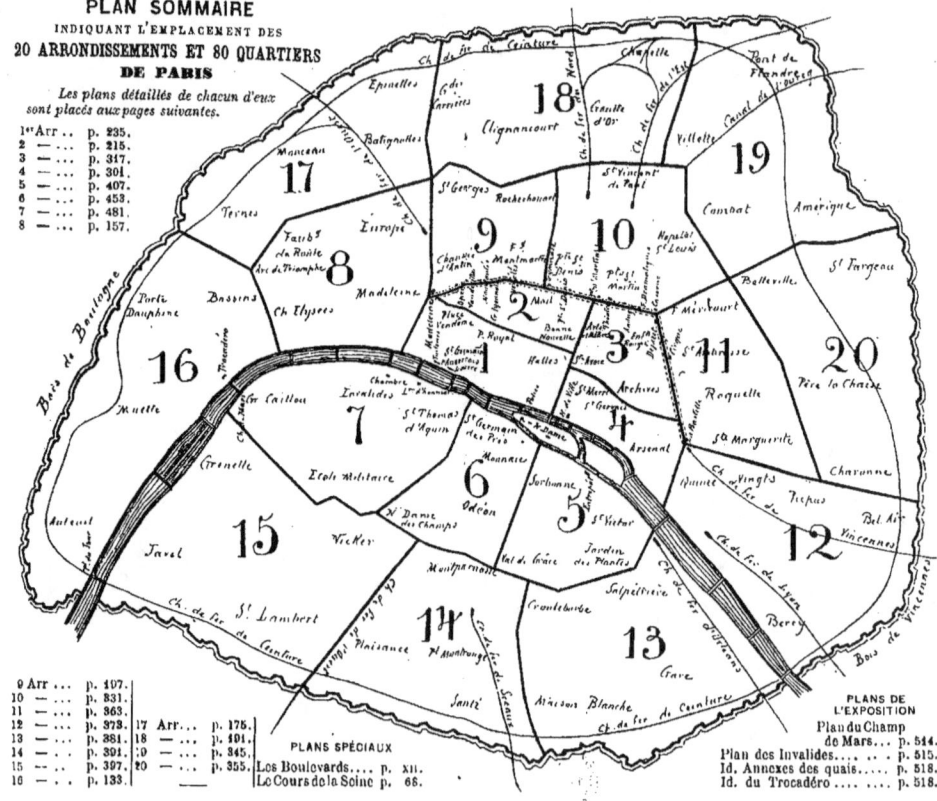

PLAN DU VIIIe ARRONDISSEMENT

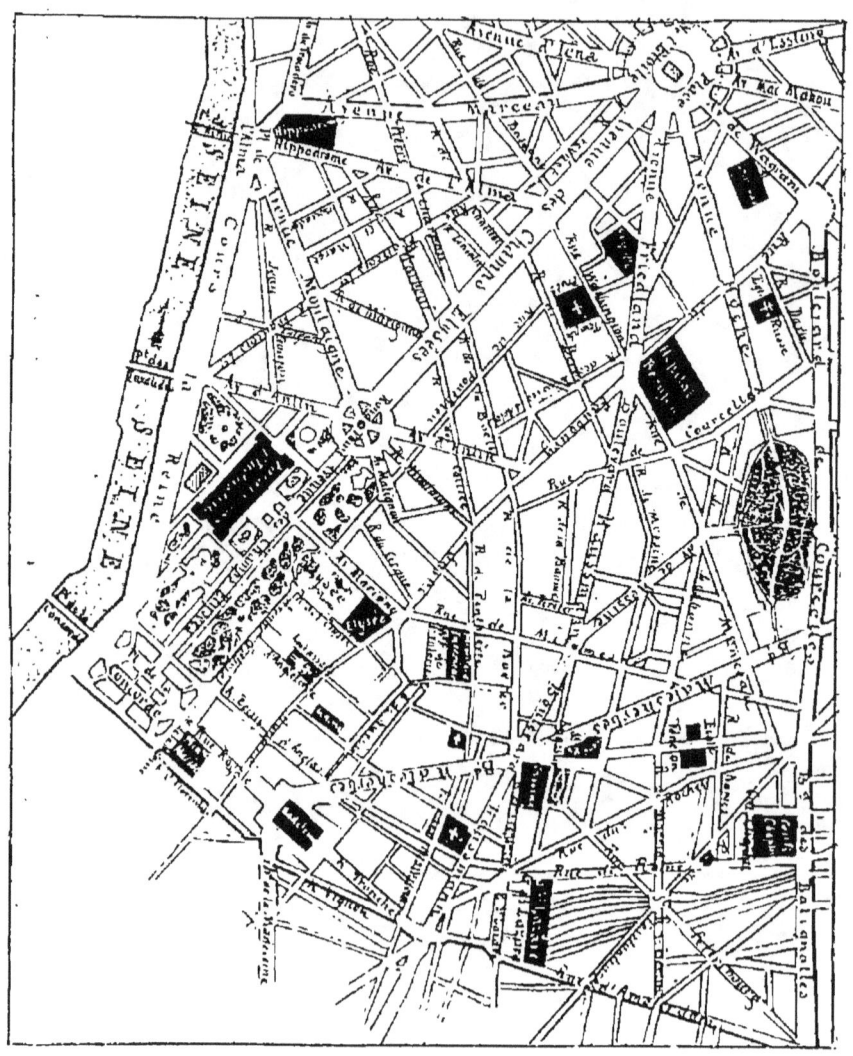

(Voir au dos les renseignements pratiques)

HUITIÈME ARRONDISSEMENT

(ÉLYSÉE)

Mairie. — Rue d'Anjou, 11.

Commissariats de police. — Avenue d'Antin, 29. — Rue Berryer, 12. — Rue d'Astorg, 28. — Impasse d'Amsterdam, 1.

Poste, télégraphe, cabines téléphoniques. — Rue Clément-Marot. P. T. — Rue Montaigne, 26. P. T. C. — Boulevard Malesherbes, 6. P. T. C. — Boulevard Malesherbes, 101. P. T. C. — Rue d'Amsterdam, 19. — Boulevard Haussmann, n° 121. P. T. C. — Avenue des Champs-Elysées, 33. P. T. C. — Avenue Friedland, 25. P. T.

Églises catholiques. — *Saint-Augustin*. — *Madeleine*. — *Saint-Philippe du Roule*.

Église russe. — Rue Daru, 12.

Temples protestants. — *Saint-Esprit*, rue Roquépine, 5 (culv.).

SERVICE EN ANGLAIS

Églises anglicanes. — *West. Methodist*, rue Roquépine, 4. — *Congr. Chapel*, rue Royale, 23. — *English church*, rue d'Aguesseau, 5.
Église américaine. — *American Chapel*, rue de Berri, 21.
Églises écossaises. — *Am. Episc. chure*, rue Bayard, 17. — *Church of Scotland*, rue de Rivoli, 160.

Ambassades, Légations, Consulats. — *Autriche-Hongrie*, avenue de l'Alma, 7. — *Bavière*, rue Washington, 23. — *Belgique*, faubourg Saint-Honoré, 153. — *Bolivie*, Champs-Elysées, 44. — *Brésil*, rue Téhéran, 17. — *Chili*, rue Washington, 36. — *Costa Rica*, rue Pierre-Charron, 16. — *Danemark*, rue de Courcelles, 20. — *Equateur*, boulevard Malesherbes, 41. — *Etats-Unis*, rue Galilée, 59. — *Grande-Bretagne et Irlande*, faubourg Saint-Honoré, 39. — *Grèce*, boulevard Haussmann, 127. — *Guatemala*, rue Pierre-Charron, 16. — *Haïti*, rue Montaigne, 8. — *Honduras*, avenue du Trocadéro, 136. — *Italie*, rue de Penthièvre, 11. — *Japon*, avenue Marceau, 75. — *Luxembourg*, rue du Faubourg-Saint-Honoré, 153. — *Nicaragua*, rue Bassano, 156. — *Portugal*, avenue Marceau, 45. — *République argentine*, rue de Téhéran, 22. — *République dominicaine*, rue Balzac, 1. — *Roumanie*, rue de Penthièvre, 5. — *Turquie*, rue de Presbourg, 10. — *Vénézuela*, rue de Presbourg, 5.

Ministères. — *Intérieur*, place Beauveau. — *Marine*, 2, rue Royale.

Présidence de la République. — Palais de l'Elysée, faubourg Saint-Honoré et place Beauveau.

III

LES CHAMPS-ÉLYSÉES
(ÉLYSÉE)

Autour de l'Arc-de-Triomphe. — La maison de Victor Hugo. — L'Arc-de-Triomphe. — Le groupe de Rude. — Auguste Barbier et l'Invasion. — Les habitants des Champs-Élysées. — L'Hôtel Païva. — Kermesse. — Guignol et la Présidence. — Les Cafés-Concerts. — Thérésa et Victorine Demay. — Paulus et le *Gambillage*. — Le Palais de l'Industrie. — Le Salon. — Le Vernissage. — La Sauce verte. — Le Concours Hippique. — Le Jardin de Paris. — Les Quartier Marbœuf. — L'Hippodrome. — La maison de François Ier. — Un souvenir à Mabille. — Le faubourg Saint-Honoré. — La place Beauveau. — L'Élysée. — Les chevaux de Marly. — La place de la Concorde. (1)

VIIIe ARRONDISSEMENT

L'avenue du Bois de Boulogne est la plus belle des douze grandes avenues qui aboutissent à l'Arc-de-Triomphe. Ce quartier est habité par un grand nombre de célébrités. Le général Boulanger demeure non loin de la reine Isabelle, et dans le voisinage de M. Guzman Blanco, ancien président du Vénézuéla. Il est entouré de ministres, ou d'anciens ministres : MM. Lockroy, Goblet, Freycinet, Ménard-Dorian, Sarrien. L'aristocratie est représentée par le duc d'Abrantès, comte de Meffray, marquis de Bethisy,

---

(1) Voir p. 157. Le plan du VIIIe Arrondissement.

comtesse Berthier, baron et baronne de Montagnac, prince Poniatowski, marquis de Chasseloup-Laubat, prince Karageorgewitch, comtesse d'Albufera, duchesse de Bassano, comte de Montebello, princesse de Béarn, comtesse de Gabriac, etc... Dans le monde des affaires, à citer les noms des Oppenheim, Kœnigswarter, S. Stern, baronne W. de Rothschild, Gunsburg, Ephrussi, Abadie, Binder. Le journalisme et le théâtre ont également leurs colons : Auguste Vacquerie, A. Dennery, M. Marinoni, directeur du *Petit Journal*, M. Desfossés, directeur du *Moniteur*, M. Lebey, directeur de l'*Agence Havas*, M. Leroy-Beaulieu, directeur de l'*Économiste français*, Catulle Mendès, Adrien, Marx, Bachaumont, Jules Barbier, Victor Roger, Mme Ugalde, MM^lles Marsy et Blanche Pierson.

Victor Hugo a donné son nom à l'avenue où il habita longtemps. Son petit-fils, M. Georges Hugo, demeure dans un hôtel voisin de celui où mourut le poète, qui l'avait loué à la princesse de Lusignan. Il n'est point de sonneur de sonnets, point de rimeur de ballades qui n'ait frappé à la porte de cette maison sans y avoir été accueilli avec bienveillance. Hugo fut dans sa vieillesse l'indulgence même pour les bardes novices et pour les apprentis troubadours. Il pressait des « mains loyales. » Il répétait tout le jour : « Vous êtes un poète. » A la limite de sa vie, il bénit à tour de bras les générations nouvelles, tout en travaillant aussi régulièrement que dans les plus vigoureuses années de sa virilité. Après avoir élevé l'immense édifice de son œuvre, il laissa après sa mort assez de manuscrits inédits pour faire la gloire et le labeur d'une longue existence d'écrivain. Il était aimé de tout le monde, adoré même des cochers de fiacre qui refusaient ses pourboires et auraient voulu le conduire gratuitement au trot accéléré de leurs Pégases peu fougueux. On était accoutumé à saluer sa belle tête pensive et blanche, songeuse comme celle d'un lion, sur l'impériale de l'omnibus qu'il escaladait gaillardement par le soleil ou par la bise. En 1881, Paris entier vint lui souhaiter sa fête. Quand il mourut, la même foule se retrouva derrière le corbillard des pauvres qui le menait au Panthéon. L'Arc-de-Triomphe avait été voilé d'un énorme crêpe noir, et M. Catulle Mendès avait organisé une garde d'honneur de poètes autour de l'immense catafalque dressé sous l'énorme portail. Autour du monument, les cavaliers de la Garde républicaine enveloppés de leurs manteaux sombres, le casque en tête, portaient des torches enflammées.

L'Arc-de-Triomphe convenait plus que tout autre lieu pour cette nuit auguste qui précéda les obsèques de Victor Hugo. Il l'avait chanté, comme il avait chanté la colonne ; et le nom de son père, le général Joseph-Léopold-Sigisbert comte Hugo, était inscrit parmi ceux des quatre cents généraux gravés sur les murailles glorieuses.

Sous cette porte grandiose passe la longue voie qui descend du carrefour de Courbevoie à la place de la Concorde, au pied du jardin des Tuileries.

La face du monument qui regarde Courbevoie est ornée de deux groupes du sculpteur Etex. Dans l'un, qui symbolise la résistance, un jeune guerrier, soutenu par un Génie, lutte désespérément au milieu des blessés et des morts. Le second célèbre le charme, la félicité de la *Paix* et le retour aux travaux de l'agriculture.

Sur la face tournée vers les Champs-Élysées, Cortot a sculpté le *Triomphe de Napoléon*. La Renommée embouche sa trompette retentissante, tandis que l'Histoire inscrit sur ses tablettes les grandes actions du conquérant. Mais le plus beau morceau de ces

Arc de Triomphe de l'Etoile

quatre groupes, c'est ce tableau de la guerre que François Rude a dramatisé de toute la force de son génie. Les guides appellent à tort cette composition le *Chant de Départ* ou la *Marseillaise*. En réalité, c'est une allégorie. Les costumes des personnages le prouvent surabondamment. Le Génie de la guerre, l'épée menaçante, domine ces figures sublimes. Un guerrier appelle aux armes... Ses compagnons, par leur attitude héroïque, prouvent qu'ils sont prêts à vaincre ou à mourir avec lui.

Détail curieux : l'Arc-de-Triomphe n'est pas encore terminé et il est problable qu'il ne le sera jamais. Plusieurs projets ont été soumis sans succès au gouvernement pour le couronnement de l'édifice. Rude proposait une colossale figure de la France, avec un aigle à ses pieds, entourée des quatre plus grandes puissances de l'Europe inclinées devant elles. Barye rêvait un aigle immense aux ailes éployées, les serres appuyées sur une calotte sphérique. Ces projets furent rejetés par les ministres de Louis-Philippe. M. Falguière exécuta une maquette colossale qui fut mise en place en ces dernières années. Cette tentative ne fut pas favorablement jugée.

L'Arc-de-Triomphe, élevé à nos victoires, témoin du retour des cendres du grand empereur, a vu aussi nos désastres. Le 1er mars 1871, les soldats de l'empereur Guillaume firent résonner la haute voute du bruit de leurs pas pesants et lourds. Seule, la lie de la population alla contempler nos vainqueurs. Les filles de joie étaient nombreuses parmi ces curieux. Auguste Barbier ne s'était-il pas écrié dans des circonstances aussi douloureuses :

> J'ai vu, jeunes Français, ignobles libertines,
> Nos femmes belles d'impudeur,
> Aux regards d'un cosaque étaler leurs poitrines
> Et s'enivrer de son odeur.

De même, il avait dit pour les Champs-Élysées :

> J'ai vu l'invasion à l'ombre de nos marbres
> Entasser ses lourds chariots.
> Je l'ai vue arracher l'écorce de nos arbres
> Pour la jeter à ses chevaux.

De la place de l'Étoile au Rond-Point, l'avenue des Champs-Elysées n'est qu'un vaste boulevard bordé de chaque côté d'hôtels princiers et de maisons somptueuses. Les étrangers riches donnent la préférence à cette voie superbe. M. et madame Mackay habitent la rue de Presbourg. M. Gordon Benett, directeur du *New-York-Herald*, est plus souvent aux Champs-Élysées que de l'autre côté de l'Océan. Le matin, on rencontre à cheval Carolus Duran qui sort de chez lui, et M. de Madrazo a son atelier bâti sur cette terre qui se vend au mètre un prix que Millet n'eût pas osé rêver pour l'*Angelus*... C'est à deux pas des Champs-Élysées que Balzac est mort. L'œuvre du romancier infatigable est debout ; sa maison a disparu... Il faudrait signaler tous ces hôtels, depuis celui de madame la duchesse d'Uzès, jusqu'à celui de M. Bamberger.

Un véritable joyau de pierre, la demeure de Mme de Païva. Dans la salle à manger Renaissance ornée de marbres et de boiseries sculptées, s'assirent Gautier et Saint-Victor, Taine et les frères de Goncourt. Baudry brossa pour le plafond d'un des salons de ce palais un Olympe dont le personnage principal est une admirable Vénus. Cette Mme de Païva, dont le nom revient à chaque page de la chronique impériale, et qui avait conquis cette fortune incroyable, avait été la femme d'un tailleur français de Moscou, puis la maîtresse du pianiste Hertz qui, après s'être ruiné, la laissa à Paris, malade et sans le sou. « Si j'en reviens, déclara-t-elle alors à Gautier, je veux avoir, à deux pas d'ici, le plus bel hôtel de Paris. » Elle l'eut comme elle l'avait voulu. — Ce qui lui donnait le droit de dire à Edmond de Goncourt : « Moi, tous mes désirs sont venus à mes pieds, comme des chiens couchants ! (1) »

Ce n'est qu'à partir du rond-point et jusqu'aux Tuileries que les Champs-Élysées ont leur véritable caractère de promenade et, pendant les nuits d'été, leur charme et leur tapage de Kermesse. A droite et à gauche, des massifs, des pelouses, des corbeilles bordent les allées ombreuses. Des fontaines chantent jour et nuit.

A quelques pas de l'Élysée, dont les grands arbres couronnent les murailles, Guignol a établi ses quartiers, le Guignol cher au bon Nodier. Il se pourrait que le Président Carnot entendît arriver jusque sous les ombrages officiels le bruit des coups de trique de Polichinelle s'abattant sur la nuque de M. le Commissaire. Les militaires sont très friands de ce spectacle. Tout à côté, tournent des carrousels et des jeux de bagues. C'est le concours hippique de l'enfance. Nos jeunes sportsmen de l'avenir ont également la voiture aux chèvres. Des petites filles y trônent comme dans des calèches. Déjà grandes dames, ces demoiselles !

Les soirs d'été, quand le public enfantin dort sous les rideaux de blanche mousseline, les concerts s'illuminent et les restaurants flamboient. Les cuivres ronflent. Des cris emplissent l'air et couvrent le plus souvent le chant des infortunées chanteuses à la voix de vinaigre, qui se font entendre au début de la séance et qui pendant la soirée « font tapisserie », assises autour de l'estrade. Il faut que l'étoile arrive enfin pour

(1) *Journal des Goncourt.*

faire cesser ce vacarme, dont la jeunesse dorée s'amuse beaucoup plus que du spectacle. L'étoile, sous l'Empire, c'était Thérésa, dont Louis Veuillot a dit : « Quant à son chant, il est indescriptible, comme tout ce qu'elle chante. Il faut être Parisien pour en saisir l'attrait, Français raffiné pour en savourer la profonde et parfaite ineptie. Cela n'est d'aucun art, d'aucune langue, d'aucune vérité. » La tirade des *Odeurs de Paris*, sur Thérésa, est classique comme les *Catilinaires*. Qu'eût dit Veuillot, s'il avait entendu Victorine Demay, la favorite de Jules Lemaître, le lundiste actuel des *Débats*, lorsque la pauvre grosse fille chantait, en roulant ses yeux ronds, à fleur de tête :

> Moi j'casse les noisettes
> En m'asseyant d'sus !

Qu'eût-il dit du chanteur Paulus, que ses admirateurs proclament le père du *gambillage* ? (Où l'orgueil de la paternité va-t-il se nicher, tout de même ?)

L'arrêt du polémiste de l'*Univers* a été cassé en faveur de la chanteuse populaire, qui trouva enfin sa voie définitive, la plus élevée, la plus poétique, lorsqu'elle se cantonna dans son répertoire de la romance populaire dont l'art lui avait été enseigné par Darcier, ce maître de la diction.

Le café-concert n'est certes pas un plaisir intellectuel et la bassesse seule de ce spectacle attire la foule ; mais l'attrait de la note d'art, qui peut s'y révéler, du tempérament d'artiste qui s'y dévoile, excusent la présence d'une élite peu nombreuse. Ces cafés-concerts pourraient cependant rendre de véritables services dans une grande ville, où les musiciens et les poètes sont nombreux et ont des loisirs.

L'art possède son palais aux Champs-Élysées, dans cette immense cage de verre surnommée la *Halle aux huiles* et connue généralement sous le nom du Palais de l'Industrie (1). Nous sommes loin du temps où Diderot pouvait, sans mesurer l'espace, écrire une page sur Greuze, qui ajoutait un chef-d'œuvre d'écrivain à

Palais de l'Industrie

un chef-d'œuvre de peintre. Aujourd'hui, le critique rédige son salon en style de dépêche. Diderot, s'il revenait, critiquerait télégraphiquement dans un journal quotidien.

« Moyenne satisfaisante. Beaucoup de patte. Peu d'effort. Puvis de Chavannes, toujours grand. Com-

(1) Voir *Annexe méthodique des Renseignements spéciaux*, III° partie, chap. III, note 1.

mander son portrait à Carolus, très chic. Bouguereau, parfumeur. — Vollon, un maître. — Rien de Ribot. Pourquoi? — Bonnat, solide. — Besnard, soleil. — Roll. Grand succès. »

Cette orgie de tableaux a vulgarisé, banalisé une journée qui était charmante. Je veux parler de la journée du vernissage. On n'y vernit plus. On s'y bouscule. On se marche sur les pieds. Il était de mode de déjeuner chez Ledoyen, qui servait une sauce verte exquise. Ledoyen, le jour du vernissage, verse une mixture verte sans doute, mais insipide, à une clientèle de fous qui se bousculent autour des tables du restaurant. On retrouve là cette atroce manie des gens du monde de se faufiler dans tous les endroits où il faut intriguer pour entrer et qui est la cause de ce que l'on nomme le débordement annuel de M. Vigneron, l'aimable secrétaire de la Société des artistes. Où il n'y a plus un trou pour fourrer une épingle, la Parisienne pur-sang trouve encore la place de flirter et de faire voir une toilette neuve.

Le Palais de l'Industrie n'est pas uniquement réservé aux peintres et aux sculpteurs. Il sert également aux animaux gras, aux sportsmen, aux horticulteurs.

Au printemps, le concours hippique attire une foule élégante qui vient suivre les prouesses équestres des hommes de cheval en habit rouge, et qui a plus de joie maligne à voir les beaux cavaliers choir dans la rivière qu'à les applaudir, lorsqu'ils franchissent victorieusement tous les obstacles.

Beaucoup d'officiers parmi le public. Des colonels à barbiche grise, qui viennent pour l'art et se livrent à des discussions techniques sur la façon dont l'habit rouge a abordé l'obstacle. Des lieutenants aussi, fringants, solides, joyeux, plus occupés des performances du public féminin que des performances des chevaux. Une jolie cohue de gens qui se connaissent, se sont vus le matin au Bois et se retrouveront le soir dans un salon en fête — car le printemps est devenu la saison des salons — au théâtre, ou à ce Cirque d'Été dont on aperçoit de loin la rotonde à travers les arbres, et où l'homme élégant doit se montrer le samedi. On endosse l'habit noir pour se tenir dans ces écuries où le clowns passent en tenant leurs cerceaux et où les écuyers de haute école reçoivent les compliments de leurs admirateurs, en fouettant négligemment leurs bottes vernies du manche de leur stick.

A côté du Palais de l'Industrie, des palissades entourent le Jardin de Paris, où l'Anglaise Adda Blanche dansait l'été dernier sur la corde raide, où l'on montrait la belle Fatma et son énorme père revêtu d'un burnous de laine. Ce Jardin de Paris est l'ancien concert Besselièvre. Un orchestre sérieux y exécutait sérieusement des morceaux de musique sérieuse, et M. de Besselièvre avait pris la succession de Musard, le fils du chef d'orchestre qui cassait des chaises ou tirait des coups de pistolet en conduisant un quadrille. Ce Musard, tout Paris le vit passer dans ses daumonts superbes, alors qu'il avait épousé cette belle et richissime créature qui mourut folle, un œil complètement fermé par la paralysie, folle de la peur de devenir aveugle !

Entre les Champs-Élysées et la Seine, s'étendent des rues nouvellement percées sur les terrains qui appartenaient à la famille de Marbeuf et sur le territoire de la commune de Chaillot. Avant Mabille, Paris avait eu le bal d'Idalie dans les jardins de ce M. de Marbeuf qui avait été maréchal-de-camp en Corse et qui avait obtenu alors, pour un jeune gentilhomme du nom de Napoleone Buonaparte, une bourse à l'école militaire de Brienne. Ruggieri était le propriétaire d'Idalie.

La belle avenue de l'Alma conduit des Champs-Élysées à l'Hippodrome, qui pourrait être comparé à une arène antique avec ses gradins et son immense piste. On y donne encore des courses de chars pour la couleur locale et les quadriges alternent avec les troupes de clowns coiffés du chapeau pointu, au masque blême, enfariné, aux joues pochées de carmin. Le moderne et le classique fraternisent. Le spectacle se termine le plus souvent par une pantomime militaire à grand spectacle — comme dans le bon temps du Cirque Olympique et de l'illustre Jenneval.

En suivant le Cours-la-Reine, au coin de la rue Bayard, se trouve la maison de François Ier, construite sur une terrasse et formant un carré parfait. Elle fut transportée de Moret, en 1826, et reconstruite morceau par morceau. Cette maison est peut-être l'échantillon le plus pur que nous possédions du style Renaissance. Toutes les sculptures extérieures en sont attribuées à Jean Goujon.

Sur le rond-point des Champs-Élysées, il y a quelques années encore, des ifs en flammes annonçaient le bal Mabille. Finis les quadrilles ! Le bal est mort, le bal où défilèrent les lorettes, les lionnes, les biches, les crevettes, les cocottes et les grues, le bal de Pomaré, de Maria, de Clara, de cette pauvre Mogador qui devint comtesse de Chabrillan et qui demanda à sa plume le pain qu'elle avait demandé tout d'abord à ses jambes... Mabille vit aussi Rigolboche, puis Rose Pompon, riche aujourd'hui, retirée des affaires, et écrivant les mémoires du pied levé à hauteur de l'œil et du quadrille de bastringue, tout comme un Talleyrand ou un Metternich récapitulant ses souvenirs après avoir mené les hommes. Rose Pompon avait mené les hommes, elle aussi, et plus magistralement encore que les diplomates !

Le massif qui s'étend sur la gauche de l'avenue des Champs-Élysées, en partant de l'Arc de Triomphe, forme le faubourg Saint-Honoré, quartier officiel, aristocratique et sévère, sorte de faubourg Saint-Germain de la rive droite.

Sur la place Beauveau, où l'on arrive par l'avenue Marigny en longeant les jardins de l'Elysée, la grille du ministère de l'Intérieur s'ouvre sur l'hôtel du ministre, cet hôtel où défilent les préfets et les maires, cette banque de la politique dont la caisse renferme ces chimériques fonds secrets, gâteau doré, grossi par l'imagination des ambitieux, dans lequel tant de mâchoires avides, par tous les temps, sous tous les régimes, ont souhaité de donner un solide coup de dents. Cet hôtel du ministère de l'Intérieur avait été construit par l'architecte Le Camus de Maizières, pour le maréchal de Beauveau.

« Il fut un temps, dit Monselet, où le Palais de l'Élysée était un séjour de délices. » Aujourd'hui, il sert de résidence au chef de l'Etat, au Président de la

République. M. Sadi-Carnot demeure sous le toit qui abrita la marquise de Pompadour et le financier Beaujon.

L'Élysée était devenu un lieu public et s'était appelé le hameau de Chantilly. On fit des échaudés dans ce Palais où l'on fait des ministères. Il y avait alors

des fêtes, des belles filles, des danses, des pantomimes, des concerts, des feux d'artifice dans ces jardins remplis de chalets, de moulins, de grottes, de temples, de bosquets.

« Ah ! le beau hameau que c'était en vérité ! s'écrie Monselet. Il ne méritait pas de devenir un Palais. (1). »

(1) Charles Monselet. — *Le Petit Paris.*

C'est à l'Elysée que l'empereur recevait les souverains de passage à Paris.

On voit dans le faubourg de grands hôtels sévères, fermés par des portes monumentales, séparés de la rue par de vastes cours, où les cochers à grande livrée et cocarde multicolore font exécuter à leurs attelages des courbes savantes sur le gravier. Tels sont les hôtels de l'ambassade d'Angleterre et l'hôtel Rothschild (ancien hôtel Pontalba). (1) Les Pereire et les Abeille résident également dans le faubourg Saint-Honoré. L'hôpital Beaujon, fondé par le financier célèbre, ouvre ses portes à la misère, à l'angle du boulevard Haussmann. La colonie russe a là son église, dont les clochetons de cuivre, surmontés de croix légères, font une tache d'or dans le ciel. L'église paroissiale est Saint-Philippe-du-Roule (2), où l'on entend de bonne musique. Pendant le Carême, des prédicateurs renommés y prêchent la Passion. L'architecture de cette église est lourde. Il n'y a guère à remarquer à l'intérieur qu'une *Descente de Croix*, de T. Chassériau.

Si, au lieu de pénétrer plus avant dans le Faubourg Saint-Honoré, on continue à suivre les Champs-Élysées, on arrive devant les chevaux de Marly, œuvre de Guillaume Coustou, épaves de ce château superbe élevé par Louis XV et de ce parc dont on admire les vestiges, en passant sur le pavé à côté de l'abreuvoir et près de l'aqueduc monumental de Marly. Ces chevaux qui se cabrent sur leur piédestal sont les bornes qui marquent la fin des Champs-Élysées et le commencement de la place de la Concorde.

(1) Voir *Annexe méthodique*. 3ᵉ partie. Chap. III. Note 1.
(2) Voir *Id*. 3ᵉ partie. Chap. III. Note 2.

Cette place est la plus belle de Paris. Au centre, l'obélisque de Louqsor, donné à la France par Mehemet-Ali, dresse son aiguille de pierre rose, entre deux fontaines jaillissantes, semblables au Château d'eau de la place Saint-Pierre de Rome. L'une de ces fontaines (côté de la rue Royale) symbolise la naviga-

Place de la Concorde

tion fluviale ; l'autre (côté de la Seine), la navigation maritime. C'est sur l'emplacement de cette seconde fontaine que Louis XVI fut guillotiné et c'est sur cette place que roulèrent les tambours de Santerre et que se réunirent les tricoteuses au pied de l'échafaud dressé en permanence. En 1792, la statue équestre de Louis XV, exécutée par Bouchardon et dressée sur un piédestal de Pigalle, avait fait place à une Liberté

PLAN DU XVIIe ARRONDISSEMENT

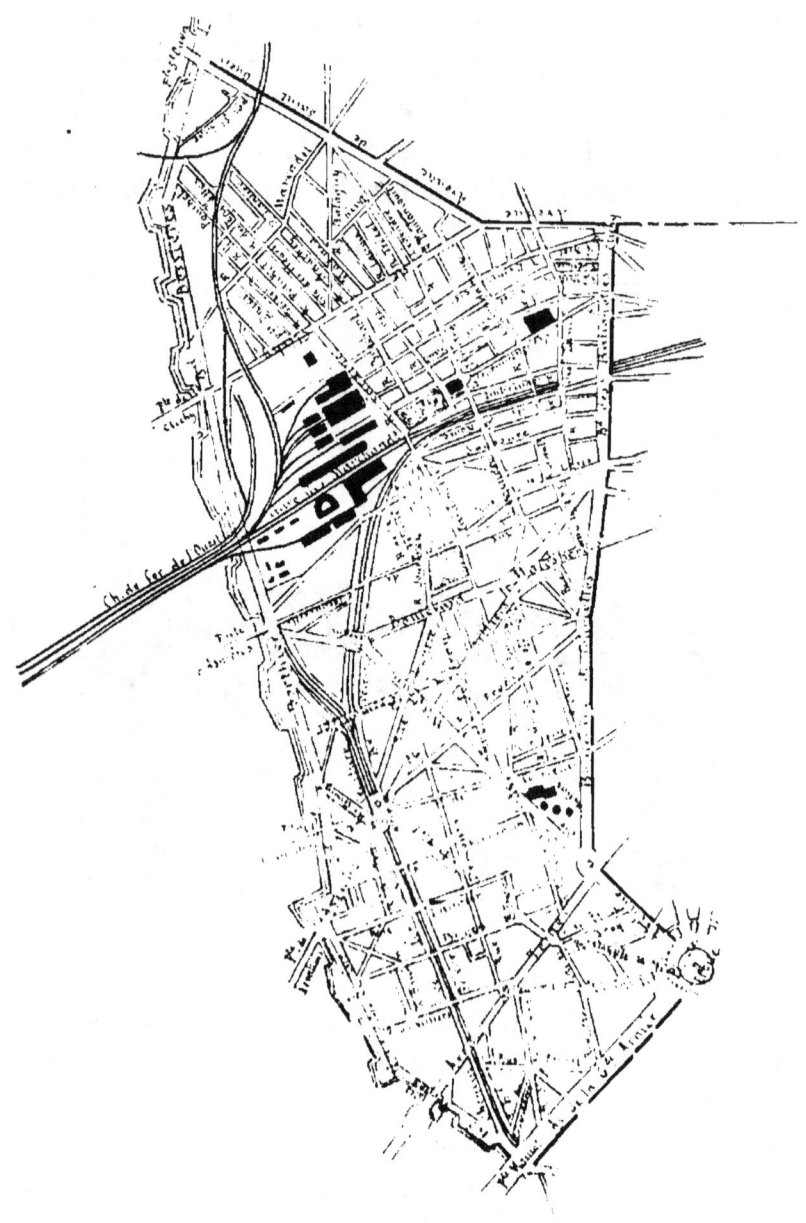

(Voir au dos les renseignements pratiques.)

XVIIe ARRONDISSEMENT

(BATIGNOLLES, MONCEAUX)

Mairie. — Rue des Batignolles, 18.

Commissariats de police. — Rue Laugier, 5. — Rue Demours, 98. — Place des Batignolles, 16. — Rue Gauthey, 38.

Poste, télégraphe, cabines téléphoniques. — Etoile, avenue de la Grande-Armée, 50 *bis*. P. T. C. — Les Ternes, rue Bayen, 16. P. T. C. — Les Batignolles, rue des Batignolles, 42. P. T. C. — Rue Legendre, 183. P. T. — Paris-Monceaux, rue Meissonier, 6. P. T.

Eglises catholiques. — *Saint-Ferdinand.* — *Saint-Michel.* — *Sainte-Marie.*

Temples protestants. — Etoile, avenue de la Grande-Armée, 54 (*calv.*). — Batignolles, boulevard des Batignolles, 46 (*cal.*). — Rue Dulong, 53 (*luth.*).

Ambassades, légations et consulats. — *République d'Orange*, rue Meissonier, 4. — *Urugay*, rue Lagelbach, 4.

en plâtre colorié, œuvre de Lemot. Philippe-Egalité eut la tête tranchée au-dessus des bas-reliefs de Pigalle.

La splendeur de la place de la Concorde ne tient pas seulement dans l'ensemble de ses monuments, de ses colonnes rostrales, de ses deux grands hôtels à colonnades dont l'un est occupé par la *Marine* (1), de ses huit pavillons surmontés des statues emblématiques de Lyon et Marseille, par Petitot, de Bordeaux et Nantes, par Callouet, de Rouen et Brest, par Cortot, de Lille, de Strasbourg par Pradier. C'est plutôt cette vue magnifique (à l'Ouest, la montée des Champs-Élysées ; à l'Est, la nappe verte des Tuileries ; au Nord, la façade de la Madeleine ; au Sud, la façade du Palais Bourbon) qui en fait le charme poétique et la grandeur sereine.

IV

LE BOULEVARD HAUSSMANN ET LA PLAINE MONCEAU

L'Avenue Friedland. — Les Écuries du comte Potocki et le Tattersall. — L'Hôtel Brunswick. — Une calèche ducale. — Le cul-de-sac du boulevard Haussmann. — Coquetterie et Royalisme. — Shakespeare dans un quartier britannique. — Le Quartier de l'Europe. — Le Collège Chaptal. — Le Parc Monceau. — Le jardinier de Louis-Philippe. — La Naumachie et la Grotte. — Les Nounous. — La plaine Monceau. —

(1) Voir *Annexe méthodique*, 3° partie. Chap. III. Note 3.

Terrains à vendre. — La statue d'Alexandre Dumas. — Bibelots et Ateliers. — Meissonnier. — Peintres et Ecrivains. — Le Désert de Jean Richepin et d'Emile Bergerat. — L'église russe.

VIIIe ET XVIIe ARRONDISSEMENTS (1).

Au flanc du quartier du Roule, le baron Haussmann a créé un coin de ville neuve. Toute cette partie orientale de Paris était une banlieue véritable, riante au Cours-la-Reine, à Marbeuf, à Chaillot, sinistre en se rapprochant de la plaine Monceau.

Trois grandes voies : le boulevard Haussmann, le boulevard Malesherbes et la rue de Rome ont attiré les architectes et les maçons à la suite des spéculateurs.

Le boulevard Haussmann rejoint, à la hauteur du faubourg Saint-Honoré et de l'hospice Beaujon, l'avenue Friedland où s'élève, à côté d'une chapelle fréquentée par un public mondain, le colossal hôtel du comte Potocki, dont les écuries sont des merveilles. Non loin de ces écuries admirables, le cheval et la carrosserie ont leur Bourse au Tattersall où les connaisseurs sont à l'affût des occasions. Il s'agit de payer un prix dérisoire une bête en mauvais état dont les habitués de l'Allée des Poteaux admireront quelques mois plus tard les performances. Il est vrai d'ailleurs qu'à côté des acheteurs heureux d'autres, plus naïfs, sont refaits, car le cheval est souvent maquillé tout comme ce légendaire duc de Brunswick, qui, dans son hôtel aux portes à panneaux dorés, aux murailles roses semblables à un palais de pâtisserie,

---

(1) Voir p. 175. Le plan du XVIIe Arrondissement.

possédait une collection étonnante de perruques, auxquelles il tenait autant qu'aux rares pierreries de sa cassette. Le huit-ressort du duc de Brunswick ne fut pas soumis aux enchères du Tattersall; mais il échoua à l'Hippodrome où il tourne autour de la grande piste, chargé d'équilibristes et de gymnastes aux maillots étincelants sous le feu de la lumière électrique.

Le magnifique boulevard auquel M. Haussmann a donné son nom va finir dans un cul-de-sac, à la rue Taitbout. Il n'a pas été achevé malgré les pétitions des intéressés, malgré les récriminations de ceux qui bataillent pour faire disparaître les taches et les verrues de Paris. Au lieu de rejoindre le boulevard des Italiens, le boulevard Haussmann s'arrête devant un pâté de maisons anciennes et médiocres d'aspect. C'est dans cet assemblage de constructions que la maison Laferrière a ses ateliers de couture et ses salons, d'où sont sorties tant de créations acclamées de la mode parisienne.

Qui sait si nos belles mondaines du royalisme le plus pur vont sur ce même boulevard, à la chapelle expiatoire, avec plus de ferveur et de recueillement que chez la célèbre faiseuse? Il ne faut pas les en blâmer sérieusement. La meilleure politique de la femme c'est l'art de plaire. Machiavel reconnaîtrait que la coquetterie sert mieux une cause que la fidélité. D'ailleurs, nos grandes couturières s'assimilent tous les genres — hors le genre déplaisant. Elles vont de la *Merveilleuse* du Directoire au costume vendéen avec un parfait éclectisme et l'on peut prier pour l'âme de Louis XVI en d'exquises toilettes que l'on ira, tout à côté (rue d'Anjou), exhiber ensuite devant l'objectif de Nadar, l'écrivain curieux, le fantaisiste toujours en verve qui a remplacé le « Lâchez tout ! » de l'aéronaute du ballon le *Géant* par le « Ne bougeons plus » du photographe.

Ce quartier est très britannique. Aussi, a-t-on choisi le carrefour de l'avenue de Messine pour y placer la

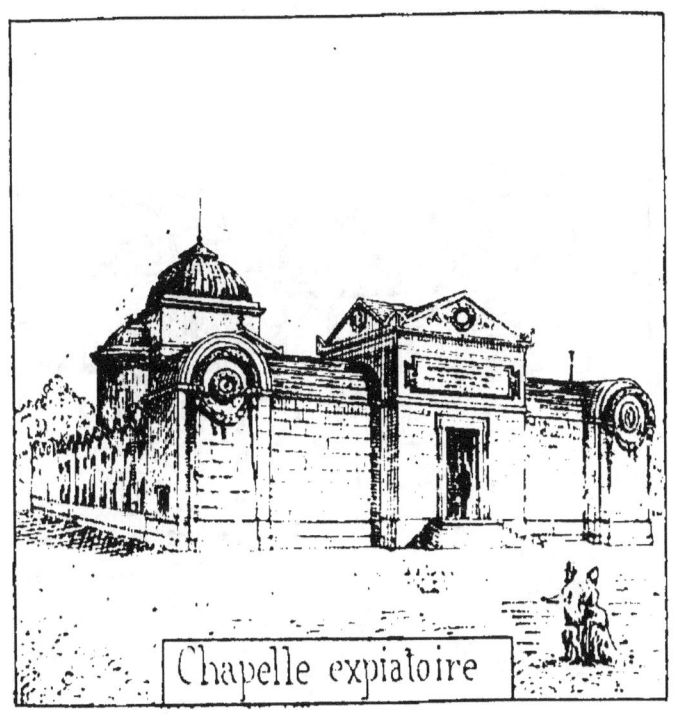
Chapelle expiatoire

statue de Shakespeare devant la rotonde de Sutton, le culottier du High-life. Shakespeare, qui tint les chevaux des seigneurs anglais à la porte des théâtres, s'il faut en croire la légende, peut suivre de son piédestal les modes des grooms et des gens de livrée en cette fin de siècle.

Le quartier de l'Europe, traversé par la ligne de

l'Ouest, dont la voie ferrée court au fond d'une vaste tranchée, est percé de rues larges qui portent les noms des capitales et des grandes villes d'Europe et qui sont bâties de grandes et solides maisons de rapport. Quelques-unes de ces rues ont une réputation galante assez justifiée et certaines ont remplacé les

Gare St Lazare

rues du quartier Bréda tant de fois chantées par la chronique.

La nouvelle gare Saint Lazare a l'une de ses entrées dans un pavillon au coin de la rue de Rome et l'autre dans un second pavillon, place du Havre. Une longue galerie, masquée par les énormes bâtiments de l'hôtel Terminus, relie ces deux grand pavillons.

La gare Saint-Lazare sert à la fois de point de départ au réseau de l'Ouest et à la ligne de Ceinture. Elle est sans cesse encombrée par le mouvement perpétuel des habitants de la Banlieue.

Son architecte est M. Lisch. De grands progrès ont été apportés dans son outillage. Ce sont de véritables curiosités que les nouvelles plaques tournantes

Collège Chaptal

hydrauliques, la passerelle aux signaux et les monte-charges de la gare des marchandises de la grande vitesse.

Au coin du boulevard des Batignolles et de la rue de Rome, s'élèvent les bâtiments du collège municipal Chaptal, avec de gaies toitures de tuile rouge et de jolis encadrements de brique. La ville fait concurrence à l'État et donne un enseignement plus pratique que celui de l'Université. La *question du Latin*, posée par notre érudit confrère Raoul Frary, a été résolue d'une façon satisfaisante par le coquet collège municipal.

Au nord-est du quartier du Roule, au nord du quartier de l'Europe formant un boulevard fleuri, le Parc Monceau étend sa nappe verte au milieu d'hôtels splendides, parmi lesquels se remarquent en première ligne l'hôtel Menier, avec ses incomparables jardins d'hiver et celui où M. Cernuschi, ancien directeur du *Siècle*, a accumulé les trésors d'un musée japonais et indou, que tous les artistes ont admiré.

Au bas du boulevard Malesherbes, s'élève l'Eglise Saint-Augustin où se réunissent les notabilités du parti bonapartiste (1).

Il y a vingt-cinq ans, le parc décrit par l'abbé Delisle, dans ses *Jardins*, ne conservait plus trace de l'œuvre de Carmontelle, à la fois architecte, jardinier et auteur dramatique, qui avait été chargé de le dessiner. Louis-Philippe y vint souvent causer avec son vieux jardinier, le père Schœne, qui écoutait le roi en fumant son brûle-gueule.

L'ancien parc a été considérablement réduit ; mais les jardiniers et les architectes de la ville y ont mis toutes les séductions de leur art, toutes les ressources de leur science. La grotte, creusée dans le terrain d'une butte, dont les pentes vertes s'ornent en été de plantes tropicales aux bizarres feuillages, est ornée de stalactites artificielles qui tromperaient l'œil le plus exercé.

C'est un lieu d'un charme infini, constamment

(1) Voir *Annexe méthodique*, 3ᵉ partie, chap. IV.

frais et vert par les chaleurs torrides, que celui où la naumachie mire ses antiques colonnes dans une pièce d'eau ombragée de vieux arbres dont l'écorce disparaît sous les lierres. Monceau est toujours en grande tenue, en falbalas. Ce parc seigneurial porte, selon les saisons, un manteau brodé de tulipes éclatantes et de

La Naumachie.

jacinthes, de pensées de velours, de bégonias bulbeux aux larges fleurs sanglantes, de lourds dahlias, de fuschias aux grappes multicolores ; et toute cette flore est rehaussée par les feuillages des palmiers, des bananiers gigantesques, des arbres à pivoines, et des agaves du Mexique. Parmi les statues qui ornent les pelouses et les parterres, se remarque le *Semeur*, de Chapu.

Monceau a une autre corbeille fleurie, corbeille

vivante et bien parisienne. Ce sont les nourrices, les *nounous*, portant dans leurs bras les bébés blancs, coiffées de bonnets ronds autour desquelles tourne une énorme ruche terminée par deux larges rubans flottants qui tombent sur leurs talons : rubans bleus, verts, noirs et rouges qui, de loin, voltigeant au vent et chatoyant sous la lumière, donnent à ces *nounous* parisiennes l'air de gros oiseaux des îles au plumage bariolé.

Le Parc Monceau est bordé par l'ancien boulevard extérieur. De l'autre côté de ce boulevard, on arrive au quartier des peintres. Lorsque le peintre Jadin acheta un énorme morceau de cette plaine Monceau, le terrain valait à peine trente sous le mètre. Il se paye maintenant, en certaines places, plus de 300 fr. En 1870, nous dit M. Jules Claretie, on en trouvait encore à 45 francs (1).

Il compte déjà ses morts, ce quartier neuf : Alphonse de Neuville, le peintre de la dernière guerre, et Bastien Lepage, l'artiste sincère et ému devant la nature, dont M. André Theuriet a fait un si beau portrait à la plume, et qui rêvait d'amasser vite une dizaine de mille livres de rente pour faire « de la peinture pour lui » (2).

Le quartier des artistes a été placé sous le patronage d'Alexandre Dumas dont la statue s'élève, au milieu des fleurs, sur le petit square de la place Malesherbes. M. Dumas fils, en sortant de son hôtel, peut saluer la statue paternelle qui est l'œuvre de Gustave Doré.

(1) Jules Claretie: *La Vie à Paris.*
(2) Albert Wolff: *La Capitale de l'art.*

Dans chaque maison, dans chaque hôtel, de larges baies éclairent les ateliers. Certains méritent d'être visités et contiennent des collections d'armes, de vieilles étoffes, de faïences et de porcelaines anciennes qui ajoutent à l'intérêt des études du maître du logis et des tableaux offerts par les amis ou dénichés dans les ventes. D'autres sont d'une banalité effroyable. Il y a des peintres, en effet, qui font argent de tout et qui vendent jusqu'à leurs études... Quelques uns ne bibelotent qu'aux magasins du Louvre et leurs ateliers ne diffèrent guère d'un rayon de japonaiseries ou de tentures de Karamanie dans un magasin de nouveautés.

L'hôtel de M. Meissonnier, tout proche du château de brique de M. Gaillard construit sur le plan de l'architecte Février, a des airs de cloître. Le maître y conserve, raconte M. Albert Wolff (1), deux toiles qu'il n'a jamais voulu vendre, bien qu'on lui en ait offert plusieurs fois 300,000 francs. Ce sont le *Graveur à l'eau forte* et l'*Homme à la fenêtre*, qu'il veut laisser au Louvre après sa mort. De même, il a conservé précieusement dans ses deux ateliers les croquis, les esquisses, les maquettes en cire qui attestent la conscience de son œuvre et qui forment une collection d'une inestimable valeur.

M. Munkacsy est un novateur qui convie le Tout-Paris aux exhibitions de ses toiles avec accompagnement d'orchestre. Léonard de Vinci ne faisait-il point venir des musiciens, lorsqu'il fixait sur la toile les traits de la Monna Lisa del Giocondo ! M. Jacquet élevait chez lui de jeunes lions. M. Édouard Detaille

---

(1). Albert Wolff : *La Capitale de l'art.*

possède un véritable musée dans lequel on trouve tous les costumes militaires et toutes les armes de guerre du dix-neuvième siècle, depuis la veste à plastron du lancier polonais, de la Grande Armée, jusqu'à la vareuse de nos mobiles.

Il faudrait mettre sur chaque nom, sur chaque porte, un détail, une anecdote, car ces barons de la palette et ces nababs du chevalet se nomment Barrias, Duez, Dubufe, Heilbuth, Roll, Gervex, Escalier, Clairin, J. Jourdan, Dagnan-Bouveret, Eugène Lambert, l'incomparable peintre des chats, Berne-Bellecour, Chartran, Moreau de Tours. M. Le Poittevin occupe le même hôtel que son cousin, le jeune maître de la littérature contemporaine, M. Guy de Maupassant; et Mme Herbelin peint ses miniatures à côté de la table sur laquelle les pinceaux de Mme Madeleine Lemaire sèment les pivoines éclatantes et les roses.

Les littérateurs se comptent au milieu de la phalange des peintres. Ce sont : MM. Philippe Gille, l'aimable collaborateur du *Figaro*, qui se délasse du journalisme en rimant les vers de l'*Herbier*, ou en collaborant avec Henri Meilhac ; M. Gilbert-Augustin Thierry, un des plus distingués romanciers de la *Revue des Deux-Mondes;* Henri Becque, l'auteur mordant de la *Parisienne* et des *Corbeaux;* M. Abel Peyrouton, journaliste de talent, républicain sincère, dont le nom fut révélé pour la première fois au public lors du procès Baudin ; madame Adam, la directrice de la *Nouvelle Revue*, etc.

Gounod est un des habitants de la place Malesherbes. Ceux qui l'on entendu exécuter sur l'orgue quelques fragments de son œuvre, considèrent ce souvenir comme un des meilleurs et des plus purs de leur vie.

La plaine du peintre Jadin, qu'un paysan eût troquée avec joie contre une bonne pièce de terre en Beauce, est devenue le département de l'Art à Paris.

Eglise Russe

Le quartier Monceau (XVIIe Arrondissement), est relié au quartier de l'Etoile par les quartiers des Ternes et de Courcelles, bourgades paisibles et endormies où vivent placidement de petits bourgeois.

C'est dans l'une de leurs rues que se trouve l'Église russe. On la distingue de loin grâce à ses clochetons surmontés de petites coupoles dorées en forme d'oignon surmontés de hautes croix byzantines.

Dans les rues proches des fortifications, des carrossiers, des entrepreneurs de maçonnerie et de charpente ont établi des ateliers et des chantiers. C'est dans ce coin de province où les coqs chantent que Jean Richepin travaille pour la Comédie-Française et prépare une suite à la *Chanson des Gueux* et aux *Blasphèmes*, à quelques pas de la maisonnette cachée où son voisin Emile Bergerat aiguise les mordantes hyperboles de la chronique de *Caliban*.

V

BATIGNOLLES ET MONTMARTRE

Les Batignolles. — La Place Clichy. — Manet et l'école des Batignolles. — Montmartre. — Le cabaret des assassins. — Bals disparus. — Les danseuses de l'Elysée. — La biographie de Mlle Grille d'Egout et de Mme la Goulue. — La Bohème et l'hospitalité de Nuit. — Les asiles de la rue Tocqueville et de la rue Labat. — Un journaliste rue Tocqueville. — Les chiffonniers de la rue Marcadet. — Rien ne se perd! — Le Kyrie du Sacré-Cœur et l'Evohé du moulin de la Galette.

XVII° ET XVIII° ARRONDISSEMENTS

La plaine Monceau touche aux Batignolles qui forment le noyau du XVII° arrondissement.

Véritable acropole des petits rentiers, les Batignolles se trouvent placés entre deux colonies artistiques : la plaine Monceau et Montmartre, cette mamelle intellectuelle de l'Europe, pour parler le langage imagé de Rodolphe Salis, le cabaretier du *Chat-Noir*.

Cette digne bourgade de Batignolles fait peu parler d'elle. Elle a son square et ses deux églises, son marché, son théâtre où l'on joue des drames très noirs, ses restaurants voisins de l'ancienne barrière de Clichy : le Père Lathuile dont on voit le pignon déchiré par les boulets sur la toile fameuse de Vernet ; Wepler et le Père Boivin, où vont les noces. Sur la place Clichy, se dresse le bronze de Moncey, de Doublemard.

Elle eut même avenue de Clichy son café célèbre, le café Gerbois, où se tenait un cénacle artistique. Manet en était le chef. Les membres les plus célèbres se nommaient Degas, Claude Monet, Guillemet, Fantin-Latour, Sisley et Pisarro. Emile Zola et Duranty faisaient cause commune avec ces peintres dont ils encourageaient et propageaient la doctrine. Manet, dans son intransigeance, était en lutte avec Courbet lui-même, qui s'écriait devant l'*Olympia* du chef de l'école des Batignolles :

— C'est plat, ce n'est pas modelé ; on dirait une dame de pique d'un jeu de cartes sortant du bain !

Faure, qui est un des admirateurs de Manet et qui possède ses toiles les plus curieuses, lui ayant dit un jour que Boldini dessinait mieux que lui, Manet répliqua :

— Un imbécile vient bien de me soutenir que vous chantez moins bien que Berthelier (1).

L'école des Batignolles émigra d'abord à la Nouvelle Athènes. Depuis la mort d'Edouard Manet, elle s'est émiettée.

(1) Albert Wolff: *La Capitale de l'Art*.

PLAN DU XVIIIe ARRONDISSEMENT

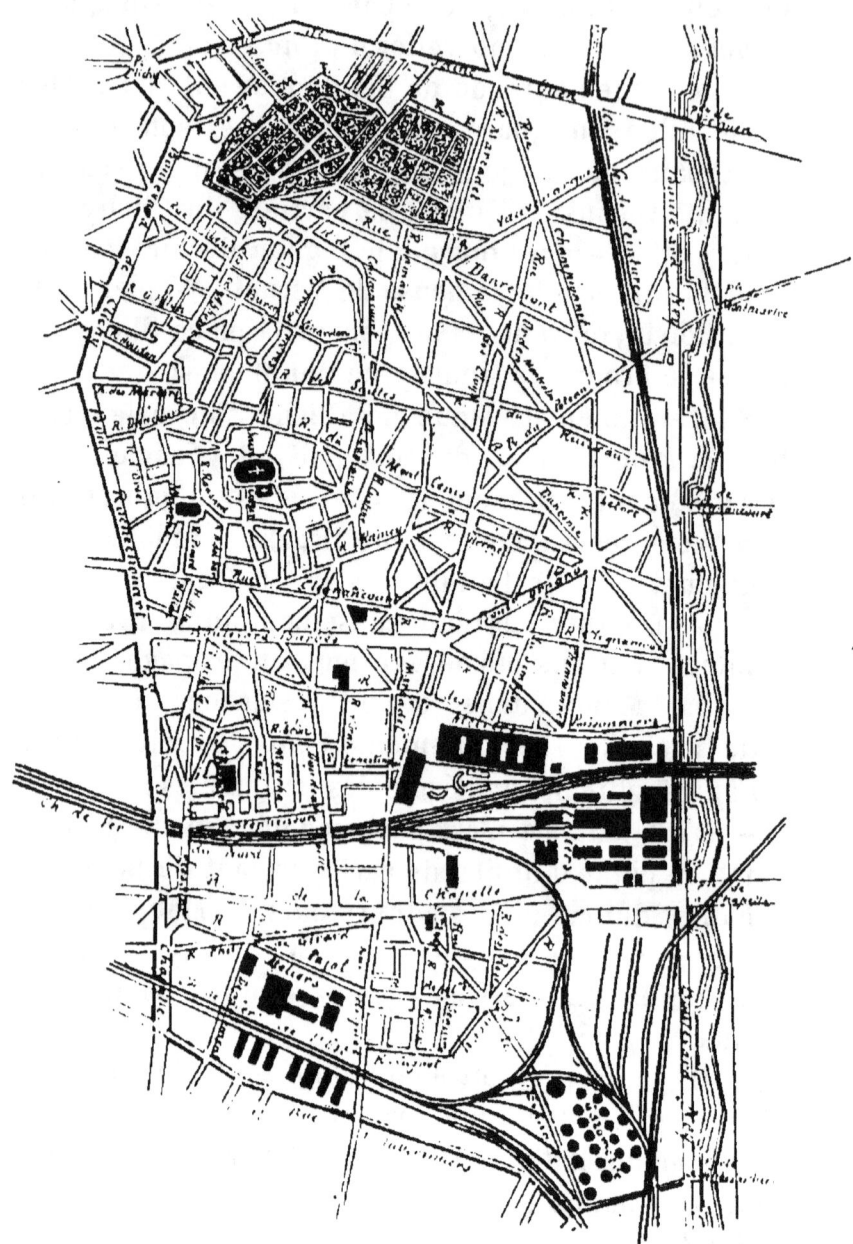

(Voir au dos les renseignements pratiques.)

XVIIIe ARRONDISSEMENT

(BUTTES-MONTMARTRE)

Mairie. — Place des Abbesses, 10.

Commissariats de police. — Rue Constance, 7. — Rue de Clignancourt, 66. — Rue Marcadet, 1. — Place de la Chapelle, 18.

Poste, télégraphe, cabines téléphoniques. — Montmartre, place des Abbesses, 8. P. T. — Clignancourt, rue Eugène-Sue, 29. P. T. — La Chapelle, rue Doudeauville, 4. P. T.

Eglises catholiques. — *Sacré-Cœur de Jésus.* — *Saint-Bernard.* — *Saint-Denis.* — *Saint-Pierre de Montmartre.*

Temples protestants. — Montmartre, rue Berthe, 2 *bis* (*cal.*). — rue des Poissonniers, 43 (*luth.*).

Montmartre n'a pas comme Monceau de petits hôtels à verrières, à ornements de fer forgé « moyenâgeux ». Montmartre est le pays du travail et de la fantaisie. M. Gérôme y représente l'Institut, le maître Puvis de Chavannes y brosse ses grandes et sévères compositions, M. Henner y peint avec régularité ses nymphes rousses d'une si belle pâte. Rodolphe Salis représente la charge à outrance.

Le peintre est chez lui, à Montmartre, comme le poète et le chansonnier. Alors que Rodolphe Salis tenait cette petite taverne, voisine de l'Élysée-Montmartre, où Bruant chante aujourd'hui, ses refrains d'une note aussi colorée et plus audacieuse encore que les ballades de François Villon, le Paris du plaisir commença à se risquer sur la Butte Montmartre. De jeunes *copurchics* s'aventurèrent à souper chez Salz, au cabaret dit des Assassins. Le caricaturiste Gill s'était assis souvent sous les tonnelles du jardinet du père Salz et, un jour de belle humeur, avait peint pour son cabaret une enseigne sur laquelle il avait tracé au pinceau cette inscription à double sens : « *Au lapin à Gill.* »

Montmartre est devenu Parisien, boulevardier même. Le bal de la *Boule-Noire*, où Edmond de Goncourt nous a fait voir Germinie Lacerteux payant le vin à la française à son amant le cynique Jupillon, a fermé ses portes et le Bal de la Reine Blanche n'est plus... mais l'Élysée triomphe. L'Elysée consacre la gloire des danseuses, et, après avoir lancé la *Goulue* et *Grille d'Egout*, après avoir imposé à l'admiration publique *Valentin le Désossé*, prépare la glorification prochaine de la *Môme Fromage*... Un biographe anonyme — car la *Grille* et la *Goulue* ont été biographées — nous apprend que l'une de ces gloires aurait pu être institutrice ! et que l'autre fut blanchisseuse...

Dans ce pays de la Bohème et de l'insouciance, il est logique que la société ait montré quelque prévoyance pour les cigales au dépourvu. L'œuvre de l'Hospitalité de Nuit a une de ses maisons rue Labat, tout près de la rue Marcadet. Elle a ouvert aux Batignolles, rue de Tocqueville, un second asile de nuit.

Un de nos confrères du *Temps*, M. Hugues Le Roux, a passé une nuit à cette maison de la rue Tocqueville (1) et il nous a fait de cette nuit vécue avec les vagabonds un récit ému et curieusement observé.

L'asile de la rue Tocqueville est dirigé par un capitaine en retraite, M. Audrillon, qui reçoit cette population, le képi au triple galon d'or sur la tête, le ruban rouge à la boutonnière. L'hôte de l'asile de nuit doit passer d'abord par le lavabo, où il reçoit un baquet d'eau tiède dans lequel il se savonne et se lave le visage, les mains et les pieds. Il est tenu ensuite d'indiquer à voix basse, au capitaine, son nom et sa profession ; puis, il reçoit un morceau de pain et de l'eau fraîche. L'Hospitalité met à la disposition de ceux qui le désirent du papier à lettre, de l'encre, des plumes et elle se charge d'expédier les correspondances sans en connaître le contenu. A ce moment, lecture est donnée d'un extrait du règlement et le capitaine récite la prière à haute voix, après avoir invité à se retirer ceux qui ne veulent pas y prendre part.

(1) Hugues Le Roux : *L'Enfer parisien*.

Après la prière, ce troupeau humain va s'étendre sur les lits de l'asile. De longues chemises de grosse toile sont fournies aux plus misérables dont les vêtements sordides ont besoin de subir une fumigation. Des professeurs, des comédiens, des clercs de notaire et des architectes ont trouvé le repos sur ces étroites couchettes. M. Hugues Le Roux a passé la nuit qu'il a décrite à côté d'un comédien de province dépourvu de linge et dont la redingote était veuve d'une de ses basques.

A côté des vagabonds de la rue Labat, vivent les chiffonniers de la rue Marcadet. M. Jules Claretie alla visiter la Cité où ils vivent pêle-mêle. En 1883, le propriétaire et le maçon de ces logis de *biffins* (C'est le nom qu'ils se donnent dans leur idiome) était un nommé Lapierre qui faisait partie de l'orchestre des Folies-Dramatiques.

« Dans cet établissement de la rue Marcadet, nous conte M. Jules Claretie, un revendeur de chiffons entasse dans des hangars tous les détritus de la vie parisienne. non seulement les « chiffons » proprement dits, qui se divisent en deux catégories : les mérinos, les chiffons de soie, valant 200 francs les 1000 kilos, mais tous les débris, toutes les miettes de la desserte de Paris : les vieilles pantoufles, le vieux papier, le zinc des bouteilles de Saint-Galmier, les fragments de fonte, les morceaux de cuivre, les bouts de fer, les chapeaux défoncés ; un tas de hideurs, de saletés, de choses ignobles et sans nom, qui seront recuites, refaites, ruminées, resservies et rachetées, les vieilles semelles, par exemple, servant à faire encore celles des meilleures chaussures, des bottines que vous portez,

Madame, avec lesquelles vous faites le petit pied, coquettement (1). »

Et, tout en haut de cette butte Montmartre, à côté de ce Moulin de la Galette que le peintre Willette a brossé sur la toile, que Louis de Gramont et Gill ont chanté dans la *Muse à Bibi*, où l'on voit de jolies gamines parisiennes déjà flétries par le vice boire le vin blanc avec les gentilshommes du trottoir sous les grandes ailes immobiles dont le tic-tac réjouissait jadis un meunier tout enfariné, se dresse la basilique du Sacré-Cœur qui semble demander au ciel un peu d'indulgence pour les pécheresses du Moulin.

Le *Kyrie eleïson* de l'Église répond à l'Evohé bachique du bastringue.

VI

LE IXᵉ ARRONDISSEMENT

Le quartier Pigalle. — Rodolphe Salis. — Le poète Émile Goudeau ou Dix Ans de Bohème. — Le Chat Noir. — Les ombres de Caran d'Ache. — Joyeux Cénacle. — Le Rat Mort et l'Abbaye de Thélèmes. — Feu le Théâtre de la Tour d'Auvergne. — Ateliers et modèles. — La place Saint-Georges. — L'Hôtel Thiers. — Immortels et Académiciens du Chat Noir. — Journaux. — L'Hôtel du Petit Journal. — Le Salon d'attente du Figaro. — L'Hôtel des Ventes. — Mazas. — Le truquage. — Les Faillites de l'Amour. — Le Conservatoire. — Les Concours. — Le chapitre des Mères. — La Chaussée

(1) Jules Claretie : *La Vie à Paris*.

PLAN DU IX⁰ ARRONDISSEMENT

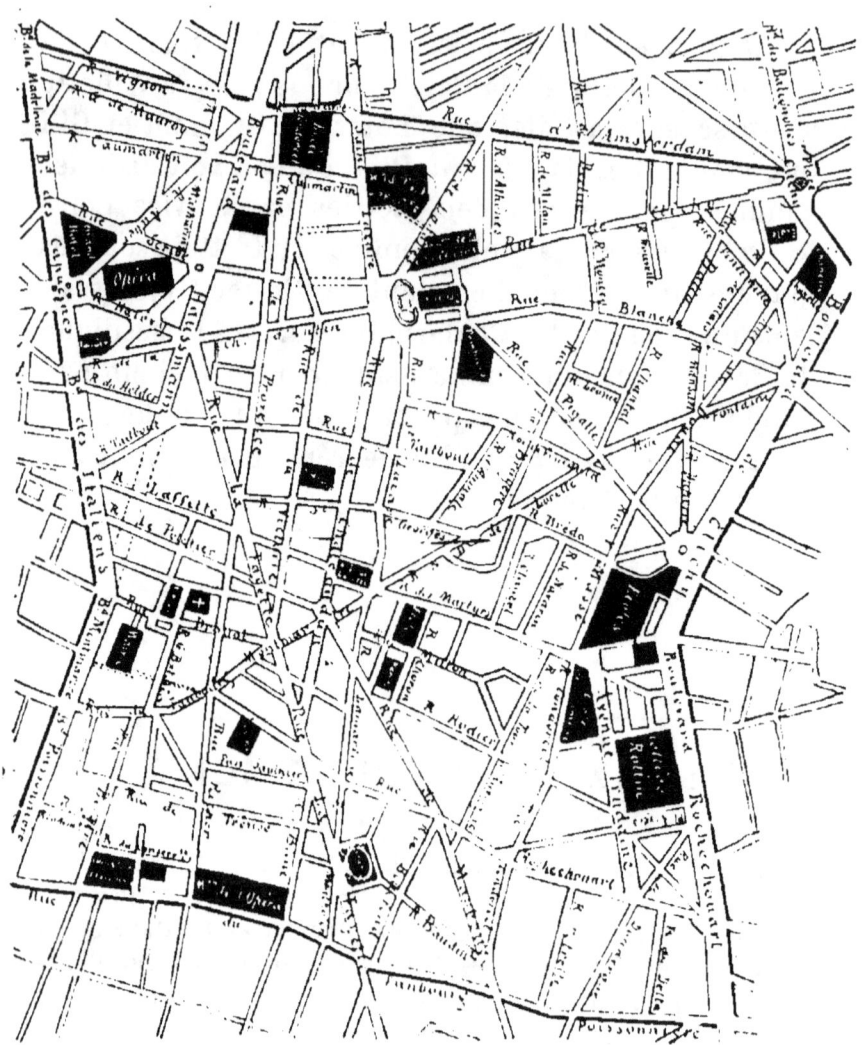

(Voir au dos les renseignements pratiques.)

IXe ARRONDISSEMENT

(OPÉRA)

Mairie. — Rue Drouot, 6.

Commissariats de police. — Rue Larochefoucauld, 37. — Rue de Provence, 64. — Faubourg Montmartre, 21. — Rue Bochard-de-Saron, 10.

Poste, télégraphe, cabines téléphoniques. — Rue Sainte-Cécile, 2. P. T. — Boulevard Rochechouart, 68. P. T. — Rue Taitbout, 46. C. — Rue Milton, 1. P. T. C. — Rue Lafayette, 35. P. T. C. — Rue Bleue, 14. P. T. — Boulevard de Clichy, 83. P. T. C. — Grand-Hôtel. C.

Églises catholiques. — *Notre-Dame de Lorette*. — *Saint-Eugène*. — *La Trinité*. — *Saint-Louis d'Antin*.

Temples protestants. — *Milton*, rue Milton, 5 (*calv.*). — *Rédemption*, rue Chauchat, 16 (*luth.*).

Synagogues. — Rue de la Victoire, 44. — Rue Raffault, 28.

Ambassades, légations et consulats. — *Havaï*, rue de Châteaudun, 55. — *Paraguay*, rue Lafayette, 1. — *Pérou*, rue de Milan, 1. — *San Salvador*, rue de Châteaudun, 45.

Loge maçonnique. — *Le Grand-Orient*, rue Cadet.

d'Antin. — La Pluie d'or. — Souvenirs du siècle dernier.
— Mirabeau et Gambetta. — Les nuits du Faubourg Montmartre. — Les Folies-Bergères.

En redescendant de Montmartre, après avoir repassé ce boulevard extérieur qu'il a fallu franchir pour visiter la plaine Monceau, le voyageur parisien pénètre dans le quartier Pigalle, l'une des fractions de ce IX° arrondissement si brillant, si vivant, où le voyageurs rencontre l'Opéra et le Conservatoire, l'Hôtel des Ventes, les hôtels du *Petit Journal* et du *Figaro*.

Sur cette pente inclinée qui se précipite vers le centre par la rue des Martyrs, court la rue Notre-Dame de Lorette où Carjat a son atelier dans lequel vint poser Gambetta, d'abord simple camarade, puis, plus tard, gloire de la maison, qui lorsque la vente de ses portraits constitua un revenu important, ne consentit jamais à se laisser photographier par un autre que par son ami des jours difficiles. La rue Rochechouart, les vieilles rues, comme la rue Rodier (ancienne rue Neuve-Coquenard), et la rue de la Tour d'Auvergne, se mêlent aux rues modernes. Pigalle est l'avant-garde de Montmartre ; Rodolphe Salis, homme de progrès, a transporté sur ce versant le joyeux cabaret du *Chat Noir*, dont Emile Goudeau a raconté l'histoire en un joyeux volume intitulé *Dix Ans de Bohème*. D'abord, simple cabaret littéraire, rendez-vous des jeunes poètes ralliés à l'appel de Goudeau, où Maurice Rollinat, Edmond de Haraucourt, Paul Marrot récitaient leurs vers, où des chefs d'école, Félicien Champsaur, père du modernisme, Jean Moréas, protagoniste du symbolisme, plantaient leur étendard et prêchaient leur doctrine, le Chat Noir s'est arrondi, augmenté, enrichi. Il a son hôtel rue Victor Massé (ex-rue de Laval), son suisse qui annonce d'un coup de canne sonore l'entrée des visiteurs de marque et son oncle qui n'est autre que le populaire Francisque Sarcey.

Le Chat Noir est une taverne sans égale. Parfois, le Tout-Paris artiste et littéraire l'envahit pendant toute une soirée. C'est que le gentilhomme Salis, grand verseur de cervoise, donne une première sur son théâtre. Le spectacle se compose d'ombres chinoises de Caran d'Ache, d'Henri Rivière, d'Henry Somm, avec boniments de Salis et musique du compositeur Tinchant. Ce spectacle est coupé d'intermèdes des chansonniers, Jules Jouy, Mac-Nab et Meusy, du compositeur Fragerolles, du poète Jean Rameau. Le Chat Noir a son journal rédigé sous la direction d'Alphonse Allais, fantaisiste d'un comique irrésistible.

Le succès de Rodolphe Salis a fait surgir autour de lui de nombreuses concurrences. A côté des cafés anciens, de la Nouvelle Athènes et du Rat Mort, où la légende du Rat est peinte par Léon Goupil, l'Abbaye de Thélèmes s'est établie dans l'ancien hôtel du peintre Roybet, et Lisbonne vend ses frites révolutionnaires boulevard de Clichy. Avenue Trudaine, à l'auberge du *Clou*, on voit de délicieuses peintures de Willette, le père du Pierrot moderne en habit noir, le directeur d'une jolie feuille satirique à laquelle il a donné le seul nom qui pût tomber de sa plume : *Le Pierrot*.

Les amateurs de ruines trouveront rue de la Tour d'Auvergne les souvenirs de ce petit théâtre, sur lequel Jean Richepin joua lui-même l'*Étoile*, pièce écrite en collaboration avec André Gill, et sur lequel Talbot présentait ses élèves au public.

Aux noms de Puvis de Chavannes, de Gérôme, d'Henner, qui ont été cités antérieurement, il faut ajouter ceux de Pelez, John Lewis Brown, Gustave Moreau, Philippe Rousseau, Tony Robert Fleury, Protais, Jules Lefebvre, Barrias, Alfred Stevens, et de tant d'autres, connus ou inconnus, qui poursuivent le succès et la gloire, la palette au poing.

Dans ce quartier Pigalle, comme dans le quartier Montmartre, à côté des peintres, vit une population spéciale : la tribu des modèles, hommes ou femmes, dont les habitués du salon retrouvent chaque année le visage ou les formes dans des tableaux signés de noms différents. Celui-ci pose les saints. Celui-là, les mousquetaires ou les reitres. Cette rousse pose pour la tête. Cette brune, pour l'ensemble. Peuple bizarre et bohème, qui s'intéresse aux succès des exposants pour lesquels il a travaillé et va jusqu'à s'attribuer une bonne part des récompenses décernées par le jury.

Sur la place Saint-Georges, décorée d'une assez pauvre fontaine, s'élève l'hôtel Thiers, démoli par la Commune, reconstruit aux frais de l'État. C'est là que vivait et travaillait Thiers. L'historien Mignet, son ami, s'était logé tout près de lui, rue d'Aumale, et l'invitait à venir manger la bouillabaisse. Levé dès l'aube, avant l'aube même, Thiers somnolait le soir, dès que le dîner était terminé. Tous les hommes politiques, tous les diplomates de ce temps sont venus à l'hôtel de la place Saint-Georges dont la collection d'œuvres d'art appartient aujourd'hui au Louvre. Jules Claretie a invoqué, à propos de madame Thiers et de mademoiselle Dosnes, un souvenir curieux (1). Un collection-

---

(1) **Jules Claretie** : — *La Vie à Paris.*

neur recherchait avidement des autographes de la femme et de la belle-sœur de l'ancien président de la République. On ne put lui procurer qu'un billet de mademoiselle Dosnes priant son boulanger de lui fournir du pain plus cuit.

Ce quartier peuplé de jeunes artistes et de belles filles n'effarouche point les Académiciens. Edmond About avait son hôtel rue de Douai, à quelques pas de celui de son compagnon de l'École normale, Francisque Sarcey, devenu son collaborateur au journal le *XIXe Siècle*. Cette même rue de Douai possède deux autres Immortels : M. Ludovic Halévy et M. Jules Claretie, l'administrateur général de la *Comédie-Française*. Pigalle a des Académiciens plus sérieux que ceux du *Chat Noir!*

S'il reste encore à Montmartre et à Pigalle quelques coins de bohème, la population artistique et littéraire est avant tout laborieuse et active. Elle fait une navette perpétuelle entre les rues élevées où elle demeure et le quartier du faubourg Montmartre où sont installés de nombreux bureaux de rédaction, et la rue Drouot, où s'élève l'Hôtel des Ventes.

Le *Petit Journal* est établi rue La Fayette, et le *Figaro*, rue Drouot. Dirigé par M. Marinoni, le *Petit Journal* dont le rédacteur en chef est M. Escoffier, un des plus habiles journalistes de Paris, n'est pas seulement une feuille quotidienne, c'est une véritable institution. Il a une clientèle fanatique qui pourrait se priver de tout, excepté de l'article de Thomas Grimm, des informations recueillies par une légion de reporters placés sous l'habile direction de M. Pierre Giffard, et des feuilletons de Xavier de Montépin.

Tous les étrangers de marque, tous les Parisiens de distinction ont assisté à une de ces soirées auxquelles la gérance du *Figaro* convie ses nombreux amis dans le hall de son hôtel. Le *Figaro* actuel, fondé par Villemessant, est devenu le type du journal parisien. D'une politique fort éclectique, le *Figaro* reçoit les confi-

L'Hotel du Petit Journal

dences de tous les partis. Il compte, parmi ses collaborateurs intermittents, le prince Victor et le comte de Paris. Tout homme qui a eu son heure, son moment de célébrité a passé par cette vaste galerie du *Figaro*.

Sous Villemessant, pendant l'Empire, le *Figaro* se contenta d'être spirituel et de faire rire. Il compte aujourd'hui sur l'information, la critique littéraire et philosophique tout autant que sur ses amuseurs pour retenir la clientèle que lui disputent ses nombreux concurrents.

Son rédacteur en chef, M. Francis Magnard, personnifie la politique du journal dans des bulletins très courts, d'un esprit sage et mesuré, qui sont fort

Hôtel du Figaro

appréciés du public qui ne demande au gouvernement que la sécurité et le calme, et qui sont, malheureusement, moins écoutés des hommes de parti, qui n'agissent que par intérêt ou passion.

Il y aurait tout un chapitre curieux de l'histoire parisienne à écrire sur le « cinq à sept » de la salle d'attente du *Figaro*. Un Saint-Simon pourrait étudier, dans cette antichambre meublée de larges divans, la puissance du « quatrième pouvoir », l'utilité du journalisme et le besoin de gloriole et de publicité dont sont dévorés les hommes de ce temps.

Un ancien ambassadeur vient rétablir la vérité — ou ce qu'il veut faire passer pour la vérité — au sujet d'une négociation qu'il a menée naguère. Assis côte à côte, un religieux et une comédienne attendent leur tour d'introduction. La comédienne vient soigner sa gloire. Le religieux va plaider pour une œuvre de charité à laquelle il s'est attaché. Un jeune gentleman apporte dans son porte-carte un écho annonçant son mariage. Deux messieurs vêtus de noir vont réclamer l'insertion d'un procès-verbal de duel. Cette publicité retentisssante est parfois aussi redoutée qu'elle a été avidement recherchée. Le *Figaro* a vu passer des légions de désespérés qui venaient demander le silence sur le déshonneur d'un mari, d'un fils, d'un père, sur un scandale, un désastre dont l'éclat rejaillirait sur des têtes innocentes et souillerait un nom respecté.

Par son développement et son perfectionnement, le journal a pénétré dans la vie. Il écrit au jour le jour l'histoire de l'humanité sous toutes ses faces. Il a ses barons Louis et ses Dangeau, ses Juvénal et ses Philinte. Il publie la liste des mariages, des décès, des naissances et des faillites. Il rend compte des séances des Chambres, des audiences des cours et des tribunaux, des travaux des sociétés savantes, artistiques et littéraires. Il donne les cours de la Bourse et les cours de l'Hôtel des Ventes. L'homme qui lit les journaux sans sortir de sa chambre connaît tout : la pièce nouvelle, le livre du jour, l'événement politique ou financier, le discours du nouvel académicien, les réunions mondaines, la dernière toilette de madame Carnot ou de la duchesse d'Uzès... Le journal est un immense téléphone qui fonctionne nuit et jour pour ses lecteurs. Le *Figaro* est un des types les plus complets du journal moderne. La place que l'information a prise à la littérature, le *Figaro* l'a rendue aux écrivains en publiant chaque semaine un supplément littéraire dirigé par M. Périvier, qui est assisté dans cette tâche par deux secrétaires : MM. Auguste Marcade et Paul Bonnetain.

En se rapprochant du boulevard, entre la rue Chauchat et la rue Rossini, le passant est arrêté par une cohue qui se presse devant la porte d'un édifice aux murailles grises recouvertes d'affiches. Suivons la cohue... Nous voici dans l'Hôtel des Ventes.

L'hôtel fut installé définitivement rue Drouot en 1852, après avoir été logé successivement rue du Bouloi, rue Jean-Jacques-Rousseau (à l'Hôtel Bullion), et, place de la Bourse, dans l'hôtel actuel de la chambre de commerce.

L'entrée de ce bazar du bibelot et du mobilier est puante et sordide. Elle donne la sensation d'une énorme boutique de louche brocanteur. Elle pue la foule, la poussière et le renfermé. Cette puanteur de lieu suspect a valu le sobriquet de *Mazas* à la galerie du bas hantée par les marchands de meubles neufs et d'occasion qui guignent les ventes avantageuses de salles à manger en faux vieux chêne, les lourdes imitations de Boule camelotées par de petits ébénistes du Faubourg, et les chambres à coucher en pseudo-palissandre.

Il faut monter l'escalier, boueux ou poussiéreux

suivant le temps, pour arriver à la partie artistique de l'Hôtel des Ventes, celle qui attire les collectionneurs et les curieux, les nababs de l'art qui se disputent à coups d'enchères les œuvres connues et cataloguées, tandis que les émules de Sauvageot poursuivent l'espoir de profiter d'une occasion. Malgré la vogue et la

Hôtel des Ventes

cherté de l'œuvre d'art et du bibelot, il y a toujours des chercheurs qui essayent de remplacer l'argent par le flair et qui dénichent de véritables merveilles, quand ils ne se laissent pas grossièrement duper, car il faut une grande expérience pour ne pas être atrocement mystifié dans ce bazar où il y a plus encore d'ivraie que de bon grain. Les ruses et les supercheries, à l'Hôtel des Ventes, s'appellent le *truquage*. Rochefort

a étudié ce monde bizarre, aux doigts crochus; et
M. Paul Eudel a écrit plusieurs volumes de révélations sur le truquage.

L'Hôtel Drouot a ses saisons spéciales. Ce sont les
Hollandais qui ouvrent le feu avec des meubles anciens, des porcelaines. Les ventes de tableaux ne
viennent que plus tard.

Quand on a le coup d'œil sûr et du sang-froid,
quand on a étudié les ventes, observé les habitués,
on ne peut trouver d'endroit plus avantageux que
l'Hôtel des Ventes pour acheter le bibelot, depuis
l'eau-forte du dix-neuvième siècle jusqu'aux vases
étrusques. Les richesses amoncelées dans les couvents, les châteaux et les hôtels, viennent le plus souvent échouer sur ces tables, s'accrocher à ces murailles. Les boiseries, ouvrage patient des moines, les
missels enluminés, les porcelaines de Sèvres, les
faïences de Rouen et de Nevers, les figurines de Saxe,
les antiques soieries de Venise, les cabinets de laque
sont là qui tentent l'amateur, le fascinent et décident
sa surenchère quand le commissaire priseur soulève
son marteau d'ivoire.

Le collectionneur d'un goût plus moderne y
trouverait mille occasions de de se créer un véritable
musée de la galanterie contemporaine. Bien souvent,
l'Hôtel Drouot a affiché la vente d'une fille à la mode,
et ces faillites de l'amour attirent une foule de curieux, de curieuses surtout. Il y a des dentelles et
des diamants vendus à l'Hôtel des Ventes qui étonneraient bien des gens, s'ils pouvaient dire quelles
épaules ils ont cachées, à quelles oreilles ils ont
brillé !

Les journaux et l'Hôtel des Ventes ne sont pas les seuls centres artistiques du IXe Arrondissement. Le Conservatoire imprime son cachet au coin du faubourg Poissonnière et de la rue Bergère sur lequel il est bâti.

Sous la monarchie, le Conservatoire existait déjà et

portait le nom d'École de Chant et de Déclamation. Son fondateur fut le baron de Breteuil. Son premier directeur fut Gossec, auquel succédèrent Sarrette et Perne.

Les derniers directeurs du Conservatoire ont été Chérubini, qui avait des mots féroces et haïssait Berlioz, puis Auber et M. Ambroise Thomas. Le Conservatoire forme des compositeurs, des instrumentistes, des chanteurs et des comédiens. Il possède un musée d'instruments de musique fort riche, qui lui a été légué par Clapisson.

La Société des concerts du Conservatoire y fait entendre, chaque saison, des concerts d'une exécution parfaite, suivis par des abonnés passionnément fidèles. Ces concerts sont discrets. Leur public, fort restreint à cause de l'exiguïté de la salle, est religieux jusqu'au fanatisme et recueilli dans sa dévotion.

Tout autre est celui qui suit les concours annuels, surtout les concours de déclamation et de chant. Les concours, de pianos ne vont pas sans tumulte pour les classes de femmes — cela s'entend ! — à cause des mères. — Le piano, contre lequel le compositeur Ernest Reyer réclamait une loi draconienne, le piano est une des plaies de Paris. Ses adversaires l'accusent de sévir principalement dans les loges de concierges.

Si les concurrentes sont souvent jolies et charmantes, l'observateur impartial doit reconnaître que certaines sont en effet en puissance de mères qui ont bien des têtes à tirer le cordon.

On parlera longtemps rue Bergère de la digne maman qui s'écriait.

— Ils ne t'ont pas donné le prix, ma fille, et tu leur as joué ta *tomate* comme un ange !

L'injustice, c'est le grief suprême contre les décisions du jury, souvent hué par les tantes à chapeaux emplumés des farouches Orosmanes et les cousines indignées des fatales Camilles. Parfois, les critiques et les reporters prennent parti pour les victimes. A ces spectateurs attirés par l'intérêt familial ou le devoir professionnel se mêlent de vieux croqueurs de cœurs, grands scrutateurs des performances des jeunes personnes qui se sont dit que le théâtre mène à tout. Et d'élégants coupés stationnant rue Bergère, des toilettes trop tapageuses, des bijoux trop impertinents révèlent que ces jeunes ambitieuses ont pu arriver à tout, même sans le théâtre, et que le Conservatoire leur a suffi.

Le Conservatoire a maintenant une sorte d'annexe : le théâtre d'application créé rue Saint Lazare par M. Bodinier. Les élèves y jouent devant le public des pièces du répertoire apprises sous la direction de leurs professeurs. M. Edgard Monteil a peint très exactement les mœurs de ce petit monde dans un fort joli roman : *Cornebois*.

Tout n'est pas rose au Conservatoire... Combien de prix de Rome hantés par la gloire, prix de tragédie, de comédie, d'opéra, ont échoué sur cette route qu'ils croyaient parcourir rapidement d'un pas ferme ! Il y a de ces lauréats qui ont aujourd'hui leur hôtel, leur galerie de tableaux, et, à côté de ces heureux, il y a des vaincus, des désespérés comme ceux que nous a montrés M. Hugues Le Roux dormant du lourd sommeil des vagabonds sur le lit de l'Asile de nuit !

Les gens de lettres, les peintres, les comédiens, dans le IX⁹ arrondissement, semblent être les satellites qui gravitent autour de la Chaussée-d'Antin, où réside l'opulente féodalité de la Haute-Banque. Cette Chaussée-d'Antin était au siècle dernier couverte d'hôtels entourés de parcs. De nombreux hôtels sont détruits, et le pic des démolisseurs vient de jeter bas les murs de la demeure de Laffitte qui avait été celle du fermier général Laborde. Les parcs sont rasés ;

mais la chaussée garde un frisson d'or. Banquiers et agents de change y rangent leurs bureaux autour de cette rue Laffitte où règne la dynastie des Rothschild (n° 7), dans l'ancien hôtel de la reine Hortense.

Ce fut dans cette Chaussée-d'Antin qu'était le somptueux logis de la Guimard (n°s 9 et 11) et que le fournisseur Ouvrard se livrait à ses prodigieuses conceptions, dans cet hôtel de Montesson qui fut occupé ensuite par l'ambassadeur d'Autriche, prince de Schwartzemberg. Le banquier Récamier était le voisin d'Ouvrard au n° 7. L'hôtel Montfermeil (n° 70) appartenait au cardinal Fesch, l'oncle de Napoléon Ier qui célébra en secret et sans témoins, quelques jours avant la cérémonie du sacre, le mariage de l'empereur et de Joséphine de Beauharnais.

Deux hommes d'État illustrèrent la Chaussée-d'Antin : Mirabeau, qui mourut dans l'hôtel de Mme Talma, et Léon Gambetta, qui habita longtemps l'hôtel de son journal, la *République Française*, aujourd'hui dirigée par M. Joseph Reinach. Au lendemain des obsèques de Mirabeau, le peuple avait voulu que la chaussée-d'Antin s'appelât rue de Mirabeau le Patriote. La Restauration annula cette volonté. La Chaussée-d'Antin s'appela rue du Mont-Blanc — ce qui valait mieux encore que de s'appeler rue de l'Égout-Gaillon, nom qu'elle avait précédemment porté. Cet égout d'ailleurs n'était plus qu'un souvenir et les marais de la Grange-Batelière étaient comblés depuis longtemps.

Le chanteur Garat et le maréchal Brune demeurèrent rue des Mathurins, et c'est rue de la Victoire (ancienne rue Chantereine) que Bonaparte, à son retour d'Égypte, prépara le 18 brumaire dans l'hôtel construit par Ledoux (n° 60), dont les propriétaires, avant Joséphine, avaient été Condorcet et Talma. Sous l'Empire, Murat acheta l'hôtel Théleuson, rue de Provence.

Deux églises desservent ce quartier : la Trinité (1), avec son square, et la petite église de saint Louis d'Antin (2), près du Lycée Condorcet (3).

L'extension de Paris, la création des grandes voies nouvelles ont modifié la Chaussée-d'Antin et lui ont donné une allure plus commerciale.

A chaque pas, le IXe arrondissement offre un nouvel aspect, un nouveau foyer d'activité.

Le faubourg Montmartre est un de ses coins les plus animés, sinon les plus recommandables. La nuit, il appartient à un monde interlope : souteneurs, bonneteurs et boockmakers, boursiers véreux et filles publiques. Du crépuscule jusqu'à l'aube, les brasseries flamboient et servent de refuge à cette population où les agents de la sûreté viennent souvent traquer les plus beaux échantillons de la gredinerie et de l'escroquerie. Les rixes sont fréquentes et les chevaliers du trottoir assomment sans vergogne leurs misérables compagnes. Le vice est le maître dans cette longue voie illuminée qui, le jour, redevient honnête, laborieuse et commerçante.

A quelques pas du faubourg Montmartre, une rampe de gaz éclaire violemment la façade des Folies-Bergères dont le fondateur fut le Sari, qui avait

---

(1) Voir *Annexe méthodique*. 3e partie, Chap. V. Note I.
(2) Voir *Annexe méthodique*. 3e partie, Chap. V. Note II.
(3) Voir *Annexe méthodique*. 3e partie, Chap V. Note II.

auparavant dirigé le théâtre des Menus-Plaisirs. Les Folies sont dirigées actuellement par Mme Allemand. Elles sont l'Académie des Sciences des animaux savants des Deux Mondes. Les perroquets et les éléphants viennent de Londres et de Philadelphie y faire consacrer leurs études. Les « Numéros » les plus

Folies-Bergère

incroyables se sont exhibés devant le public de cette salle qui a successivement applaudi les Hanlon, Léona Dare, les sœurs Martens.

Les loges des Folies-Bergères sont occupées par des femmes à la mode et des *clubmen*. Le promenoir est encombré par une foule plus mêlée. Des filles, le visage plâtré, les yeux agrandis, les lèvres démesurément rougies, y tournent sans cesse, cherchant aventure,

PLAN DU IIe ARRONDISSEMENT

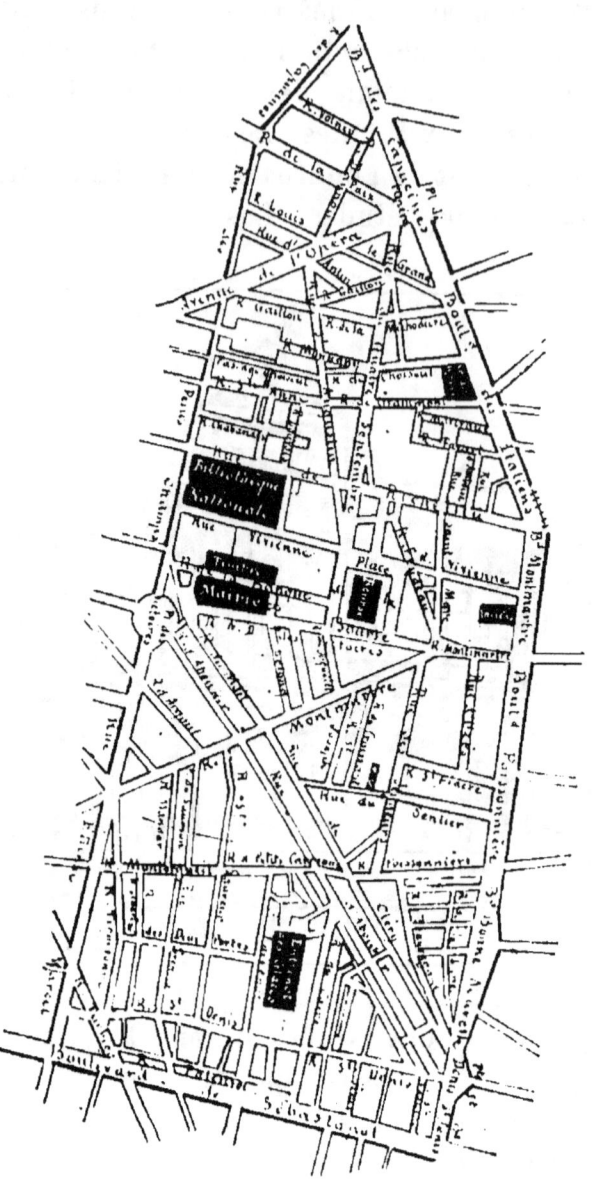

(Voir au dos les renseignements pratiques.)

IIe ARRONDISSEMENT

(BOURSE)

Mairie. — Rue de la Banque.

Commissariats de police. — Rue Marsollier, 6. — Rue Richelieu, 90. — Rue d'Aboukir, 63. — Rue de la Ville-Neuve, 9.

Poste, télégraphe, cabines téléphoniques. — Place de la Bourse, 4, et rue Feydeau, 5. — Rue de Choiseul, 18 et 20. P. T. C. — Rue de Cléry, 28. P. T. C. — Rue Marsollier, P. T. — Palais de la Bourse. P. T.

Églises et chapelles. — *Notre-Dame des Victoires.* — *Notre-Dame de Bonne-Nouvelle.*

jouant de l'éventail et de la prunelle. L'atmosphère est chargée de fumée de tabac et d'une odeur lourde de parfums violents. Le décor est rouge. Le pied s'enfonce dans l'épaisseur des tapis. Tout à côté de ce promenoir qui contourne les loges, s'ouvre un jardin aux allées sablées, éclairé par la lumière électrique et garni de bars, où le promeneur peut respirer, à la sortie de la tabagie, un air moins impur et moins chargé de nicotine.

Cet établissement tient à la fois du bar, du cirque du casino et de la Bourse d'amour. Lieu admirablement compris pour les étrangers qui peuvent, dans le même moment, jouir d'un spectacle sans paroles et lutiner de la chair à plaisir !

Le XI° Arrondissement possède un autre établissement : l'Eden, de la rue Boudreau à quelques pas de l'Opéra, qui offre les mêmes attraits, les mêmes spectacles et où l'on retrouve à peu près le même genre de demoiselles.

VII

LA BOURSE

L'Ancien Frascati. — La Bourse. — La Corbeille. — La Fièvre. — La Bourse des Marronniers. — Les millions au tas. — Notre-Dame des Victoires. — La Bibliothèque nationale. — Le cabinet de travail de Paris. — Henri II et le Dépôt des livres. — Vicissitudes de la Bibliothèque royale. — Le Croissant. — Les Journaux à l'Hôtel Condé. — Le Mail. — Le Déjeûner des ouvriers. — Le gros commerce du quartier Vivienne. — Vieilles maisons. — Les Italiens. — Les Bouffes-

Parisiens. — L'Opérette. — Le Chapitre des chapeaux et des robes. — Les Premières de Félix. — Le Trac. — Grandes modistes. — Mme Virot. — Les tentations de la rue de la Paix.

IIe ARRONDISSEMENT

Les boulevards des Capucines des Italiens, Montmartre et Poissonnière bordent l'extrémité méridionale du IXe arrondissement et le séparent du IIe.

Bourse.

Le IIe arrondissement (dit de la Bourse), comprend les quartiers Gaillon, Vivienne, du Mail et Bonne-Nouvelle. Ici, c'est le territoire du commerce et de l'industrie parisienne, le sol de la spéculation.

Que l'on débouche de la place de l'Opéra par la rue du Quatre-Septembre, du faubourg Montmartre ou de la rue Drouot par la rue Vivienne, on arrive devant ce temple grec qui est le Palais de la Bourse, et dont les joueurs tiendraient en bien petite estime les soirées de Frascati, à l'hôtel Lecoulteux où avait habité Lavoisier, où tour à tour le glacier Garchi, Perrin, Duthillière, grand veneur de Napoléon Ier, et le fameux Bénazet s'étaient enrichis de ce jeu qui ameutait Paris.

Sous le péristyle de la Bourse, grouille un peuple de gens qui n'ont d'autre métier que de faire des affaires et qui mettent en pratique la définition proverbiale d'Alexandre Dumas : « Les affaires, c'est l'argent des autres ! » Tous les jours, le marché se tient de midi à trois heures dans la salle immense du rez-de-chaussée que dominent de chaque côté des galeries à arcades. De ces galeries, on assiste à un spectacle étrange. Des hommes, le chapeau sur la tête, gesticulent, se pressent, se bousculent autour d'une grille circulaire qui renferme d'autres fous dont la démence semble être arrivée à l'état aigu. Cette grille, c'est la corbeille. Les fous, ce sont les agents de change. Des commis, des remisiers griffonnent des notes hâtives et des chiffres cabalistiques sur leurs carnets. On voit de ces hurleurs fendre tout à coup et à grand peine la foule qui les entoure, descendre en bondissant les degrés de pierre et se jeter dans un coupé qui part immédiatement au grand trot de son cheval. Un coup de crayon trop vite donné, un cheval de coupé qui fait un faux pas, et voilà un homme ruiné ! A la Bourse, on ne compte pas ces catastrophes. Un financier ruiné, c'est comme un soldat qui tombe dans l'ardeur de la mêlée ! Il faut, pour émotionner les vétérans du marché, des campagnes et des cataclysmes qui menacent la fortune publique, de grandes batailles, comme celles de la *Timbale,* où les femmes du monde venaient donner leurs ordres chez le pâtissier à un escadron de courtiers parmi lesquels était un prince. Après la bataille, on compte les morts et les blessés. C'est l'heure de la curée. Réalité peu honorable à constater au lendemain de ces victoires et de ces défaites : ce ne sont pas les plus grands, les plus forts, les plus honorés, qui exécutent le plus exactement les clauses de la capitulation et qui subissent le plus loyalement les conséquences de leurs revers !

Autour de la Bourse (1), sous les arbres de la cour fermée de grilles, le jeu exerce une telle influence que l'on joue encore, qu'il y a vendeurs et même acheteurs de titres que l'on se passe de la main à la main ; actions d'affaires en déconfiture qui n'ont de valeur que le poids du papier, et qui semblent ne plus pouvoir servir que d'accessoires de théâtre ! On tripote encore là-dessus. Il y a hausse et baisse sur ces chiffons. On voit des vieilles aux mains décharnées se livrer à ce commerce d'ombres de valeurs avec des ombres de capitaux ! Le cabas remplace la sacoche. Le marché aura toujours sa clientèle... Il est fondé sur l'espoir et sur la crédulité — tout comme son grand voisin rempli de clameurs qui fait songer à un *forum* aux jours de trouble. Aussi les spéculateurs minuscules, acheteurs de mines chimériques, vendeurs d'usines à l'état de rêve, content-ils, à ceux qui leur procurent la douce joie de les conter, d'invraisemblables histoires de papiers achetés au tas qui valent aujourd'hui des millions...

En sortant du temple du jeu, un instant passé à l'église Notre-Dame-des-Victoires nous fera retrouver notre sang-froid. Sur la route de l'église, rue de la Banque, deux édifices d'aspect grave se font face. Ce sont la mairie du II° arrondissement, construite

(1) Voir *Annexe méthodique*. 3° partie, Chap. Note I.

par l'architecte Girard, et l'Hôtel du Timbre (n° 9).

L'Église Notre-Dame-des-Victoires (1), construite sur les ordres de Louis XIII et terminée seulement en 1740, est bien à sa place dans le quartier de la Bourse. Dans le nombre de ces hommes qui, chaque jour, spéculent sur des probabilités, ne serait-il pas essen-

Notre-Dame des Victoires

tiellement humain qu'il s'en trouvât pour associer le ciel à leurs combinaisons ? Les joueurs et les spéculateurs sont généralement superstitieux. Est-ce la dévotion ou la superstition qui a accroché à la chapelle de la Vierge, aux piliers, aux arcades de Notre-Dame des Victoires, ces innombrables *ex-voto*? S'il est

---

(1) Voir *Annexe méthodique*. 3ᵉ partie. Chap. Note II.

honorable pour la dignité humaine de supposer que c'est la dévotion, est-ce bien exact?

A côté du chœur décoré de peintures de Vanloo, la chapelle de la Vierge flamboie. Les fidèles font brûler jour et nuit des cierges pour le miracle qu'ils espèrent. Des femmes, bien souvent voilées de crêpe, des vieillards agenouillés et absorbés dans la prière demeurent courbés et indifférents au bruit des pas des visiteurs. Un silence profond enveloppe cette assistance immobile. La lueur vacillante des cierges évoque l'image d'un catafalque ; et l'immobilité de ceux qui prient, la rigidité de la mort.

En quittant ce lieu de désespoir où la ferveur de la prière révèle l'étendue des infortunes et des misères, une visite à la salle des imprimés, à la Bibliothèque nationale, chasse les idées noires et l'image des feux follets des cierges de Notre-Dame-des-Victoires.

Les cabinets des médailles et des estampes, le dépôt des manuscrits ont un aspect sévère et froid. La salle des imprimés respire le travail et la vie sous la lumière douce qui tombe de son plafond transparent. Les tables sont larges et commodes. Elles sont numérotées ainsi que les fauteuils. Un système excellent de ventilateurs et de calorifères établit, été comme hiver, une température parfaite. Historiens, jurisconsultes, romanciers et journalistes viennent faire régulièrement la chasse aux idées et aux documents dans cette belle salle où les lettres et les sciences reçoivent une hospitalité digne d'elles. Les conservateurs, fort instruits, fort obligeants, viennent en aide aux chercheurs dans l'embarras... Et Dieu sait s'ils sont nombreux! L'outillage de la Bibliothèque est pratique et fort ingénieusement agencé. On ne peut que critiquer le nombre restreint des fonctionnaires attachés à cet important service. Quand on a besoin d'un simple renseignement et que l'on a peu de temps à soi, il faut perdre vingt à trente minutes avant de recevoir communication de l'ouvrage que l'on

Bibliothèque Nationale - Cour d'honneur

désire consulter. C'est trop d'attente pour cette salle des imprimés qui est le cabinet de travail de Paris !

La Bibliothèque nationale est installée dans les hôtels réunis de Mazarin et de Nevers. Les livres, les manuscrits, les médailles et les estampes sont logés dans l'ancienne banque de Law.

L'ancienne Bibliothèque royale avait subi de nombreuses mésaventures. Pillée par les oncles de

Charles VI, et par le duc de Bedford qui en avait emporté la meilleure partie en Angleterre, elle fut reconstituée par Louis XI. Henri II institua la formalité du dépôt. Tout exemplaire destiné à la Bibliothèque royale devait être imprimé sur vélin et relié. Voilà une tradition qui n'eût pas ruiné les éditeurs et qui était bonne à conserver.

Ce fut en 1724 que la Bibliothèque, après des séjours successifs à la Montagne-Sainte-Geneviève (collège de Clermont), au couvent des Cordeliers, rue de la Harpe, s'établit rue Vivienne et rue Richelieu.

La formalité du dépôt fut prescrite de nouveau par une loi datée de 1811. Cette loi prête à la critique. Elle a été attaquée à fond par le savant M. Picot. Beaucoup d'ouvrages sont demeurés incomplets, les dépôts ayant été souvent faits en feuilles et directement par des imprimeurs négligents.

M. Léopold Delisle, qui a dressé un catalogue des manuscrits de la Bibliothèque nationale (théologie), déploie des qualités éminentes dans le poste d'administrateur de la Bibliothèque qu'il occupe avec éclat.

Derrière la Bibliothèque et derrière la Bourse, à l'est de la rue Vivienne et de la rue Richelieu, quand on a traversé la rue Montmartre, qui est parallèle à ces deux rues, la rue Montmartre, bruyante, encombrée, fébrile, on pénètre dans des rues sombres et étroites, au pavé gras, aux maisons hautes et noires, couvertes d'inscriptions et d'enseignes. Au coin des rues Saint-Joseph et du Croissant, tout autour de l'hôtel du journal la *France*, des maisons habitées par de nombreux journaux de toutes nuances et de toutes opinions, *Paris*, la *Cocarde*, la *Nation*, le *Radical*, dont le rédacteur en chef est M. Henry Maret, lettré délicat et politique avisé, l'*Intransigeant*, la feuille d'Henri Rochefort, se tient le marché des camelots, qui se prolonge sur toute la rue du Croissant. Un peu plus loin, dans la même rue, sont installés les bureaux de la *Liberté*, que M. Louis Gal dirige et maintient dans une note sage et pondérée que l'on trouve rarement dans la fièvre des luttes politiques et qui lui assure une nombreuse clientèle d'honnêtes gens.

Jadis, le camelot s'appelait le *canard* et débitait les placards estampillés du *condé* (permis) de la Préfecture. C'était le temps des complaintes qui racontaient le crime de la veille en quarante couplets, et commençaient le plus souvent ainsi :

> Ecoutez, peuples de France,
> Gens du Nord et du Midi...

De nos jours, les informateurs ont tué les poètes(?). On ne veut plus de complaintes. On réclame des comptes-rendus. Chaque maison de la rue du Croissant contient une boutique d'éditeur ou de marchand de journaux, des bureaux de rédaction et des salles de composition. Devant l'hôtel de Condé, où sont logés les journaux que dirige M. Valentin Simond, le *Mot d'Ordre*, qui fut un des plus violents adversaires de l'Empire, l'*Estafette*, l'*Écho de Paris*, dont la rédaction compte la fleur des chroniqueurs, des poètes et des romanciers, les camionneurs déchargent les lourds rouleaux de papier portant cette mention : *Évitez les coups de crochets !*

Nuit et jour, le Croissant travaille. L'électricité l'inonde du flot métallique de ses lueurs. Les machines

13.

ronflent. Les chaudières sont rouges. Matin et soir, le
« départ » jette une nouvelle animation dans l'étroite
rue. Des porteurs sortent de chez les marchands en
gros, des brassées de feuilles humides d'encre sur la
tête. De lourdes voitures font trembler le pavé, portant aux gares ce papier qui va être répandu sur la
France entière, et qu'à certains jours le pays attend
avec une angoisseuse et patriotique émotion.

A côté de cette industrie si bruyante, si fébrile de
la rue du Croissant, les rues commerçantes des quartiers du Mail et Bonne-Nouvelle ont un aspect de ville
de province endormie. Ce n'est plus la surexcitation des gens pris par la minute : ce n'est plus que
l'activité du travail constant.

Rue des Jeûneurs, ancienne rue des Jeux-Neufs, où
l'on jouait aux boules, rue du Sentier, rue du Mail où
Bonaparte fut locataire de l'hôtel de Metz et où demeurait la bouillante Olympe de Gouges, s'exercent les
commerces des tissus, des cotonnades, des tulles.
C'est le va-et-vient des ouvrières lingères. Même
aspect, mêmes types dans la rue de Cléry, qui s'appela rue Mouffetard, et dans la rue de Mulhouse, qui
passe sur la place de l'hôtel Lebrun, ancien logis de
Necker et de Mme de Staël.

Rue du Caire, rue d'Aboukir, non loin de la Cour
des Miracles, où les Gueux ont laissé la place aux travailleurs, l'article de modes domine : formes de tulle
pour chapeaux, feutres, pailles, rubans, passementeries, fleurs et plumes. Aussi, à midi, dans ces rues
laborieuses, quelle envolée, quelle descente bruyante
de fillettes, de jeunes filles, qui vont gaiement déjeuner de *frites*, de radis mordus à belles dents, (sou-

vent à très belles dents!) et de charcuteries piquées dans l'étuve chaude, tandis que, chez les traiteurs et les *chands de vins*, c'est une procession bruyante d'hommes en blouse, ou noire, ou blanche, avec des mains rouges de la teinture des roses, vertes de la teinture des feuillages.

Fontaine Louvois

Devant la Bibliothèque nationale une fontaine jaillissante décore le centre du petit square Louvois. Cette fontaine est l'œuvre de Visconti. Elle est ornée de quatre statues de Klagman : la Seine, la Loire, la Garonne et la Saône. Tout autour de la Bibliothèque, s'ouvrent les magasins de notables négociants en tapisseries, soieries, draperies, passementeries et fournitures pour les grandes modistes. Les salons de ces dernières occupent les opulentes maisons des rues du Quatre-Septembre et de la Paix.

Histoire longue et minutieuse que celle de ce quartier, et que contient par le menu le *Dictionnaire de l'ancien Paris*, de Frédéric Lock ! La rue Saint-Sauveur s'est appelée rue du Bout-du-Monde, à cause d'une enseigne-rébus : « *Os bouc du monde* », représentant un os, un bouc, un oiseau ressemblant à un grand-duc, et un globe terrestre. Rue de Louvois étaient l'hôtel Louvois et le théâtre Louvois. On a laissé subsister, dans ce pâté de maisons enchevêtrées, le magasin de décors de l'ancien Opéra-Comique, malgré le danger dénoncé par l'ancien colonel des pompiers, M. Paris. Au n° 11 actuel de la rue des Filles-Saint-Thomas, demeurait Brillat-Savarin, tout près d'un hôtel de la *Tranquillité*, dont la propriétaire, madame Permond, maria sa fille à un officier logé chez elle, qui s'appelait alors simplement Junot. En 1798, Cambacérès avait habité hôtel du Béarn dans cette rue où fut construite la salle Feydeau. Bâtie sur les fossés de la porte Montmartre cette rue avait primitivement porté le nom des Fossés-Montmartre.

Rue de Chabannais demeurèrent Glück, Dacier, Chamfort. Le marquis de Chabannais y possédait l'hôtel de Saint-Pouange. Toute une portion de ce IIe arrondissement porte la trace des théâtres qui y ont été ouverts.

Les rues ont pour parrains des compositeurs, des librettistes, des auteurs dramatiques. Autour du *Cimetière*, nom lugubre donné à cette place béante où s'élevait le théâtre de l'Opéra-Comique, détruit par le récent incendie qui jeta Paris dans la consternation et fit un nombre si considérable de victimes, se trouvent la place Boïeldieu, les rues Favart, Marivaux, Grétry (1).

Ces terrains de l'Opéra-Comique dépendent de la vaste propriété de la famille de Choiseul. La rue de Choiseul est également bâtie sur les terrains de l'hôtel du comte de Choiseul-Gouffier. Autour de l'ancien Théâtre-Lyrique, aujourd'hui Banque d'Escompte, sont les rues Méhul, Dalayrac, Monsigny et Marsolier.

Il y a moins d'ovations autour de la maison de banque qu'il n'y en eut autour du théâtre. Si les foules dételent les chevaux des cantatrices, il est plus rare qu'elles détellent les chevaux de financiers.

Le Théâtre italien s'installa salle Ventadour en 1841. Il y subit de nombreuse vicissitudes. Il vit des directions prospères et des directions faméliques. Viardot y triompha avec le ténor Mario. Corti mit définitivement les Italiens à la mode dans les premières années de l'Empire. MM^{mes} Grisi, Penco, Jenny Lind, Cruvelli, Krauss, Alboni, de Belloca, les chanteurs Tamberlik, Delle Sedie, Traschini, Nicolini, Capoul, y furent acclamés tour à tour ou simultanément ; mais le plus merveilleux triomphe fut celui de Mme Adelina Patti. Les salons se passionnèrent pour cette idole. Le mariage de la diva avec le marquis de Caux, chambellan de l'Empereur, occupa l'opinion autant qu'un gros événement politique ou diplomatique. Ce fut le temps des fleurs, des diamants, des toilettes merveilleuses. La

---

(1) L'auteur de ce livre a publié tous les documents concernant la catastrophe de l'Opéra-Comique dans son ouvrage : *Le Mal du Théâtre* (1 vol., Dentu). — N. de l'E.

salle était étincelante. Hamlet, devenu gandin ou petit-crevé, par la volonté du compositeur Hervé, eût dit aux belles dames de l'Empire : « Être aux Italiens ou ne pas être! » Et pourtant tout cela s'est évanoui. Les choristes italiens qui mangeaient du macaroni chez les traiteurs du voisinage sont retournés sous le beau ciel de leur patrie ou se sont établis fumistes. Les garçons de banque ont succédé aux huissiers à chaîne et aux ouvreuses. Le papier à musique est remplacé par les effets de commerce et les bordereaux. O Rossini ! c'est un caissier qui tient lieu de chef d'orchestre à Ventadour. On dresse des bilans là où l'on battait la mesure.

A côté des Italiens, un autre théâtre attirait les gilets à cœur à son orchestre et, dans les baignoires, la tribu rieuse et plâtrée des chignons jaunes. A ce théâtre Comte (théâtre des Jeunes Elèves), venait de naître un nouveau genre : l'opérette, où éclatait la verve étrange de Jacques Offenbach. Ce fut le berceau de ce genre, auquel on a élevé des théâtres, qui eut pour principales interprètes cette Schneider qui mettait dans la cascade le piment de son audace et ce que l'on appelait alors le « chien » de sa personne, Peschard, qui portait adorablement le travesti, Mme Judic qui est demeurée une des dernières victorieuses dans un genre usé par les imitations serviles plus encore que par la vogue même dont il a joui.

Après le coin des théâtres, Aristote nous fournirait une dissertation sur le coin des chapeaux et des robes. La rue de la Paix est la capitale de la mode. Les couturiers et les couturières de la rue de la Paix sont des puissances. Ils occupent plusieurs étages, parfois même toute une maison. Leurs ateliers ressemblent à des ruches. Il faut savoir qu'une robe et un manteau sont des œuvres d'art pour s'expliquer le nombre considérable des ouvrières employées par un seul patron.

Le couturier pour dames n'est point un type nouveau. MM. de Goncourt, dans la belle édition Didot, de la *Femme au dix-huitième siècle*, ont réédité la gravure de Cochin qui ne laisse aucun doute sur l'antériorité de l'existence de la profession. Le couturier semble jouir d'une faveur particulière qui lui a valu de beaux sermons des moralistes. Les femmes assez éhontées pour se laisser habiller par un monsieur à moustaches conquérantes, vêtu à la dernière mode, fleurant le parfum encore inédit du grand chimiste, ont été accusées de fouler sous leurs petits pieds la pudeur la plus élémentaire. Les couturières elles-mêmes reprochent violemment au sexe fort de moissonner sur leurs terres. Hélas ! Bien des femmes âgées ou sérieuses diront sans restriction la raison de leur préférence. Elles vont au couturier parce qu'il est plus déférent, plus souple et moins préoccupé surtout de critiquer sournoisement la structure de sa cliente que de voiler les défauts de sa conformation. Il corrige la nature sans froisser son modèle. C'est là son meilleur secret.

Ah ! si Worth voulait écrire, Erasme du costume, l'histoire de la folie féminine ou même, plus *naturalistement*, les *Mémoires d'un Couturier*, voilà un gros livre qui ferait plus de bruit encore que les mémoires de Talleyrand toujours promis et toujours attendus... Peut-être, bien des maris, législateurs du second Empire et de la troisième République, en lisant ces pages où il reconnaîtraient, à certaines allusions, quelques clientes les touchant de bien près, se prendraient-ils, tout comme le vieux et vertueux Caton, à forger des projets de lois somptuaires !

Félix, le couturier du faubourg Saint-Honoré, lui aussi, pourrait en dire long, Félix, qui a coiffé de ses guirlandes toutes les têtes jaunes ou blanches du faubourg, et qui a habillé tant de comédiennes ! C'est un grand habilleur de théâtre que Félix. Il a des émotions, comme Sardou, ce metteur en scène hors ligne, lui le simple metteur en robe. Le soir, à « ses premières » — car une première est un peu, beaucoup, passionnément sa première, quand il en a créé tous les costumes — Félix tremble dans sa loge et a tout autant le *trac* que l'auteur caché derrière un portant. Il épie les moindres gestes de sa cliente, car une attitude pourrait fausser l'esprit de l'épaulette du corsage ou détruire la symétrie des plis de la jupe ! Anglaises, Américaines, Espagnoles se donnent rendez-vous chez les sœurs Lippmann, auxquelles la confection du trousseau de la fille du général Boulanger a donné une nouvelle vogue.

Dans cette rue de la Paix et dans les rues voisines, les voitures aux panneaux ornés de discrètes armoiries, stationnent en foule. On va choisir la lingerie fine chez Doucet, essayer la robe et le chapeau de M. Bébé chez Marindaz... La Parisienne coquette, la cosmopolite élégante, l'étoile de grand ou de petit théâtre, la demi-mondaine richement entretenue, dans cette kyrielle d'ateliers de fées, ne savent à quel couturier, à quelle couturière se vouer.

Elles ne sauront pas davantage où donner de leurs têtes, de ces jolies têtes qui en font tourner tant de masculines, quand il s'agira de choisir ou de commander le chapeau. Choisir vaut mieux, disent les oracles. Mais, en certains cas, il faut commander aussi... Plaignez la novice qui s'aventure dans ces vastes salons cirés remplis de forêts de chapeaux perchés sur leurs *pieds* torses de palissandre. Elle va être toisée en un clin d'œil par la demoiselle de vente. Son chapeau sera jugé d'un regard qui vaut une sentence de mort ; car la vendeuse connaît son monde, le flaire, et n'a de respect que pour la cliente capable de faire de grosses factures — qu'elle n'acquittera pas toujours...

La grande modiste est en appartement, elle paie très grassement ses premières, monopolise les rubans, les fantaisies de plumes et les formes. Elle a ses modèles à elle. Elle ne se contente pas de l'élégance. Elle offre à ses clientes l'inédit. Les autres modistes, de second ou de troisième ordre, ne pourront reproduire ses créations qu'à la saison suivante. C'est elle qui fait la mode de la veille.

Mme Virot a été l'impératrice de la mode. Son fils, M. Paul Virot, a fondé une maison où il continue les grandes et coquettes traditions de sa mère. Il y eut des luttes épiques entre la maison Virot et la maison Reboux. La victoire se décidait le soir du Grand Prix.

Ces modistes ne coiffent pas seulement Paris. Elles coiffent le monde entier. Certaines maisons ne vendent leurs chapeaux qu'à des commissionnaires. On assure même que le métier du commissionnaire ne va pas sans galanterie et sans *flirt*. Pure médisance sans doute... L'amour ne se solde pas avec des factures à 30 jours et à 16 0/0 d'escompte !

Mais fuyons cette rue de la Paix où tous les arbres défendus du costume, du bijou, du bibelot, induisent la pauvre Ève en d'irrésistibles tentations et la font mordre au duvet des peluches, au froufrou des dentelles, au cristal des diamants, des rubis et des émeraudes, où les vitrines d'un Mellerio, d'un Beaugrand, d'un Roussel la fascinent, où Guerlain tire de ses creusets la poussière odorante des sachets, le parfum capiteux des essences, et forge l'arsenal mystérieux de ces outils du nécessaire de toilette qui rendent adorables les belles et qui font les laides jolies.

VIII

L'ARRONDISSEMENT DES PALAIS

I

LES TUILERIES ET LE LOUVRE

La place Vendôme. — La Colonne. — Coin londonien. — Saint-Roch. — Le Jardin des Tuileries. — Un peuple de statues. — Le palais incendié. — La cour des Tuileries. — Le Carrousel. — Les deux palais. — Le vieux Louvre. — Les plans de Visconti et l'Œuvre de Lefuel. — Le Musée. — Peinture et sculpture. — Théophile Gautier critique d'art du Paris-Guide.

PLAN DU Ier ARRONDISSEMENT

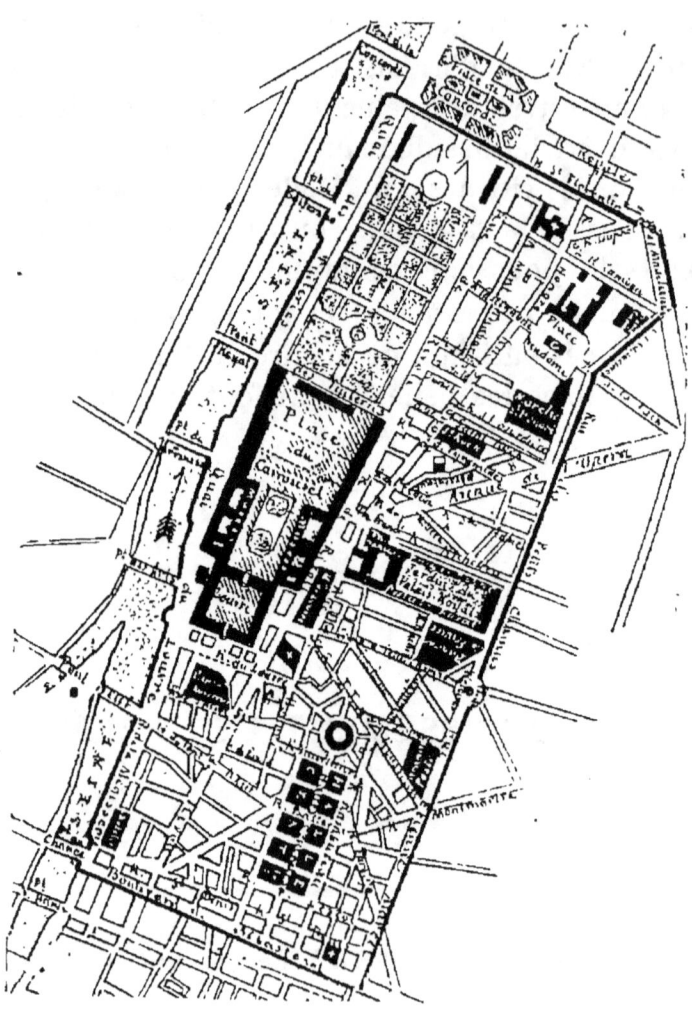

(Voir au dos les renseignements pratiques.)

PREMIER ARRONDISSEMENT

(LOUVRE)

MAIRIE. — Rue du Louvre, 4 *bis*.

COMMISSARIATS DE POLICE. — Quai de l'Horloge (Palais de Justice). — Rue des Prouvaires, 8. — Rue Villedo, 11. — Rue Mont-Thabor, 19 *bis*.

POSTE, TÉLÉGRAPHE, CABINES TÉLÉPHONIQUES. — Hôtel des Postes. P. T. C. — Rue des Halles, 9. P. T. C. — Avenue de l'Opéra, 2. P. T. C. — Rue Cambon, 9. — Rue des Capucines, 13. P. T. C. — Rue Saint-Denis, 90. P. T. C.

EGLISES CATHOLIQUES. — *Saint-Eustache.* — *Saint-Germain l'Auxerrois.* — *Saint-Roch.* — *Assomption.*

TEMPLES PROTESTANTS. — *Oratoire*, rue de l'Oratoire, 3 (*calv.*).

AMBASSADES, LÉGATIONS ET CONSULATS. — *Colombie*, place Vendôme, 6. — *Serbie*, rue de Rivoli, 240. — *Suisse*, rue Cambon, 4. — *Saint-Marin*, place Vendôme, 12.

MINISTÈRES. — *Justice*, place Vendôme. — *Finances*, place du Palais-Royal

Iᵉʳ ARRONDISSEMENT

Comparé à l'éblouissement des splendeurs de la rue de la Paix, au fracas de ce mouvement commercial, à la fièvre de cette spéculation, le coin formé par la masse des bâtiments du Louvre et par les bou-

Colonne Vendôme

quets verts du Jardin de Tuileries apparaît comme un oasis.

Le 1ᵉʳ arrondissement est l'un des plus importants de Paris. Il comprend la partie de l'île de la Cité sur laquelle s'élève le Palais de Justice et se divise en quatre quartiers : Saint-Germain-l'Auxerrois, les Halles, le Palais-Royal, la place Vendôme.

Suivant le chemin parcouru, nous y pénétrons, par

la rue de la Paix, sur la place Vendôme qui occupe l'ancien emplacement de l'hôtel de César de Vendôme, et qui s'appela, sous la monarchie, place des Conquêtes, place Louis-le-Grand ; puis, sous la Révolution, place des Piques. Les étrangers de marque y descendent dans deux hôtels : l'hôtel du Rhin et l'hôtel Bristol qui comptent dans leur clientèle les grands ducs de Russie et le prince de Galles.

Mansard avait dessiné cette belle place. Il s'y construisit un hôtel (N° 7), que Vergniaud habita sous la Convention et qui sert de résidence à l'état-major de la Place de Paris, tandis que l'état-major de la 1re division occupe l'ancien hôtel d'Estrées (N° 11). Tout cela offre le caractère froid, majestueux, solennel de l'époque grandiose et un peu guindée du roi Soleil. C'était bien l'endroit qui convenait au ministère de la Justice qui a pris possession des deux hôtels des financiers Poisson de Bourvalais et Villemare. Le Club des Mirlitons vient de quitter la place Vendôme pour émigrer aux Champs-Élysées où, réuni à l'ancien cercle impérial, il va s'appeler l'*Épatant*. L'élite du Paris mondain, intellectuel et artiste, a passé par ce Cercle éminemment parisien, les jours d'exposition et les soirs où quelques-uns de ses membres donnaient la réplique à nos plus jolies comédiennes. Un homme d'esprit, notre confrère Gaston Jollivet, doit souvent collaborer aux spectacles de bon ton de ce répertoire mondain, *select*, dont le marquis de Massa est le Marivaux, et M. Joseph Jamain, un des plus fins et des plus aimables interprètes. Aussi, les représentations des *Mirlitons* sont-elles passionnément suivies et les places d'autant plus recherchées qu'elles ne sont accordées qu'au choix, autant dans les réunions de famille que dans les petites fêtes réservées aux belles impures.

Au centre de la place, s'élevait jadis une statue équestre de Louis XIV d'après le modèle de Girardon, à l'endroit même où a été érigée la colonne Vendôme, sur l'ordre de Napoléon, pour perpétuer la mémoire de la belle campagne de 1805 où la Grande Armée brisa comme verre la coalition nouée par les intrigues et par l'or de l'Angleterre. Sur le bronze des canons pris à l'ennemi se déroulent en spirale, jusqu'au sommet de la colonne, ces hauts faits de nos régiments qui ont si puissamment inspiré Victor Hugo :

> J'aime à voir sur tes flancs, Colonne étincelante,
> Revivre ces soldats qu'en leur onde sanglante
> Ont roulé le Danube, et le Rhin et le Pô !
> Tu mets comme un guerrier le pied sur ta conquête.
> J'aime ton piédestal d'armures, et ta tête
> Dont le panache est un drapeau !

Les touristes se privent rarement de la jouissance assez contestable de monter par l'escalier à vis qui tourne dans l'intérieur de la colonne jusqu'à la plateforme que domine la statue de Napoléon en costume impérial. C'est une reproduction de la statue de Chaudet par Dumont. Elle fait regretter le Napoléon de Seurre, en redingote grise et petit chapeau, bien plus conforme à la légende.

Malgré la surveillance, les gens qui se précipitent du haut de la colonne sont assez nombreux. Tous les ans, il faut en signaler de nouveaux. L'espoir d'assister à l'un de ces suicides explique peut-être le plaisir que procure aux Anglais cette éreintante ascension.

Très Anglais d'ailleurs, le petit coin qui sépare la place Vendôme des Tuileries: agences de location, *bars*, *wines-merchants*, la boutique de Guerre, le *pastry coock*, librairies anglaises, vitrines de photographies, de guides aux couvertures de toiles et de plans de Paris. C'est là que se trouvent la librairie et les bureaux du *Galigagni's Mesenger*, journal fondé par ces deux frères, les Galigagni, qui, en mourant, ont fondé le superbe asile de Neuilly. A chaque glace de devanture, un « English spocken » en lettres d'or. Pour être londonien, il ne manque à ce paysage qu'un épais brouillard coupé par la lueur des grosses lanternes des cabs dirigés par des cochers flegmatiques, perchés sur le siège de derrière. Si nous n'avons pas le brouillard, du moins avons-nous les cabs. Rue d'Argenteuil, le *Matin* a son hôtel. C'est un journal à l'anglaise dont l'information est rédigée à coups de télégraphe et dont les articles de fond sont signés de leaders dont il suffit de citer les noms : MM. Jules Simon, John Lemoinne, Aurélien Scholl, Arthur Ranc, etc...

Tout le voisinage de l'Eglise Saint-Roch a conservé l'aspect du siècle dernier. Le passage Saint-Roch, la rue Saint-Roch et la rue de la Sourdière nous reportent au 13 vendémiaire et à Bonaparte balayant à coups de canon les sections sur les marches de l'église.

Saint-Roch a été élevé sur les ordres d'Anne d'Autriche par Lemercier et Robert Cotte. L'Eglise contient de belles œuvres d'art : des peintures d'Ary Scheffer, Deveria, Abel de Pujol, la célèbre *Prédication de Saint-Denis*, de Vien ; et des sculptures de Coysevox, Coustou, Bogino et Préault. Le grand Corneille, le peintre Mignard et l'élégiaque Mme Deshoulières y furent enterrés.

Après avoir admiré les deux groupes de bronze du

sculpteur Cain, le célèbre animalier, qui décorent la porte latérale du Jardin des Tuileries sur la rue de Rivoli, poussons jusqu'à la grille monumentale de cette place de la Concorde que nous avons déjà visitée et de laquelle se déroule la radieuse perspective des Champs-Élysées montant à l'Arc de Triomphe.

Saint-Roch

Pour arriver à cette grille, suivons la terrasse des Feuillants qui longe la rue de Rivoli et qui a tiré son nom du voisinage d'un couvent de Bénédictins ou Feuillants. La Convention fit planter des pommes de terre sur ce terrain pour mettre à la mode le précieux tubercule. En 1796, la terrasse fut replantée. En 1861, l'Empereur fit construire un Jeu de Paume pour le prince impérial. Soufflot, l'architecte, avait

habité au bout de la terrasse, derrière l'Assomption.
Le restaurateur Bridon-Beaumont succéda à l'architecte. Il y avait alors des cafés, des restaurants aux Tuileries : les établissements de Travers et de Sédille. Dans la cour du manège, Legacque faisait concurrence à Véry. Dans cette même cour, à l'hôtel de Noailles, Venna tenait le café de Vénus. « Le café de Vénus que les Thébains appelaient populaire — dit Lavallée — une annexe de la Courtille ! où, sous une treille de Lancret, au centre d'un chapelet de lampions fumants, des garçons bouchers dansent avec des filles en bonnets ronds ! Le café de Vénus ! un salon de papier peint, aux rideaux de siamoise à carreaux, où les clercs des procureurs, sur les tables boiteuses des Porcherons, prennent des glaces avec des cuillères d'étain ! (1). »

La terrasse du Bord de l'Eau qui domine les quais est parallèle aux Feuillants. Elle est coupée par un chemin bitumé qui relie la rue Castiglione au pont Solférino. On y voit une belle Orangerie construite par Napoléon III en 1853. Une balustrade de pierre règne sur toute la longueur de cette terrasse sur laquelle le petit roi de Rome passa dans une voiture traînée par deux béliers.

Le jardin des Tuileries a été dessiné par Le Nôtre. On y voyait auparavant un étang, une immense volière, une ménagerie, un labyrinthe au milieu de bosquets groupés sans ordre et sans goût. Ce fut dans l'allée du milieu que Robespierre célébra la fête de l'Etre suprême. Le même Robespierre fit tracer les carrés d'Atalante, ces deux salles de verdure entou-

---

(1) Goncourt. *Histoire de la Société française* pendant la Révolution.

rées de massifs et terminées du côté du château par un hémicycle de marbre blanc. L'ancien jardin réservé s'étend devant la rue des Tuileries.

Sur la verdure des parterres dort l'eau claire des bassins de pierre, éclatent les blancheurs des marbres. Les Tuileries sont peuplées de statues : Omphale par Eudes ; Enée s'enfuyant de Troie livrée aux flammes et portant sur ses épaules le vieil Anchise; Lucrèce et Collatin, de Lepautre ; une Bacchante de Carrier, la Nymphe au carquois et la Venus à la colombe, de Coustou ; le Lion de bronze de Caïn, le Persée de Tournois, Ugolin et ses enfants, groupe de bronze, de Perrault; le Phidias et le Prométhée enchaîné de Pradier ; le serment de Spartacus, par Barrias; l'Hercule de Comino ; le Jules César de Théodon ; le soldat laboureur et le Thémistocle de Lemaire ; le Cincinnatus et l'Alexandre combattant de Foyatier.

Autour du grand bassin : le Tibre, le Rhin, la Moselle de Van Clève ; le Rhône, la Saône de Coustou; le Nil de Bourdic ; puis, Quatre Termes émergeant de leur gaîne de pierre et symbolisant les saisons.

Les Tuileries ont leurs coins particuliers : la petite Provence, à l'extrémité de l'allée des Orangers avec sa clientèle d'enfants, de malades dans de petites voitures poussées par un domestique, ses bancs et ses chaises occupées par des vieillards qui lisent leur journal ou *lézardent* au soleil en somnolant; les grands cirques de marronniers où s'organisent des parties de ballons, les concerts militaires; le Guignol qui eut naguère pour directeur le romancier Duranty, le champion du réalisme dont Champfleury était le père, et qui n'eut pas beaucoup plus de chance, malgré un talent réel, comme directeur de Guignol que comme champion littéraire.

Aujourd'hui, les processions de l'Être suprême sont remplacées par des bambins qui poussent des cerceaux, lancent des balles, ou dirigent des bateaux sur les bassins, et par des groupes de fillettes qui promènent très dignement des poupées vêtues de velours et de satin.

Des Tuileries incendiées par la Commune, il ne reste plus de trace. Le prince Stirbey vient d'acheter, pour son château de Bécon, les grilles du Palais vendues aux enchères publiques.

Il ne subsiste du vieux château royal, construit par Philibert Delorme pour Marie de Médicis, en 1564, que les deux pavillons des ailes : le pavillon de Marsan (au Nord) et le pavillon de Flore (au Sud), réédifiés sur les plans de Bullant, de Levau et de Ducerceau. L'aile des Tuileries, qui est bordée par la rue de Rivoli, a été construite sous l'Empire. Le Pavillon de Flore, orné de sculptures de Carpeaux, de Franceschi, de Cavelier, et l'aile du bord de l'eau qui le relie au pavillon de Lesdiguière ont été rebâtis par Lefuel.

Louis XV et Louis XVI habitèrent les Tuileries. La Convention y siégea. Bonaparte s'y installa à la suite du 18 Brumaire et prit sa place. Les Révolutions de 1830 et de 1848 en chassèrent Louis-Philippe et Charles X. Le 4 septembre, l'Impératrice Eugénie en sortit escortée de Mme Lebreton, du prince de Metternich e du chevalier Nigra et s'enfuit dans le premier fiacre vide qui passa.

Au 10 août, le sang français avait coulé dans le jardin royal. Au 24 février 1848, le peuple avait envahi le palais sans y causer trop de dommage. Aux derniers jours de la Commune, la plèbe le livra aux flammes. Le feu détruisit ces appartements dont Coysevox, Girardon, Lemoyne avaient orné les corniches et les cheminées, ce salon du premier Consul où se trouvait le beau portrait de Bonaparte par Gros, cette salle des

Pavillon de Flore.

Maréchaux placée sous la coupole avec ses portraits en pied des douze premiers Maréchaux de l'Empire, cette merveilleuse galerie des fêtes, ce salon de la Paix avec son plafond de Loyr (le Dieu du Jour commençant sa carrière) et la décoration de Lebrun représentant Apollon et les Muses ; cette salle du Trône dont le plafond, œuvre de Loyr, représentait la Religion protégeant la France. Tout s'écroula, se consuma dans ce sinistre. La salle du Conseil, avec son portrait de Louis XIV de Philippe de Champaigne, la salle des bains et le salon rose, appelé aussi salon des fleurs, pour lequel Chaplin, le peintre de l'Impératrice, avait retrouvé la facture gracieuse et fraîche de Boucher et de Fragonard : tout cela fut perdu, anéanti, confondu

Arc de triomphe du Carrousel

dans les cendres et dans l'horreur des décombres avec les nudités des allégories de Coypel et les draperies des compositions décoratives de Mignard.

Un jardin va fleurir à la place des ruines qui répandaient la tristesse sur cette vaste place du Carrousel que les peintres de l'époque impériale nous montraient si belle, si peuplée, si parée, aux jours de grande parade, quand passaient les grenadiers, les voltigeurs, coiffés du kolback et du bonnet à poil surmontés de larges plumets, culottés de blanc, le mollet bien pris dans la guêtre collante, précédés des musiques joyeuses, des sapeurs la hache sur l'épaule, des trompettes chantantes, des tapins aux

Monument de Gambetta

baguettes ronflant sur les peaux d'âne des caisses luisant comme l'or, tandis que le grand tambour-major, se dandinant, étalant sur sa large poitrine la chamarrure de son large baudrier, lançait sa canne à grosse pomme dans un prodigieux moulinet et inclinait son gigantesque panache pour passer sous le petit arc de triomphe de la cour d'honneur surmonté de son quadrige.

Ce quadrige est l'œuvre de Bosio. Il a remplacé les chevaux de Saint-Marc rendus à Venise en 1814 L'arc a été élevé en 1816, d'après celui de Septime Sévère à Rome, sur les dessins de Fontaine. Il mesure 15 mètres de hauteur et il est orné de six bas-reliefs reproduisant divers épisodes de la campagne de 1805 : la Capitulation d'Ulm, par Cartellier ; la Victoire d'Austerlitz, par Espercieux ; l'Entrée des troupes françaises à Munich, par Clodion, et à Vienne par Deseine ; l'Entrevue de Tilsitt, par Ramey ; la Paix de Presbourg, par Lesueur.

Un monument avait été élevé à Marat au Carrousel. Il fut enlevé en 1795. Un monument patriotique est voué maintenant à la mémoire de Gambetta, en souvenir de ses efforts à la tête du gouvernement de la Défense nationale.

Napoléon I*er* commença à nettoyer la place du Carrousel, qui formait alors un horrible chaos d'échoppes et de baraques fermé par d'affreuses clôtures de planches. Balzac en a tracé, de sa main puissante, la physionomie dans les *Parents pauvres*.

Une grande grille sépara la place de la cour du Palais. Après la Commune, ce vaste espace a été encombré de nouveau.

Il a fallu la nouvelle Exposition universelle pour que la cour des Tuileries fût déblayée des baraquements occupés par l'administration des Postes et les services municipaux.

La place du Carrousel, telle que nous la voyons aujourd'hui avec sa double rangée de constructions d'un parallélisme imparfait, regardant l'une le bord de la Seine, l'autre la rue de Rivoli et joignant la façade occidentale du Louvre, date du règne de Napoléon III.

Napoléon Ier avait conçu le projet de réunir le Louvre aux Tuileries. Après lui, M. Thiers avait essayé vainement, sous Louis-Philippe, d'arracher

Façade principale de la Cour du Louvre

aux Chambres un crédit de 14 millions. Ce fut Napoléon III qui reprit le projet abandonné et l'architecte Lefuel qui exécuta les plans de Visconti auquel il apporta de notables modifications. Ces grands travaux durèrent cinq ans.

Du côté du Palais-Royal, les bâtiments contenaient la Bibliothèque (ancien cabinet du Roy), qui fut brûlée sous la Commune, les bureaux des ministères d'Etat et de l'Intérieur et des appartements aménagés en caserne pour loger des détachements de la garde. Dans les bâtiments du bord de l'eau, au-dessus des écuries de la cour, s'élevait la salle des Etats, où vient d'être installé le Musée de la Révolution (1).

Cette partie de la cour du Carrousel par laquelle on entre dans la cour du Louvre, en passant sous la voûte du pavillon de l'Horloge, a été plantée de jardins entourés de grilles. Sur ce pavillon de l'Horloge ou pavillon Sully, des inscriptions gravées dans le marbre rappellent que Catherine de Médicis a commencé les Tuileries; François Ier, le Louvre; et que les deux palais ont été réunis sous le règne de Napoléon III.

Les bâtiments que longe la rue de Rivoli sont d'une grande sobriété d'ornement. Lefuel a construit la galerie du bord de l'eau qui relie les Tuileries au Louvre dans le même style que les constructions qui sont l'œuvre de Pierre Lescot et auxquelles Jean Goujon donna leur parure ciselée.

C'est dans les deux cours du Carrousel et du Louvre que l'on peut se rendre compte de l'étendue, de la majesté de ces palais dont les pierres se confondent. Là, seulement, l'œil peut contempler « à vol d'oiseau » le panorama dans cette perspective que les estampes anciennes essayent de rendre avec une grâce naïve et gauche. C'est seulement après avoir admiré cette masse de pierre que l'on peut songer à reconstituer le labeur séculaire au prix duquel s'est achevée cette œuvre admirable.

Les chartistes et les historiographes, tout ce peuple

(1) Voir *Annexe Méthodique des Renseignements spéciaux*, IIIe partie, chap. VIII, note 1.

de lettrés et d'érudits qui ont fouillé le passé et nous l'ont retracé comme s'il vivait encore, tous ces puissants et ingénieux résurrecteurs des âges écoulés se sont reconnus incapables de déterminer d'une façon précise les premières constructions du Louvre. A son origine, le vieux palais des rois de France n'a point d'histoire. Les paléographes n'ont de données exactes sur la demeure royale qu'à dater du règne de Philippe-Auguste. La grosse tour, dite Tour Neuve, remonte à cette époque, ce qui indique l'antériorité des autres parties du monument. Cette grosse tour, ou donjon, s'élevait au centre d'une enceinte fortifiée de douze tourelles, et le Louvre, comme les demeures féodales, servit à la royauté de chartier, de trésor, de prison et de forteresse. Philippe-Auguste y enferma Ferrand, comte de Flandre, son prisonnier de Bouvines. Enguerrand de Marigny attendit dans un cachot du vieux palais l'heure suprême de Montfaucon.

Cette sombre résidence, dont l'architecture évoquait les passions, les angoisses et les drames du moyen âge, ne pouvait convenir à l'humeur de François Ier, à sa recherche de la grâce et de l'élégance, à son goût moins sévère, moins âpre que celui de ses prédécesseurs, developpé, affiné, ouvert à de nouvelles manifestations d'art par ses campagnes d'Italie et d'Espagne.

François Ier démolit la grosse tour et commença la construction d'un nouveau palais dont les travaux furent confiés à l'Italien Serlio, puis à Pierre Lescot, assisté des sculpteurs Jean Goujon et Paul Trébatti. Serlio construisit la galerie qui porte aujourd'hui le nom de galerie d'Apollon et qui n'avait qu'un étage recouvert d'une terrasse. La tradition veut que Charles IX, la nuit de la Saint-Barthélemy, ait arquebusé les Huguenots du haut de ce balcon qui subsiste encore et regarde la Seine. A la vérité, Charles IX passa cette nuit à l'hôtel de Bourbon, d'où le tir était autrement commode — sans compter que le fa-

Pavillon Turgot

meux balcon n'avait pas encore été édifié. Malgré cette excellente raison, la légende a persisté.

Le plan primitif de Pierre Lescot, approuvé par Catherine de Médicis, comprenait quatre façades. L'architecte, tombé en disgrâce, ne put le mener à bonne fin.

Le sort du Louvre inachevé dépend sans cesse des souverains, de l'état des finances royales et des préoccupations du moment. Henri II fait élever le pavillon du Roi. Henri IV prolonge les Tuileries du côté de l'eau sur l'alignement de la galerie du Louvre. Conformément aux ordres de Richelieu, l'architecte Lemercier élève des pavillons placés au centre des façades, parmi lesquels on distingue le pavillon de l'Horloge.

Pour compléter et fermer le quadrangle de la cour du Louvre dont Henri IV a arrêté les dimensions, il reste à ériger la façade principale qui fait face à la place Saint-Germain l'Auxerrois. Claude Perrault élève alors, avec l'approbation de Colbert, cette colonnade qui a été conservée telle qu'elle avait été projetée et qui est d'un très bel effet, bien qu'elle ne soit nullement du caractère des autres parties de l'édifice.

Louis XIV n'eut point d'attention pour le Louvre. Absorbé par les châteaux de Marly et de Versailles, il laissa les travaux commencés en suspens. Les bâtiments inachevés furent alors habités par une foule de courtisans et d'artistes. L'architecte Gabriel, sur les ordres de M. de Marigny, surintendant des Beaux-Arts, reprit enfin, sous Louis XV, le travail interrompu et continua les trois façades extérieures dans leur ancien style. Louis XVI trouva le Louvre en un tel désordre que, dans la cour, les graviers atteignaient le premier étage du palais.

Napoléon, qui dota les Musées de si nombreuses richesses, ne put faire exécuter que des travaux intérieurs qui furent continués par Louis XVIII et Charles X.

Ces divergences de vue et ces interruptions dans le travail ont pu nuire à la régularité de l'œuvre dans son ensemble, mais elles contribuent à sa grandeur, en attestant qu'il a fallu l'effort de plusieurs règnes et de plusieurs siècles pour achever ce Palais qui contient aujourd'hui des richesses incalculables.

Le palais des rois de France est devenu exclusivement le palais des rois de l'art. Partout, les portes s'ouvrent devant le visiteur. Il peut, sans plan, sans méthode, parcourir ces galeries, suivre ces escaliers monumentaux. Il sera récompensé de sa peine, soit en se trouvant en présence d'un chef-d'œuvre de la peinture ou de la sculpture, soit que, sur les rayons des vitrines ou sur la pierre des monuments, il voie se dérouler sous ses yeux l'histoire d'une civilisation disparue.

Pour ceux qui voudront s'orienter à travers ces vastes galeries, il suffira d'indiquer par les grandes lignes les différentes affectations de notre Musée national.

La sculpture antique a ses galeries et ses salles dans les bâtiments du rez-de-chaussée qui longent le bord de l'eau (galerie Mollien, pavillon Denon, galerie Daru, au sud de la place du Carrousel). Elle occupe également le rez-de-chaussée de la galerie d'Apollon et de la partie méridionale du Louvre comprise entre la galerie d'Apollon et la voûte qui s'ouvre sur le pont des Arts. La seconde partie de cette façade méridionale, qui va de cette voûte du pont des Arts à l'angle de la façade principale du Louvre (*place Saint-Germain-l'Auxerrois*), est occupée par la sculpture Renaissance.

Au premier étage des galeries Mollien et Daru, la peinture française (dix-septième et dix-huitième siècles) est groupée dans les salles ayant façade sur le

Carrousel ; tandis que les salles faisant face au quai du Louvre forment la grande galerie des Écoles italienne, espagnole, hollandaise et flamande.

Au premier étage de la façade méridionale du Louvre (au-dessus des salles des Antiques et de la Renaissance) sont les riches vitrines du Musée Campana

Colonnade du Louvre

(*côté de la Seine*) et les antiquités grecques et égyptiennes (*côté de la cour*).

Il faut entrer par la voûte du quai pour visiter cette partie méridionale du Musée.

Si l'on arrive au contraire par l'Est, si l'on aborde par conséquent le Louvre par la place Saint-Germain-l'Auxerrois (*côté de la Colonnade de Perrault*) on accède, sous la voûte d'entrée, par la porte de droite, à la galerie assyrienne et, par la porte de gauche, à la galerie égyptienne.

Au premier étage de cette face orientale (*étage de la Colonnade*) se trouvent des appartements de gala, le musée oriental, la collection Lenoir, la collection Davilliers, la salle des Acquisitions, la salle de Suziane et des Antiquités chaldéennes.

Au deuxième étage, la salle de Panama (*Musée de marine*).

Nous avons parcouru deux faces du Louvre, au Sud, celle bord de l'eau, et, à l'Est, celle de la Colonnade. Il nous reste à désigner les affectations des deux autres côtés de ce carré : le côté Nord (*rue de Rivoli*) et le côté Ouest (place du Carrousel).

Au Nord, une entrée en voûte fait face à l'entrée Sud ouverte sur le pont des Arts. A droite de cette voûte, au rez-de-chaussée (en entrant) la chalcographie et la salle Rude. A gauche, une galerie d'Antiquités grecques et orientales.

Au premier étage, collection de La Salle et musée Thiers (*côté de la rue de Rivoli*), musée du Moyen Age et de la Renaissance, pastels, dessins, miniatures et cartons (*côté Louvre*).

Au deuxième étage, les salles du musée de Marine.

A l'Ouest, en pénétrant sous la voûte par le Carrousel, s'ouvrent à droite la salle des Cariatides et, à gauche, les salles de sculpture moderne.

Au premier étage, la galerie Lacaze, la salle des bronzes et les salles de dessins.

Au deuxième étage, les musées ethnographiques et chinois.

LA PEINTURE

Théophile Gautier, qui a décrit, avec son meilleur talent de coloriste, les richesses picturales du Louvre (1) a exprimé la sensation de respectueuse appréhension qu'il éprouvait en abordant cette entreprise.

Guichets des Saints Pères

« Au milieu de l'immense capitale, dit-il, le Musée est comme le camée qui forme un bracelet de pierres précieuses. L'art y a posé son cachet suprême. Et c'est une tâche ardue que de trouver des paroles dignes d'un tel sujet. »

Cette tâche ne saurait être refaite ici, quand elle a

(1) *Paris-Guide.*

été si bien remplie par un maître. C'est en touriste que nous visiterons, trop rapidement à notre gré, les différentes salles du musée.

Le plus communément, pour visiter les salles de peinture du Musée du Louvre, on entre par le pavillon Sully et l'on pénètre tout d'abord par l'escalier Henri II dans la galerie qui contient la collection léguée au Louvre, en 1870, par M. Louis Lacaze.

Salle Lacaze. (1) — L'École française est admirablement représentée dans cette collection aussi riche par la variété que par la beauté des toiles. C'est dans cette galerie que se trouve le célèbre portrait de Joli Gille de Watteau.

Salle Henri II. (2) — Cette salle est entièrement attribuée à la peinture française.

Salon des sept cheminées. (3) — C'est le salon d'honneur de la peinture française. David et Gros y occupent la place principale, l'un avec les *Sabines* et *Léonidas aux Thermopyles* ; l'autre, avec la *Bataille d'Eylau* et les *Pestiférés de Jaffa*, qui se font face.

Après Romulus, coiffé du casque et brandissant son javelot, après Léonidas, assis devant l'autel d'Hercule, voici Napoléon.

Le général Bonaparte visite à Jaffa les pestiférés et touche les plaies d'un matelot à demi nu. Il est accompagné de Berthier et de Bessière, de l'ordonnateur Daure et de Desgenottes, le médecin en chef de l'armée d'Egypte. Masclet, un jeune chirurgien, expire en soutenant un cadavre sur ses

(1) Voir *Annexe Méthodique des Renseignements spéciaux*, III° partie, chap. VIII. note 2.
(2) *Id.*, chap. VIII, note 3.
(3) *Id.*, chap. VIII, note 4.

genoux. « Il existe, nous rappelle Th. Gautier, un première esquisse des *Pestiférés* que Gros traça sous la dictée de Denon et où il resta fidèle à la vérité prosaïque. » Ce « procès-verbal » conviendrait peut-être mieux au tempérament simpliste de notre époque où l'Art sait faire jaillir l'émotion de la vérité et de l'exactitude. En reconnaissant les mâles beautés des toiles de Gros, il faut bien convenir que ce *Napoléon visitant le champ de bataillle d'Eylau avant de passer la revue des troupes* est d'une facture qui déconcerte un peuple qui a vu les sanglants tableaux de la guerre de 1870. Cependant, si l'ensemble paraît d'un effet théâtral, il faut rappeler que certains détails sont notoirement véridiques. Le baron Gros avait le souci de l'exactitude. Napoléon montait en réalité un cheval isabelle et portait cette pelisse de satin gris bordée de fourrure; Murat, aux jours de bataille, se parait comme pour un bal et, sous la neige du ciel de Russie, chargeait les escadrons ennemis ou fonçait sur les carrés hérissés de baïonnettes, vêtu de velours, la coiffure ornée d'une aigrette.

Salon des bijoux (1). — Ce salon contient des vitrines renfermant nombre d'objets du plus grand prix.

Galerie d'Apollon (2). — Le plafond a été peint par Delacroix.

Grand salon carré. — C'est dans cette incomparable salle que le Louvre a assemblé les plus belles perles de son écrin.

Gautier allait de suite à la *Joconde*.

---

(1) Voir *Annexe méthodique des Renseignements pratiques*, III⁰ partie, chap. VIII, note 5.
(2) *Id.*, chap. VIII, note 6.

« Croyez, écrivait-il, que si Don Juan avait rencontré la Monna Lisa, il se serait épargné la peine d'écrire sur sa liste trois mille noms de femmes ; il n'en aurait tracé qu'un et les ailes de son désir eussent refusé de le porter plus loin. »

« Le divin Léonard mit quatre ans à faire ce portrait qu'il ne pouvait se décider à quitter, et qu'il ne considéra jamais comme fini; pendant les séances, des musiciens exécutaient des morceaux pour égayer le beau modèle et empêcher ses traits charmants de prendre un air d'ennui ou de fatigue.

L'École florentine est représentée ici par l'auteur de la *Joconde*, par Ghirlandajo, avec une *Visitation*, et par Andrea del Sarto, le maître impeccable, le « *senza errori*, avec sa *Sainte-Famille*.

L'École romaine nous offre, avec Raphaël, *Saint Michel terrassant le démon;* une *Sainte-Famille*, qui fut achetée par François Ier; la *Vierge au linge ou au voile;* la *Belle Jardinière* représentant la Vierge en corsage rouge bordé de noir.

Le *Saint-Michel* présente une particularité tout à fait curieuse. Regardez la robe de l'Archange et, sur le bord de ce vêtement, vous lirez, placé comme la firme d'un drapier sur une étoffe, ces mots : *Raphael Urbinas pingebat*, M.D.XVIII.

Mais, de tous ces peintres de l'Italie, ce sont les Vénitiens qui triomphent et ce sont les *Noces de Cana* de Paul Véronèse qui, dans la collection de cette radieuse École, occupent au Louvre la première place.

Dans cette immense composition, le peintre, déclare Gautier, s'est livré voluptueusement « au plaisir de la peinture en elle-même poussée à sa dernière puissance, en dehors de l'idée, du sujet et de la vérité historique » et il a introduit dans cette scène religieuse les portraits de ses plus illustres contemporains. « L'époux, assis à gauche de la table, serait le marquis de Guart. La jeune femme, placée à côté du marquis, représenterait Éléonore d'Autriche, reine de France. Tout près de la jeune femme, on voit François I*er*; ensuite vient la reine d'Angleterre, Marie, vêtue d'une robe jaune. Plus loin, Soliman I, empereur des Turcs, ne paraît nullement surpris de se trouver aux noces de Cana, à quelques pas de Jésus-Christ. Il a, du reste, à qui parler. Un prince nègre, descendant, sans doute, du roi mage abyssinien ou du prêtre-Jean, parle à des serviteurs, tandis que Vittoria Colonna, marquise de Pescaire, mâchonne le bout d'un cure-dent; et à l'angle, en retour de la table, l'empereur Charles-Quint, sans souci de sa chronologie, porte tranquillement au col l'ordre de la Toison-d'Or. »

Paolo Cagliari s'est peint lui-même, vêtu d'une dalmatique et jouant de la viole, à côté de Tintoret, du Titien avec sa basse, et de Bassan, jouant de la flûte. Ce travail inouï fut payé par les moines de Saint-Georges 424 ducats d'argent, un tonneau de vin, et les frais de bouche! Le Salon Carré possède également, de Véronèse, le *Repas chez Simon le Pharisien*, et l'ancien plafond du palais des Doges : *Jupiter foudroyant les crimes*.

L'École espagnole a là son chef-d'œuvre : la *Conception de la Vierge* de Murillo, qui fut payée plus de 600,000 francs à la vente de la collection du maréchal Soult. De nombreux copistes, parmi lesquels les femmes sont en majorité, travaillent devant cette toile. La manière rude de Ribera (L'*Adoration des Bergers*) attire beaucoup moins l'humble troupeau des imitateurs.

Il faudrait citer tableau par tableau les œuvres géniales qui couvrent les murs du Salon carré. La nomenclature de ces chefs-d'œuvre produit à elle seule une impression d'éblouissement sur quiconque connaît l'Histoire de l'Art.

Salle des sept maitres. — *(A droite du grand Salon Carré).* Le visiteur retrouve encore ici les maîtres qu'il a admirés dans le Salon Carré : Léonard de Vinci ; (la *Vierge aux Rochers, Saint Jean-Baptiste*) Raphaël *(Jeanne d'Aragon, Sainte Marguerite).* Tout le monde connaît, au moins par la gravure, cette tête d'adolescent coiffée d'une toque noire dans laquelle on a voulu retrouver les traits de Raphaël. On voit encore plusieurs toiles de Titien, parmi lesquelles quatre de ses plus célèbres : la *Vierge au sapin*, les *Pèlerins d'Emmaüs*, les portraits de *François I*^{er} et du marquis de *Guart*.

Grande galerie *(parallèle au cours de la Seine, allant jusqu'au pavillon de Flore.)*

Cette galerie est occupée par les écoles étrangères. Deux travées en sont réservées à

L'École italienne.

Ce sont d'abord les primitifs : Cimabué avec sa *Vierge aux Anges ;* le *Saint-François d'Assise* de Giotto ; le célèbre *Couronnement de la Vierge* de Fra Angelico ; Ghirlandajo et le *Portement de Croix ;* la *Nativité de Jésus-Christ,* de Felippo Lippi.

Titien et Véronèse reparaissent. Le premier avec sa *Vénus del Pardo* et ce rayonnant *Couronnement d'épines,* qu'il peignit à soixante-seize ans. Le second avec son *Repas du Christ entre les pèlerins d'Emmaüs, Suzanne et les Deux Vieillards* et l'*Ange faisant sortir Loth et ses filles de Sodome.*

Ajoutons la *Sainte-Famille* du Parmesan, le *David* et l'*Hercule combattant l'hydre,* du Guide ; le *Saint François* et la *Sainte-Cécile* du Dominiquin ; la *Madone della Salut* de Canaletto.

École espagnole.

Le Louvre n'en possède qu'un petit nombre de toiles, mais d'une rare beauté. Elles sont disposées dans l'entrecolonnement de la grande galerie.

Nous retrouvons Murillo : (la *Nativité,* le *Miracle de San Diego* dénommé la *Cuisine des Anges,* la *Vierge au chapelet,* et, dans une toute autre note, cet étonnant *Mendiant pouilleux,* au pied d'un mur que frappe le soleil.

Notre Musée renferme trois portraits de Velasquez : un *Philippe IV* en costume de chasse, chef-d'œuvre entre les chefs-d'œuvre ; l'*infante Marguerite* et le *Doyen de la chapelle royale de Tolède,* don Pedro de Altamira.

Citons encore, dans cette Ecole, un portrait de Goya et un terrible *Saint Basile* peint par Herrera.

Écoles allemande, flamande et hollandaise.

La seconde partie de la grande galerie est consacrée à ces trois Ecoles.

Voici deux portraits de Lucas Cranach (dont l'un est celui de l'*Électeur de Saxe, Jean Frédéric III*) ; et deux autres, qui sont des chefs-d'œuvre, de Hans Holbein : L'*Astronome de Henri VIII* et l'*évêque de Londres, Guillaume Warham.*

Voici les magnificences de Rembrandt : l'*Ange Raphaël quittant Tobie,* le *Bon Samaritain,* les admirables *Pèlerins d'Emmaüs* éclairés soudainement de la lueur de l'auréole de Jésus-Christ ; le *Philosophe en méditation,* des têtes de vieillards d'une incomparable puissance et des portraits de Rembrandt par Rembrandt.

Après Rembrandt, saluons Rubens dans son œuvre gigantesque : la *Vie de Marie de Médicis,* qui fut peinte pour le Luxembourg. Vingt et une allégories composent ce travail colossal. Citons, nous ne disons pas parmi les plus belles, mais parmi les plus admirées : La *Naissance de Louis XIII* et le *Couronnement de Marie de Médicis.*

Le Louvre possède tout un musée de Rubens : la *Fuite de Loth,* le *Prophète Élie au désert*, la *Fuite en Egypte,* le *Christ en croix,* le *Triomphe de la Religion,* l'*Adoration des Mages,* la *Vierge au milieu des Saints Innocents,* la *Vierge et l'Enfant Jésus à la couronne de fleurs.*

Après ces sujets allégoriques, après les pages inspirées par l'histoire ou la religion, la *Kermesse*, ivre de turbulence et de joie, tournoie dans une ronde bachique, éclatant en cris et chansons, en apostrophes grasses, en baisers fous. Enfin, le *Tournoi* clôt cette admirable collection qui offre à nos regards toutes les transformations du puissant génie de Rubens.

Après les énormes morceaux de Rubens, passons aux tableautins que Téniers peignait en une après-midi et qui se couvrent d'or, bien que Louis XIV en eût traité de magots les fumeurs et les gais buveurs. Le Louvre en contient un assez grand nombre. Admirons aussi Terburg, Gérard Dow, Metsu, ces peintres de la vie exacte, familière, peintres des intérieurs somptueux comme Frans Mieris ou de tavernes enfumées tels qu'Adrien van Ostade.

Mais, dans ces Ecoles du Nord, tous les genres ne sont-ils pas admirablement représentés ? Le paysage a ses maîtres : Ruysdaël, Hobbema, Adrien et Willem van den Welde, avec leurs barques ; Van der Heyden, avec ses canaux ; Peters Neefs, avec ses intérieurs d'églises gothiques ; Van der Neer et ses clairs de lune. De Karel du Jardin va chercher en Italie ses sujets, tout comme Jean Both, Paul Bril et les Breughel. Les animaliers se nomment Paul Potter, Albert Cuyp et Berghem ; les portraitistes Van der Helst, Frans Hals, Philippe de Champaigne et Van Dyck.

École française.

Salons Français. — (*A droite, en sortant de la grande galerie des Écoles étrangères*). Les salons portent les noms de Clouet, de Lesueur et de Joseph Vernet.

Il y a toujours eu des peintres en France, et l'on est allé souvent chercher ailleurs ce qu'on avait chez soi sous la main, dit Gautier. On reconnaît la justesse de l'observation du grand critique devant le *Jugement Dernier* de J. Cousin, tout autant que devant ces deux beaux Clouet : *Elisabeth d'Autriche* et *Charles IX*.

La « salle Lesueur » est entièrement consacrée à l'œuvre de ce grand peintre. C'est la *Vie de saint Bruno ;* sa conversion, sa renonciation au monde, l'apparition des Anges, la fondation du monastère, la prière du saint dans sa cellule, et, enfin, sa mort. On a transporté, à côté de cette vie de saint Bruno, les peintures du *Cabinet de l'Amour* et des *Neuf Muses*, qui décoraient l'hôtel Lambert.

La « salle Joseph Vernet » est occupée par les *Ports de France*, ces belles marines pour lesquelles Diderot professait une si vive admiration.

GALERIE DE L'ECOLE FRANÇAISE. — Après avoir traversé les salles Clouet, Lesueur et Vernet, le visiteur, en tournant sur sa gauche, pénètre dans la galerie de l'Ecole française, parallèle à la grande galerie du bord de l'eau, que nous venons de visiter.

Elle est coupée en deux sections par la salle du pavillon Denon.

En débouchant dans cette galerie par le fond, au sortir des trois salons français, on se trouve dans la partie réservée aux ouvrages du XVIIe siècle.

Nous y retrouvons Lesueur avec *Jésus portant sa croix* et *Saint Paul à Ephèse*. Le Poussin y abonde en chefs-d'œuvre de correction et de pureté : *Eliezer et*

Rebecca, les belles pages consacrées à l'histoire de Moïse, l'*Enlèvement des Sabines*, *Pyrrhus sauvé*, deux *Saintes Familles*, l'*Assomption de la Vierge*, le *Ravissement de saint Paul*, les *Bergers d'Arcadie*, les *Quatre Saisons*.

Dans la salle du pavillon Denon, se trouvent les quatre grandes compositions de Lebrun, tirées de l'histoire d'Alexandre : le *Passage du Granique*, la *Bataille d'Arbelles*, *Alexandre et Porus*, l'*Entrée d'Alexandre à Babylone*.

La seconde section de cette grande galerie française est consacrée à la peinture du XVIII° siècle. Les maîtres sont : Watteau, avec ses fêtes galantes, ses Léandres, ses Colombines et son chef-d'œuvre : l'*Embarquement pour Cythère*, Subleyras, Boucher, Carle Vanloo, Fragonard, Greuze et Chardin qui représentent délicieusement ce genre fait de grâce et de charme qui distingue cette époque où l'on préférait au *Beau* le *Joli*, où, cependant, Vien préparait la révolution qui allait triompher en David et qui devait précipiter dans le dédain et l'oubli ce genre léger qu'on allait stigmatiser de cette épithète redevenue aujourd'hui glorieuse : le *rococo*.

LA SCULPTURE

Nous avons indiqué plus haut les différentes affectations de chacune de ces salles des musées, qui, toutes, contiennent de véritable trésors.

Le Louvre, que les Parisiens ne visitent guère, qu'ils délaissent très volontiers pour courir à l'exposition tapageuse et médiocre de quelque peintraillon habile à faire sa réclame, est visité d'un pas rapide par l'étranger. Il faudrait des mois, des années pour l'édudier, le connaître, se pénétrer de ses beautés.

Quand on s'est livré à cette débauche d'admiration dans les vastes salles de peinture où se dresse en permanence la table du festin de l'Art ; quand on a contemplé avidement, dans ces vitrines, sur ces nobles murailles, cette exposition d'étonnantes raretés archéologiques et ethnographiques : les momies dans leurs gaines, les vases étrusques, les potiches phéniciennes, les sarcophages et les sphinx, les rois assyriens coiffés d'une tiare et le visage encadré dans une barbe tombant sur la poitrine en longues et frêles spirales soigneusement frisées; il reste encore un dernier et sublime pèlerinage à accomplir aux pieds de la radieuse Vénus de Milo, entourée de son Olympe de marbre, de sa cour de dieux et de demi-dieux, de héros et de capitaines représentant à travers les époques, depuis l'âge du Parthénon jusqu'à nos jours, le génie des grands statuaires qui ont vivifié l'airain et la pierre. Puis, reste à donner un long regard aux *Prisonniers* de Michel-Ange se tordant pour rompre leurs liens et à la *Nymphe* de Benvenuto, dont le visage fut copié sur celui de la belle Diane de Poitiers : la Nymphe qui tient son urne penchée, tandis que des chiens hurlants poursuivent ardemment de grands cerfs.

II

LE PALAIS-ROYAL

Le Palais-Cardinal. — Le Camp des Tartares. — Le jeu. — Le biribi et les tripots. — Les restaurants. — La musique militaire et le canon. — Les bijoux et les gourmandises. — Le Théâtre du Palais-Royal. — La Comédie française. — Le parterre. — Le Foyer du public et le foyer des artistes. — Les dames sociétaires et le comité de lecture. — La mâchoire de Molière. — Le garde-meuble et les perruques. — Les archives. — Autour du Palais-Royal. — La Banque. — L'Hôtel des Postes.

Le Ier arrondissement pourrait s'appeler l'arrondissement des Palais. Il n'y a en effet qu'à traverser une place pour entrer au Palais-Royal en sortant du Louvre.

Le Palais-Royal appartient à l'histoire politique tout autant qu'à l'histoire du plaisir. Le Palais proprement dit, le « Palais-Cardinal », construit pour Richelieu sur les plans de Lemercier, s'élève sur les terrains des anciens hôtels de Mercœur et de Rambouillet. C'est le bâtiment précédé de deux avant-corps, d'une cour d'honneur et d'une grille, qui regarde la place du Palais-Royal et que la Commune n'eut pas le temps de complètement détruire. Richelieu avait légué à Louis XIII cet édifice. Louis XIV n'oublia jamais que, pendant les tristes jours de son enfance, les Frondeurs vinrent l'en chasser. Il tint rancune à cette demeure et n'y mit plus les pieds, même chaussés de ces fameuses bottes de chasse qui firent trembler le Parlement. L'ancien Palais-Cardinal passa alors par donation à la famille d'Orléans.

Philippe-Egalité créa les trois galeries qui entourent le jardin du Palais-Royal. Spéculation excellente qui attira les commerces de luxe, les étrangers, les

Palais-Royal.

gens de plaisir et les filles, mais qui fit tomber les grands arbres du jardin et le fameux marronnier de Cracovie à l'ombre duquel se tenait la gazette parlée du scandale.

La galerie d'Orléans et la cour de Nemours, qui séparent le Palais du jardin, ne datent que de 1829. A la place de la galerie de pierre, on voyait, sous la Révolution, trois rangées des hangars et de boutiques de planches. Ce lieu s'appela d'abord le *Camp des Tartares*, puis la *Galerie de bois*. Les modistes y vendaient des rubans et des coiffures ; les filles galantes, des sourires.

Pendant longtemps, le Palais-Royal fut le rendez-vous des agitations et des passions révolutionnaires. Camille Desmoulins emprunte à ses marronniers la cocarde verte, bientôt remplacée par cette cocarde tricolore qui a fait le tour du monde. Les philosophes et les auteurs pérorent et dissertent dans les cafés. Deux théâtres et un cirque s'ouvrent à la foule. On peut choisir son spectacle : le Musée des Enfants, le cabinet des figures de cire de Curtius, les Fantoccini et les Ombres chinoises de Séraphin où mademoiselle Séraphin tient le piano. Les cafés et les restaurants se suivent : Corrazza, Véry, Foy, les Frères provençaux.

Au lendemain de l'exécution de Philippe-Egalité, le Palais-Royal devient le lupanar et le tripot du monde. Maisons de jeu et maisons d'amour s'y installent en plein jour sous la Terreur et le Directoire. Dans toutes les maisons, on joue, avec fureur, avec démence, le creps, le passe-dix, le trente-et-un, le biribi, la rouge et la noire. C'est la belle époque du N° 113, évoqué par Balzac, dans la *Peau de Chagrin*, par Dumas, dans la *Femme au collier de velours*. Il y a des maisons pour toutes les fortunes, toutes les bourses, tous les goussets. « Les plus gueux montent au Biribi des Vertus, quais de la Ferraille, rapportent les Goncourt. Même les joueurs de six liards ont leur maison, rue Richelieu, 18, étrange taudion, où l'on dîne avec des haricots et du fromage de cochon, et où les bancs servent de lit pour la nuit aux perdants. » Les meurtres sont nombreux. Les suicides ne se comptent pas. Les étrangers sont effroyablement plumés et leurs ambassadeurs interviennent.

Au Jardin, on voit défiler en grande toilette les merveilleuses en tuniques grecques, les muscadins avec leurs habits aux basques interminables, leurs grosses cravates, leurs gourdins énormes. Un peu plus tard, éclateront les rixes, s'échangeront les cartels, dans les cafés peuplés du désœuvrement et de la colère des officiers en demi-solde, qui se reconnaissent à leurs longues redingotes militairement serrées, à leurs chapeaux penchés sur l'oreille.

Aujourd'hui, le Palais-Royal est une promenade fort raisonnable. Bien des cafés se sont fermés, ont disparu. Les Frères provençaux et Véry n'existent plus. La Rotonde est démolie ; mais le consommateur voit toujours, au plafond du café Foy, la petite hirondelle de Vernet qui semble présager le retour des belles fêtes... Les noces vont encore chez Véfour, et les associations amicales, les « dîners de Labadens » chez Corazza. Presque toutes les maisons sont occupées par un restaurant à prix fixe. Ce prix fixe attire les provinciaux et les étrangers qu'il rassure sur le chiffre de la dépense.

L'été, à la musique, surtout les jours de concert de la garde républicaine, le jardin retrouve un peu de sa vogue, et la foule s'assemble autour des grands parterres à la française. Autrement, ces grandes allées ne sont guère peuplées que de petits rentiers habitués à régler leur montre sur le canon, et d'enfants qui jouent sous les arbres ou dirigent une flottille aux voiles blanches sur le grand bassin. Sur les bancs écartés, des figures redoutables de vagabonds, de *lazzarones* parisiens, dorment paisiblement au soleil.

On vient encore de tous les coins du monde visiter ces riches galeries où se tient le marché aux bijoux de

Paris. Les vitrines de Boucheron et de Fontana contiennent un véritable Musée de pierres et de gemmes montées avec un art que l'on ne retrouve dans aucune autre capitale. Il n'y a point de voyage de noces ou de fiançailles sans une excursion à ces vitrines. Toutes ces fiancées, toutes ces mariées de la veille chanteraient l'air des bijoux avec l'ivresse de Marguerite devant ces gouttes de feu de diamants, ces larmes de perles, ces chatoiements d'émeraudes, cette pyrotechnie des saphirs, des topazes et des rubis.

Plus tard, au déclin de la vie, ces mêmes couples reviendront au Palais-Royal, attirés par d'autres merveilles, sacrifiant les plaisirs orgueilleux et les coûteuses parures dont la jeunesse est fière à d'autres jouissances plus égoïstes et moins vaines. A côté de son Musée de pierreries, le Palais-Royal a, en effet, son musée de victuailles; et, pour le simple ravissement des yeux, Brillat-Savarin eût proclamé que le second vaut le premier. C'est là que l'incomparable Chevet semble avoir cueilli dans les jardins d'une terre promise ses fruits magnifiques, ses truculentes fraises aussi grosses que les prunes au ton d'ardoise, ses lourdes grappes de Thomery aux grains veloutés d'or transparent, et ses pêches exquises — la gloire de Montreuil ! — dont la peau est plus douce que le duvet des cygnes. Comment ne pas s'oublier dans un rêve de savante gourmandise et de délicieuse fête pour le palais devant cet amoncellement de volailles grasses, rondes, follement truffées, aux pattes luisantes, à la crête rouge; devant ces poissons énormes qui brillent sur le marbre comme dans leur vivier ou comme au fond des mers ; devant ces langoustes aux longues et remuantes antennes et ces homards d'un noir tournant au bleu, qui, tout à l'heure, rougiront dans l'or éclatant du chaudron !

De tous ses divertissements, le Palais-Royal n'a conservé que deux théâtres : le théâtre du Palais-Royal et la Comédie-Française.

Le Palais-Royal porta longtemps le nom de la Montansier, qui fut (en 1790) directrice de cette petite scène à laquelle elle avait donné le nom de Théâtre des Variétés. En 1830, la salle Montansier traversa une période extraordinaire de prospérité avec la direction Poirson-Dormeuil. Ernest Labiche a dit : « Je ne connais à Paris qu'un seul directeur capable de juger une pièce : c'est Dormeuil ! » Cela explique bien des succès.

C'est le théâtre le plus petit de Paris; mais c'est bien celui où l'on a ri du meilleur cœur, et c'est sur ces planches étroites que le vaudeville a été le plus follement mené. Les comédiens du Palais-Royal étaient devenus des personnages. Les bouffonneries de Grassot, de Lepeintre aîné, d'Odry, la solennité drôlatique de Geoffroy, l'excentricité de Gil-Perez et l'interminable nez d'Hyacinthe comptaient parmi les gloires de Paris. L'excellent Daubray a repris pour son compte, avec sa large trogne qui flamboie, la popularité de ses prédécesseurs. Quant aux jolies actrices qui ont fait l'admiration des habitués du Palais-Royal, il faudrait leur consacrer tout un chapitre... Et ce chapitre serait charmant !

Mais le théâtre du Palais-Royal n'a pas servi seulement de cadre à la grosse joie, à l'esprit facile de la farce, aux pointes démodées et vieillies du vaudeville. Il n'a pas été seulement le théâtre des bons vivants, qui veulent rire tout leur saoul après un dîner capiteux. La comédie y eut ses soirées, et ce furent à la fois les plus belles et les plus honorables. Le petit théâtre de la Montansier, apportera, lui aussi, sa récolte, à côté de sa grande voisine la Comédie-Française, quand il s'agira de trier le répertoire de ce siècle. On verra alors que cette comédie du Palais-Royal, si enjouée, si comique et si fine sous la plume de Labiche, de Meilhac et Halévy, de Gondinet, dérive directement de Regnard, de Beaumarchais, de Marivaux, et s'alimente à la veine où puisa Molière.

Aussi bien, le théâtre des petites comédies et des vaudevilles folâtres a-t-il la même demeure que sa grande et noble voisine : la *Comédie*.

Ici, nous ne sommes plus dans un théâtre. La Comédie est une institution, et une institution créée par le puissant et impérieux génie de Napoléon. Son répertoire résume l'histoire définitive de notre théâtre. Son affiche en dit plus long sur la valeur des ouvrages anciens que tous les raisonnements de la critique.

Comme l'Opéra, la Comédie est le théâtre des gens du monde. Ses mardis et ses jeudis sont suivis avec passion. Mais elle est mieux que cela encore : elle est la scène préférée des lettrés, des délicats, de tous les connaisseurs difficiles sur le choix du spectacle et sur les nuances même les plus légères de l'interprétation.

Cette passion pour le théâtre et cette attention profonde du spectateur ont fait du Théâtre-Français une sorte de grand salon littéraire. Le fidèle de la Comédie n'y est pas traité — comme ailleurs — en marchandise payante. Pour peu qu'il ait du goût et du savoir, il est bientôt de la maison. Le foyer a ses oracles qui font loi. Les Nestors à la barbe blanche sont le plus écoutés. Leur vieillesse, même auprès des belles comédiennes, est un titre. Il serait imprudent d'affirmer qu'elles tourneraient toutes le dos à un millionnaire, pour écouter un vieux monsieur qui a connu Rachel ou Mlle Mars. Certaines en sont capables; cela suffit.

Théâtre - Français.

La Comédie a un pied dans le monde. Ses artistes le coudoient dans les salons où ils vont jouer; et ces représentations, si elles sont payées, le plus souvent, d'un cachet fort élevé, ne le sont parfois que d'une tasse de thé.

Ce fut le premier Consul qui réunit les artistes de la Comédie, dispersés par la Révolution, au théâtre de la rue Richelieu. Devenus comédiens de l'empereur, il eurent plus d'une fois l'honneur de jouer devant un parterre de rois :

« Quand la Comédie-Française était dans le pays latin, écrit Mercier, le parterre était beaucoup mieux composé qu'il ne l'est aujourd'hui : ce parterre savait former des acteurs ; ceux-ci, privés de l'utile censure que les étudiants exerçaient, se pervertissent devant un parterre grossier, parce qu'on n'y voit plus que les courtauts de boutique de la rue Saint-Honoré, ou les petits commis de la douane et des fermes. Ainsi, la perfection d'un art tient à des rapports presque insensibles et rarement *apperçus*. »

Aux fameux parterres de rois, on voit que le bon Mercier aurait préféré les parterres d'étudiants.

L'organisation actuelle de la Comédie date du fameux édit de Moscou (1812), qui a été modifié en 1850 et 1859. Elle est constituée en société, placée sous la direction d'un administrateur-général, qui est nommé par le gouvernement. Ce poste est aujourd'hui confié à M. Jules Claretie, de l'Académie française, qui, dans ces délicates fonctions, a apporté les qualités d'homme de goût et de probité rare qu'on avait appréciées chez l'écrivain et le journaliste. La subvention est de 240,000 francs. L'État prête gratuitement la salle aux comédiens.

Le vestibule de la Comédie n'est pas celui que l'on rêverait pour Molière; mais il convient absolument à Corneille et à Racine. Le cadre et les statues sont tragiques, les dalles semblent faites pour supporter les cothurnes de la tragédie, à laquelle Duret a donné les traits de Rachel. Ce lieu est trop solennel pour la cape rayée des Scaramouches et des Scapins, et le rire se glacerait sur cet escalier de pierre, sur lequel on s'attend à voir paraître Camille lançant ses imprécations.

Mais, une fois la solennité de cet escalier franchie, la maison de Molière s'égaie et s'illumine. L'escalier est large et bien éclairé. Le foyer public est spacieux, noblement décoré, et la Comédie y fait revivre dans le marbre sa glorieuse généalogie d'auteurs et de comédiens. Le Molière de marbre peut, comme en un dialogue de Lucien aux Champs-Élysées, s'entretenir avec les autres grands morts de la Comédie, ou échanger ses impressions sur le jeu des sociétaires actuels avec Baron et Préville, Le Kain, Monvel, Dugazon et Brizart. Ils sont là, tous, depuis Molé jusqu'à Prévost. Et les voilà toutes aussi, les gracieuses reines de la Comédie, les sombres tragédiennes à l'œil allumé d'une lueur fauve; Armande Béjard, la Champmeslé, Adrienne Lecouvreur, la Clairon, dont M. Edmond Goncourt publie la monographie, Contat, MM^{lles} Mars, Duchesnois, Mme Mante et Mme Allan, la créatrice des proverbes d'Alfred de Musset. Les auteurs de la Comédie-Française ont aussi leur buste dans ce foyer. Voltaire revit dans la statue de Houdon, et Georges Sand dans le marbre de Clésinger.

La salle du Comité est petite et bourgeoise, avec des rideaux verts et une grande table couverte d'un tapis non moins vert que les rideaux. C'est la couleur de l'espérance ! Les sociétaires hommes assistent seuls aux séances de lecture et c'est dans le cabinet de l'administrateur que le candidat attend le résultat du vote qui décidera du sort de son œuvre. On a renoncé à admettre les femmes à ces réunions. Les méchantes langues affirmaient que ces dames s'occupaient davantage de la façon dont l'auteur était bâti que de la façon dont l'était sa pièce...

C'est dans cette salle du Comité que se trouve la mâchoire de Molière, offerte à la Comédie par le conservateur du musée de Cluny qui — dit-on tout bas — en considérait l'authenticité comme douteuse...

Tout ce qui est fait à la Comédie pour le public a un cachet de grandeur; mais les coulisses du théâtre et ses magasins (il vaudrait mieux dire son musée), ont la même noblesse et le même intérêt. Un soir de représentation du *Misanthrope*, le foyer des artistes donne au visiteur en habit noir l'exquise sensation d'être transporté subitement en un merveilleux salon du grand siècle. Le maquillage à la Comédie est un art savant. Célimène, sous son fard, ne perd rien à être vue de très près, et les comédiens, en leurs riches costumes, ont la tournure d'un Noailles ou d'un Villeroy. La matière de plusieurs volumes a été écrite sur ce foyer des artistes, où madame Arnould-Plessis demeurait grande dame, où les Brohan firent éclater leur rire sonore et gaulois dans leurs vertes répliques à la verve de Thiron.

Quelles merveilles de l'histoire du théâtre dans cette collection de meubles, de costumes et d'armes que renferment les riches magasins de la Comédie! Ils possèdent une curiosité que l'on chercherait vainement ailleurs : le magasin des perruques, où l'on trouve l'édifice à marteaux, sous lequel le roi Soleil dissimulait certaine difformité, à côté des petits bandeaux à la Capoul des personnages de Feuillet et de Pailleron.

La Bibliothèque, dont M. François Coppée fut longtemps conservateur, est un trésor inestimable. Les Archives, dont M. Monval est le gardien fidèle, contiennent, depuis 1658, l'histoire au jour le jour du théâtre.

L'organisation actuelle des entreprises théâtrales particulières fait plus grand et plus lourd le rôle de la Comédie-Française. Musée et théâtre à la fois, rééditant les chefs-d'œuvre des maîtres qui nous ont précédés, la Comédie demeure aujourd'hui, avec l'Odéon, la seule scène qui puisse représenter dignement une œuvre littéraire, ou comique ou tragique. Elle seule, par l'esprit de son règlement, est en état de résister à la tendance nouvelle qui fait, du talent du comédien, un article d'exportation. Aussi, est-elle seule à pouvoir offrir encore des représentations d'ensemble où le jeu des acteurs se fond par la force des habitudes et par l'effet de la patience et de l'attion.

Autour des bâtiments du Palais-Royal, des rues noires froides et mortes, avec des arrière-boutiques de bijoutiers, des ateliers d'orfèvres et des cuisines de restaurants. Des industries bizarres : *Water closetts* et bandagistes, installées dans de vieilles maisons et des hôtels meublés, d'aspect sombre. Ces rues se nomment Montpensier, Beaujolais et Valois. Dans cette dernière sont installés les bureaux de rédaction du *Rappel*, le journal de Victor Hugo, dirigé par MM. Vacquerie, Meurice et Lockroy. Un escalier grimpe de cette rue de Valois à la rue Baillif. C'est un moyen comme un autre d'arriver à la Banque de France.

L'Hôtel de la Banque a son histoire. Il s'appela successivement hôtel de la Vrillière, de Toulouse et de Penthièvre. Parmi ses hôtes, il compta le chevalier de Florian. L'édifice date de 1620. Il a été construit par Mansard.

Sous la Révolution, l'ancien hôtel de la Vrillière fut occupé par l'Imprimerie nationale. La Banque l'acheta deux millions, en 1805, mais ne l'occupa qu'en 1811.

Son conseil d'administration se compose d'un gou-

Banque de France

verneur et de deux sous-gouverneur nommés par l'Etat, de 15 régents et 3 censeurs nommés par les actionnaires. Le gouverneur doit présenter un rapport annuel des opérations à une assemblée où figurent les 200 principaux actionnaires. Ces assemblées ont lieu dans une superbe galerie dont l'ornementation est toute en or, ce qui est bien couleur locale.

La Banque est dépositaire des fonds disponibles de

l'Etat. Ses opérations sont nettement définies par ses statuts. Elle a, jusqu'au 31 décembre 1897, le privivilège d'émettre les Billets de Banque, dont la fabrication s'opère dans le plus grand secret. Cependant, malgré les plus sévères précautions, malgré les difficultés accumulées sur la fabrication des billets, de hardis faussaires parviennent à tromper le public et forcent l'imprimerie de la Banque à inventer sans relâche de nouveaux perfectionnements.

La Banque est enclavée dans des rues étroites, et encombrées. Tout ce carré presque régulier compris entre les quatre lignes indiquées par le Palais-Royal et la place Saint-Germain l'Auxerrois, les quais du Louvre et de la Mégisserie, le boulevard Sébastopol, la rue Etienne Marcel, porte l'empreinte du temps passé.

Les noms de ces rues, qui portent robe grise, évoquent tous des souvenirs. Rue des Bons-Enfants, était le collège des Bons Enfants où étudiaient les enfants de chœur de l'église Saint-Honoré, et près du collège des hôtels : l'hôtel Melusine (chancellerie d'Orléans) au n° 19, et, au n° 21, l'hôtel de Rocheguyon. Là encore, l'hôtel des comtes d'Armagnac et la chapelle Sainte-Claire, bâtie sur les terrains actuels du cloître Saint-Honoré. C'est dans cette rue, à la salle Sylvestre, que se font les grandes ventes de livres et de bibliothèques. Rue du Bouloi, était la cour des messageries, occupée aujourd'hui par l'imprimerie Paul Dupont. C'est de cette cour qu'est sortie l'expression proverbiale « manquer le coche ». La rue Coquillière date de Philippe-Auguste. Une des portes de l'enceinte portait son nom. La rue du Pélican, qui s'appela aussi rue de la Barrière des Sergents, était une rue chaude. Rousseau habita au n° 2 de celle dont il est resté le parain, où se trouvaient, au n° 3, l'hôtel de Bullion qui servit d'hôtel des Ventes avant l'hôtel Drouot, et l'hôtel d'Epernon qui devint l'ancien Hôtel des Postes. Au n° 20, était le couvent des Filles de Saint-Agnès.

L'édilité parisienne a commencé d'importants travaux qui vont renouveler complètement ce vieux quartier. L'Hôtel des Postes a été entièrement reconstruit.

C'est un de nos plus habiles architectes, M. Guadet, qui a été chargé des travaux du nouvel Hôtel, construit sur un trapèze de 7860 mètres carrés de surface, compris entre les rues Jean-Jacques Rousseau, Guttemberg, Etienne Marcel et du Louvre.

L'Administration expédie plus de sept cents millions de lettres, imprimés et paquets dans son année. Ce chiffre explique son importance, la nécessité d'un personnel habile et nombreux, d'un outillage admirablement perfectionné. Les parties les plus curieuses de l'Hôtel sont les salles de classement et d'expédition avec leurs casiers de verre et les salles des glissières et des fameux monte-charges construits par le colonel de Bange, directeur de l'usine Cail.

Un des bureaux de l'Administration mériterait un chapitre. C'est celui qui est chargé de faire parvenir à leur destination les lettres dont l'adresse est illisible ou incomplète. Les employés de ce bureau font de véritables miracles de perspicacité.

Si les expéditeurs prenaient le soin de mettre leur adresse dans leurs lettres, il serait impossible qu'un pli cacheté disparût.

III

LES HALLES

La Halle aux Blés. — Une casquette de jockey. — L'église Saint-Eustache. — Les vieilles halles. — Les Poissardes. — Les Maraichers. — La Boucherie. — Le Beurre et les Œufs. — La Volaille. — Marchandes au petit tas. — Métiers bizarres. Marchands de pain. — Les Arlequins. — L'administration et la Police. — Les vieilles rues des Halles. — Saint-Germain l'Auxerrois. — L'hôtel des Débats. — La rue de Rivoli et la Statue de Jeanne d'Arc.

La Halle aux Blés, entièrement restaurée et transformée, est devenue la Bourse du travail : institution démocratique et sociale qui sert de moyen de propagande aux utopistes et qui supprime en même temps, pour l'embauchage, les intermédiaires entre patrons et ouvriers.

Cette halle est un édifice circulaire, coiffé d'une énorme coupole, d'abord en charpente, puis refaite en fer forgé et en cuivre, après l'incendie qui la détruisit le 4 septembre 1807. Victor Hugo a comparé cette coupole à une casquette de jockey. A l'intérieur une galerie à colonnes courait autour d'une vaste rotonde où s'accumulaient les sacs de farine, symétriquement entassés. Le va-et-vient des délégations de corporations ouvrières et des syndicats professionnels remplace aujourd'hui la « Boulange et la Meunerie » qui se répandaient dans les cafés de la rue de Viarmes, tandis que les forts aux larges chapeaux ronds, blancs de farine, chargeaient ou déchargeaient sur leurs épaules les sacs pesants amenés ou emportés par de lourds fourgons couverts de bâches.

Avant d'être la Halle aux Blés, cet emplacement avait été une résidence royale. L'ancien hôtel de

Bourse du Travail

Jean II, seigneur de Nesles, fut habité par Blanche de Castille et Philippe le Bel. Catherine de Médicis y éleva l'hôtel de Soissons, dont Bullant en dirigea les travaux. Plus tard, le prince Eugène de Carignan mit en location, dans les magnifiques jardins de l'hôtel, des baraques de bois où se vendirent les actions de la Compagnie des Indes. Ces locations lui rapportèrent en un an 500,000 livres. Law faisait courir sur Paris un fleuve de pépites : un Pactole. Catherine, à cet hôtel de Soissons, avait eu son astrologue et lui avait fait élever, pour lire dans les astres, une colonne haute de 30 mètres. — On était loin de la Tour Eiffel.

La Halle aux Blés est entourée par la rue de Viarmes.

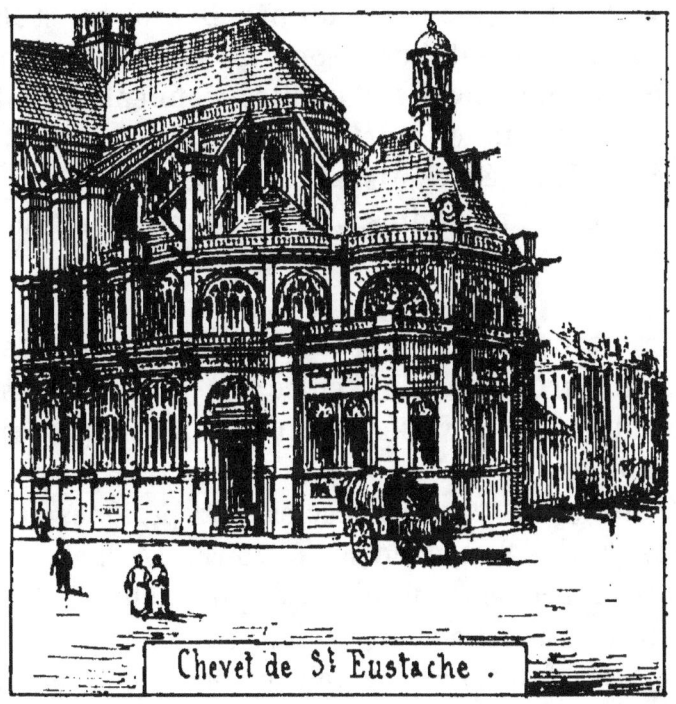

Chevet de St Eustache.

En suivant la rue du Jour, où était, au n° 4, l'hôtel de Royaumont, à M. de Bouteville, célèbre par ses duels, nous arrivons à l'église Saint-Eustache.

La première pierre de l'édifice fut posée en 1532 et Saint-Eustache fut terminé en 1642, sauf son portail principal. Le chœur est superbe. La chaire a été exécutée d'après le dessin de Baltard, et le banc d'œuvre, d'après ceux de Lepautre.

Tourville, Chevert, Voiture, Vaugelas, Furetière, Benserade et le maréchal de la Feuillade ont été ensevelis dans cette église. On y voit encore le mausolée de Colbert, œuvre de Lebrun, des statues de Tuby et Coysevox, une Vierge de Pigalle et des peintures de Vanloo, de Riesener et de Couture.

Les funérailles de Mirabeau furent célébrées à Saint-Eustache. L'orgue construit par Ducroquet et Balker est un instrument d'une sonorité superbe. Les musiciens qui apprécient ses qualités viennent exécuter là leur messe annuelle de Sainte-Cécile. La crypte est louée à des négociants et transformée en magasins de denrées alimentaires... C'est qu'ici nous touchons aux Halles...

Ce marché monstre qu'on appelle les Halles et que Zola a surnommé le Ventre de Paris est un des tableaux les plus vastes, les plus colorés, qui existent au monde.

Dans la marche des siècles, aux périodes de troubles, la Halle se mêle à l'histoire. L'échafaud et le pilori se dressent au milieu de son activité et de son vacarme. La Halle rugit de colère ou éclate en *vivats*. Elle a ses favoris et même son roi, le duc de Beaufort. Elle n'entend agir qu'à sa tête. Le condamné, exposé sur la plaque tournante du pilori, ne l'effraie point par la sévérité de l'exemple. Elle ne recule pas devant le glaive du bourreau.

La Halle avait été violemment agitée pendant les troubles de la Ligue et de la Fronde. Elle avait eu ses prédicateurs qui la fouaillaient, la flagellaient de la véhémence de leurs fougueuses improvisations. En 1201, Foulques de Neuilly faisait prosterner ce peuple dans la poussière. En 1422, le cordelier Richard excitait une telle contrition que les hommes jetaient au feu les cartes et les instruments de jeu et que, dans des brasiers allumés en pleine rue, les femmes incendiaient leurs parures : coiffes, corsages et hénins.

Les Halles Centrales

Fêtées, choyées par la monarchie qui accueillait les poissardes, riait aux saillies de leur langage violent, flattait leur cynisme et recevait de leurs mains rouges les bouquets offerts par les députations, les Halles, avec la Révolution, devinrent révolutionnaires et ce fut de sang humain que se rougirent les tabliers des marchandes qui, précédées d'un tambour, parcouraient les rues en vociférant.

Le progrès et les nécessités de la salubrité publique ont chassé des vieilles Halles le pittoresque et l'infâme. L'édilité parisienne a ménagé aux Halles un domaine qui mesure 70,000 mètres et qui est déjà trop restreint pour les besoins de l'alimentation de Paris. Elle a détruit les rues des Potiers d'Etain, de la Fromagerie, de la Cordonnerie, de la Grande et Petite Friperie, du marché aux Poirées, de la Tonnellerie. Sans souci de l'histoire, elle a rasé les vieux et illustres piliers où se trouvait la maison du valet-tapissier du roi, Poquelin, père de Molière.

C'est ainsi, aujourd'hui, qu'il ne reste plus vestige de ces marchés de friperie et lingerie, qui se tenaient près du cimetière des Innocents, pas plus que du marché de Prouvaires.

Dans leur ensemble, les Halles doivent comprendre quatorze pavillons, construits en colonnettes de fonte supportées par un mur de brique, et recouverts de vitrages. M. Baltard est l'inventeur de ce système de constructions.

A partir de trois heures du matin, les Halles sont entièrement livrées aux marchands. Jusqu'à dix heures, il est interdit aux voitures de circuler dans un périmètre déterminé par une Ordonnance.

Chaque nuit, de toutes les barrières, en caravanes lentes et lasses, les maraîchers gagnent les Halles. Bêtes et gens s'endorment dans cette marche traînante et lourde. Les chevaux, habitués à ce trajet interminable, ramènent le plus souvent leur conducteur étendu dans le fond de sa charrette.. En arrivant, les cultivateurs déchargent sur les trottoirs leurs produits qu'ils disposent en énormes tas et qu'ils vendent par lots aux fruitiers et aux marchands de la Halle.

Ceux qui ont des tombereaux travaillent au nettoyage de la voirie et rentrent chez eux avec un chargement d'ordures qui leur servira de fumier. La même voiture qui a apporté à Paris les carottes fraîches à la frêle verdure de fougère, les poireaux chevelus, les choux-fleurs d'un blanc d'ivoire, les asperges aux pointes violacées, la même voiture rapporte aux champs une cargaison d'immondices et de fange...

La banlieue ne suffit pas à alimenter Paris, à gorger son estomac, à calmer sa faim, à satisfaire sa gourmandise. Des gares, les camions amènent, avec la marée et les poissons d'eau douce, les primeurs du Midi et de l'Algérie, les primeurs de la Haute-Bretagne et de l'Anjou.

C'est tout autour du pavillon de la Boucherie une violente et sinistre animation. Aux lueurs tourmentées du gaz, les lourdes voitures vomissent sur des épaules robustes vêtues d'un suaire ensanglanté des quartiers de bœuf, des moitiés de veaux, des moutons entiers. Cette marchandise encore chaude et saignante tombe lourdement sur des balances et rebondit sur le bois des étaux. Des scies grincent sur des ossements, des couperets taillent en pleine chair, des hachettes s'abattent sourdement ; et les coutelas luisent en courant sur les affiloirs pour débiter, détailler et parer cette viande que le chaland marchandera dès sept heures du matin.

La vente en gros et l'arrivage, à l'approche du matin, continuent à la hâte. Voici les belles mottes de beurre d'un or clair que la Normandie et la Bretagne nous envoient. Voici les œufs qui se vendent par paniers de mille. Voici enfin les fromages de toutes les provenances, toutes les nuances, toutes les dimensions, tous les parfums.

Ici, au marché de la volaille, c'est le tumulte assourdissant de ces bêtes, véhiculées, transbordées du wagon dans la voiture, de la voiture sur le pavé, gloussant, caquetant, heurtant leurs becs, battant des ailes, dans l'étroite prison des paniers plats qui les enserrent entre leurs barreaux. Et, aux cris effarés des poules, se mêlent les clameurs des oies révoltées, les gloussements coléreux des dindons, un coincoin exaspéré de canetons, un tendre roucoulement de pigeons, qui s'exhale comme une plainte, et qu'un disciple de Renan traduirait par une tirade de l'abbesse de Jouarre.

Ce concert de basse-cour n'est ni plus formidable, ni plus assourdissant que le tapage qui se mène autour de la criée aux poissons. Les compteurs-crieurs annoncent la denrée et la mettent aux enchères, présentée en lots disposés par les verseurs sur de larges claies.

La marchandise se crie sur les bancs de vente installés autour du marché. Une grande quantité des moules que nous consommons vient de Belgique. Les Halles reçoivent également d'Angleterre de gros envois de marée.

Au coup de cloche, tous les pavillons sont ouverts. Le carreau s'emplit, Les marchandes « au petit tas » déploient leurs vastes parapluies de cotonnade à montures de cuivre La vente commence...

Mais, si le travail et le négoce emplissent les Halles et le pourtour des pavillons, l'activité n'est pas moindre dans les sous-sols. C'est là que sont les resserres des marchandises. C'est là que les volailles sont égorgées et plumées. Les compteurs-mireurs, à la lueur d'une bougie, mirent les œufs et vérifient le compte des paniers. Dans un vivier où l'eau court, sans cesse renouvelée, la Halle conserve des provisions de matelote « tout en vie. » Et c'est là, dans ces caves immenses, que se fait la dernière toilette de la mangeaille et que s'exécutent nos victimes !

Les Halles ont leur Temple : leur marché du vieux, car à Paris, on peut faire cette chose hideuse : *remanger*, et acheter un *ragoût d'occasion*. Les *bijoutiers* ou marchands d'arlequins tiennent boutique d'une mangeaille provenant de la desserte des grands établissements publics, des ambassades et des restaurants : atroce pot-pourri qui charrie toutes les surprises et qui permet au pauvre hère condamné à cette nourriture d'espérer se mettre sous la dent un relief de poulet égaré parmi une légion de rogatons graisseux ou nerveux, d'os grattés ou nettoyés. N'oublions pas les marchands de pain, les boulangers en vieux, qui achètent les croûtons souillés dans les collèges et les pensions et les revendent sous forme de chapelure ou de croûte au pot.

Autour de ces négoces généralement inconnus, Privat d'Anglemont a esquissé les types devenus légendaires du vernisseur de pattes de dindons et du fabricant d'yeux de bouillon.

Toute une bohème de misère ou de crime vient s'échouer la nuit aux Halles. Le vagabond qui n'est coupable que d'être sans ressources y cherche l'occasion de gagner un morceau de pain et un gîte pour la nuit prochaine. Il est bien rare qu'il ne les trouve pas... Les gens de la Halle ont bon cœur. Mais, à côté de ces malheureux, qui cherchent à gagner leur pain tant que leurs jambes les portent, une armée de rufians et de coquins s'installe dans les cabarets et rôde autour des marchands et des marchandises. Le vice et le travail se coudoient : le vice le plus bas et le travail le plus rude... Et ce n'est pas là le côté le moins curieux d'une nuit aux Halles. Excursion sans danger que tous les étudiants et tous les écrivains ont faite... La soupe à l'oignon au Caveau, un verre de Chablis au Grand Comptoir sont de petites orgies psychologiques sans péril. M. Othenin d'Haussonville, qui est aujourd'hui de l'Académie française, visita ces cabarets des Halles qu'il décrivit minutieusement en prenant soin de se déguiser. Cette précaution inoffensive fait sourire et sent quelque peu les *Mystères de Paris*. La seule règle de prudence à suivre, c'est de garder ses impressions pour soi et de ne se point mêler des affaires des autres.

Le service des Halles est fait par des forts qui sont au nombre d'environ 500. Les pavillons sont surveillés par un inspecteur assisté de ses employés et par des vérificateurs des poids et mesures. Toutes les places sont tarifées, même celles des marchandes « au petit tas » qui paient 0 fr. 15 par jour... Et d'avance, encore ! L'administration ne plaisante jamais...

La police des Halles, la perception des taxes, la surveillance des marchandises et l'administration de cet immense marché relèvent à la fois de la Préfecture de Police et de la Préfecture de la Seine, dont les attributions sont nettement définies et séparées.

Les Halles éclatent dans leur ceinture de fer et de brique. Déjà des marchés en plein vent s'établissent dans les rues voisines. Les herbes et les simples se vendent rue de la Ferronnerie. Les légumes ont une véritable succursale rue des Halles; les fruits, rue Turbigo.

Aux mois de mai et de juin, le marché aux fleurs est une merveille. Les jacinthes, les lilas, les muguets, les violettes et les narcisses font du pavillon des fleurs le sachet des Halles.

Fontaine des Innocents

Au Nord, les Halles sont bordées par le commencement de la rue de Rambuteau et la pointe Saint-Eustache; à l'Est, par la rue Pierre Lescot; au Sud, par la rue Berger; à l'Ouest, par la rue Vauvilliers. Dans ce quartier rajeuni et transformé par l'architecture toute moderne des pavillons de l'architecte Baltard, des vieilles rues ou des tronçons de vieilles rues ont subsisté: la rue Mondétour, avec ses marchands d'huîtres en gros ; la rue de la Grande-Truanderie, où les amateurs vont manger des tripes à la mode de Caen arrosées de cidre de Normandie et où il y avait un puits célèbre, le *Puits d'amour* où se jetaient les amants malheureux. On a comblé ce puits, et on a bien fait. Les amoureux et les truands iront se noyer ou se faire pendre ailleurs ! La rue de la Cossonnerie était le rendez-vous des marchands de volailles. La rue des Innocents passe sur les anciens terrains du cimetière et de l'église. Nicolas Flamel y avait élevé la galerie funéraire qui fut appelée le Charnier et pour laquelle Germain Pilon avait sculpté un squelette de marbre. En 1816, église et charnier furent remplacés par un marché de bois. La belle fontaine de Pierre Lescot et de Jean Goujon fut « déménagée » avec ses jolies Naïades et réédifiée au milieu de la place. Cette fontaine n'avait que trois faces. Pajou édifia la quatrième. La rue au Fuerre ou Fouarre et la rue de la Ferronnerie se touchaient : la rue de la Ferronnerie avec ses ateliers de charrons et ses fameuses bornes dont l'une demeura tristement célèbre : celle d'où Ravaillac se précipita pour frapper de son poignard le roi Henri dans son carrosse. La rue de la Lingerie était habitée par les gantières et les lingères. La rue des Bourdonnais descendait jusqu'au quai de la Mégisserie. A l'angle de la rue de Béthisy était l'hôtel de la Trémouille. La prison de For-l'Evêque était contiguë à la rue des Bourdonnais dans laquelle donnait la rue Thibaut-aux-Dès, qui n'existe plus, et qui s'appela rue des Etuves-aux-Femmes. Dans la rue des Déchargeurs, logeaient les déchargeurs du port.

Nous avons dû laisser de côté le morceau du Ier arrondissement qui s'étend de la colonnade du Louvre à la place Saint-Germain-l'Auxerrois jusqu'à la hauteur du pont au Change et du Châtelet. Ce bout de terrain vaut une visite.

L'église Saint-Germain l'Auxerrois, appelée d'abord Saint-Germain le Rond (à cause de sa forme) fut

St Germain l'Auxerrois

la paroisse du Louvre et par conséquent celle de nos rois, depuis Philippe-Auguste jusqu'à la Révolution. Elle fut plusieurs fois réédifiée. Les Normands, la saccagèrent. Elle fut, à différentes reprises, le jouet des fureurs populaires. Le peuple vint y arracher de sa tombe le cadavre de Concini dont le cœur fut brûlé sur le Pont-Neuf. Il profana une seconde fois l'ancienne église royale en 1831, à la suite du service célébré pour le repos de l'âme du duc de Berry.

On voit, à Saint-Germain, un beau retable du seizième siècle, dans la chapelle de Notre-Dame de Compassion, un bénitier de marbre blanc sculpté par Joufroy d'après les dessins de Mme de Lamartine, quelques vieux vitraux et un banc d'œuvre sculpté par Mercier, d'après Lebrun et Perrault. Le porche actuel a été construit au quinzième siècle. Il faut regretter le beau jubé de Pierre Lescot qui a été supprimé.

La mairie du Ier arrondissement a été construite dans un style en harmonie avec celui de l'église.

Un buste de **Jean Goujon** orne la salle des mariages. La façade est décorée de plusieurs statues : la *Justice*, par Millet; la *Bienfaisance*, par Travoux, la *Loi*, par Crauck.

Un marché aux grains se tient en plein air sur la place Saint-Germain-l'Auxerrois.

A noter, rue des Prêtres-Saint-Germain, une antique maison, celle des Berlin et des Bapst : l'hôtel du *Journal des Débats,* qui fit et qui fait encore tant d'académiciens, qui fut et qui est toujours une galerie d'illustrations politiques et littéraires, où se succédèrent des critiques autocrates, comme Hoffmann, Geoffroy et Janin, délicats et érudits comme J.-J. Weis; où Prévost-Paradol et John Lemoinne écrivirent des chefs-d'œuvre d'ironie et de bon sens; où une place d'honneur, prise aujourd'hui dans bien des journaux par la polémique brutale et le commérage, était réservée pour les méditations des Feletz, des

17.

Sacy, des Cuvillier-Fleury ; où Rigault écrivait ces jolies pages faites d'un pur alliage de grâce et de bon sens. Et quand on a remué ces souvenirs, on se demande si la presse à bon marché de Girardin a rendu de réels services au public et aux écrivains.

Des vieilles rues traversent ce pâté de maisons : la

Opéra Comique

rue Bertin-Poirée et la rue de l'Arbre-Sec, avec sa fontaine. C'est là que se trouvaient la croix du Trahoir et l'hôtel de Sourdis.

Au coin du quai de la Mégisserie, à hauteur du Pont-au-Change, voici le théâtre du Châtelet, dont la salle est une des plus grandes de Paris, et dont la scène est d'une profondeur qui permet de faire manœuvrer les figurations nombreuses, de machiner les trucs les plus compliqués et de donner à la décoration de grandioses perspectives.

La façade du théâtre, d'un aspect décoratif, est percée d'arcades à plein cintre qui éclairent les foyers.

Les rues de Rivoli et Saint-Honoré traversent le

Théâtre du Chatelet

Ier arrondissement de part en part. Elles suivent, sauf quelques zigzags, une direction à peu près parallèle.

C'est rue Saint-Honoré, près de la rue Castiglione, qu'était le couvent des Feuillants qui a donné son nom à la terrasse des Tuileries. Ce coin était couvert de communautés, d'églises et de chapelles. Il y avait un couvent de capucins rue du Montbabor. Celui de la Conception était rue Duphot. Sur la place des Pyramides, se dresse une statue équestre de Jeanne d'Arc, par Fremiet, en mémoire de l'attaque de la porte Saint-Honorée où elle fut blessée. Les Anglais, fort nombreux, peuvent voir la statue de la Pucelle en déjeunant au Bouillon Duval installé sur la même

Statue de Jeanne-d'Arc.

place. Si les cuisiniers laissent par hasard brûler une sauce, ils peuvent répondre pour leur défense à leurs clients d'Outre-Manche :

— Vous avez bien fait brûler Jeanne d'Arc !

On remarque encore deux églises : l'Assomption, ancienne église du couvent des Haudriettes et l'Oratoire qui est affecté au culte protestant. Cette église appartenait aux oratoriens, qui comptèrent Male-

PLAN DU IVe ARRONDISSEMENT

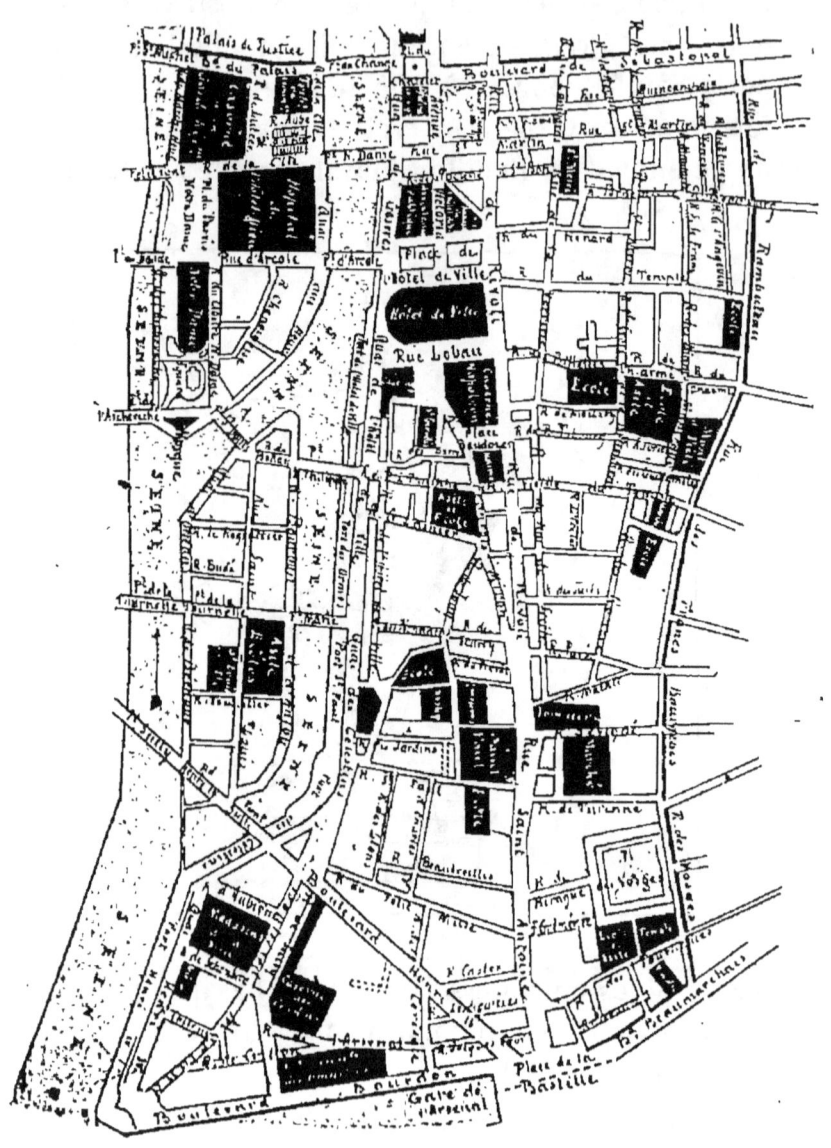

(Voir au dos les renseignements pratiques.)

IVᵉ ARRONDISSEMENT

(HOTEL - DE - VILLE)

Mairie. — Place Baudoyer, 2.

Commissariats de police. — Quai de Gesvres, 16. — Rue Vieille-du-Temple, 20 (imp. d'Argenson.) — Rue de la Cerisaie, 10. — Quai de Béthune, 34.

Poste, télégraphe, cabines téléphoniques. — Rue de la Bastille, 2. P. T. C. — Tribunal de Commerce, P. T. C. — Rue des Francs-Bourgeois, 29. P. T. C.

Eglises catholiques. — *Notre-Dame.* — *Notre-Dame des Blancs-Manteaux.* — *Saint-Gervais.* — *Saint-Merry.* — *Saint-Paul.*

Temples protestants. — *Sainte-Marie*, rue Saint-Antoine, 216 (*calv.*). — *Billette*, rue des Billettes, 18 (*calv. Service en allemand*).

Synagogue. Rue des Tournelles, 23

branche, Massillon et Fouché parmi les membres de leur congrégation.

Le Ier arrondissement, à lui seul, vaut un voyage et un long séjour à Paris.

IX

L'HOTEL DE VILLE

Le Châtelet. — La place de Grève. — L'Hôtel-de-Ville. — L'Arsenal. — Rues laborieuses et rues sanglantes. — La rue Saint-Antoine et l'Hôtel Saint-Paul. — La place des Vosges. — Le Mont-de-Piété. — Sa clientèle. — Une réforme utile.

IVe ARRONDISSEMENT

L'histoire de Paris se mêle aux monuments et se grave dans la pierre. Le IVe arrondissement succède au Ier, le long de la Seine, de l'autre côté du boulevard Sébastopol.

Sur la place du Châtelet, les bourreaux des théâtres Historique et du Châtelet ont remplacé les exécuteurs de la Prévôté; et la paisible chambre des notaires (1) se tient où siégeait la terrible juridiction du Châtelet, dont la prison redoutée avait des cachots souterrains où l'eau montait jusqu'à mi-jambe.

(1) Voir *Annexe méthodique des Renseignements spéciaux*, IIIe partie, chap. ix, note 1.

Entourée de marronniers, la fontaine de la Victoire, surmontée d'un génie doré, ornée des sphynx de Jacquemart, décore le centre de la place. Elle avait été élevée par Boizot. En 1858, elle fut poussée à une douzaine de mètres de sa place primitive, au moyen de rails. Un déménagement de 24,000 kilogrammes, exécuté par Davioud ! Le Théâtre Lyrique du même architecte (aujourd'hui Théâtre Historique), présente une façade semblable à celle du Châtelet qui lui fait face.

Ici, le passé a été effacé. Plus loin, en débouchant par l'avenue Victoria, devant l'Hôtel-de-Ville, sur l'ancienne place de Grève, on le retrouve, on le sent vivre. Il s'empare de la mémoire et émeut encore la pensée.

C'est sur cette antique place de Grève, qui a donné son nom aux chômages volontaires des corporations de travailleurs, que se sont déchaînés les mouvements populaires, que la justice ou les rancunes des rois et du peuple ont frappé.

La flamme a brûlé les chairs vives. La roue a brisé les ossements. Le chevalet a écartelé les membres rompus. « Si tous les cris, dit Charles Nodier, que le désespoir y a poussés sous la barre et sous la hache, dans les étreintes de la corde et dans les flammes des bûchers, pouvaient se confondre en un seul, il serait entendu de la France entière. » La même liste de ces exécutions confond sur ses lignes sanglantes les noms du connétable de Saint-Pol, de Montgomery, de Ravaillac, d'Éléonore Galigaï, de Montmorency-Bouteville de la marquise de Brinvilliers, du comte de Horn, et de Cartouche — ces deux voleurs ! — de

Damiens, de l'infortuné Lally, du barbare Fouquier-Tinville et de Georges Cadoudal, pour ne citer que les plus grands et les plus vertueux à côté des plus sinistres, des plus abjects.

Et, pour écrire cette histoire, où la phrase devrait répéter — comme un écho — la huée, le grondement de la foudre et le rugissement des lions, il faudrait dérouler les tableaux de l'*Histoire de Paris* en fresques colossales, d'où émergeraient les figures d'Étienne Marcel, de La Fayette, de Bailly, de Robespierre, de Lamartine, de Ledru-Rollin, de Jules Favre et de Trochu.

L'ancien Hôtel-de-Ville s'était primitivement appelé la Maison-aux-Piliers, par allusion aux piliers de bois qui soutenaient sa façade. Il fut remplacé par l'édifice, détruit sous la Commune, dont François Ier avait ordonné la construction, et qui fut plus tard augmenté de deux ailes et de trois autres faces.

Nul édifice n'a eu l'existence plus tumultueuse, plus agitée que l'Hôtel-de-Ville. L'émeute l'a battu. La Révolution l'a envahi. L'insurrection l'a criblé de balles et livré à la flamme. Son perron, ses fenêtres ont été des tribunes populaires. Ses pierres ont été rougies de sang. Il a vu les fêtes les plus brillantes et les scènes les plus féroces. Raconter l'histoire de l'Hôtel-de-Ville depuis la Révolution jusqu'à nos jours, ce serait écrire l'histoire de nos luttes anarchiques, de nos divisions coupables, des ces haines, de ces discordes toujours vivaces qui ont retardé l'effort de la nation, affaibli sa puissance, troublé le repos de tous, pour ne satisfaire que des ambitions et des vengeances.

Il a été reconstruit dans le même style par les architectes Ballu et Deperthes, qui lui ont donné des dimensions notablement plus vastes. Sa partie centrale est de 3 mètres plus haute que l'ancienne, ce qui la dégage de ses ailes qui l'écrasaient.

Le fronton de la façade est décoré de la statue de la

Hôtel de Ville.

Ville de Paris par Gautherin, surmontée d'un écusson à ses armes, qui est soutenu par deux statues de femmes. Au-dessus, s'élève un léger campanile du plus gracieux effet. Le rez-de-chaussée est éclairé par des fenêtres cintrées et le premier étage par des ouvertures Renaissance.

La décoration intérieure du nouvel Hôtel-de-Ville n'est pas complètement achevée. Elle est presque entièrement confiée à des peintres choisis fort éclectiquement dans toutes les écoles (1).

Derrière l'Hôtel-de-Ville, s'élèvent, rue Lobau, la caserne municipale et l'église Saint-Gervais, de style gothique. Cette église, bâtie par Jacques Debrosse, est ornée de beaux vitraux de Pinaigrier, de Jean Cousin, et de peintures de Lesueur et de Philippe de Champaigne, qui y a été enterré. Dans les niches de son portail, un Saint-Gervais, œuvre de Moine.

Tous ces quartiers du centre, qui endiguent la Seine, ont conservé des traces de leur physionomie primitive. Du pont Louis-Philippe au canal Saint-Martin, les rues sont paisibles et affichent sur des maisons anciennes des noms anciens. Telles, la rue Debrosse, la rue Geoffroy-Lasnier, où le connétable de Montmorency avait son hôtel; la rue des Barres, où étaient le couvent de l'*Ave Maria* et l'hôtel de Charny où fut transporté Robespierre jeune, après qu'il se fut jeté du haut d'une fenêtre de l'Hôtel-de-Ville, le 9 thermidor. Telles encore, la rue des Lions, édifiée sur la fosse aux lions du roi, à l'hôtel Saint-Paul; la rue de Sully, appelée du nom du grand-maître de l'artillerie, alors qu'il résidait à l'Arsenal; la rue du Petit-Musc ou *Pute-Muce* — ce qui signifiait puanteur cachée.

C'est au milieu de ces voies paisibles que s'élève l'Hôtel de l'Arsenal, construit en 1718, sur les dessins de Boffrand et affecté à la bibliothèque créée par M. de Paulmy d'Argenson, qui fut un des premiers *bibliomanes* et qui avait formé une collection abondante et curieuse d'ouvrages du XVIe siècle, Mystères,

(1) Voir *Annexe méthodique des Renseignements spéciaux* IIIe partie, chap. IX, note 1.

Noëls, tragédies encore informes, — tout le chaos de cette littérature bégayante — qui cherchait la voie ouverte par Malherbes et dans laquelle s'affirmèrent les grands classiques du siècle suivant. C'est à l'Arsenal où Nodier donnait des soirées littéraires à l'époque du romantisme, que les chercheurs peuvent fouiller

Tour St Jacques

les manuscrits rares et les ouvrages des écrivains oubliés, ou, parfois, injustement méconnus.

Si le IVe arrondissement s'endort le long des quais autour de l'Arsenal, il s'éveille, s'agite, travaille, autour du boulevard Sébastopol sillonné de chariots de commerce, de camions de chemin de fer, de livreurs chargés de caisses, de placiers portant leurs échantillons, de garçons tirant sur les brancards et la bretelle des voitures à bras surchargées.

Au coin du boulevard Sébastopol et de la rue de Rivoli, la Tour Saint-Jacques se dresse, au milieu du square qui lui fait une collerette d'émeraude.

La Tour est tout ce qui reste de l'église Saint-Jacques, dite de la Boucherie, où se trouvait le tombeau de Catherine de Médicis, et qui tirait son nom d'une boucherie énorme établie près du Châtelet.

La hâte de la fabrication et l'activité du négoce s'étendent dans les cours, aux étages, envahissent jusqu'aux mansardes. Sur les balcons, aux portes, aux fenêtres, s'accrochent, semblables à une panoplie énorme établie sur les façades, des enseignes, des plaques, des écussons ; et cette fièvre gagne les rues voisines, envahissant la rue Quincampoix, comme au temps où elle s'emplissait des clameurs de la banque de Law et où le comte de Horn tuait un homme et le dévalisait dans une salle du cabaret de l'Epée-de-Bois.

Qu'étaient ces clameurs, cependant, à côté du déchirement sinistre des fusillades s'abattant sur la crête des barricades derrière lesquelles, tenant tête à la troupe, les insurgés noirs de poudre mordaient rageusement les cartouches, les pieds dans le sang qui coulait, comme d'une chair humaine, de leur rempart de pavés. Et ce coin, où la guerre civile fit grêler la mitraille, ce coin, avec les horreurs et les lèpres des rues Maubuée, de Venise et Brisemiche, sordides et puantes comme un ghetto, menaçantes comme un coupe-gorge, hurle par les bouches de ses égouts, les ébrasures de ses plombs, les gueules de ses gargouilles, les conduits croulants de ses gouttières, le cri de protestation et de revendication de la misère qui réclame sa part de soleil et sa ration d'air respirable.

Au milieu de ces rues noires s'élève la façade sombre de Saint-Merri dans le style sévère du Moyen Age, bien qu'elle ait été commencée sous François Ier. On y voit un bénitier qui date de Louis XII. Au

XVIIIe siècle, la fabrique fit déposer les vitraux qui étaient de toute beauté. Que de monuments respectés par le temps ont été mutilés ainsi par le zèle des restaurateurs!

La rue Saint-Antoine respire la même odeur de poudre et de tumulte que le cloître Saint-Merri. On y voit encore des boutiques de traiteurs et des boulangeries, portant comme enseigne une lourde gerbe dorée, dont les vitres sont protégées de fortes grilles, ainsi qu'aux époques troublées du pacte de famine. Luttes sanglantes des Bourguignons et des Armagnacs, duels à cette porte Sainte-Antoine où Turenne et Condé se mesurèrent, journées de la Ligue et de la Fronde, élan révolutionnaire du 14 juillet 1789, contre la Bastille maudite, combats de 1830, de 1832, de 1848 rougirent tour à tour ce pavé de la rue Saint-Antoine d'une mosaïque de sang. Dans toutes les rues de Paris habitées par le travail et l'industrie, le sang a coulé abondamment.

Nous trouvons, dans cette rue Saint-Antoine, l'Eglise des saints Louis et Paul. Plusieurs enfants de France y furent baptisés. Le Masque de fer fut enterré dans son cimetière. Le père La Chaise Bourdaloue, Mansard ont été ensevelis dans cette église, où furent longtemps déposés les cœurs de Louis XIII et de Louis XIV. Une des premières œuvres d'Eugène Delacroix se trouve à Saint-Paul. On y voit également deux énormes coquilles qui servent de bénitiers et qui proviennent d'un don de Victor Hugo. Avant d'être une paroisse, Saint-Paul servait de chapelle au Noviciat des Jésuites dont les bâtiments sont occupés aujourd'hui par le lycée Charlemagne. (1)

Nos rois résidèrent pendant deux siècles dans la rue Saint-Antoine, où ils possédaient l'hôtel des Tournelles et l'hôtel Saint-Paul. Les jardins de ce dernier allaient jusqu'au quai des Célestins et s'étendaient autour d'autres hôtels et de communs affectés à différents usages : conciergerie, lingerie, pelleterie, bou-

(1) Voir *Annexe méthodique des Renseignements spéciaux*, 1re partie, chap. IX, note 2.

teillerie, fruiterie, fauconnerie, ménagerie, forges pour l'artillerie, écuries, celliers, colombiers et bâtiments de ferme. Sur l'emplacement de l'hôtel Saint-Paul, fut construit l'hôtel du Petit Bourbon qui était la propriété, au siècle dernier, du chancelier d'Ormesson.

L'hôtel des Tournelles s'étendait sur l'emplacement actuel de la place des Vosges, ancienne place Royale où Richelieu occupa l'hôtel qui porta le n° 21 ; et Marion Delorme, le n° 6, où Victor Hugo logea plus tard. Mlle Rachel habitait au n° 9.

Cette place avec ses lourdes arcades, ses façades de brique, son grand jardin qui en occupe le centre, a l'air endormi d'une vaste esplanade de province, d'un coin de Versailles assoupi et grandiose.

Les agités, les tourmentés vont bien souvent chercher au loin, après des nuits entières passées sur la couchette des *sleepings*, le repos qui dissipe les névroses... Que ne vont-ils simplement passer un mois place des Vosges! Dans ces maisons aux fenêtres hautes, on voit les volets se fermer avant l'heure du couvre-feu, et l'on cherche, collées aux vitres, des figures douces et moutonnières attendant le passage de la retraite avec son orchestre de tambours sonores et de fifres grêles, ses fantassins en habit blanc à parements et retroussis bleus. Il semble que, par l'une de ces portes massives, le vieux célibataire de Collin d'Harleville va sortir, tenant sa canne de jonc sous le bras et donnant une chiquenaude à son jabot semé de fine poudre de tabac d'Espagne. On le voit, le vieux célibataire, trop voltairien pour faire ses dévotions à cette église des Blancs-Manteaux qui servit de chapelle aux serfs de Marie — qui portaient des Blancs-Manteaux — puis aux bénédictins de Saint-Maur, suivre paisiblement la rue des Francs-Bourgeois et regarder de son œil égoïste et jouisseur, doucement attendri sur lui-même, les maigres femmes d'ouvriers, en robes noires usées et rapiécées, qui s'engouffrent, honteuses et rapides, sous la porte du Mont-de-Piété dont la froide façade de pierre de taille a une austérité d'hôpital.

M. Maxime du Camp a étudié avec une grande minutie cet « organe de Paris », où l'usure se déguise, appuyée sur la loi, et se contente d'un « bénéfice honnête » — pour parler la langue congrue des vendeurs de crocodiles empaillés, demeurés immuables depuis Regnard et Molière, se contentant pour tout progrès d'avoir remplacé leurs affreux lézards par des paniers de vin de Champagne.

On attribue à Théophraste Renaudot, fondateur de la *Gazette de France* et inventeur de la publicité, l'établissement du Mont-de-Piété, principalement à l'usage de la noblesse pauvre du royaume.

Cette institution nécessaire ne fut sérieusement réglementée que par le lieutenant de police Lenoir.

L'opération la plus intéressante du Mont-de-Piété, c'est l'engagement. Les époques où le nombre des engagements augmente considérablement sont les semaines qui précèdent les échéances ou les termes. Il y a également des époques pour l'opération inverse. Les étudiants dégagent au retour des vacances, et les ouvriers, le dimanche qui suit la paye de quinzaine.

Les joueurs et les femmes galantes forment un appoint — qu'on ne peut qualifier de respectable qu'au point de vue de la statistique pure — à la clientèle du Mont-de-Piété.

Il y a deux bureaux pour les engagements : l'un pour les bijoux et objets précieux d'un petit volume ; l'autre pour ce que, dans l'argot administratif, on dénomme les « paquets ».

Des commissaires-priseurs sont chargés d'estimer les objets offerts en nantissement et de fixer le chiffre du prêt. La somme n'est versée à l'emprunteur que s'il établit son identité avec des pièces à l'appui. Les personnes qui désirent ne point être vues peuvent s'adresser directement au cabinet du directeur.

Le Mont-de-Piété prête sur les gros meubles et les matelas. Il a accumulé jusqu'à 9,000 matelas dans ses hangars qui contiennent même des statues et des baignoires.

M. Maxime du Camp signale un curieux détail. Il faut attendre vingt à trente minutes pour rentrer en possession d'un objet engagé. Des emprunteurs sont venus, ont restitué le montant de la somme versée et sont partis sans attendre qu'on leur remît leur gage. D'autres, nous dit le même écrivain, ont la manie du renouvellement. Un de ces maniaques a payé pendant quarante-sept ans l'intérêt du prêt qui lui avait été fait sur un parapluie. L'administration voulut le lui rendre gracieusement. Cet homme se fâcha. D'autres renouvellements sont navrants. De pauvres gens s'entêtent à ne pas laisser vendre une relique, un objet de toilette, un bijou de famille qu'ils n'ont pas le moyen de retirer. Souvent, l'administration a rendu ces gages sans valeur à ces malheureux emprunteurs si dignes d'intérêt.

Cette administration n'a pas toujours des clients

honnêtes. Il se présente à ses guichets des « chineurs » et des « piqueurs d'once » qui tentent de faire passer le doublé pour l'or ou coulent du plomb dans des bijoux creux, qui ne reculent devant aucune supercherie pour tromper les commissaires priseurs et arrivent parfois à déjouer leur vigilance.

Le Mont-de-Piété, qui est surnommé dans l'argot des étudiants, de la bohême et de la galanterie, tantôt « le clou », tantôt « ma tante », rend, au dire de ceux qui ont étudié son fonctionnement, des services considérables aux classes laborieuses. Il est le seul crédit pratique, rapide et honnête des petites bourses. Voilà pourquoi l'intérêt de ce crédit devrait être fixé à un taux beaucoup plus minime. L'opinion réclame cette mesure; la presse appuie l'opinion, les députés reconnaissent la légitimité de cette réforme. Il ne reste plus qu'à la voter...

Autrefois, en France, tout finissait par des chansons. Aujourd'hui, tout finit dans les commissions parlementaires qui servent de fosse commune aux réformes les plus pratiques et aux améliorations les plus urgentes. C'est moin gai, et ce n'est pas plus avantageux.

X

LE TEMPLE

L'ancien Marais. — L'hôtel Carnavalet. — L'Imprimerie nationale. — L'outillage de l'imprimerie. — Les Archives. — L'ancien hôtel de Soubise. — L'hôtel de Saint-Aignan. — L'hôtel de Juigné et l'École centrale. — Le marché du Temple. — Le Prieuré de Saint-Martin-des-Champs. — Le Réfectoire et la Bibliothèque du Conservatoire des Arts-et-Métiers. — Grandes et petites industries parisiennes.

IIIe ARRONDISSEMENT

Le Temple est aussi vénérable que son voisin, l'arrondissement de l'Hôtel-de-Ville. Pour l'intérêt historique, il est fâcheux que l'on n'ait pu, sans mettre la salubrité publique en péril, laisser intégralement à certains coins le caractère de leur époque et conserver la ville de Philippe-Auguste, de François Ier, au milieu du Paris du baron Haussmann.

Malgré les travaux d'édilité, les percements de voies nouvelles, les expropriations jugées indispensables et les travaux entrepris par les particuliers, le quartier du Temple a conservé, en bien des places, sa physionomie ancienne.

Avant d'être le quartier de la noblesse et de la magistrature, le Marais était couvert de cultures maraîchères, ainsi que l'indiquent certains vieux noms de rues : rue de la Culture-Barbette et rue du Pont-aux-Choux. Il est conquis par le négoce. Les vieux hôtels se transforment en ateliers, en magasins. Les hautes fenêtres, les cours profondes, les portiques surmontés des plus nobles écussons feraient croire à l'existence d'un noble faubourg de la rive droite, n'étaient les ballots, les caisses de sapin sentant leur roture à plein nez et les inscriptions qui nous apprennent que ces hautaines murailles ont dérogé.

Ce morceau du vieux Paris qui vit tant d'élégances et de grandeurs n'est point tombé cependant dans la

PLAN DU III.e ARRONDISSEMENT

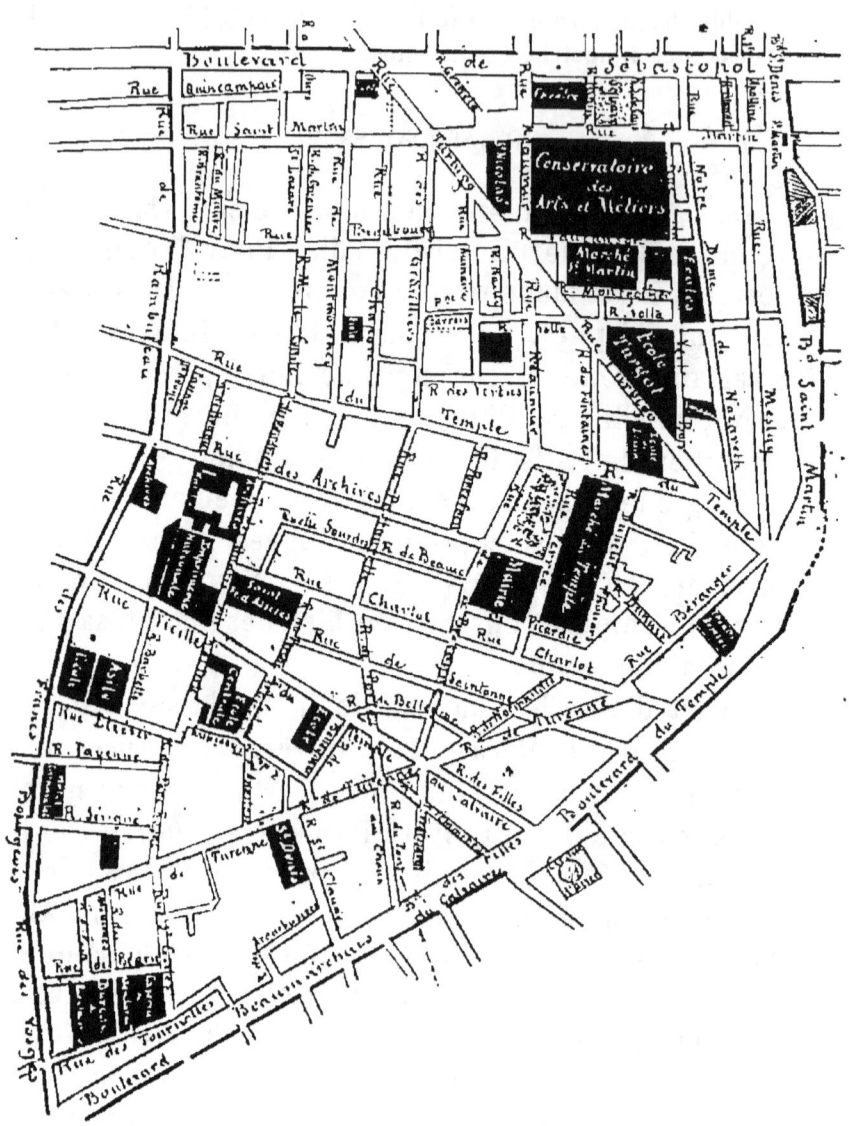

(Voir au dos les renseignements pratiques.)

IIIe ARRONDISSEMENT

(TEMPLE)

Mairie. — Rue des Archives, 42.

Commissariats de police. — Rue Notre-Dame de Nazareth, Rue de Bretagne (à la Mairie). — Rue de la Perle, 9. — Rue du Temple, 85.

Poste, télégraphe, cabines téléphoniques. — Rue Réaumur, 47. P. T. C. — Rue des Haudriettes, 4-6. P. T. C. — Hôtel-de-Ville. P. T. C.

Eglises et chapelles. — *Saint-Leu.* — *Saint-Denis du Saint-Sacrement.* — *Sainte-Elisabeth.*

Synagogue. — Rue Notre-Dame de Nazareth, 15.

banalité de la vie. Les monuments austères lui font une aristocratique parure. L'art, l'histoire et les lettres y ont gardé d'indestructibles citadelles à l'hôtel Carnavalet, à l'Imprimerie nationale, aux Archives.

L'hôtel Carnavalet est aujourd'hui notre musée mu-

L'Hôtel Carnavalet

nicipal. Certes, un pareil musée devrait être à l'Hôtel-de-Ville. Les exigences des services de la Ville, chaque jour plus considérables, ne l'ayant pas permis, il faut reconnaître que le cadre a été choisi avec goût. Puis, ne serait-ce qu'une considération topographique, l'arrondissement du Temple et celui de l'Hôtel-de Ville (voir le plan général), se mêlent et se confondent absolument.

Le Musée municipal tient son nom de Françoise de la Baume, dame de Carnavalet, qui avait acheté l'hôtel au président de Ligneries, en 1578. Les plus grands architectes travaillèrent à la construction et à l'achèvement de Carnavalet. Pierre Lescot et Bullant le commencèrent. Mansart, après eux, y mit la main. Jean Goujon a sculpté les lions de la façade. Les bas-reliefs et les statues, représentant les saisons, qui ornent le bâtiment de la cour regardant la porte d'entrée ont été, sans aucun doute, exécutés sous sa direction.

Le Musée possède des antiquités gallo-romaines, des fragments de sculpture et d'architecture, des morceaux de peintures sauvés de la démolition des édifices et des rues. Il possède une riche collection de souvenirs révolutionnaires et un salon de peinture qui est installé dans l'ancienne salle à manger de Dangeau.

Le Musée a une bibliothèque consacrée exclusivement à l'histoire de Paris. Environ 45,000 volumes. La collection d'estampes n'est ni moins curieuse ni moins riche. La salle de travail de la bibliothèque est l'ancien salon de madame de Sévigné, qui habita pendant plus de vingt ans l'hôtel Carnavalet.

Avant d'appartenir à la Ville, ce bel édifice avait été transformé en pensionnat. Il avait été occupé ensuite par une entreprise de roulage.

L'Imprimerie nationale ne s'établit que vers 1809 sur les terrains de la rue des Quatre-Fils qui dépendaient alors de l'hôtel de Soubise. Elle avait été créée par Richelieu, et ses ateliers avaient été primitivement installés dans les galeries du Louvre même.

Elle était chargée de l'impression des actes du gouvernement ainsi que d'ouvrages scientifiques et littéraires.

L'Imprimerie nationale s'est constamment développée. Aujourd'hui, elle emploie près de 1,200 ouvriers. Son outillage se compose d'une quarantaine

Imprimerie Nationale

de presses à vapeur (dont une rotative) et d'une centaine de presses à bras. A l'imprimerie sont annexés des ateliers de brochure, de reliure, de réglure, de galvanoplastie, de photographie et de lithographie. Elle possède maintenant une fonderie.

Il suffit de lire dans un journal quotidien les extraits des séances de la Chambre pour se faire l'idée de la masse de papier imprimé qui sort annuellement de l'Imprimerie nationale. Cet établissement a fait souvent des miracles de vélocité pour fournir à la Chambre et au Sénat des rapports attendus avec une impatience fébrile et exigés dans des délais extrêmement courts.

Aux travaux, souvent inattendus, que lui impose l'activité parlementaire, l'Imprimerie nationale ajoute son labeur régulier : impression des pièces administratives du Bulletin des lois, des arrêts de la Cour de cassation et de plusieurs publications telles que le *Journal des Savants*, la *Revue des Sociétés savantes*, les *Archives des Missions scientifiques et littéraires* et le *Journal asiatique*.

Elle dispose enfin d'un crédit de 40,000 francs par an consacré à l'impression gratuite d'ouvrages de science ou de littérature.

L'outillage de cet établissement modèle offre à peu près tous les types de caractères connus. Le Cabinet des poinçons de l'Imprimerie nationale est un des musées typographiques les plus complets qu'il y ait au monde. La bibliothèque contient de fort beaux ouvrages, parmi lesquels l'*Imitation de Jésus-Christ*, traduite par Corneille.

Quand on voit les pesants fourgons sortir de l'imprimerie nationale avec leur chargement de paperasses administratives, dont beaucoup sont condamnées à périr, sans avoir servi, sous la moisissure ou la dent des rongeurs, il n'est plus permis d'admettre qu'il soit difficile de se faire imprimer en France. Gilbert et Hégésippe Moreau imiteraient aujourd'hui M. Clovis Hugues ou M. Gustave Rivet. Entre deux amendements, ils rimeraient... C'est à se demander si le gouvernement ne ferait pas mieux de faire imprimer les vers et de laisser inédits les rapports des commissions.

Devant cette production, on ne prévoit pas ce que deviendront les Archives nationales, qui ne sont pas en caoutchouc. Que le Mont-de-Piété prête, cela

Archives Nationales

s'entend... Il ne peut en être de même pour l'ancien hôtel de Soubise, jugé déjà insuffisant sous le règne de Napoléon Ier qui y avait installé le service organisé par Camus.

Les Archives, c'est à proprement parler la fabrique de l'histoire! Il faudrait une Commission des Septante pour déblayer cet amas, le cribler, le tamiser et chasser la poussière des siècles amassée sur les rayons de ces chartriers qui possèdent des papyrus de nos rois mérovingiens.

La façade de l'hôtel de Soubise est ornée d'un ordre double de colonnes et surmontée d'un fronton triangulaire. La cour d'honneur est entourée d'une colonnade couverte en terrasse. Le tympan de la grande cour de cette porte est décoré d'une figure emblématique de l'histoire, dessinée par Delacroix.

Un musée paléographique et sigillographique a été installé dans les appartements du premier étage, dont le salon ovale est décoré de peintures de Boucher, Vanloo, Restoux, etc...

Le personnel des Archives est nommé par le ministère de l'Instruction publique; il est placé sous les ordres d'un directeur général et divisé en plusieurs services: le secrétariat, la section historique, la section administrative, la section législative et judiciaire.

Il serait désirable que les communications pussent être plus rapidement obtenues. Une réponse n'est jamais accordée sans un délai de quelques jours; mais, si ce n'est pas la faute des archivistes, c'est encore bien moins celle des travailleurs. Ces lenteurs paralysent les recherches et, à notre époque de production rapide et d'enquête, il est nécessaire pour l'écrivain de pouvoir aller vite et à coup sûr. Il y a, de plus, des droits à payer pour les recherches relatives aux demandes, les rôles d'expédition, les reproductions de plans topographiques, des épreuves de sceaux, etc., etc.

La légitimité de cet impôt sur le travail n'est pas très clairement démontrée. Il serait nécessaire que le personnel des Archives fût aussi nombreux qu'il est capable et que les simples communications fussent gratuites, rapides et faciles.

Parmi les anciens hôtels de ce quartier qui sont trop nombreux pour que l'on puisse s'arrêter à tous, il faut citer l'ancien hôtel du duc de Saint-Aignan avec sa cour entourée d'arcades et sa porte monumentale, (rue du Temple 71) près de la rue de Rambuteau ; l'hôtel Barbette, où fut assassiné le duc d'Orléans par les spadassins de Jean-Sans-Peur, cet hôtel dont subsiste encore une tourelle rue Vieille-du-Temple ; l'hôtel Turgot, au n° 12 de la rue Porte-Foin ; l'hôtel de Gabrielle d'Estrées, 69, rue des Gravilliers ; l'hôtel de Montmorency, 69, rue Chapon.

Les églises et chapelles étaient aussi nombreuses que les hôtels. Rue de Braque, chapelle construite par Arnould de Braque ; rue des Minimes, église de ce couvent des Minimes dont on fit une caserne et qui avait eu Mansard pour architecte de son portail ; enfin chapelle des Carmélites, au couvent de la rue Chapon.

L'église Sainte-Elisabeth possède des vitraux de 1826, tentative de renaissance de l'art des peintres verriers, tombé alors dans l'oubli. L'église du Saint-Sacrement a été bâtie sur une portion des terrains de l'ancien hôtel de Turenne pour remplacer la chapelle des Filles de l'Adoration du Saint-Sacrement.

C'est près de l'église du couvent des Capucins de la rue du Perche que s'élève l'ancien hôtel de Juigné, l'une des plus belles constructions de Paris, où est installée actuellement l'Ecole Centrale des Arts et Manufactures, qui forme le corps des ingénieurs civils. Ces jeunes gens sont reconnaissables à leur casquette, assez semblable à celle des officiers de marine, dont le galon d'or est surmonté d'une abeille. *Sic vos, non vobis...* Ces jeunes ingénieurs doivent en effet entrer dans la vie avec cette conviction que les inventeurs travaillent rarement pour eux-mêmes.

L'enseignement porte sur les mathématiques, la physique et la chimie, la mécanique, les travaux publics, la métallurgie et les mines, la céramique, la construction, la teinture, etc., etc. L'école possède une chaire de législation industrielle.

Il y a dans cet établissement, qui ne reçoit que des externes, un restaurant où les « centraux » peuvent prendre leurs repas sans sortir.

En se rapprochant des grands boulevards (boulevard Saint-Martin, du Temple et Beaumarchais), qui forment une ligne courbe au nord du troisième arrondissement, les rues reprennent une physionomie plus vivante, plus mouvementée.

C'est d'abord cette ruche toute en fonte, le Temple, qui remplace l'ancien Carreau et les quatre pavillons de bois du vieux marché : le Temple avec ses étroites boutiques encombrées de hardes semblables à des pendus serrés les uns contres les autres, sa brocante de vieux habits, de vieux galons, d'uniformes de tous les temps, tous les pays, depuis le costume d'ordonnance de la ligne, que vient acheter le « vingt-huit jours » économe, jusqu'aux costumes fantastiques de lanciers disparus, de carabiniers évanouis, que les régisseurs de théâtres achètent et revendent enjolivés, métamorphosés selon les besoins de l'affiche.

Le Temple actuel se compose de six pavillons et contient 2,400 places. Les mesures de propreté les plus sévères y sont prescrites, et les affaires ne se traitent qu'au comptant. Les marchands du Carreau sont surnommés les carautiers.

Le Temple est construit sur une partie de l'ancien terrain du fameux ordre dépossédé de ses richesses par Philippe le Bel. La tour du donjon, où Louis XVI

Marché du Temple

et la famille royale furent enfermés, a été rasée en 1800.

L'ancien enclos du Temple était autrefois un lieu de refuge pour les débiteurs insolvables. La Révolution, en abolissant ce privilège, fit, ce jour-là, l'affaire des huissiers.

Le Conservatoire des Arts-et-Métiers est bien à sa

place au milieu de ces grandes rues industrieuses, négociantes, et de ces hautes maisons accaparées par le travail.

Cette grande école d'industrie est installée dans l'ancien prieuré de Saint-Martin-des-Champs, dont Richelieu fut titulaire. Après avoir été transformé en

Conservatoire des Arts et Métiers

manufacture d'armes (1790), le prieuré fut affecté, huit ans plus tard, par le conseil des Cinq-Cents, à sa destination actuelle. Napoléon et Chaptal y créèrent une école de dessin et de filature.

Les cours du Conservatoire ont lieu le soir et sont gratuits. Quatorze chaires ont été fondées. On y enseigne la géométrie, la physique, la chimie, la mécanique, l'agriculture, le tissage et la filature, les constructions civiles, la législation industrielle, l'économie politique, la statistique, etc.

Les anciens bâtiments des moines ont été restaurés par Vaudoyer. La Bibliothèque (20,000 volumes), décorée de peintures de Gérôme, est logée dans l'ancien réfectoire, œuvre splendide de Pierre de Montereau. La chaire du lecteur, en pierre, a été religieusement conservée. Elle date du XIIIe siècle.

On voit au rez-de-chaussée, dans la salle dite de l'Echo, un modèle du *Danube,* paquebot à hélice, et dans les autres salles des collections de toutes sortes : des pièces de Breguet et des spécimen des différents systèmes métriques étrangers. Au premier étage, on remarque des modèles des anciennes machines hydrauliques de Marly, de Genève et de Bicêtre, le tour de Louis XVI à qui la serrurerie n'avait pas suffi comme art d'agrément ; la galerie des portefeuilles et des brevets ; les Archives, qui possèdent de nombreuses épures de Vaucanson et la lettre de Fulton proposant au gouvernement français de lui vendre l'invention de la navigation à vapeur.

Le Conservatoire contient des amphithéâtres et des laboratoires pour les cours et les expériences. Si intéressant et instructif qu'il puisse être, l'inventaire détaillé de ces richesses scientifiques serait trop considérable pour qu'il nous fût loisible de le dresser, même sommairement.

Plusieurs grandes voies traversent de entièrement le troisième arrondissement et viennent déboucher sur les boulevards : la rue Saint-Martin, ensanglantée par les émeutes de 1834 et la fameuse bataille de la rue Transnonain (rue Beaubourg), la rue du Temple, la rue Vieille-du-Temple et la rue de Turenne. Les fabriques de bronze y sont nombreuses. Là, également, siègent nombre de petites industries parisiennes. C'est au Marais que le célèbre Schaunard de la *Vie de Bohême* était devenu fabricant de jouets. Il avait été un des premiers à confectionner des animaux couverts de peau naturelle. Voilà qui nous fait remonter aux époques héroïques du jouet ! Schaunard a été joliment dépassé...

Toutes ces petites industries vivent côte à côte. Des mêmes maisons, sortent des trophées de plumeaux et de balais, des pyramides chancelantes de cartonnages, des trousseaux de trompettes d'un sou enfilées à une ficelle comme des clefs à un anneau, des chapelets de bougeoirs de cuivre et des lustres ou des supensions accrochés à une forte perche posée sur l'épaule de deux porteurs.

Toute cette fabrication, sans cesse renouvelée, va s'engouffrer dans les sous-sols des magasins de nouveautés ou dans des caisses de bois blanc, sur les comptoirs des commissionnaires. Des emballeurs posent un couvercle, enfoncent des clous à grands coups de marteau, et toute cette frêle marchandise parisienne va passer les frontières, traverser les mers et porter dans les deux Mondes les noms obscurs des petits artisans de ce vieux quartier !

PLAN DU Xᵉ ARRONDISSEMENT

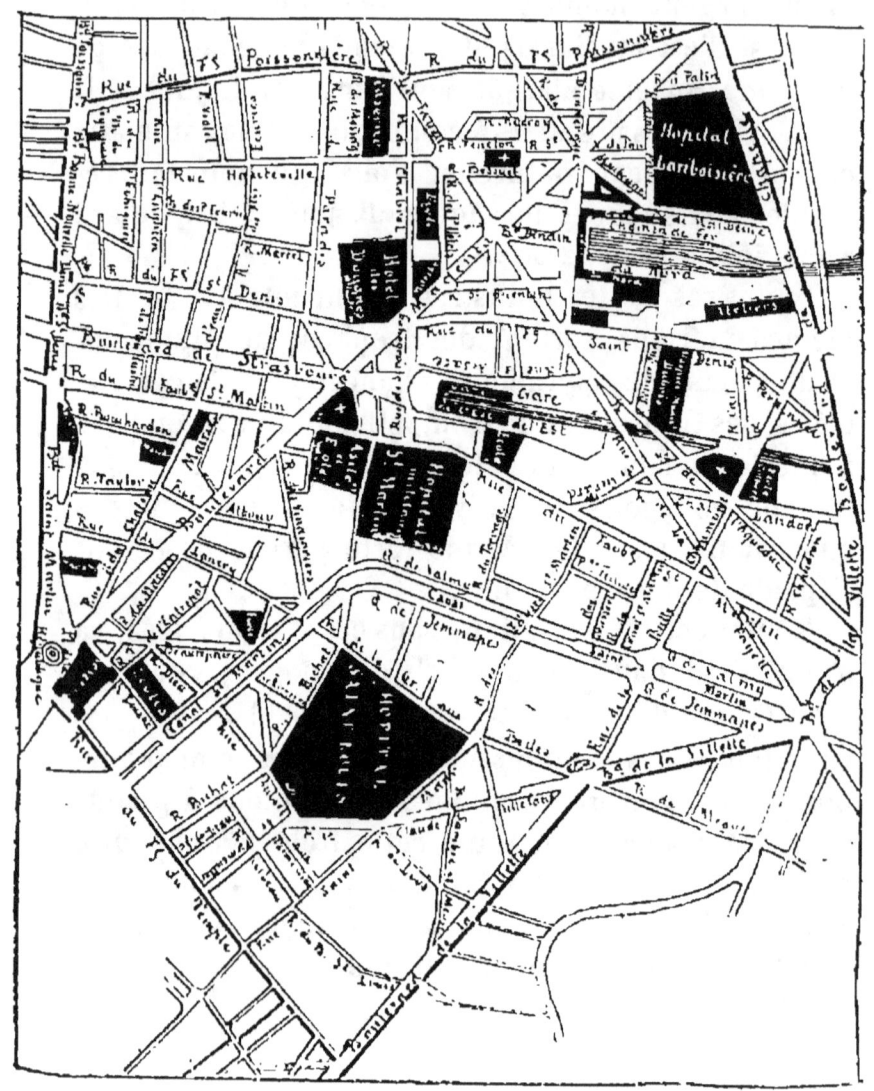

(Voir au dos les renseignements pratiques.)

Xe ARRONDISSEMENT

(ENCLOS SAINT-LAURENT)

Mairie. — Rue du Faubourg Saint-Martin, 72.

Commissariats de police. — Rue d'Alsace. — Cour des Petites-Ecuries, 11. — Passage du Désir. — Rue Vicq-d'Azir, 5.

Poste, télégraphe, cabines téléphoniques. — Gare du Nord. P. T. C. — Rue de Strasbourg, 8. P. T. C. — Rue d'Enghien, 21. P. T. C. — Rue des Ecluses-Saint-Martin, 4. P. T. C.

Eglises catholiques. — *Saint-Laurent.* — *Saint-Vincent de Paul.* — *Saint-Martin.*

Chapelle protestante libre. — Rue des Petits-Hôtels, 17.

Ambassades, légations et consulats. — *Liberia*, rue des Petits-Hôtels, 34.

XI

L'ENCLOS SAINT-LAURENT

Le Théâtre de la Foire. — Un quartier germanisé. — La ville de verres et de porcelaine. — La gare du Nord et la gare de l'Est. — Le Canal Saint-Martin. — Un Marché ambulant. — Saint-Lazare. — La maison Dubois et l'Hôpital militaire. — Le Gibet de Montfaucon. — Les Hôpitaux Saint-Louis et Lariboisière.

(Xᵉ ARRONDISSEMENT)

En nous éloignant du centre, nous entrons dans des quartiers qui offrent un nouveau caractère. Il semblerait que ce n'est plus la même ville que l'on visite, tant les mœurs, les aspects et les physionomies diffèrent.

Au sortir de l'arrondissement du Temple, nous pouvons pénétrer dans le Xᵉ, soit par les portes Saint-Martin (1) et Saint-Denis (2), soit par la place de la République et le boulevard Magenta.

Cet arrondissement tire son nom de l'Enclos Saint-Laurent où se tenait une foire très fréquentée et où s'élèvent aujourd'hui les bâtiments de la gare de l'Est. Le théâtre de la Foire eut une grande réputation. Il compta parmi ses auteurs Piron, Sedaine,

(1) Voir *Annexe méthodique des Renseignements spéciaux*, Iʳᵉ partie, chap. III, note 1.
(2) Voir *id. Journal*, note II.

Lesage et Favart. Puis, la foire Saint-Laurent fut abandonnée pour le boulevard du Temple. On sait rarement pourquoi une mode s'est implantée et, plus rarement encore, pourquoi elle a été abandonnée.

Le quartier de la Porte-Saint-Denis n'est pour ainsi dire plus un quartier français, tant les maisons de commissions allemandes sont nombreuses. Ouvrez la porte d'une brasserie et vous avez l'illusion d'avoir été transporté à Munich ou à Nuremberg. On ne crie pas « garçon », on appelle le *kellner*. Ce ne sont, autour des tables, que faces poilues et rousses, nez surmontés de lunettes et tignasses blondes. On boit, on fume, on mange. Le garçon ne saurait quelle langue on lui parle si on lui commandait du saucisson d'Arles ou de Lyon ; mais, que vous lui demandiez des saucisses de Hambourg ou du saucisson de Brunswick, il reviendra de suite avec une assiette garnie. Jetez un coup d'œil sur les écussons et les pancartes, vous y retrouverez à toutes les portes, à tous les étages, les mêmes consonnances germaniques : les Blum, Allmayer, Rosenthal, Heilbronner, Schultz, Muller, etc., etc. On s'étonne de ne pas lire de loin en loin sur une boutique cette inscription : « Ici on parle français. »

Après les rues des commissionnaires allemands, telles que les rues d'Enghien et de l'Echiquier, voici la rue Paradis, centre du commerce de la faïence et de la porcelaine, de la verrerie et de la cristallerie. C'est là que se trouvent les immenses magasins de Saint-Louis et de Baccarat. Ce ne sont que cathédrales de verre et temples bizarres de porcelaine ou de faïence. Les vases aux couleurs opposées forment de longs fûts de colonne. Le cristal s'élève en pyramides, en aiguilles, en clochetons légers. Ce ne sont que reflets prismatiques et coloris joyeux à l'œil. Gien, Sarreguemines, Strasbourg, Limoges, étalent leurs produits à ces vitrines et luttent avec le Straffordshire, la Saxe, le Japon et la Chine.

Un triste souvenir s'attache à la rue Paradis. Le

Gare du Nord

maréchal Marmont y habitait l'hôtel portant le numéro 51, dans lequel fut signée la capitulation de Paris.

Ce quartier commerçant possède deux des grandes gares de Paris : celle du Nord et celle de l'Est.

La gare du Nord était la plus vaste de toutes avant l'achèvement de la nouvelle gare Saint-Lazare. Sa façade, qui mesure 160 mètres de long sur la place de

Roubaix, est ornée de statues de grandes villes d'Europe et de France. La gare est divisée en cinq parties qui se distinguent à l'extérieur par la disposition même de la façade. La grande nef du milieu relie la salle des Pas-Perdus au quai de départ (à gauche) et à la gare d'arrivée (à droite). C'est par le Nord qu'arrive à Paris la plus grosse partie de son approvisionnement de houille, de fer, de fonte et de sucre.

Gare de l'Est

La gare de l'Est, à laquelle aboutit le boulevard de Strasbourg, est ornée d'un péristyle et précédée d'une vaste cour. A chaque extrémité du bâtiment central, s'élève un pavillon à double étage. Au point de vue stratégique, cette ligne est la plus importante. Comme sur la place de la Concorde, la statue de Strasbourg se dresse sur la gare de l'Est, rappelant à la fois à ceux qui partent sa fidélité et ses souffrances.

Une troisième grande voie de transport traverse le X° arrondissement. C'est le canal Saint-Martin. Bien des braves gens paisibles ne peuvent entendre prononcer ce nom sans être pris d'un frisson. Il y a des locutions devenues proverbiales : « Je ne voudrais pas être à cette heure-ci au bord du canal ! — Voilà une tête, vous dit-on, que je n'aimerais pas rencontrer au bord du canal. » Si l'on prenait au sérieux ces exclamations, les noyades de Nantes ne seraient rien auprès de celles du canal. La nuit, ce quartier n'est certainement pas le plus sûr de Paris ; mais il vaut mieux que sa réputation. On y voit de riches habitations de gros industriels qui ne veulent pas s'éloigner de leurs ateliers et de leurs magasins, et, si les abords du canal étaient infestés de malandrins aussi nombreux et aussi redoutables, les maisons seraient probablement crénelées et entourées de fossés, au lieu d'être simplement closes de volets et de persiennes. Ce qui a surtout valu au canal sa mauvaise renommée, c'est son aspect farouche par les nuits sans étoiles, avec son eau noire comme de l'encre et ses berges encombrées d'objets auxquels l'obscurité donne un relief étrange et derrière lesquels les vagabonds trouvent un gîte.

Les quais de Jemmapes et de Valmy, qui bordent les deux rives du canal, sont couverts de magasins de bois, de pierre, de charbon, de tuiles, de plâtre. Des passerelles, des grues, des treuils, des locomobiles, des wagonnets, des écluses ajoutent à l'animation du canal, à la complication du décor, à l'enchevêtrement des choses.

Tout à côté du canal, le sculpteur Auguste Cain a installé son atelier d'où sont sortis les lions du jardin des Tuileries, les chiens de la duchesse d'Uzès et du duc d'Aumale. Non loin de cet atelier, rue de l'Entrepôt, est le coquet hôtel du grand artiste, bondé d'œuvres d'art, de bibelots exquis, de tableaux de maîtres, où l'on trouve, comme chez Barbedienne, un des plus fidèles amis de cette hospitalière maison, la reproduction en bronze de tous les ouvrages de Mène et d'Auguste Cain.

En entrant dans le X⁰ arrondissement par la Porte-Saint-Martin ou Saint-Denis, il faut suivre deux longues et anciennes rues de l'ancien faubourg de Paris, qui vont des grands boulevards à l'ancienne enceinte de Paris, c'est-à-dire aux boulevards extérieurs. Ce sont les rues du faubourg Saint-Denis et du faubourg Saint-Martin.

La rue du Faubourg-Saint-Denis est une des plus bruyantes et des plus populeuses de Paris. Vue dans la matinée, elle présente un spectacle, qu'on ne retrouve dans aucune autre avec une telle affluence et une telle animation. Tous les jours, des deux côtés de sa chaussée, la rue du Faubourg-Saint-Denis est bordée d'une longue file de petites charrettes à bras remplies d'herbes, de légumes, de poissons, de volailles et de viande de boucherie. Jadis, les cortèges royaux passaient par ce chemin, venant de Saint-Denis après la cérémonie du sacre, pour faire leur entrée solennelle.

La prison de Saint-Lazare se trouve dans ce même faubourg. Elle date du XI⁰ siècle. C'était, dans l'origine, une léproserie ou maladrerie. Vers le milieu du XVIII⁰ siècle, saint Vincent de Paul y installa une congrégation de Lazaristes et une maison de retraite pour les ecclésiastiques. Nos rois s'arrêtaient à Saint-Lazare, vivants, avant d'entrer dans Paris, et, morts, avant d'être transportés dans les caveaux de Saint-Denis. Aujourd'hui, Saint-Lazare est une prison de femmes, divisée en plusieurs services. Cette prison est affectée aux femmes prévenues de crimes ou délits, condamnées à moins d'un an d'incarcération ou destinées à être transférées dans une maison centrale; aux jeunes filles arrêtées pour vagabondage ou inconduite (si elles sont mineures, sur la sollicitation de leurs parents), et enfin aux filles publiques, qui sont tenues à l'écart des autres détenues.

Il est absolument interdit de visiter Saint-Lazare. La vieille prison aux murailles noires est enveloppée d'ombre et de mystère, bien que, plusieurs fois par jour, ses portes s'ouvrent devant les voitures cellulaires qui lui apportent la pêche faite par la police sur les trottoirs de Paris. Saint-Lazare est aussi fortement exécrée que le fut la Bastille. Le peuple montre le poing à « Saint-Lago ». Les moralistes en réclament la destruction, et M. Maxime du Camp déclare que toute jeune fille qui y passe en sort « vicieuse et pourrie jusqu'au fond du cœur ». Les œuvres de charité et la surveillance des sœurs Saint-Marie-Joseph échouent contre cette dépravation. Cependant, quelques sociétés, telles que celle dont madame Isabelle Bogelot est la dévouée présidente, parviennent à protéger et relever quelques filles qui ont passé par la prison maudite. L'organisation de Saint-Lazare appelle une modification complète. Cette agglomération de détenues de toute espèce, qui produit les plus funestes effets, doit être divisée. La réforme est décidée. Ce n'est plus qu'une question de temps.

Dans cette même rue Saint-Denis, se trouve un établissement, d'une triste célébrité : la maison Dubois (maison municipale de santé) où bien des notoriétés de l'art et de la littérature sont venues s'éteindre, après une existence de travail acharné que les ambitions déçues ont rendue plus amère et plus rude.

St Laurent.

Les soins y sont donnés par des médecins et des chirurgiens de la Faculté de médecine. La maison Dubois a vu ses portes s'ouvrir sur le corbillard des oubliés, des dédaignés, des vaincus. Cette grande porte, rien qu'à la regarder, fait froid au cœur.

Le Faubourg Saint-Martin s'appela d'abord Faubourg Saint-Laurent. L'église paroissiale du X° arrondissement, qui possède un *Martyre de saint Laurent* de Greuze, a gardé le nom de ce saint. La chaire et le buffet d'orgue sont ornés de remarquables sculptures des XVIIe et XVIIIe siècles. Les vitraux sont de Galimard.

Dans ce quartier, où le travail et la misère se touchent, les hôpitaux sont nombreux. L'Hospice des Incurables (hommes) se trouvait rue Saint-Martin. Il a été transformé en hôpital militaire et occupe les bâtiments de l'ancien couvent des Récollets (capucins réformés), ordre qui fournissait des prédicateurs aux églises de campagnes, des missionnaires coloniaux et des aumôniers militaires. C'est au faubourg Saint-Martin que se trouvait également le chef-lieu de la Congrégation des Frères de la doctrine chrétienne.

La mairie est dans la même rue. C'est un bâtiment assez triste d'aspect, orné des armes de la ville et surmonté d'un petit campanile. Il servait de caserne à la garde municipale et fut saccagé par le peuple en 1848.

La rue Château-Landon, qui débouche dans le faubourg, portait autrefois un nom terriblement significatif. Elle s'appelait le Chemin des Potences et menait à l'ancien gibet de Montfaucon.

Cet édifice sinistre, masse de pierre quadrangulaire, formait une large plate-forme sur laquelle se dressaient seize piliers massifs qui supportaient des poutres énormes. A ces pièces de bois étaient accrochées les chaînes auxquelles étaient pendus les cadavres des suppliciés. La nuit, les chaînes grinçaient et les os des squelettes claquaient... Ce gibet redoutable effrayait moins le populaire que les grands : ministres infidèles ou financiers qui avaient volé le trésor et la couronne. Il n'était point fait pour les pauvres hères. Les rois avaient à frapper plus haut.

Ce gibet s'élevait sur l'une des crêtes des Buttes Chaumont. Il était entouré de vignobles et de cultures. Les pommiers fleurissaient, les moissons se doraient ; oiseaux et cigales chantaient dans l'or des épis et la verdure des feuillages. Seul, l'homme n'osait point prendre racine sur ce sol fertile : c'est-à-dire y poser sa maison. C'est que l'homme qui n'a pas de plus dangereux ennemi que lui-même sait qu'il a tout autant à craindre des gendarmes que des voleurs.

Dans cette fraction de Paris habitée par une population laborieuse, les hôpitaux remplacent les gibets. La charité publique fait son œuvre, livre d'incessants combats aux maladies, aux misères, aux tares physiques qui gangrènent une population impuissante à se préserver des contagions funestes et des promiscuités morbides. Au foyer même du mal, la charité et la science se donnent la main pour assister et guérir.

Rue Bichat, l'Hôpital Saint-Louis est affecté au traitement des maladies cutanées. Tous les jours, les malades externes y reçoivent les soins les plus éclairés. Le Dr Bazin y a appliqué ses belles et utiles découvertes qui font de lui un des bienfaiteurs de l'humanité.

Rue Ambroise Paré, sur le terrain de l'ancien Clos Saint-Lazare, à quelques pas de la gare du Nord, s'élève l'Hôpital de Lariboisière. Il porte le nom de l'une de ses plus généreuses bienfaitrices, la comtesse de Lariboisière qui laissa aux pauvres de Paris une somme de 2,900,000 francs. Elle a été enterrée dans la chapelle. Son tombeau est l'œuvre de Marochetti.

Dix grands pavillons reçoivent les malades. Lariboisière contient près de 700 lits. Le loyer seul de chacun de ces lits s'évalue environ à 700 francs. C'est toujours le même système ruineux que le corps médical a déploré à l'Hôtel-Dieu.

La rue La Fayette est une des rues les plus importantes du Xe arrondissement. Elle passe entre les gares du Nord et de l'Est et aboutit au boulevard de la Villette.

La place La Fayette s'étend sur une pente fortement inclinée. Sur cette place, au sommet d'un large escalier de pierre, s'élève l'église Saint-Vincent-de-Paul qui offre tous les caractères du style italien. Un calvaire de Rude en décore le maître-autel.

Paris se manifeste ici dans son activité, sa misère et sa souffrance. Il ne rit plus. Il ne brille plus. Ce n'est plus la ville de luxe aux hôtels battant neuf, aux larges avenues où roulent les équipages, où galopent les cavaliers et les amazones. C'est le Paris où l'atelier travaille et produit; où l'homme, la femme et l'enfant gagnent leur pain; où, sur les rubans d'acier interminables, s'ébranlent les lourdes et rapides locomotives dont le sifflet aigu domine le râle des agonisants au fond des grandes salles d'hôpital, aux hautes fenêtres garnies de longs rideaux blancs.

XII

LA VILLETTE ET BELLEVILLE

Les Buttes-Chaumont. — Les Anciennes carrières d'Amérique. — Le Laboratoire de Paris. — Pompes funèbres. — Les *Saumons*, les *Harengs* et les *Eperlans* des croquemorts. — L'Abattoir. — Boutiques et serpillières. — Ici, l'on tue! — Rien de perdu. — Les cures de sang. — Le marché aux Bestiaux. — Les Bassins. — Raffineries. — L'Eglise de Belleville. — Le Belleville de Paul de Kock et la Courtille.

XIX° ARRONDISSEMENT

Depuis que les cadavres ne se balancent plus au vent sous les funèbres portiques du gibet de Montfaucon, les buttes Chaumont ont pris un aspect riant. Elles ont été transformées en un parc qui a été ouvert au public en 1867, le jour même de l'inauguration de l'Exposition universelle.

Au lieu des Jeux du Cirque, le baron Haussmann avait trouvé habile de donner aux habitants de ces quartiers populeux de la verdure et des arbres. Par la même occasion, les ingénieurs de la ville détruisaient les plâtrières et les carrières qui servaient de refuge aux hôtes les plus dangereux. Ce que les gendarmes et les agents de la sûreté n'avaient pu faire fut un jeu d'enfants pour les jardiniers. Les corbeilles et les parterres firent plus peur aux escarpes et aux rôdeurs

PLAN DU XIXe ARRONDISSEMENT

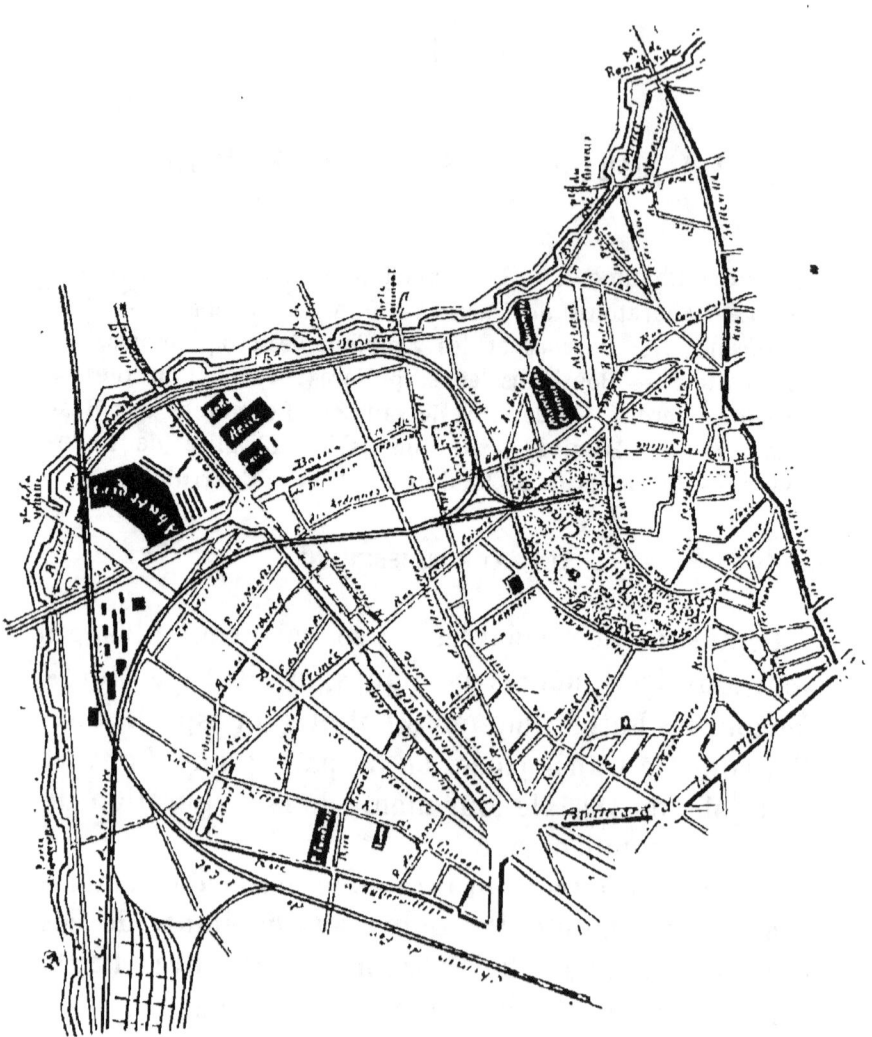

(Voir au dos les renseignements pratiques.)

XIXᵉ ARRONDISSEMENT

(BUTTES-CHAUMONT)

Mairie. — Avenue Laumière, 2.

Commissariats de police. — Rue de Tanger, 22. — Rue de Nantes, 19. — Rue d'Allemagne, 132. — Rue Pradier, 21.

Poste, télégraphe, cabine téléphonique. — La Villette, rue de Crimée, 174. P. T. C. — Rue d'Allemagne, 3. P. T. C. — Rue d'Allemagne, 130. P. T. C.

Eglises catholiques. — *Saints-Jacques et Christophe.* — *Saint-Jean-Baptiste.*

Temples protestants. — La Villette, rue de Crimée, 93 (*luth.*).

que les patrouilles et les rondes de police. La giroflée remplaça avec avantage la ligote. Le géranium eut plus d'effet que le cabriolet. Rien ne vous assainit un quartier comme des grandes rues et des squares.

Sur l'emplacement des buttes Chaumont, du Centre et d'Amérique, minées par les galeries des carrières, un parc anglais a surgi. On peut dire que M. Haussmann a semé l'or pour faire pousser la violette bonapartiste. La seule critique que l'on puisse adresser aux créateurs du parc des Buttes Chaumont, c'est d'avoir voulu trop flatter le lion populaire. On lui a offert des ravins, des falaises, des abîmes, à rendre fous les décorateurs de l'Ambigu. Nous avons Etretat à Belleville.

Les Buttes Chaumont sont demeurées une promenade locale. Les arrondissements voisins n'ont point cherché à disputer à leurs possesseurs ce terrain trop artistiquement tourmenté. Vincennes est plus gai, plus nature... La seule curiosité de la promenade, c'est d'aller constater ce que peut l'énergie de jardiniers-architectes pris de la folie du bouleversement. Jamais cascatelles artificielles n'ont mugi plus sauvagement. Jamais rochers fabriqués n'ont eu de profil plus tourmenté. Les flancs du Harz sont très léchés à côté de ces pentes qui invitent les jeunes Anglaises à s'armer de la bonne pique de Chamounix couverte d'inscriptions montagnardes.

Ce XIX⁰ arrondissement, dans lequel nous nous sommes engagés, comme si nous allions nous faire pendre, en nous dirigeant par le Chemin des Potences (c'est-à-dire par la rue Château-Landon) vers le boulevard extérieur, n'est point du tout lieu de plaisance.

Ce terroir pourrait s'appeler le laboratoire de Paris. Il s'y cuisine un tas de choses... On y travaille pour tous nos besoins : Usine à gaz, pour l'éclairage et le chauffage ; magasin général des Pompes funèbres, pour nous mettre décemment en terre ; abattoirs et marché aux bestiaux, pour nous nourrir. N'oublions point non plus, le long du canal, le quai des vidanges, sur lequel nous passerons — et sans glisser ! On voit par cette énumération rapide l'importance de ce quartier dans le fonctionnement des organes de Paris.

L'usine à gaz est près de la porte d'Aubervilliers, au nord-ouest de l'arrondissement. Les Pompes funèbres ont leurs magasins à l'ouest, dans un vaste terrain situé entre la rue Curial et la rue d'Aubervilliers.

M. Maxime du Camp nous a donné dans son grand ouvrage, auquel nous avons eu plusieurs fois recours, le curieux historique de cet établissement d'une utilité qui n'échappe à personne et aux bons offices duquel, hélas ! personne ne peut se vanter de se déroper. Ce funèbre métier, il faut l'étudier avec courage et bonne humeur. D'ailleurs, il rend gais ceux qui l'exercent et qui se trouvent en contact constant avec la mort. Le croque-mort de l'*Assommoir*, le père Bazouge est devenu, avec son « Allons, viens, fais dodo, ma belle ! » aussi populaire chez nous que les fossoyeurs d'Hamlet. La corporation est joyeuse. Elle se console aisément de nos deuils. Et cela est très humain. Les pleureuses antiques devaient être très gaies après s'être acquittées de leur tâche, quand elles avaient reçu leur paiement. M. Maxime du Camp rappelle que Clodoche, le fameux danseur, était chorégraphe le soir et croque-mort dans la journée.

Savez-vous comment ces messieurs nous classent? L'académicien nous l'apprend : Nous sommes des *saumons*, des *harengs*, ou des *éperlans*. Les saumons sont les morts cossus : ceux qui rapportent. Les harengs sont les pauvres gens ; les profits maigres. Les éperlans sont les enfants portés par deux hommes sur un petit brancard de bois noir.

C'est du premier Empire que date l'organisation actuelle des Pompes funèbres. L'entreprise de ce service est mise en adjudication. Il y eut bien des conflits entre le clergé et les entrepreneurs avant que l'on arrivât à une entente. Ils avaient été terribles sous la monarchie. Avant la Révolution, ce service était fait par une corporation de crieurs-jurés. Ils annonçaient les décès avec des clochettes et poussaient ce lugubre cri :

> Réveillez-vous, gens qui dormez,
> Priez Dieu pour les trépassés !

Les Pompes funèbres disposent d'un personnel et d'un matériel considérables : environ 600 agents de toutes sortes et autant de chars, corbillards, berlines, fourgons pour le transport des échafaudages, tentures, flambeaux, bénitiers, coussins et chevalets. Cette administration est tenue par son cahier des charges d'avoir une réserve de 6,000 cercueils en sapin, sans compter les bières de luxe.

Les convois sont accompagnés d'un ordonnateur dépendant du service municipal. Cet agent tient à sa main une canne à pomme d'ivoire. Son chapeau est orné d'une cocarde tricolore. C'est lui qui a la police des convois et qui en règle la marche. Dans les funérailles d'un certain ordre, un maître des cérémonies est chargé des questions d'étiquette. C'est lui qui prononce le traditionnel : « Messieurs de la famille, quand il vous plaira! »

M. Maxime du Camp révèle un détail d'importance : le nombre des services funèbres gratuits est plus élevé que celui des services payants. Cependant, la dernière classe ne coûte pas 20 francs. Le peuple n'a plus la honte ni l'effroi du corbillard des pauvres....

Les Pompes funèbres sont moins sinistres que l'Abattoir, qui pue le sang, et semble, derrière ses grilles hautes et fortes, ses sombres murailles de meulière, semble être une prison où l'on tue. Le peuple de bouchers qui circulent sur les trottoirs de la rue de Flandre, grands et solides, coiffés du petit bonnet de coton de couleur, ajoute à l'horreur du lieu. Le sang rougit leur serpillière et macule leurs lourds sabots entourés de paille. Leurs bras musculeux sont nus pour la sanguinaire besogne. Dans les cours de l'Abattoir, leur pas pesant fait sonner les couteaux aiguisés de la boutique qu'ils suspendent à leur ceinture de cuir et le clair fusil d'acier qui bat contre les pans flottants de la serpillière. Cet attirail ne doit pas sortir de l'abattoir. Dans leurs querelles, les bouchers habitués aux tueries « saignaient » les hommes....

Un coup d'œil sur le lieu d'exécution. Le sacrifice s'accomplit dans la fade odeur du sang. Le bœuf est lié, la tête appuyée au sol, le front s'offrant au merlin, ainsi que le représente aux passants le beau groupe de M. Louis Lefèvre Deslonchamps. Les bœufs sont assommés. Les veaux, les moutons, les porcs sont égorgés.

La nuit, des voitures traînées par de vigoureux chevaux partent dans toutes les directions, avec un roulement de tonnerre, portant aux boucheries de Paris leurs cargaisons pantelantes que le conducteur décharge sur ses robustes épaules recouvertes d'un large drap de forte toile. Chaque voiture porte sa tare, indiquée en chiffres peints, et passe sur une bascule, avant de sortir de l'abattoir, pour faire peser sa marchandise et acquitter ses droits d'octroi.

Rien n'est perdu de ces chairs, de ces ossements, de ces nerfs, de ces graisses et de ces suifs. De la graisse du mouton, on tirera la stéarine, et, de ses intestins grêles, des cordes de harpe. Les peaux, les cornes, les vessies sont l'objet d'un commerce important. Les abats de têtes de veau et pieds de mouton, sont préparés à l'abattoir même, dans un pavillon spécial, et ébouillantés dans d'immenses chaudières. L'industrie fait fréquemment usage d'une huile tirée du pied de bœuf.

L'antiquité était généreuse pour ses dieux. Dans les sacrifices, les sacrificateurs et les prêtres se réservaient le dos et les cuisses charnues des victimes. Jupiter, Minerve, Apollon se contentaient des entrailles. Nous gardons tout, en notre siècle utilitaire. La triperie a ses fanatiques. Le rognon, accommodé de cent façons savantes, figure dans les déjeuners les plus recherchés. Le ris de veau paraît sur les tables les plus aristocratiques. Et les gourmets, qui ne sont point bégueules, se régalent de gras double à la lyonnaise ou de tripes à la mode de Caen. Rien n'est perdu dans cette immense préparation de la viande. Les détritus qui ne peuvent entrer dans l'alimentation sous aucune forme servent de base à un engrai fort recherché des cultivateurs.

Les abattoirs ont aussi leur côté parisien : la visite des anémiques. On fait des cures de sang comme on fait des cures de raisin. On traite même certaines affections avec des bains de sang de bœuf. Pour être redoutés, les tyrans se vautraient dans le sang. Pour rester belles, des femmes s'y plongent ! La chronique

Marché aux bestiaux

raconte que Blanche d'Antigny prit un bain de champagne qui fut remis ensuite religieusement en bouteille. Que fait-on du sang des baignoires ?

A côté de l'abattoir, sur l'autre bord du canal de l'Ourcq, se tient le grand marché aux bestiaux de la Villette. La plus grande partie du bétail arrive par le chemin de fer. Les départements où l'élevage donne la production la plus élevée sont ceux du Calvados, de la Nièvre, de la Sarthe, de Seine-et-Oise, de Maine-et-Loire.

Le marché a été construit par Baltard, l'architecte des Halles centrales. L'ancienne fontaine du Château d'Eau a été transportée dans la cour centrale. Trois pavillons construits en fer servent à parquer le bétail. Le marché contient en outre des parcs de comptage, des abreuvoirs énormes et d'immenses étables.

Les transactions se font de gré à gré, tous les jours, de 10 heures à 3 heures et demie. Les marchandages sont interminables. Les acheteurs ont mille petites ruses cousues de fil blanc avant de jeter leur dévolu sur les bêtes qu'ils désirent. Tout cela ne va pas sans des stations fréquentes et de longs conciliabules dans les cafés remplis de l'éclat de gros rires, du tumulte des appels et du bruit des coups de poing sur les tables. Ce ne sont que longs troupeaux qui passent, flanqués de grands chiens au museau pointu, au poil rude de loup cervier, et promenades d'hommes à la carrure épaisse, aux joues rougeaudes, portant un fouet ou un gourdin, s'engouffrant dans des cabarets ou se hissant sur des carrioles ou des cabriolets attelés de grands chevaux maigres, efflanqués, nerveux, qui dévorent les longues routes, le cou tendu et ne se font nullement faute de verser leurs conducteurs à la blouse bleue, gonflée par l'air comme un ballon de cotonnade, au fond des fossés des grands chemins ou sur les mètres de cailloux.

La Villette est un des grands entrepôts de l'approvisionnement de Paris. Ses bassins ont l'aspect d'un grand port marchand. C'est également un vaste centre d'industrie parisienne. Une forêt de cheminées domine les manufactures et les usines. Plusieurs raffineries fort importantes y fonctionnent. A l'heure de la sortie des ouvrières, le coup d'œil est très curieux. Toutes ces filles sont poudrées, des pieds à la tête, de fine et brillante poussière de sucre... Aussi, la marmaille qui les attend à la porte des usines ne se fait-elle point faute de les embrasser... et sur les deux joues encore !

La mairie du XIXe arrondissement a été construite en 1878 par MM. Davioud et Bourdais, rue de Crimée, vis-à-vis du parc des Buttes-Chaumont. Dans cette même rue, se trouve une des succursales de l'Hospitalité de Nuit.

Rien de remarquable dans l'église paroissiale, placée sous l'invocation de Saint-Jacques et de Saint-Christophe.

A Belleville, l'église de Saint-Jean-Baptiste est une belle construction de Lassus, dans le style du treizième siècle. Belleville a perdu son gai caractère de banlieue à bosquets et à guinguettes. Le peuple, les petits commerçants, en habits des dimanches, s'arrêtaient sous des tonnelles chantées par Paul de Kock, en revenant de Romainville, où l'on cueillait le lilas par grosses bottes.

La descente de la Courtille n'est plus qu'un souvenir évanoui. Elle avait lieu dans la matinée du Mercredi des cendres, en bas de la grande rue de Belleville. Les masques avinés y défilaient dans les chars, s'engueulant d'une voix éraillée, débitant toutes les aménités du catéchisme poissard qui se trouve encore dans les boîtes des bouquinistes des quais, imprimé avec des têtes de clous sur du papier dont on ne vou-

PLAN DU XXe ARRONDISSEMENT

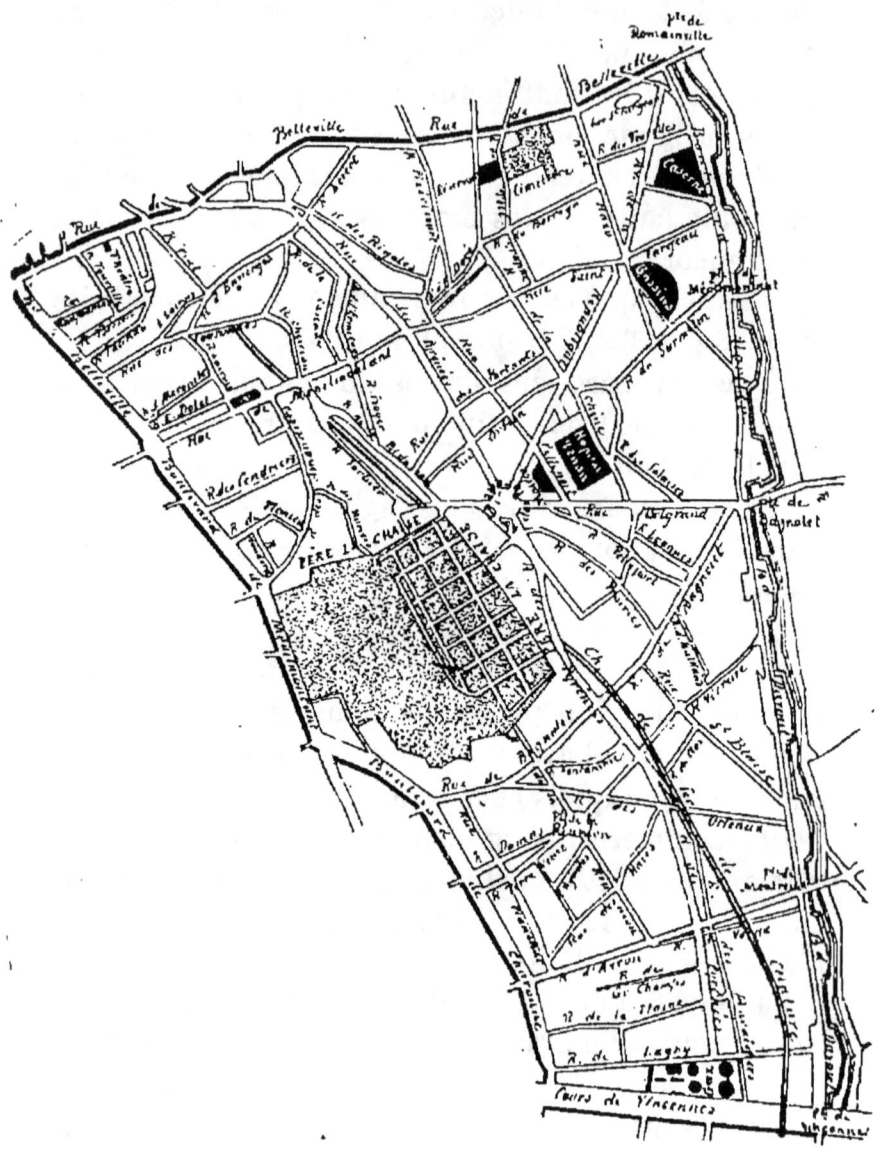

(Voir au dos les renseignements pratiques.)

XXᵉ ARRONDISSEMENT

(MÉNILMONTANT)

Mairie. — Place des Pyrénées.

Commissariats de police. — Rue Julien-Lacroix, 68. — Place des Pyrénées (à la Mairie). — Rue d'Avron, 60.

Poste, télégraphe, cabines téléphoniques. — Belleville, rue des Pyrénées, 397. P. T. C. — Charonne, rue de Bagnolet, 55. P. T.

Églises catholiques. — *Saint-Germain*. — *Notre-Dame de la Croix*.

Temples protestants. — Belleville, rue Julien-Lacroix, 97 (*calv.*).

drait plus pour les chandelles... Il ne mérite d'ailleurs pas plus de frais typographiques!

C'est sur les hauteurs de Romainville, le 30 mars 1814, que Marmont tira ses derniers boulets sur les colonnes alliées, avant de signer la capitulation de Paris.

XIII

LE QUARTIER DU PÈRE-LACHAISE

M. et madame Favart. — Les bals de Ménilmontant. — Le cabaret du *Pistolet*. — Le Père Lachaise. — Son fondateur. — Ses morts illustres. — Le « Mur ». — Fours crématoires. — « Dernières nouveautés. »

XX° ARRONDISSEMENT

Il reste attaché à ce village de Ménilmontant, qui forme aujourd'hui la plus grosse partie du XX° Arrondissement, quelques jolis souvenirs de banlieue parisienne. C'est là que demeuraient M. et madame Favart, dans une jolie maison ombragée de beaux arbres qui a été transformée en un hospice d'orphelins par les sœurs de Vincent de Paul. Comme Belleville, Ménilmontant était un nid à guinguettes, à bals champêtres : Bal du Galant-Jardinier, Bal des Barreaux Verts. Ce fut dans un cabaret de Ménilmontant, louche d'aspect, plus louche encore de clientèle, le *Pistolet*, que Cartouche fut dénoncé par un de ses anciens complices. Un mangeur de fameux morceaux, ce gars-là !

La mairie du XXe Arrondissement (place des Pyrénées) est de construction récente. Elle a été commencée en 1867, sur les plans de Salleron. L'église Notre-Dame de la Croix, de style roman, a été

Cimetière du Père-Lachaise

achevée par l'architecte Héret en 1870. Ménilmontant a son hôpital élevé sur 52,760 mètres de terrain, rue de la Chine, derrière la mairie.

Rien de saillant à noter dans les parties modernes de ce quartier. Il est habité par des familles d'ouvriers qui logent, à côté des usines et des ateliers, dans des maisons pavoisées, du premier étage aux mansardes, de paillasses souillées par les jeunes prolétaires et de linges savonnés par les ménagères et pendus à des cordes. Les gargotiers sont nombreux, ainsi que les marchands de « frites ». C'est un des derniers terroirs où vive encore la petite industrie de l'épicier-mercier, qui vend des œufs rouges, des bonnets à rubans, des trompettes et des billes.

Le XXe Arrondissement est plus célèbre par les morts que par les vivants. C'est là que se trouve la plus vaste nécropole de Paris : le Cimetière de l'Est, que l'on appelle communément « Le Père-Lachaise. »

Ancienne propriété des Jésuites, en vertu d'une donation faite par Louis XIV à son confesseur, le cimetière de l'Est a été dessiné sur les plans de l'architecte Brongniart et créé par ordonnance de Napoléon Ier.

Brongniart conserva les avenues de tilleuls et l'allée des marronniers du jardin des Jésuites. Il fit exécuter des travaux de terrassement et de voiries qui permirent aux voitures d'arriver, non seulement jusqu'au sommet de la butte, mais sur toutes les parties les plus ardues de son versant.

Le « Père-Lachaise » est souvent le théâtre de manifestations. La jeunesse des Écoles fait des pèlerinages à la tombe d'Alfred de Musset. Elle peut constater que l'ombre du fameux saule est légère à la terre où le poète dort du sommeil de l'éternité. Les amoureux s'arrêtent devant le tombeau d'Héloïse et Abailard, bien que cette station n'ait rien d'absolument encourageant. La bourgeoisie contemple respectueusement le monument de M. Thiers. Les communards vont à ce « Mur » qui a fourni à Chincholle, l'épique reporter du *Figaro*, matière à un nombre effroyable d'articles, et, à Louise Michel, ainsi qu'au cocher More, l'occasion de placer tout un lot de discours et de poésies révolutionnaires.

Par ses tombes de soldats illustres, le Père-Lachaise rivalise avec l'Hôtel des Invalides et la Basilique de Saint-Denis. Le passant peut lire sur la pierre les noms des maréchaux Ney, Mortier, Masséna, Jourdan, Macdonald, Davoust, Suchet.

Il a tout un Panthéon d'artistes : Chénier, Millevoye, Casimir Delavigne, Népomucène Lemercier, Pigault-Lebrun, Talma, Cherubini, Hérold, Élisa Mercœur, Mme Cottin. A Paris, l'inégalité ne cesse point avec la vie : à la mort, elle s'accuse davantage. Il y a une éclatante différence entre la tombe d'un homme qui a marqué dans l'époque et celle d'un bourgeois vulgaire tandis que, de leur vivant, on ne les eût pas distingués l'un de l'autre, vêtus de la redingote réglementaire et coiffés du banal chapeau haut de forme.

« A Constantinople, écrit Flaubert, toutes les tombes sont pareilles, elles ne diffèrent que par l'ancienneté. Seulement, à mesure qu'elles vieillissent, elles s'enfouissent et disparaissent, comme fait le souvenir qu'on a des morts (1). » Ainsi, les Turcs sont-ils plus démocrates que nous, devant la tombe.

Dans ce Paris où affluent tant de forces vives, où se déploient tant d'activités, les morts sont arrivés à tenir une trop grande place. Les sépultures mangent la terre, emplissent les cimetières qu'il faut bientôt fermer. Le conseil municipal s'est trouvé en présence de ce problème. Il a trouvé deux solutions. Des nécropoles ont été créées hors des murs de Paris, comme à Mery-sur-Oise, par exemple. Un four crématoire est

---

(1) Gustave Flaubert. — *Correspondance.*

installé au Père-Lachaise. A l'exemple des Grecs et des Romains, nous qui n'avons point de pénates, nous aurons les urnes funéraires dans lesquelles reposeront les cendres de ceux sur lesquels nous pleurons.

Nous verrons se créer de funèbres industries nouvelles, à côté de celles qui existent. Dans la zone des cimetières, de nombreuses corporations vivent en effet du culte de la mort et de la vivacité des regrets. A la Toussaint, ce sont de véritables marchés de fleurs, de couronnes et de petits tableaux, qui se tiennent aux abords des nécropoles. Les grands magasins annonceront à la quatrième page des journaux leur grand assortiment d'urnes en tout genre. — Dernières nouveautés de la saison.

Dernière nouveauté est bien le mot de cette industrie.

XIVe

LE FAUBOURG SAINT-ANTOINE

M. Zola et les ouvriers. — L'*Assommoir* et les *Sublimes*. — La place de la guillotine. — La Petite Roquette. — La Grande Roquette. — Le « grand Rapiot. » — Les Otages de la Commune. — Condamnés à mort. — La guillotine perfectionnée. — La Sensiblerie. — Le public de l'échafaud. — La Toilette. — La rue Sainte-Marguerite. — Le Faubourg-Saint-Antoine. — Émeutes et Barricades. — Ebénistes. — La place de la Nation. — La Foire au Pain d'Épice. — La *Haute-Banque*. — Maison de Retraite des Israélites. — Mazas.

On ne s'évade pas! — Le mobilier d'une cellule. — La gare de Lyon. — Les Évadés de Paris.

XI ET XII⁰ ARRONDISSEMENTS.

En sortant du cimetière du Père-Lachaise, nous redescendons dans Paris par une de ses voies les plus sinistres : la rue de la Roquette, qui traverse la place du même nom, sur laquelle s'élèvent les deux prisons de la Grande et de la Petite-Roquette.

C'est sur cette même place que le bourreau exécute les sentences capitales.

Le XI⁰ arrondissement est le plus populeux de Paris. C'est le domaine des ouvriers et des artisans. Un homme d'une conscience profonde, un citoyen dévoué à la chose publique, M. Denis Poulot, qui a été maire de ce quartier, a écrit un livre fort curieux qui a beaucoup servi à M. Zola dans son étude des mœurs populaires : l'*Assommoir*. Ceux qui veulent étudier l'ouvrier parisien dans ses vertus et ses vices doivent lire le *Sublime*.

Ces « Sublimes », les samedis de paye et le lundi, on les rencontre trop souvent sortant des cabarets, battant les murs, zigzagant sur les trottoirs et roulant dans la boue. L'alcoolisme exerce sur eux les plus funestes effets. L'exemple ne les corrige guère. Ils se donnent des sobriquets dont l'étrangeté ou l'ignominie est pour eux un titre de gloire. Zola nous en a présenté quelques-uns. Vous connaissez Bec-Salé, Mes Bottes, Bibi-la-Grillade. Permettez-moi de cueillir dans la liste de M. Denis Poulot quelques autres vocables aussi distingués : Trente-Kilos sans Griffes, le **Moule-à-Pastilles**, la **Jambe-de-Laine**, **Malfondu**, etc.

PLAN DU XIᵉ ARRONDISSEMENT

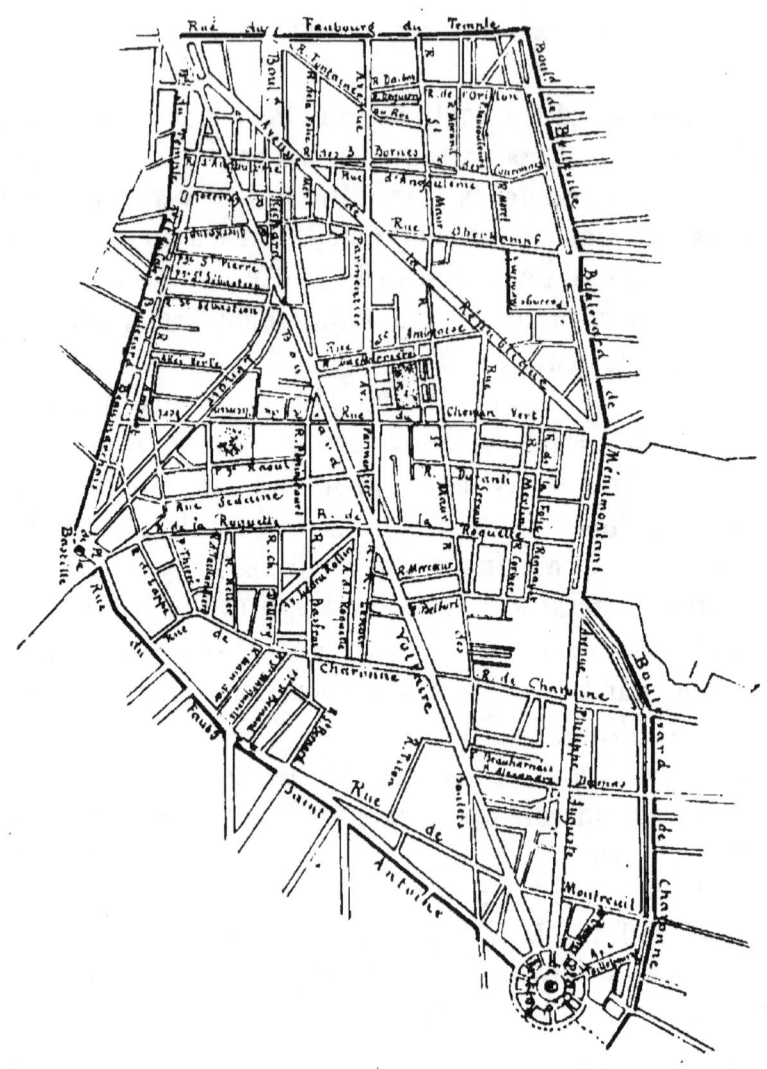

(Voir au dos les renseignements pratiques.)

XIe ARRONDISSEMENT

(POPINCOURT)

Mairie. — Place Voltaire, 9 et 12.

Commissariats de police. — Rue Folie-Méricourt, 83. — Rue Lacharrière, 7. — Rue de la Roquette, 96. — Rue des Boulets, 38.

Poste, télégraphe, cabines téléphoniques. — Boulevard Richard-Lenoir, 108. P. T. C. — Boulevard Voltaire, 105. P. T. C. — Boulevard de Belleville, 45. P. T. — Place de la République, 10. P. T. C. — Boulevard Beaumarchais, 68. P. T. C. — Rue Alexandre-Dumas, 1. P. T.

Eglises catholiques. — *Saint-Ambroise.* — *Saint-Joseph. Sainte-Marguerite.*

Temple protestant. — *Bon-Secours*, rue de Charonnes, n° 97 (*luth.*).

J'en passe, et des plus relevés. Mais, s'il y a de ces tristes échantillons de *loupeurs* pour emplir les bouges et les repaires du quartier, cette population est laborieuse et fréquente régulièrement l'atelier et l'usine.

L'entrée principale du plus grand cimetière de Paris et la place de la guillotine ne sont séparées que par une distance de quelques centaines de mètres.

Sur cette place, la Petite-Roquette semble être l'antichambre de la Grande. Il ne faut pas être un criminaliste expert pour reconnaître que la pénalité engendre très rarement le repentir. Elle provoque au contraire une sorte d'émulation dans le vice, une forfanterie véritable dans la paresse et le brigandage.

La prison des jeunes détenus a adopté le régime cellulaire, le plus terrible, mais le seul qui produise des effets moralisateurs. Elle est réservée aux enfants qui y sont enfermés à la suite d'une condamnation ou à la demande de leurs parents, sur une ordonnance de correction rendue par le premier président du Tribunal de la Seine. Il n'est point de prison dont l'affectation soit plus triste, et dont l'utilité atteste plus gravement la dépravation et la corruption qui se dégagent des populations trop nombreuses et trop pressées, trop exposées à des promiscuités avilissantes et pernicieuses.

Malgré des changements nombreux apportés dans le système pénitentiaire appliqué à l'enfance, il est triste de reconnaître qu'on a réussi plus souvent à réprimer qu'à amender.

A la Petite-Roquette, la société conserve un espoir, une illusion, après avoir châtié. A la Grande-Roquette, la main de la justice s'est lourdement abattue sur les coupables qui ont commis des crimes plus graves que les pénalités du Code ou qui, par la fréquence de leurs condamnations, ont prouvé qu'ils étaient définitivement incorrigibles.

C'est de la Roquette que les condamnés sont diri-

Maison d'arrêt — la Roquette

gés sur le bagne. Ils sont amenés dans des voitures cellulaires à la gare d'où ils doivent partir et transportés dans des wagons aménagés dans les mêmes conditions que les voitures. Avant le départ, ils reçoivent du linge et des vêtements et subissent une toilette spéciale. Le barbier leur coupe les cheveux si ras que la peau, en plusieurs places, demeure pelée. Chaque condamné doit au préalable être livré, complètement nu, à une visite minutieuse. Il est nécessaire de s'assurer qu'il n'est muni ni d'argent, ni de ce petit nécessaire d'évasion qu'on appelle « le bastringue ». Cette perquisition, en argot de prison, a reçu le nom de *grand rapiot*. Pendant tout le voyage, il a les jambes entravées au moyen de deux anneaux, reliés par une chaîne assez courte pour l'empêcher de courir.

Le régime de la Grande-Roquette est extrêmement sévère. Dans la journée, les détenus travaillent dans des ateliers où le silence le plus absolu leur est imposé. La nuit, ils couchent en cellule.

C'est dans une des cours de la Roquette, le long d'un mur dans lequel est scellée une plaque commémorative, que les otages de la Commune ont été fusillés. On voit au trésor de Notre-Dame la soutane violette de Mgr Darboy, trouée par les balles et déchirée d'un coup de baïonnette.

Ce qui donne à la Grande-Roquette sa terrible célébrité c'est qu'elle est la prison où les condamnés à mort viennent attendre, dans ses cellules, l'heure de l'application de leur peine.

L'échafaud est agencé sur les dalles scellées dans le pavé, devant la porte de la prison. Je dis « agencé », car la guillotine ne mérite pas de mot plus noble. C'est une machine perfectionnée, qui tue sûrement, rapidement, silencieusement et qui semble moins être un instrument de justice qu'un instrument de chirurgie.

En France, où l'on est très volontiers humanitaire, les esprits généreux ont pour les assassins une compassion tellement large qu'il ne leur reste plus de pitié pour les victimes. L'assassin est considéré comme un monstre qui n'est point sans valeur artistique et dont la psychologie intéresse les beaux esprits.

Pour rester dans la vérité, il faut reconnaître qu'il n'y a pas de spectacle plus infâme que celui d'une exécution capitale. La guillotine se dissimule derrière les gendarmes, tant elle est basse ! L'heure de l'exécution, au petit jour, laisse supposer que la justice n'a pas l'énergie d'appliquer la loi. La foule immonde qui grouille autour du lieu d'exécution, tenue à distance respectueuse par les cordons du service d'ordre, se rue à un spectacle sanguinaire qui ne constitue pas le moins du monde un exemple pour ce ramassis de filles publiques, de souteneurs et de repris de justice.

Dans ce spectacle dépourvu de grandeur, il n'est resté qu'un moment d'angoisses : celui où les portes de la prison s'ouvrent pour laisser passage au condamné et à son escorte, lorsque, sur le commandement de leurs chefs, les gendarmes mettent le sabre au clair.

Le prisonnier a été réveillé subitement dans sa cellule. Il a appris que son pourvoi est rejeté. L'aumônier lui offre les consolations suprêmes de son ministère. Sa toilette est vivement faite. On lui coupe les cheveux et le col de sa chemise, et après lui avoir retiré la camisole de force, on lui fait endosser les vêtements qu'il portait à la Cour d'assises. Quand il marche à l'échafaud, il est solidement lié et son paletot est jeté sur ses épaules. Après l'exécution, le corps et la tête sont jetés dans un fourgon qui transporte ces dépouilles sanglantes au cimetière des condamnés à mort, à Ivry.

Cette guillotine au couteau teinté de noir — pour ne pas briller — a l'aspect d'un établi de serrurier.

Une partie de l'effroyable population qui se presse autour de l'échafaud arrive de ruelles sordides, telles que cette rue Sainte-Marguerite remplie de bouges, de maisons de tolérance, de garnis infects et de cavernes où des brocanteurs crasseux entassent les résidus les plus immondes du trottoir derrière lesquels s'abrite l'aubaine du recel d'objets volés, souvent à la suite d'un crime.

Les philanthropes et les hygiénistes demandent la suppression de ces plaies et de ces verrues qui déshonorent Paris. La police ne s'associe nullement à ces réclamations. C'est dans ces viviers de la débauche et du crime qu'elle jette le plus sûrement ses filets et qu'elle est le mieux aidée par des délateurs et des délatrices guidés par la peur, la vengeance ou la gratitude de faveurs habilement accordées par l'administration.

C'est au coin de la rue Sainte-Marguerite et du faubourg Saint-Antoine que le député Baudin fit voir au peuple comment un vrai républicain sait mourir.

La fortune industrielle du Bourg Saint-Antoine date de Colbert. De grosses fabriques s'y montèrent sous la protection du grand ministre. Son importance politique se révéla dans les premiers actes de la Révolution.

Le faubourg incendie la maison Réveillon, le 27 avril 1789, et contribue en masse à la prise de la Bastille. Les femmes vont à Versailles chercher le Boulanger, la Boulangère et le Petit Mitron. Le Brasseur Santerre mène les citoyens, le 10 août, à l'assaut des Tuileries. C'est le Faubourg qui brandit les longues piques, chante le *Ça ira!* revêt la carmagnole et coiffe le bonnet phrygien. Après avoir été révolutionnaire, il devint guerrier. Napoléon entraîne ses fils les plus énergiques sur tous les champs de bataille de l'Europe. Westermann et Augereau sont des enfants du Faubourg.

En 1830, le Faubourg rugit de nouveau. En 1832, il est en armes. En 1848, il se lève comme un seul homme pour le triomphe de l'idée républicaine. Pendant les journées de Juin, il est le foyer de l'insurrection, livre une bataille de trois jours à la force armée et tient ferme contre le canon dont les boulets labourent ses maisons. Pendant les derniers jours de la Commune, l'incendie fait dans le Faubourg d'épouvantables ravages.

Son industrie principale est l'ébénisterie. Tout ce qui touche à l'art de l'ameublement s'y trouve réuni. Ses ouvriers jouissent d'une réputation universelle d'habileté, de goût et de savoir. Non seulement, l'art moderne y produit ses plus gracieuses créations; mais le Faubourg s'inspire de tous les styles et de toutes les époques. Il connaît toutes les traditions de son art et excelle dans la restitution du meuble ancien. Il a des artistes capables de tromper les connaisseurs les plus experts ; et l'amour futile, immodéré, peu éclairé, des objets anciens développe l'habileté des artisans. Après avoir employé des bois anciens pour leur travail d'imitation, les ébénistes en vieux sont arrivés à employer des bois neufs qu'ils criblent eux-mêmes de piqûres de vers artificielles. Ils apportent dans cette fabrication la même exactitude que les Chinois à copier les modèles qu'on leur propose.

A Pâques, le Faubourg Saint-Antoine est en fête. Depuis quelques jours, il a vu passer des cortèges étranges, composés de longues files de fourgons et de charrettes portant des charpentes. Ce sont les caravanes et les roulottes des forains, le matériel des carrousels, des balançoires, des montagnes russes, des chemins de fer circulaires et des manèges de bateaux qui se rendent à la Foire au pain d'épices. Puis viennent

Place de la Nation

les ménageries aux odeurs de fauves et d'où partent des rugissements, avec la voiture spéciale de Madame la girafe, une sorte de cabane dont le toit est troué d'une large ouverture par laquelle l'animal lentement traîné passe son grand col, regardant de son œil rond et bête les gamins qui le saluent de grands cris.

Sur cette immense place de la Nation, qui porta si longtemps le nom de Place du Trône et qui se reconnaît de loin à ses deux colonnes de Philippe-Auguste et de Saint-Louis, semblables à deux énormes mirlitons maintenus en équilibre, se tient cette vaste cocasserie de la Foire au Pain d'Épice, qui se prolonge tout le long du Cours de Vincennes jusqu'au passage du chemin de Ceinture.

La Banque se donne rendez-vous à cette foire. Les grands forains sont tous à leur poste ; les Cocheris, les Delille, les Legois, avec leurs théâtres si ingénieusement transportables, machinés, truqués, éclairés au gaz et à la lumière électrique. Ce sont de hauts et puissants seigneurs, ces messieurs de la « Haute Banque ». Ils possèdent des maisons de rapport, ces vagabonds ! Et, quand ils sont las des expéditions lointaines dans leurs caravanes luxueusement meublées, propres et astiquées comme des ponts de navire, ils vont se reposer des voyages au fond d'une opulente villa, ombragée et fleurie, dans un coin de banlieue parisienne. Bilboquet a des rentes. Le fils de Bobêche est bachelier. Il est en passe d'être ministre...

Cette fortune des saltimbanques est prodigieuse. Le peuple accourt à leurs parades, se presse sur les banquettes de leurs théâtres, fait la queue à la porte des ménageries, des cirques et des arènes de lutteurs. Les gens de plaisirs et les filles à la mode sont très friands de spectacles forains. Gagner un lapin au tourne-vire est une des grandes joies de ce monde pour le demi-monde. Une sérénade sur d'immenses mirlitons offre à l'oreille de ces blasés des jouissances infinies ; et le cœur des petites dames bat plus vite, lorsqu'elles montent l'escalier de la baraque de la somnambule extralucide dont on voit, au fond de la roulotte, le lit monter jusqu'au plafond.

PLAN DU XIIᵉ ARRONDISSEMENT

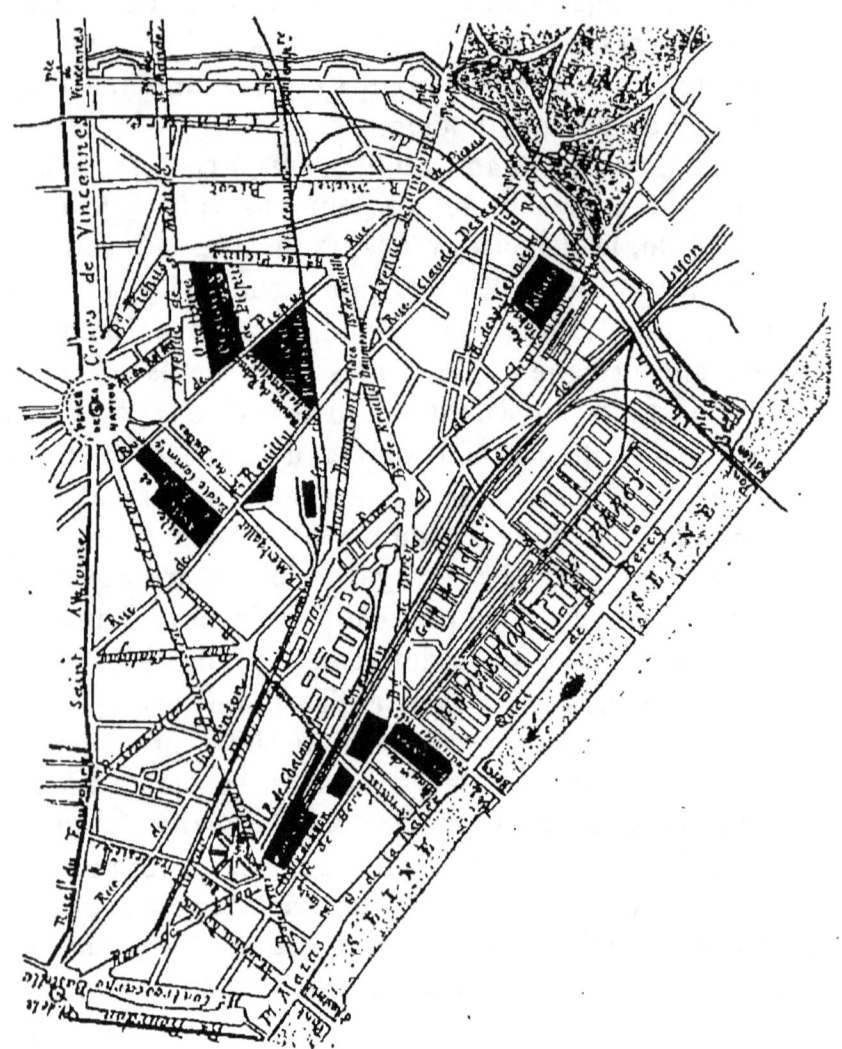

(Voir au dos les renseignements pratiques.)

XIIe ARRONDISSEMENT

(REUILLY)

Mairie. — Avenue Daumesnil.

Commissariats de police. — Rue Bignon, 3. (à la Mairie). — Rue de Bercy, 65. — Boulevard Diderot, 64.

Poste, télégraphe, cabines téléphoniques. — Rue Citeaux, n° 40. P. T. C. — Boulevard Diderot, 18. P. T. C. — Saint-Mandé, rue du Rendez-vous, 20. P. T. C. — Bercy, rue de Charenton, 240. P. T. C. — Rue de Gallois, 34. P. T. C.

Eglises catholiques. — *Saint-Eloi.* — *Saint-Bernard.*

Chapelle protestante libre. — Avenue Ledru-Rollin, 153

Pendant la semaine sainte, la Foire au Pain d'Epice est précédée de la Foire aux Ferrailles et de la Foire aux Jambons.

Le XI⁰ Arrondissement possède un théâtre, rue de Malte, connu sous le nom de Théâtre du Château d'Eau. Les entreprises et les directions s'y suivent très fréquemment et sans se ressembler.

Les églises sont au nombre de trois : Saint-Joseph (1), en forme de croix latine, avec sa tour; Sainte-Marguerite (2), où l'on remarque un Christ au Jardin des Olives d'Eugène Delacroix, et Saint-Ambroise, élevée boulevard Voltaire, sur l'emplacement des Annonciades, par l'architecte Ballu (3). On y voit des peintures de Lenepveu.

La mairie du XI⁰ Arrondissement a été érigée sur la place Voltaire.

De la Place de la Bastille à la Place de la Nation, le faubourg Saint-Antoine forme à la fois la frontière et le lien des XI⁰ et XII⁰ Arrondissements.

Sur la droite, en venant de la Bastille, les maisons du faubourg appartiennent au XII⁰. De ce côté, se trouve l'Hôtel Saint-Antoine, logé dans une ancienne Abbaye de femmes, de l'Ordre de Cîteaux et dont les bâtiments ont été reconstruits. Quatre médecins et un chirurgien sont chargés du service de Saint-Antoine, qui contient plus de 600 lits. L'ancienne église de l'Abbaye a été détruite par la Révolution. Cons-

---

(1) Voir *Annexe méthodique des Renseignements spéciaux*, 3ᵉ partie, chap. XIV, note 1.
(2) Voir *Id*. Chap. XIV, Note 2.
(3) Voir *Id*. Chap. XIX, Note 3.

truite par Blanche de Castille, elle était un des plus purs monuments du style ogival que l'on pût admirer dans Paris.

Au coin du faubourg et de la rue de Picpus, l'Impératrice Eugénie a fondé un Orphelinat de jeunes ouvrières, qui a été reconnu d'utilité publique en 1858, et dans lequel sont élevées environ 300 filles âgées d'au moins huit ans et ne pouvant avoir dépassé la douzième année.

Nous avons déjà traversé rapidement ce quartier pour nous rendre de la place de la Bastille au bois de Vincennes, en suivant l'avenue Daumesnil où est construite la mairie du XIIe Arrondissement. Il n'est plus sillonné de rues comme les vieux quartiers du centre. Les maisons ne s'y enchevêtrent pas dans un fouillis pittoresque et l'on y rencontre souvent de larges espaces entourés de clôtures. Les usines, les magasins et les bâtiments des OEuvres de secours et de charité peuvent s'y développer tout à l'aise.

L'Hospice Sainte-Eugénie est consacré à l'enfance. L'Hospice d'Enghien est réservé, par ses donateurs, aux anciens serviteurs de la maison d'Orléans.

La maison de Retraite des Israélites est installée rue de Picpus. Elle a été fondée par M. J. de Rothschild pour 30 vieillards des deux sexes. Cet établissement s'est augmenté dans de vastes proportions. A côté de l'Asile des vieillards, il contient deux hôpitaux, dont l'un attribué aux enfants. Les Israélites n'avaient point, avant la fondation de cet hôpital, d'établissement spécial où ils pussent être soignés gratuitement et selon les préceptes de leur religion.

En suivant, de la place de la Nation, le Boulevard

Diderot qui aboutit à la Seine, nous arrivons à cette sinistre maison d'arrêt de Mazas, sombre éventail de meulière dont les branches sont des galeries cellulaires.

Prison sans espoir pour ceux qui y sont jetés, chef-d'œuvre de l'administration des prisons, Mazas est

Maison d'arrêt – Mazas

une tombe. On ne relève dans l'historique de cette maison d'aspect redoutable que deux tentatives d'évasion, dont la plus récente date seulement du 7 avril dernier, et dont les auteurs, malgré leur adresse, leur sang-froid, leur témérité folle, ont été repris avant d'avoir exécuté leur dessein.

Mazas sert de prison aux prévenus, aux condamnés qui n'ont à purger qu'une courte peine et, *par faveur*, à ceux qui demandent à être enfermés en cellule.

Les prévenus accusés de crimes très graves (assassinats, vols à main armée) ne sont pas laissés seuls. D'autres détenus partagent leur captivité. Ce sont, le plus souvent, des « moutons » qui les surveillent jusque dans leur sommeil et leurs rêves et qui épient leur gaieté trop bruyante et leurs larmes furtives.

Seuls, les condamnés sont assujettis au travail. De nombreux prévenus demandent cependant qu'on leur accorde le droit de travailler pour user ces heures oisives et lentes de la prison dont l'ennui lourd pèse d'un poids si terrible que les criminalistes le considèrent comme le plus rude des châtiments.

Les détenus vivent dans d'étroites cellules, mesurant 21 mètres, meublées d'une petite table scellée dans la muraille, d'une chaise attachée par une chaîne, de planchettes pour placer le matériel de chaque prisonnier, et d'un hamac avec ses couvertures. Ils ont, pour se promener, cinq étroits préaux entourés de grands murs, semblables à des fosses destinées à contenir des bêtes sauvages et terribles. Et ce sont bien souvent des êtres plus féroces que les lions et plus dangereux que les tigres qui se promènent dans ces cours caillouteuses, levant leur pâle visage vers le ciel pour en recevoir un rayon de soleil.

Non loin de Mazas, la gare de Lyon appelle à elle les camions, les omnibus chargés de malles. A côté de ces prisonniers de Mazas, auxquels la vue d'un étroit coin de ciel est impitoyablement marchandée, des familles heureuses se pressent, au début de l'automne, dans le Hall du chemin de fer pour aller chercher le ciel bleu de Monte-Carlo, de Nice ou d'Alger, pour vivre les rudes mois d'hiver à l'ombre des orangers et des palmes, dans le parfum des fleurs, au milieu d'un éternel été. Frôlant de la roue rapide de leurs voitures les trottoirs de la prison, ils passent ainsi, les heureux et insouciants évadés de Paris, à côté des vivants ensevelis de Mazas !

QUATRIÈME PARTIE

LA RIVE GAUCHE

I

LES NOUVEAUX ARRONDISSEMENTS

Le Faubourg Saint-Marcel. — La Bièvre et les Gobelins. — Le Marché aux chevaux. — Lourcine. — La Salpêtrière. — Le faubourg Saint-Jacques. — Port-Royal et la Bourbe. — Sainte-Anne. — L'Hospice des Enfants Assistés. — Le Carmel. — L'Observatoire. — Montrouge. — Le cimetière du Sud. — La rue de la Gaîté. — Peintres et sculpteurs. — Les Catacombes. — L'Ossuaire de Paris. — Montsouris. — Vaugirard. — Carriers et maraîchers. — Javel et Grenelle. — Un théâtre d'ouvriers. — Bouges et guinguettes.

(XIII° XIV° ET XV° ARRONDISSEMENTS.)

Quatre ponts font communiquer le XII° et le XIII° Arrondissements. Ce sont le pont National, le pont de Tolbiac, le pont de Bercy et le pont d'Austerlitz.

L'enceinte méridionale de Paris est bordée par trois

PLAN DU XIIIe ARRONDISSEMENT

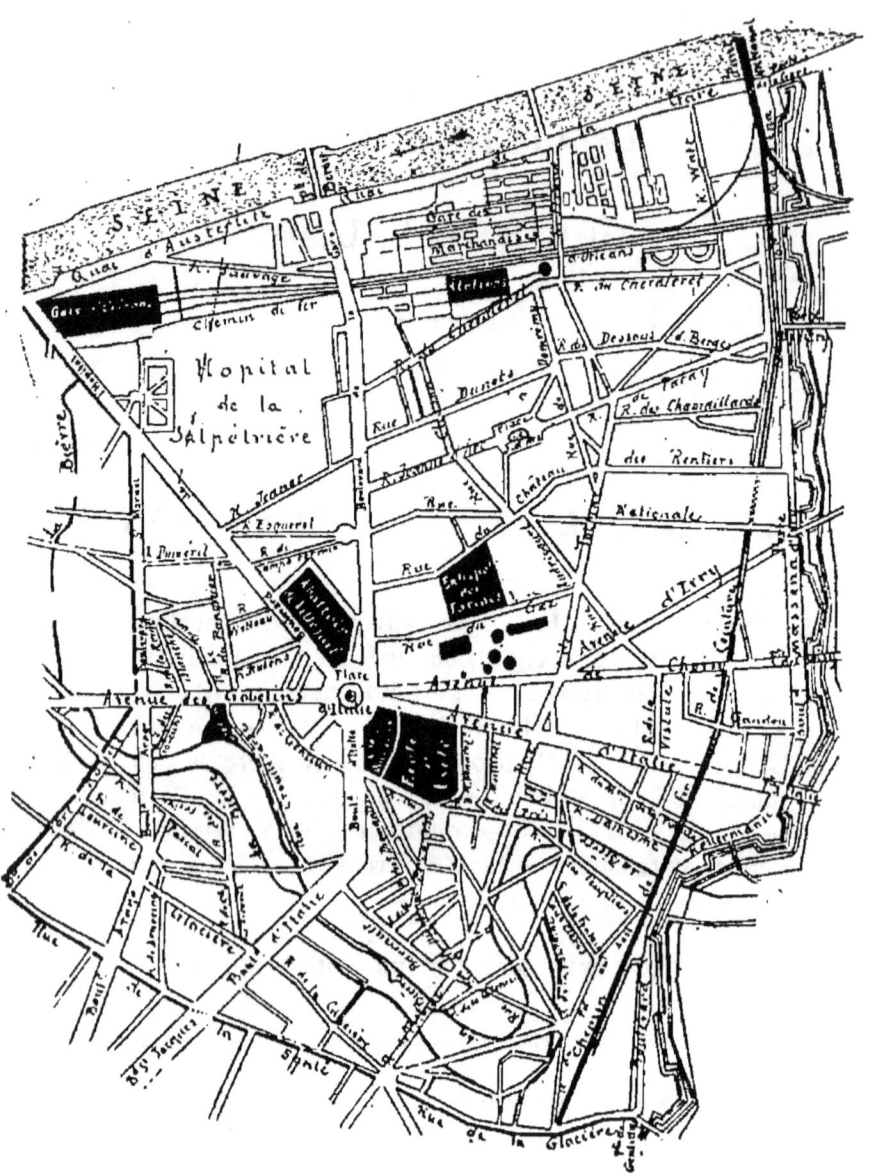

(Voir au dos les renseignements pratiques.)

XIIIᵉ ARRONDISSEMENT

(GOBELINS)

Mairie. — Place d'Italie.

Commissariats de police. — Rue Primatice, 4. — Rue Jeanne-d'Arc, 60. — Boulevard d'Italie, 41. — Rue Primatice, 4.

Poste, télégraphe, cabines téléphoniques. — Gare d'Ivry, place Jeanne-d'Arc, 41. P. T. — La Maison-Blanche, avenue d'Italie, 77. P. T. C.

Eglises catholiques. — *Saint-Marcel.* — *Notre-Dame de la Gare.*

Temple protestant. — *Les Gobelins*, rue Lebrun, 35 (*calv.*) *Maison-Blanche*, avenue d'Italie, 22 (*luth.*).

arrondissements annexés (XIIIe, XIVe et XVe) qui ne sont en réalité que des faubourgs intérieurs.

Dans son *Tableau de Paris*, Mercier fait une description épouvantable des mœurs farouches et brutales du faubourg Saint-Marcel, plongé dans une misère noire, livré au vice et à l'ivrognerie.

« Il y a plus d'argent dans une seule maison du faubourg Saint-Honoré, nous dit-il, que dans tout le faubourg Saint-Marcel.

« C'est ce faubourg qui, le dimanche, peuple Vaugirard et ses nombreux cabarets; car il faut que l'homme s'étourdisse sur ses maux; c'est lui surtout qui remplit le fameux *Salon des gueux*. Là dansent sans souliers et tournoyant sans cesse des hommes et des femmes qui, au bout d'une heure, soulèvent tant de poussière qu'à la fin on ne les aperçoit plus.

« Une rumeur épouvantable et confuse, une odeur infecte, tout vous éloigne de ce « Salon » horriblement peuplé, et où, dans les plaisirs faits pour elle, la populace boit un vin aussi désagréable que tout le reste.

« Ce faubourg est entièrement désert les fêtes et les dimanches. Mais quand Vaugirard est plein, son peuple reflue au Petit-Gentilly, aux Porcherons et à la Courtille : on voit le lendemain, devant les boutiques des marchands de vin, les tonneaux vides, et par douzaines. Ce peuple boit pour huit jours ».

Ce tableau s'est modifié. Il est moins sombre. Il y a cependant des misères cruelles dans ce quartier peuplé d'artisans, dont le métier est rude et le salaire généralement minime. Aussi, bien des rues sont-elles navrantes et bien des maisons pitoyables. Cité Jeanne-d'Arc, Jean Richepin (1) a retrouvé les promiscuités que dénonçait Mercier dans le *Tableau de Paris*. Dans ces étroits logements, qui ne se composent souvent que d'une seule chambre, les familles entassées pêle-mêle respirent une atmosphère répugnante, et ce qu'il y a de plus triste et de plus absurde à la fois,

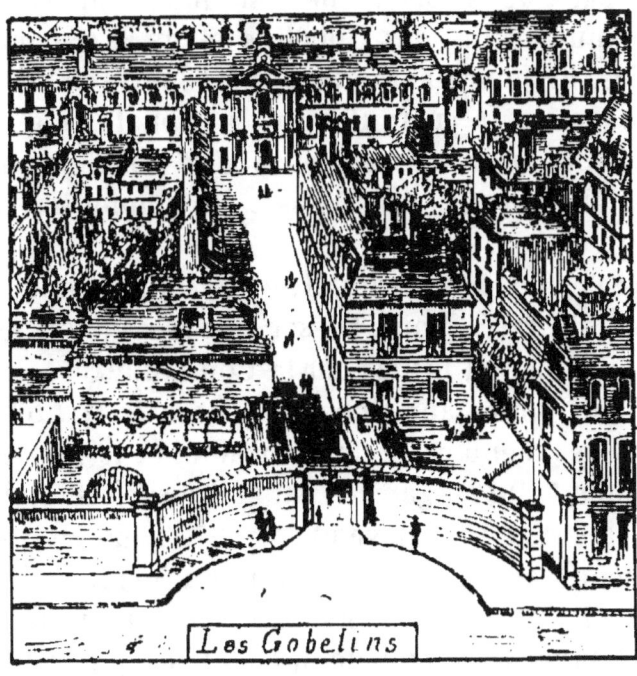

c'est que ces grandes casernes ouvrières sont modernes ! Voilà tout ce que le progrès a inventé !

L'Église Saint-Marcel, boulevard de l'Hôpital, est un édifice moderne dont le style pastiche celui du XIII siècle.

Il est triste ce quartier des Gobelins, et elle est

(1) Jean Richepin. — *Le Pavé* (Maison Dreyfous, éditeur).

triste, cette Bièvre, souillée, en entrant dans Paris, par le contact noir et puant des tanneries. Pauvre petite rivière, si gaie, si claire, dans la campagne parisienne, qui va finir honteusement dans une canalisation souterraine, non comme un cours d'eau, mais comme un égout!

Les eaux de la Bièvre ne sont plus employées par les manufactures des Gobelins et de la Savonnerie réunies, ni pour la teinture, ni pour le lavage des laines; mais la manufacture nationale n'a point quitté son ancienne résidence des Gobelins, payée, matériel compris, par Colbert la somme de 40,775 livres.

De ces vieux bâtiments, il ne reste plus grand'chose. Ils ont été rasés pour laisser un passage à l'Avenue des Gobelins, ou brûlés par la Commune.

Colbert donna aux Gobelins le nom de Manufacture royale des meubles de la couronne, et le nouvel établissement fut organisé par dispositions spéciales d'un édit rendu en novembre 1667. Tous les métiers qui coopèrent à la fabrication du meuble y furent réunis. Peintres, brodeurs, tapissiers, graveurs, orfèvres, lapidaires, menuisiers, ébénistes, y eurent leurs ateliers spéciaux d'où sortirent toutes les pièces du mobilier de la couronne.

Une école pratique d'art décoratif et de tapisserie est annexée à la Manufacture dont elle instruit et forme les artistes. L'atelier de teinture ne fournit pas seulement les laines des Gobelins, il pourvoit également aux besoins de la manufacture de Beauvais; les laines sont classées suivant les cercles chromatiques établis par M. Chevreul.

Les deux premiers directeurs de la Manufacture Royale avaient été les peintres Mignard et Lebrun.

Le mercredi et le samedi, sur les grandes avenues et les boulevards mornes du XIII° Arrondissement, passe une cavalerie pesante. Des maquignons coiffés de la casquette de soie mènent leurs bêtes au Marché aux chevaux.

La marchandise est lustrée, bichonnée, bouchonnée. Les crinières opulentes ont été soigneusement peignées. Les croupes arrondies luisent et miroitent au soleil. On vend au marché, qui se tient à l'angle des Boulevards de l'Hôpital et Saint-Marcel, des chevaux de travail : de robustes percherons à la robe gris pommelé pour les tombereaux, et de petites bêtes bretonnes sobres et vaillantes qui trotteront agilement dans les brancards de la carriole ou de la tapissière de commerce.

Ces animaux sont parqués dans des stalles. Le fouet pendu au cou, les maquignons font l'article. Ils trouvent à qui parler dans ces négociations délicates. La bête convoitée est visitée des pieds à la tête. On examine l'œil, les dents, la bouche, les sabots. L'acheteur ausculte la « marchandise » et suppute la quantité d'avoine nécessaire à l'animal. Un palefrenier saute à poil, fait claquer son fouet et force sa monture à prendre successivement toutes les allures.

Le législateur a essayé, autant que possible, d'assurer la moralité de ce trafic. La loi énumère les tares qui annulent les conventions et marchés au bout d'un laps de neuf jours; mais rien ne peut empêcher le maquignon de parer sa marchandise, de donner un brillant factice à des robes ternes et de faire relever la queue à des rossinantes qui la tiennent plus que bas dans le privé.

Il est rare que les prix de vente dépassent plus de 1000 à 1500 francs. Si votre bourse ne vous permet pas de dépenser plus d'un louis, quelque honnête maquignon se chargera de vous fournir un quadrupède à peu près complet. Soyez persuadé de reste qu'il ne vous en donnera que pour votre argent.

Les gardes fançaises avaient une caserne rue de Lourcine, avant la Révolution. Maintenant, on y voit un hôpital, qui porte le même nom que la rue, et qui est installé à la place d'un couvent de Cordeliers. On connaît la triste spécialité de Lourcine. Les services de cet hôpital contiennent environ 300 lits.

Sainte-Périne, que nous avons visitée à Auteuil, est un jouet à côté de la Salpêtrière. Cet hôpital immense, le plus vaste du monde entier, a reçu son nom de bâtiments où l'on fabriquait autrefois le salpêtre. Il a l'étendue d'une petite ville. La superficie de ses bâtiments, cours et jardins, mesure une trentaine d'hectares. Ancienne prison, où les femmes coupables de certains crimes étaient « marquées » par le bourreau, la Salpêtrière est aujourd'hui, à la fois un hôpital et une maison de retraite.

On y soigne les femmes cancéreuses, les aliénées, les épileptiques, les aveugles et les gâteuses.

L'aspect des quartiers affectés à l'hôpital est douloureux. Celui des quartiers réservés à l'hospice présente des coins d'une bizarrerie qu'on ne s'attendrait pas à trouver en un pareil endroit. Des marchands de toutes sortes sont installés à l'intérieur de la Salpêtrière. Des fruitiers, des épiciers y tiennent boutique.

On y voit des marchands de tabac et même un café...
Il ne faut pas croire que les débits de tabac ne vendent que de la poudre à priser. Certes, beaucoup de vieilles font usage de la « queue de rat », mais il y en a qui fument, comme de grandes dames russes ou de gracieuses Andalouses, et qui — Bonté divine! — fument la pipe avec la vaillance de Jean Bart ou la gravité fatidique des Orientaux Ce sont — paraît-il — d'anciennes cantinières qui n'ont pu renoncer aux habitudes de leur métier.

Ces vieilles travaillent. Beaucoup sont laborieuses, âpres au gain. Mises à l'abri de tout besoin, arrivées à l'âge où la vie ne semble plus devoir être faite que de lassitude et de renonciation, ces vieilles ont encore des passions et des désirs. Elles veulent avoir de l'argent pour se parer et pour plaire. Elles travaillent pour gagner quelques sous qui leur permettront, aux jours de sortie ou de visite, d'avoir un bonnet bien blanc, un fichu frais repassé. Si l'on installait ici un cabinet noir, on constaterait que la correspondance de ces pauvres femmes est une correspondance amoureuse. M. Maxime du Camp nous affirme que les plus tendres propos s'échangent avec Bicêtre et qu'il faut empêcher souvent des « crêpages de bonnets » dont un vieux et galant jardinier a tout l'honneur (1).

La Salpêtrière possède un jardin fleuriste considérable (le marais) où l'on fait des fleurs pour les parterres de tous les hospices de Paris, une génisserie pour la vaccine, une blanchisserie énorme où se lave et se repasse le linge de l'Assistance publique.

Les cuisines sont gigantesques. C'est un spectacle

---

(1) Maxime du Camp. — *Paris.*

des plus curieux que celui de la préparation de la nourriture de ces vieilles que la société a prises à sa charge.

L'Arrondissement de l'Observatoire (XIV°) comprend les quartiers de Montparnasse, de la Santé, du Petit-Montrouge et de Plaisance.

Le Faubourg Saint-Jacques a conservé son ancienne physionomie du siècle de Louis XIV. « On ne sait mourir que là, a dit un contemporain. » La Révolution a fermé ou détruit de nombreuses maisons de retraite et communautés religieuses. Plusieurs ont été transformées en hôpitaux ou hospices.

L'ancienne maison de Port-Royal est occupée maintenant par l'hôpital de la Maternité, que le peuple appelle plus fréquemment la *Bourbe*. Cette maison avait traversé des crises et subi de tragiques destinées. Les religieuses, passionnément attachées aux doctrines jansénistes défendues par les illustres solitaires de Port-Royal des Champs, furent expulsées de leur maison et dispersées dans d'autres communautés. Sous la Révolution, Port-Royal s'appela Port-Libre et fut transformé en prison. Des souvenirs gracieux sont attachés à cette époque. Port-Libre avait moins l'aspect d'une prison que d'un salon. La société la plus aristocratique y était enfermée et y conservait ses traditions d'élégance et de galanterie : Le soir, un vieil acacia était le centre des réunions de ce beau monde qui faisait aimable figure à la mort.

Aujourd'hui, la maison sert d'asile aux femmes dont l'accouchement est imminent. On les garde neuf jours après leurs couches. Quand elles partent, elles reçoivent une layette complète. Toutes doivent allaiter leurs enfants, à moins que le médecin ne s'y oppose. C'est à la Maternité que les élèves sages-femmes viennent faire leurs études pratiques qui durent au moins un an, et deux ans au plus.

Il n'y a peut-être point de maison qui émeuve plus le visiteur que la Maternité. Ailleurs, la vieillesse se termine dans une pauvreté décente ; la souffrance est soulagée ; le mal est combattu. Ici, le spectacle est plus triste : c'est celui de cette enfance irresponsable dont la vie commence entre quatre grandes murailles froides et qui va être jetée sans défense, sans appui, dans l'âpre combat pour l'existence. Combien de ces nouveau-nés endormis dans les bercelonnettes de l'Assistance publique n'auront pour les défendre et les nourrir que les faibles mains d'une femme qui n'a plus à compter que sur son énergie et son labeur !

Deux autres hôpitaux sont installés dans le faubourg Saint-Jacques : l'hôpital Cochin et l'Hôpital du Midi.

Le premier a été fondé en 1771 par le vénérable Cochin, curé du Saint-Jacques-du-Haut-Pas, qui avait installé des lits pour 38 malades. Il en contient aujourd'hui près de 400.

Le second est établi dans le couvent des Capucins. Il est affecté au traitement des maladies vénériennes.

Le XIV° Arrondissement est pour ainsi dire l'Infirmerie de Paris.

Rue Cabanis, l'Asile clinique de Saint-Anne s'ouvre aux aliénés des deux sexes. La maison de l'inspecteur général est entourée d'un jardin fleuri, et l'asile offre un aspect riant à l'œil avec ses murailles blanches et ses toitures rouges. Cet établissement, créé par le baron Haussmann, a été terminé en 1866. On sait gré à l'ar-

PLAN DU XIVe ARRONDISSEMENT

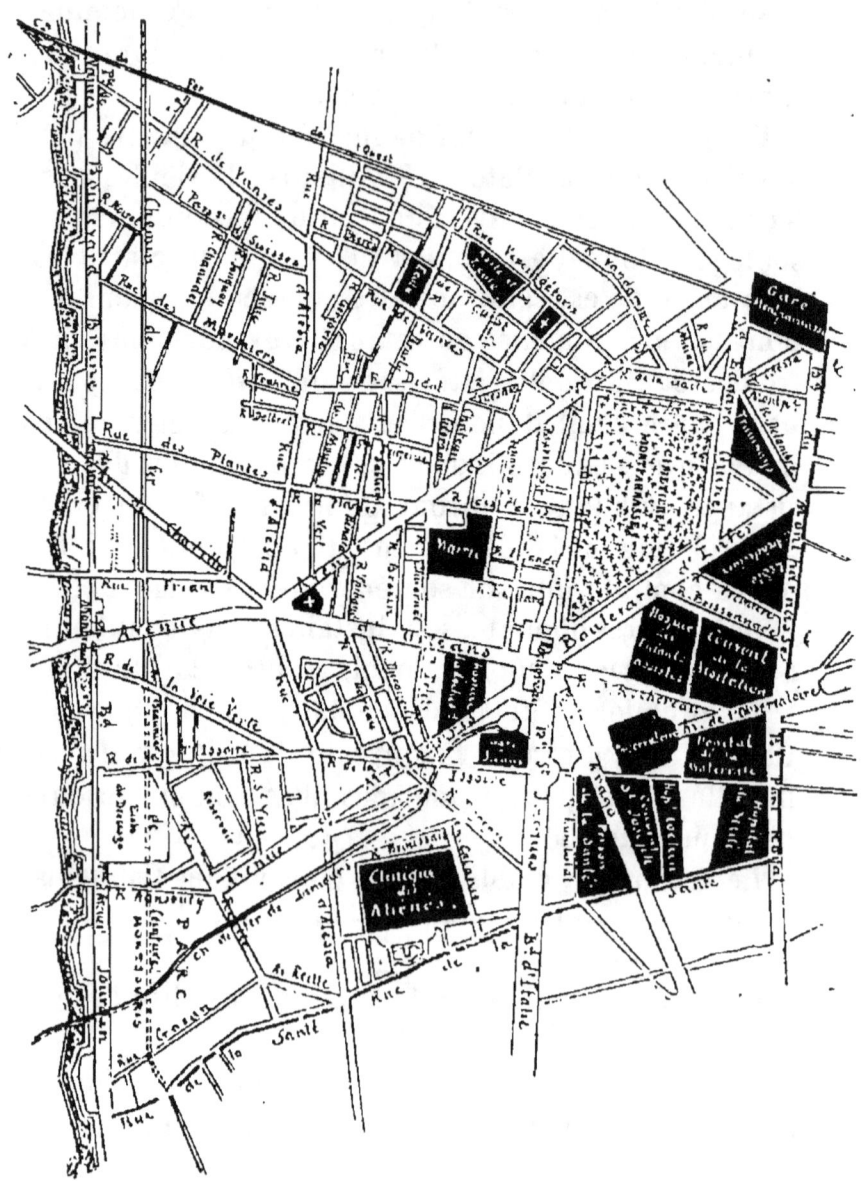

(Voir au dos les renseignements pratiques.)

XIVe ARRONDISSEMENT

(OBSERVATOIRE)

Mairie. — Place de Montrouge.

Commissariats de police. — Rue Huyghens, 4. — Avenue d'Orléans, 68. — Rue Sainte-Eugénie, 21.

Poste, télégraphe, cabines téléphoniques. — Boulevard Montparnasse. P. T. C. — Montrouge, avenue d'Orléans, 17. P. T. C. — Plaisance, rue de l'Ouest, 81. P. T,

Églises catholiques. *Saint-Pierre de Montrouge*. — *Notre-Dame de Plaisance*.

Temple protestant. — *Plaisance*, rue de l'Ouest, 97 (*calv.*).

chitecte de lui avoir donné un aspect consolant. Dans une ville où la folie fait de si nombreuses victimes, s'abat sur tant de belles intelligences, détraque tant de nobles cerveaux, il est bon de penser que ces malheureux auront un asile aimable et seront traités avec douceur, humanité et prudence.

Avenue d'Orléans, la Maison de Retraite de la Rochefoucaud est ouverte aux vieillards et aux infirmes. Rue Denfert-Rochereau, l'Hospice Marie-Thérèse, fondé en 1819, par la vicomtesse de Chateaubriand, sert d'asile aux prêtres âgés ou frappés d'infirmités.

C'est rue Denfert-Rochereau qu'est installée une des plus belles œuvres de la charité publique : l'Hospice des Enfants assistés, dont l'organisation première est due à l'ardeur et au dévouement admirables de Vincent de Paul.

Longtemps, les enfants abandonnés avaient été laissés au seul soin du Hasard et de la Providence. On les exposait la nuit aux portes des églises, et les femmes qui se chargeaient de les nourrir vivaient le plus souvent de mendicité. A Notre-Dame, ils étaient placés sur un bois de lit, à côté d'un bassin de cuivre dans lequel les passants jetaient leurs aumônes.

Le premier asile des enfants trouvés fut la *Couche*, créée par l'archevêque de Paris au XVI° siècle. Cet asile était notoirement insuffisant. Quand il ne s'y trouvait plus la moindre place, les malheureux petits êtres qu'on y portait étaient rejetés à la rue ou même vendus à des nourrices avides d'exploiter la charité publique, à des mendiants, à des baladins, des bateleurs et bohémiens qui se chargeaient de l'éducation de ces petits corps et assouplissaient ces membres frêles aux rudes tâches de leur périlleux métier.

Rien n'était plus barbare que le mépris de la foule pour ces innocents qu'elle laissait le plus souvent périr de misère, lorsque Vincent de Paul, ému de pitié, chercha à faire partager à son siècle sa compassion et sa tendresse. Sa foi toucha ceux qui l'entendirent. Il trouva des protecteurs. Il obtint des offrandes. Il réussit en peu de temps à arracher à la mort plusieurs centaines de ces malheureux enfants. Il n'y eut plus ensuite qu'à persévérer dans la voie qu'il avait ouverte, à perfectionner ses moyens d'assistance, à les multiplier surtout...

Actuellement, l'Hospice des Enfants assistés reçoit jusqu'à leur douzième année tous les petits êtres abandonnés qu'on lui apporte. Il se charge également des orphelins dont les parents sont morts dans l'indigence. On n'élève et ne garde dans l'établissement de Paris que les enfants dont les parents sont en prison ou à l'hôpital. Les familles qui ont abandonné leurs enfants reçoivent de leurs nouvelles tous les trois mois, mais l'Assistance publique ne leur fait point savoir en quel endroit ils ont été envoyés. L'administration confie en effet l'éducation de ses pupilles à des cultivateurs ou à des ouvriers de la campagne. Elle les garde ensuite sous sa tutelle jusqu'à l'âge de 22 ans.

Le quartier Saint-Jacques est riche en souvenirs religieux. Saint-Antoine a été le faubourg de l'émeute : Saint-Jacques a été celui de la retraite, de la piété, de la charité.

Un souvenir sanglant s'attache également à ce faubourg. Pendant les années qui suivirent la Révolution de Juillet, la guillotine fut dressée place Saint-Jacques. C'est là que fut exécuté Fieschi.

Il faudrait posséder, avec le savoir, la clarté de Camille Flammarion pour faire les honneurs de l'Observatoire et du Bureau des Longitudes au visiteur.

Observatoire

Perrault fut l'architecte de l'édifice. Les savants n'y font certes pas le beau temps et la pluie, mais ils nous annoncent les coups de soleil et les bourrasques, les sécheresses et les ondées. C'est là que la science a réuni sa grosse artillerie astronomique qui surveille les planètes et fouille les constellations. M. Raphaël Bishoffsheim a été un des plus généreux donateurs de l'Observatoire. Il lui a offert des télescopes et des lunettes monstres On a fait sur la passion de ce banquier pour les étoiles des plaisanteries aussi nombreuses que faciles.

La façade méridionale de l'Observatoire est ornée de figures allégoriques ; sa latitude est prise pour la

St Pierre de Montrouge

latitude de Paris. La ligne du méridien de Paris la sectionne en deux fractions de grandeur égale.

On voit à l'Observatoire un des plus grands télescopes qui existent. Il mesure un mètre vingt d'ouverture.

Ce docte établissement n'est pas seulement notre baromètre et notre thermomètre. C'est notre horloge : l'horloge sur laquelle se règle l'horaire de Paris.

PLAN DU XVᵉ ARRONDISSEMENT

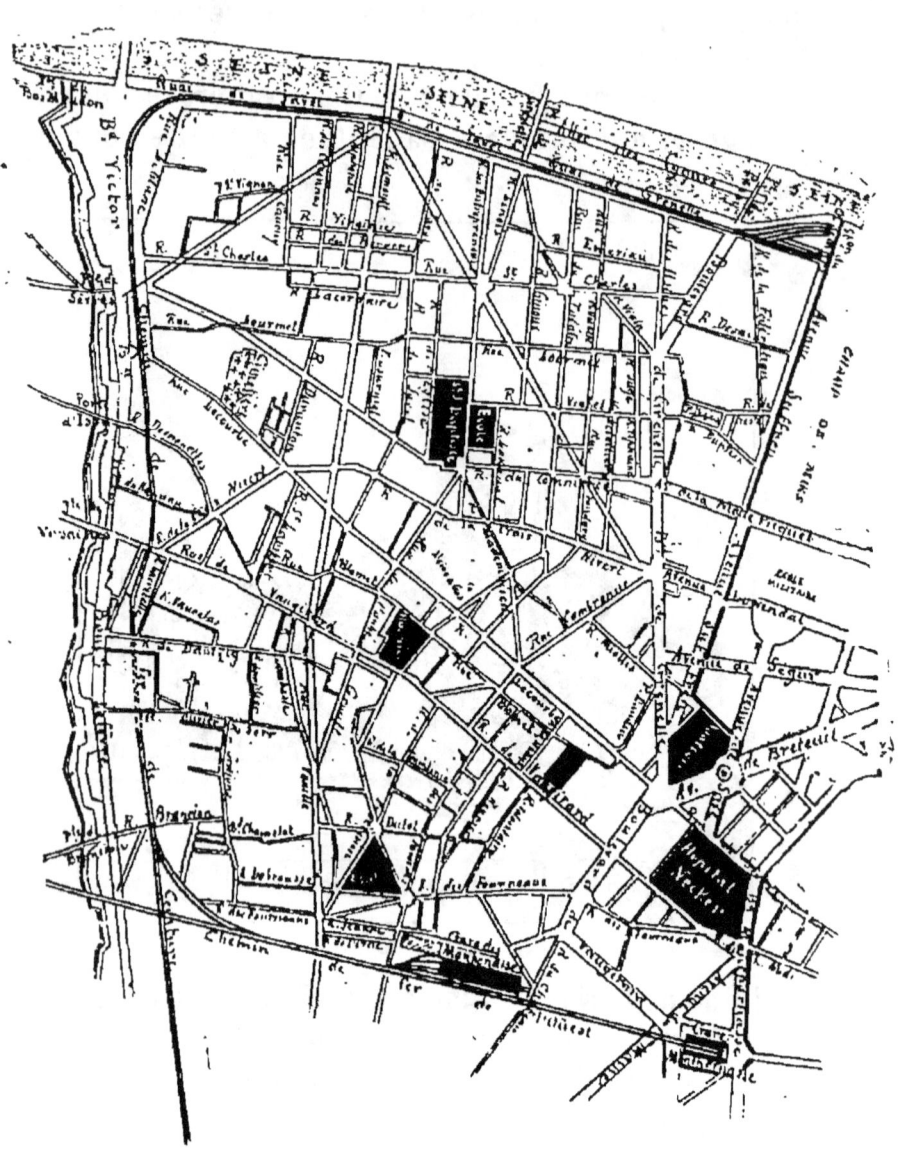

(Voir au dos les renseignements pratiques.)

XVe ARRONDISSEMENT

(VAUGIRARD)

Mairie. — Rue Peclet !

Commissariats de police. — Place Vaugirard, 16. — Rue Blomet, 15. — Rue Lakanal, 4. — Rue Saint-Charles, 135.

Poste, télégraphe, cabines téléphoniques. — Vaugirard rue Blomet, 93. P. T. — Grenelle, rue de Lourmel, 35. P. T. C.

Eglise catholique. — *Saint-Lambert.*

Temples protestants. — *Résurrection*, rue Quinault (*luth.*).

Sous l'Empire, les vaudevillistes, les romanciers, les journalistes ont fait souvent servir l'Observatoire et M. Leverrier de thème à leurs fantaisies. On a dépensé beaucoup d'esprit sur le Bureau des longitudes. La blague s'est enfin tue, et les savants travaillent dans le recueillement et le calme, pour le plus grand profit de nos agriculteurs et de nos marins.

La mairie du XIV⁰ Arrondissement est située sur la

Lion de Belfort

place de Montrouge plantée en square. L'Eglise Saint-Pierre, cure de 1ʳᵉ classe, est une construction moderne, élevée par Vaudremer dans le style roman.

Place Denfert-Rochereau, se trouve la célèbre statue de Bartholdi *le Lion de Belfort* et, à quelques pas plus loin, est situé l'embarcadère des lignes de Paris à Sceaux et de Paris à Limours. Tous les Parisiens ont enduré le supplice du voyage sur ces deux lignes. Il n'existe nulle part de wagons plus sordides, où l'on soit plus incommodément assis et plus rudement secoué. La réfection de cette ligne est décidée. Espérons qu'elle ne tardera pas à être réalisée.

Paris a sa deuxième grande nécropole dans le XIV° Arrondissement. Le cimetière Montparnasse ouvre sa porte d'entrée sur le boulevard Edgard-Quinet. On y remarque les tombeaux d'Orfila, du baron Gérard, du Père Loriquet, du grand sculpteur Rude, d'Henri Regnault, de Montalembert, du Père Gratry, de Le Verrier, du comédien Bocage, du poète Hégésippe Moreau et des quatre sergents de la Rochelle. La Société de géographie y a élevé un monument à la mémoire de Dumont d'Urville. Un cimetière israélite est enclavé dans l'enceinte de Montparnasse.

Le boulevard qui longe le cimetière est d'un aspect funèbre. On n'y voit guère que des boutiques ou des hangars de marbriers. A tout instant, défilent des corbillards escortés de théories de gens en deuil. Cependant, tout à côté, se trouve la rue joyeuse du quartier qui porte ce nom significatif : rue de la Gaieté. Étrange endroit que cette voie populeuse et populacière ! Le jour on y entend grincer la scie des marbriers sur les pierres tombales. Le soir, les pistons appellent à la danse. Le Théâtre Libre s'était installé, pendant un instant, rue de la Gaieté, au théâtre Montparnasse, avant de se loger sur la rive droite, au boulevard de Strasbourg. La critique dramatique est venue en masse prendre des cerises à l'eau-de-vie sur les comptoirs de zinc voisins du théâtre. En face, M. Bourdeille, un *impresario* actif et intelligent, avait relevé dans ce quartier la vieille enseigne des *Délassements comiques* : les *Délass.-Com...* Souvent, Sainte-Beuve vieux et malade alla quêter de bonnes fortunes sur ce trottoir éclairé par les devantures des mastroquets. On l'avait bien vite reconnu et on l'appelait le « sénateur ».

La rue de la Gaité exceptée, ces régions lointaines sont tranquilles. La solitude a attiré une colonie de peintres et de sculpteurs : artistes arrivés désireux de

Gare Montparnasse

travailler à leur aise, débutants qui ne peuvent encore avoir pignon sur l'avenue de Villiers. A citer, parmi les colons de la peinture, MM. Bellanger, Bergh, Browning, Monchablon, Hanoteau, Dargent, etc... On trouve encore rue Campagne-Première et rue Boissonnade des cités artistiques. Chaque maison est un atelier ou une ruche dont les galeries sont des ateliers. Bien de sculpteurs ont commencé leur carrière dans ce quartier lointain, travaillant du matin au soir, ne quittant l'ébauchoir et la glaise que pour aller manger, chez le traiteur le plus proche, la portion de bœuf, — l'*ordinaire*, — à côté des gâcheurs de plâtre et des Limousins.

Non loin du cimetière, la gare Montparnasse attire à elle la fiévreuse activité de l'industrieuse et commerçante rue de Rennes sillonnée de tramways et encombrée de chariots.

Nous foulons sous nos pieds une ville souterraine formée par les longues galeries des Catacombes percées dans les excavations d'anciennes carrières abandonnées. C'est là qu'est établi l'immense ossuaire dans lequel ont été réunis les restes exhumés des cimetières disparus et des charniers abolis. Le clergé descendit dans ces galeries pour jeter l'eau bénite sur les ossements rangés dans une terrifiante symétrie. Des inscriptions indiquent à quelle date ces ossements ont été mis en cette place et de quel lieu ils ont été rapportés. Pendant le siège, les Catacombes furent une cause de terreur pour la population. On se demandait si les Allemands ne se pratiqueraient pas un passage par ces longues galeries souterraines qui communiquaient, dans la campagne, avec des carrières éloignées. L'état major étudia les catacombes et le génie en boucha tous les issues.

L'édilité parisienne s'est toujours préoccupée d'offrir à la population ouvrière de grands parcs et de vastes squares. Les arbres, l'eau, la verdure, sont les meilleures armes dont elle dispose pour combattre l'essaim noir des épidémies. Le Paris-Est a les Buttes-

Chaumont. Le Paris-Sud possède un jardin de seize hectares : le parc de Montsouris. L'Avenue de Montsouris qui part de la place d'Enfer conduit à Montsouris sous les ombrages d'un terre-plein planté de beaux paulownias.

Le parc est traversé dans les deux sens par les chemins de fer de Sceaux et de Ceinture. Ce dernier entre dans le parc et en ressort par un tunnel. Un grand lac alimenté par une cascade y a été creusé sur une large superficie.

Le pavillon du Bey de Tunis, qui figurait à l'Exposition de 1867, a été transporté à Montsouris. Il sert aujourd'hui d'Observatoire et d'Ecole d'astronomie nautique.

A côté du parc, se profile la masse énorme des réservoirs de la Vanne, réservoirs couverts, entièrement construits en meulière et pouvant contenir un cubage de 300,000 mètres de liquide. Il y a là de quoi faire dire : « Compte là-dessus et bois de l'eau ! »

Vaugirard (XVe Arrondissement) a deux de ses quartiers côtoyés par la Seine dont les eaux sont utilisées par son industrie. Ce sont Grenelle et Javel. Ses deux autres quartiers, Necker et Saint-Lambert, sont séparés du XIVe Arrondissement par les lignes ferrées de Versailles et de Bretagne.

Voici des hôpitaux, à l'amorce de la vieille rue de Sèvres : l'Hospice Necker, dont les bâtiments, récemment reconstruits, étaient occupés par une communauté de Bénédictines ; l'Hôpital des Enfants malades, ancienne maison de l'Enfant Jésus.

Les établissements de l'Assistance publique sont

presque entièrement répartis à l'Est et au Sud de Paris, sur les terrains des anciens faubourgs ou des villages récemment annexés.

Vaugirard a l'aspect vieillot d'une ancienne ville de province.

Son église, de style roman, a été achevée par l'architecte Naissant en 1853. La mairie est également moderne. Elle a été élevée par Devrez, de 1873 à 1876.

Vaugirard sert d'asile à un grand nombre de sculpteurs, gens de labeur austère et rude, auxquels il faut du jour, de l'espace et un calme profond. Les pensionnats et les couvents s'y trouvent également en grand nombre. Le dimanche, on y entend des sonneries de cloches et des cris d'enfants.

Puis, en approchant de l'enceinte fortifiée, ce sont des établissements d'entrepreneurs de terrassement avec des parcs de brouettes et de tombereaux, les brancards levés au ciel; des chantiers de constructions où sont empilés des monceaux réguliers de briques et de tuiles. Des rues, éclairées encore de vieilles lanternes balancées au vent et suspendues à des poteaux par une corde qui grince en glissant sur sa poulie, passent entre de vieux murs lézardés qui encadrent des cultures maraîchères. Par les glaces du wagon, les voyageurs du chemin de fer de Ceinture ont la vue de ces jardins potagers avec leurs petits carrés quadrillés du noir du terreau et du vert tendre des jeunes plants. Le soleil brise ses rayons sur les vitres des châssis et sur les longues files de cloches qui brillent comme des casques de verre. Des garçons agiles circulent, jambes nues, tenant à chaque main un pesant arrosoir. Le maraîcher fait de la culture artificielle. Le travail de la nature serait trop lent, et la terre ne rapporterait point assez si on la laissait aller son petit bonhomme de chemin. On l'engraisse, on la fume, on l'échauffe ; et la bonne et féconde nourricière produit à la vapeur le fruit de ses entrailles pour cette ville qui vit électriquement.

Le Puits artésien

Grenelle et Javel sont entièrement consacrés à l'industrie; et particulièrement aux fabriques de produits chimiques. La curiosité principale de Grenelle est son puits artésien creusé par l'entrepreneur Mulot sous la direction de l'ingénieur en chef Mary. Il fallut sonder à 547 mètres de profondeur avant de rencontrer la nappe d'eau. La tour de fonte de la place de Breteuil valait un voyage à Grenelle. Sa concurrente du Champ-de-Mars lui fera du tort.

Il y a, dans cette ancienne banlieue, un théâtre. Le peuple a encore le respect du vieux « mélo ». Il aime toujours Lagardère et Chicot, et il a conservé le culte de l'incomparable d'Artagnan. Trois jours par semaine, le samedi, le dimanche et le lundi, il afflue au théâtre, applaudissant de ses bravos sonores les bons coups d'épée et les vertes ripostes. Aussi, ses comédiens sont-ils toujours en verve! Ils brûlent les planches. Ils vibrent avec une conviction autrement profonde que s'ils vibraient devant un parterre de millionnaires. Grand ou petit, le comédien apprécie beaucoup moins la qualité des applaudissements que leur vigueur, et ses oreilles sont plus flattées du heurt de solides battoirs d'Auvergnats que du léger bravo de deux petites mains de femme. Ce serait peine perdue de philosopher sur ce sujet. On ne changera pas les hommes. Ils sont tous comédiens, un peu plus ou un peu moins; et chacun de nous a la faiblesse de préférer à la louange discrète la brusque et grossière flatterie.

Les fabriques et les casernes ont attiré de nombreux entrepreneurs de plaisirs. Tout ce monde des ateliers et des chambrées a besoin de s'amuser et le plaisir s'offre à chaque pas. Ce sont des bals publics, des comptoirs d'étain, des maisons louches, qui attirent la clientèle des ouvriers en ripaille et des soldats en bordées.

Sur toute la ligne des anciens boulevards extérieurs, on retrouve ainsi une population crapuleuse, vivant des plus odieux métiers, et dans laquelle se recrutent les compagnons du crime, et qu'il ne faut point confondre avec les habitants réguliers de ces quartiers

PLAN DU Ve ARRONDISSEMENT

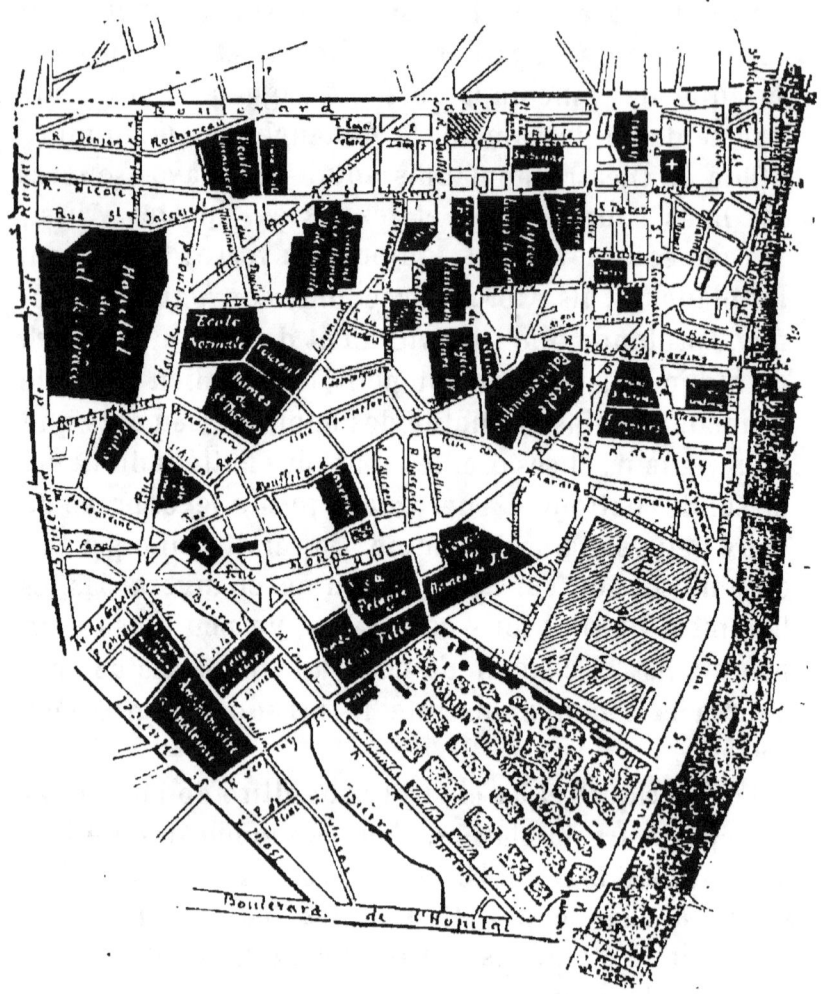

(Voir au dos les renseignements pratiques.)

Vᵉ ARRONDISSEMENT

(PANTHÉON)

Mairie. — Place du Panthéon, 13.

Commissariats de police. — Rue de Poissy, 31. — Rue Geoffroy-Saint-Hilaire, 5. — Rue Rataud, 11. — Poste du Panthéon (Provisoire).

Poste, télégraphe, cabines téléphoniques. — Rue de Poissy, 9. P. T. C. — Rue Monge, 104. P. T. C. — Rue Claude-Bernard, 77. P. T. — Boulevard de l'Hôpital, 26. P. T. C.

Eglises catholiques. — *Saint-Etienne du Mont.* — *Saint-Severin.* — *Saint-Jacques du Haut-Pas.* — *Saint-Nicolas du Chardonnet.*

Temples protestants. — *Saint-Marcel*, rue Tournefort, 19 (*calv.*).

Eglise orthodoxe. — Rue Saint-Julien-le-Pauvre, 11.

Eglise roumaine. — Rue Jean de-Beauvais, 9

industrieux. Les préfets de police, les législateurs, les criminalistes ont essayé de tous les moyens pour assainir ces parages. Leurs efforts ont échoué contre l'intensité du mal.

Il faut s'attendre, dans toute grande ville, aux inconvénients et aux périls d'une immense concentration.

II

LE PAYS DE LA SCIENCE

Rues savantes. — Le Jardin des Plantes. — Ses premiers directeurs. — L'enseignement au Muséum. — Les Plantes et les Animaux. — Nos seigneurs les reptiles. — Les serres. — Le tour du monde sans quitter Paris. — Le Val-de-Grâce. — La Pitié. — Sainte-Pélagie. — Prisonniers et évasions célèbres. — La Halle aux vins. — Une rue italienne. — L'Ecole Polytechnique. — Le lycée Henri IV. — Le Panthéon. — Saint-Etienne-du-Mont. — La bibliothèque Sainte-Geneviève. — Bohèmes et travailleurs. — L'Ecole de Droit. — L'Ecole Normale. — La Sorbonne. — Le Collège de France. — La rue Saint-Jacques. — Les libraires. — Saint-Jacques du Haut-Pas. — La rue des Cordiers et la rue Galande. — Saint-Sévère et Saint-Julien-le-Pauvre. — Le vieil Hôtel-Dieu. — Saint-Médard. — Le boulevard Saint-Michel et les Etudiants. — Le palais des Thermes et l'Hôtel de Cluny. — La Place Maubert. — Le nouveau quartier Latin.

V° ARRONDISSEMENT

Il n'y a sur la rive gauche que trois arrondissements de l'ancien Paris. Nous allons les visiter successivement en nous dirigeant de l'est vers l'ouest.

Le premier de ces arrondissements est le Ve. Nous y pénétrerons par la place Walhubert, sur laquelle débouche le pont d'Austerlitz. Cette place est vaste. Elle donne accès à la gare d'Orléans, au boulevard de l'Hôpital, au quai Saint-Bernard et au Jardin des Plantes.

Autour du Jardin, des rues désertes et recueillies, comme il convient à des rues savantes : des rues qui portent les noms glorieux de Geoffroy-Saint-Hilaire, de Buffon et de Cuvier, et dont les habitants, en tout point dignes de leurs illustres parrains, se sont rendus célèbres par eux-mêmes dans le monde de la science, ou n'ont eu qu'à continuer les traditions de leur famille. Vous trouverez, dans ce quartier éloigné, paisible, studieux, la demeure des Frémy, des Becquerel, des Brongniard, des Milne-Edwards, des Vaillant, des Quatrefages : noblesse du travail et de la pensée, vivant à quelques pas de l'enceinte du Jardin des Plantes et des murailles du Muséum, dans un cadre digne de sa simplicité et de sa grandeur.

Le Jardin des Plantes n'est pas seulement célèbre par les travaux de ses savants et les cours de ses professeurs. Il jouit des sympathies de la province et de l'étranger. C'est un des endroits les plus visités de Paris. La popularité, qui est souvent aveugle, a été cette fois clairvoyante et sage. Il faut se hâter de lui rendre justice, quand ses admirations sont justifiées.

Les médecins de Louis XIII, Guy de la Brosse et Hérouard, furent les modestes fondateurs du Jardin des herbes médicinales. Vingt arpents de terre environ formaient son humble domaine. Ce fut là que vinrent se former les apothicaires dont Molière allait si fort se gausser. Le célèbre Fagon, médecin de Louis XIV, succéda à Guy de la Brosse.

Buffon fit comme Malherbe... Il vint, et ce fut lui qui jeta les bases de ce bel établissement du Muséum. Il créa le grand amphithéâtre, des laboratoires de chimie, des galeries d'histoire naturelle et réorganisa complètement le Jardin. En 1792, Bernardin de Saint-Pierre occupait le fauteuil et la table de l'auteur du *Discours sur le style*.

La Convention réorganisa complètement l'institution sur les bases d'un rapport rédigé par Lakanal, et créa douze chaires pour l'enseignement. A dater de ce moment, les travaux du Muséum furent poussés avec une admirable persévérance. Tournefort et Linné rivalisaient d'efforts. Delalande, Botta, les frères Verreaux, Dumont d'Urville, Freycinet, Baudin rapportaient aux collections les échantillons les plus curieux et les plus rares des productions des pays qu'ils avaient parcourus. Les conquêtes de Napoléon accrurent encore ces richesses.

Pendant tout ce siècle, les divers gouvernements qui se sont succédé en France ont énergiquement encouragé les études et les expériences de nos savants. Le Jardin des Plantes s'est enrichi et augmenté. Aujourd'hui, le Muséum compte dix-sept chaires occupées par des savants réputés dans le monde entier. Quatre sont consacrées à l'enseignement de la zoologie. Il en existe deux pour la chimie et deux pour la botanique. Dans les autres, on enseigne la culture, la physique végétale, la physique appliquée à l'histoire naturelle, l'anthropologie, l'anatomie comparée, la physiologie comparée, la paléontologie, la géologie, la minéralogie. Des cours sont également ouverts pour l'enseignement du dessin des animaux et des plantes.

Dès que le visiteur a franchi la grille d'honneur de la place Walhubert, il a devant les yeux un vaste espace coupé en profondeur par trois grandes allées. Celles du milieu et de gauche sont plantées de tilleuls. Celle de droite est ombragée de grands marronniers. Le jardin zoologique, la ménagerie, les volières sont à la droite de cette dernière allée.

De chaque côté des allées de tilleuls, règnent des plates-bandes, découpées de petites allées transversales, avec leurs plantes étiquetées et classées en trois groupes principaux (plantes alimentaires, industrielles et médicinales). Là, encore, verdissent les bouquets des pépinières de l'école des arbustes d'appartements et de l'école des arbres fruitiers. Toutes les plantes sont cataloguées et classées par famille.

Mais, si ces richesses attirent les cultivateurs, les jardiniers et les botanistes, la foule des curieux se pressent dans la partie zoologique du Jardin. Elle s'intéresse peu aux oiseaux aquatiques qui flânent sur le bord de leur petite rivière. Elle affecte un profond dédain à l'égard de la gent encornée des béliers, des chèvres, et du bétail tibétain. Elle est même blasée sur les kangouroos à la démarche comique, qui mettent si drôlement leurs petits dans la poche naturelle qu'ils ont sous le ventre, quand ils croient leur progéniture en danger. Son attention se porte sur des seigneurs de plus grosse importance. Les Bernois se posent pour les meilleurs amis de l'ours. Que dire alors des Parisiens? « Martin est toujours leur idole, « Martin » est cajolé, flatté, comme un vil cabotin. On lui crie : Monte à l'arbre ! » comme on criait *Da capo !* à l'Alboni ou à Mario, aux belles soirées des Italiens. Au Jardin des Plantes, les choses se passent de tout autre façon que dans les théâtres du Boulevard. L'ours est fêté... Il se régale de croûtons de pain dans sa sinistre fosse au fond de laquelle les moutards, les bonnes d'enfants et les tourlourous le

Loges des animaux féroces

contemplent d'un œil toujours amusé. Le Jardin zoologique sert de *circenses* à toute une partie de la population.

D'ailleurs, parmi les amateurs de ce spectacle gratuit, nombreux sont les spécialistes, ceux qui ont leurs cages préférées. Je ne parle pas naturellement des visiteurs de passage. Ceux-là veulent tout voir. Ils émiettent leurs petits pains de son aux antilopes, aux élans, aux hémiones, aux algazelles, aux bisons, aux zébres et aux aurochs. Mais trois grandes attractions les attirent principalement : la cage des singes, la ménagerie et la rotonde des éléphants et des girafes.

Tout l'été, les singes se livrent à leurs acrobaties dans leur énorme cage de fer, grimpant à des troncs d'arbres, se suspendant à des cordages, grimaçant à la foule qui les contemple, s'accrochant au grillage pour venir chercher un morceau de carotte ou une noisette dont ils sont particulièrement friands.

A la Ménagerie, le spectacle est plus noble : les grands lions dorment, majestueusement accroupis, les tigres rugissent, et dans les cages, les panthères tournent inquiètes et menaçantes. Quelques-uns de ces animaux sont borgnes. Des enfants, plus féroces que les fauves, ont mutilé lâchement ces animaux à travers les barreaux des lourdes grilles.

Voici enfin, dans la grande rotonde, le rhinocéros, les hippopotames, les tapirs, les girafes, et les dromadaires. Les gardiens de cette rotonde y ont vu souvent travailler quelques-uns de nos sculpteurs célèbres. Les lourds pachydermes sont modèles, tout comme leurs voisins, les Italiens de la rue des Boulangers que l'on voit assis par groupes, le soir autour de la petite fontaine de la place de Jussieu.

L'oisellerie du Jardin des Plantes est magnifique. Les espèces les plus variées y sont représentées. Les oiseaux de proie ont leur cage où l'on peut voir les aigles, les vautours royaux, les condors royaux à côté des milans et des éperviers de nos régions. Les yeux ronds, fixement ouverts à un rêve éternel, les oiseaux de nuit somnolent sur leurs perchoirs. La faisanderie contient les plus belles espèces et les volières renferment les spécimens les plus rares.

Les reptiles sont logés avec magnificence. Ce n'est pas une ménagerie qu'ils habitent, mais un palais. Si

L'Escalier des Serres

les reptiles de M. de Bismarck viennent visiter notre exposition, ils en feront une maladie! Certes, on ne les loge pas aussi somptueusement à la Wilhelmstrasse. A l'intérieur du palais des reptiles, une piscine est réservée aux ébats de messeigneurs les crocodiles. Ces terribles pensionnaires se trouvent fort à l'aise dans ce délicieux séjour. Ils s'y reproduisent et y vivent en parfaite santé. Le patriarche de la bande est un caïman à museau de brochet qui « habite » le Muséum depuis 1852. Les tortues aquatiques se trouvent également fort bien de cette excellente situation de budgetivores.

A ces deux grands jardins zoologique et botanique, il faut ajouter la galerie des collections, l'amphithéâtre, le laboratoire de physique et de chimie, les salles des cours, les bâtiments d'administration, la Bibliothèque.

Les serres à elles seules mériteraient une longue description. La grande serre tempérée, ou Orangerie de 66 mètres de long, sur 8 de large, contient des arbres originaires de l'Asie Mineure, de l'Algérie et de la Floride. Les serres chaudes ont été entièrement reconstruites. On y admire la flore de la Nouvelle-Hollande, de la Nouvelle-Zélande, du Mexique, de l'Himalaya, du Chili : les palmiers, les fougères, les orchidées. Les nymphéacées sont cultivées dans un aquarium.

Un des endroits les plus fréquentés est le labyrinthe, non loin duquel se dresse le fameux cèdre du Liban que Jussieu, dit la légende, rapporta dans son chapeau. Nul ne sait d'ailleurs quel est l'ingénieux inventeur qui prit l'histoire de ce chapeau sous son bonnet.

L'homme qui aurait le loisir de visiter, en prenant son temps, toutes les parties du Jardin des Plantes pourrait se vanter d'avoir fait le tour du monde sans quitter Paris. Il aurait vu toutes les races humaines, les échantillons les plus variés du règne végétal, les poissons, les insectes, les mammifères, les cétacés, les mammouths, les reptiles et les oiseaux. Il aurait contemplé des spécimens de la flore et de la faune des latitudes et des altitudes les plus diverses, car les collections du Jardin des Plantes composent un Musée du monde entier.

Interrogez les oisifs avides de nouveaux spectacles. Ils auront vu Londres dans son manteau de brume, Alger et ses maisons blanches, Venise avec ses couchants embrasés. Certains auront poussé leur ennui jusqu'au Bosphore. Vous compterez ceux qui auront eu l'idée d'entreprendre ce voyage autour du monde qui peut se faire de la place Walhubert à la rue Cuvier, en quelques journées utilement dépensées. Disons-nous, pour notre consolation et notre justification, que c'est un peu l'histoire de tous les peuples et que l'homme, singulier bipède, dédaigne les spectacles à portée de sa vue pour courir bien loin en chercher d'autres qui n'ont pour toute supériorité que le charme de la distance.

En sortant du Jardin des Plantes par la grille de la petite place Cuvier, on remarque la façade morose de l'hôpital de la Pitié. Cet hôpital avait d'abord été, sous le règne de Louis XIII, un hospice où l'on enfermait les vagabonds et les mendiants qui, à cette époque, formaient une innombrable armée ; et la Pitié semble être demeurée là, comme l'enseigne symbolique des misères des ruelles sombres et lépreuses qui l'entourent.

L'arrondissement du Panthéon possède un autre établissement hospitalier : le Val-de-Grâce.

L'hôpital est installé dans l'Abbaye de Bénédictines fondée par Anne d'Autriche à la naissance de Louis XIV. C'est là que la reine alla chercher un refuge où la main toute-puissante de Richelieu vint l'atteindre encore. La Révolution expulsa les Bénédictines, et le Val-de-Grâce est affecté aujourd'hui à l'hôpital et aux écoles de médecine et de pharmacie militaires. Cet établissement est administré par l'intendance et dirigé par les professeurs de l'Ecole. Les

Val-de-Grâce.

sœurs de Saint Vincent de Paul y secondent les officiers d'administration. L'église du Val-de-Grâce a été construite par Anne d'Autriche. Mansard et Lemercier en en avaient été les architectes. Mignard avait peint la coupole. Transformée en magasin d'équipements après avoir été dévastée de fond en comble, elle a été restaurée complètement en 1820.

La rue du Puits de l'Ermite ne brille pas par la gaieté de ses édifices publics. A côté de l'hôpital de la Pitié, qui est le premier, quelque chose de plus triste encore : une porte de prison, la prison de Sainte-Pélagie. La veuve du conseiller au Parlement Beauharnais de Miramion fut la créatrice de Sainte-Pélagie. Un joli titre pour fixer un nom dans la mémoire des hommes! Cette dame en fit un refuge pour les filles perdues et repentantes. La règle de cette maison était féroce. L'institution dura autant que la monarchie. La maison de la veuve de Miramion fut transformée ensuite en prison par la Révolution, et prison elle est restée sous tous les gouvernements.

On y mit des voleurs et des escrocs, des prisonniers pour dettes et des détenus politiques. Mais ce qui a fait la réputation de cette horrible masure, ce sont ses prisonniers politiques. Béranger, Courier, Marrast, Carrel, Lamennais, Proudhon furent ses pensionnaires. On voit figurer sur son livre d'écrou les noms de Blanqui, Raspail, Caussidière, Barbès, Godefroy Cavaignac, Dusoubs et Félix Pyat Le 17 décembre 1851, l'Empire y envoyait par don de joyeux avènement Bixio, Chaix, Colfavru, Greppo, Laboulaye, Gambon, Pascal Duprat, etc. De 1851 à 1867, la fête continua et l'Empire peupla sans cesse la prison de citoyens qui avaient le tort de ne pas approuver le coup d'État. Blanqui, ce Latude des temps modernes, y reprit cellule. On y logea des gens qui n'étaient point de tempérament batailleur et dont les noms étonneraient ceux de nos jeunes gens qui connaissent mal l'histoire du second Empire : l'austère Scherer et le philosophe Vacherot. Toute la démocratie franchit le seuil exécré de Sainte-Pélagie. Germain Casse, Vermorel, Tridon,

Scheurer-Kestner, Clémenceau, Eugène Pelletan, Longuet, Castagnary, Maurice Joly, Ranc, alors rédacteur au *Nain Jaune*, Peyrat, Accolas, Paschal Grousset y furent enfermés. Parmi les détenus politiques qui étaient à Sainte-Pélagie le 4 septembre se trouvait Rochefort. Il en sortit par la volonté du peuple — pour parler la langue de Mirabeau — et la foule qui l'acclamait l'accompagna à l'Hôtel-de-Ville où il fut nommé membre du Gouvernement de la Défense nationale et président du Comité des barricades.

Il y eut plusieurs évasions célèbres dans cette prison, malgré ses hautes murailles et son chemin de ronde ou des sentinelles exercent jour et nuit une active surveillance.

Celle du 12 juillet 1835 est la plus célèbre. Cavaignac, Imbert, Marrast et Guinard réussirent à s'évader avec vingt-quatre de leurs camarades en creusant, aidés d'amis du dehors, un souterrain de dix-huit mètres de longueur qui prenait issue dans un jardin de la rue Lobeau. Le comte de Richmond et deux détenus purent également s'évader. En 1865, un Anglais du nom de Jackson se sauva en descendant le long du mur à l'aide d'une corde. Un autre prisonnier, du nom de Jacobus, fut moins heureux. Il fut tué d'un coup de feu par une sentinelle.

Sainte-Pélagie, qui ne voit plus guère de détenus coupables de délits de presse, se consacre presque uniquement au découpage des abat-jours verts et des boutons. C'est la décadence.

On vend de la soupe, des lettres et des sciences dans tout le quartier du Panthéon. Sauf les tanneurs et les marchands de vin, les industriels sont rares. Les négociants qui y sont établis ne vivent en général que des Facultés et des Écoles. Les tanneurs sont installés sur les bords de la Bièvre au milieu de rues vieilles, sombres et puantes. Les marchands de vin et d'eau-de vie sont réunis à l'entrepôt du quai Saint-Bernard à la Halle-au-Vins,

Le bâteau-mouche, qui nous a porté le long des quais du Port-aux-Vins, a navigué devant ces grilles où le gabelou tient les tonneaux en une sévère captivité. Il est moins aisé pour une futaille de s'évader de l'Entrepôt que pour un détenu politique de brûler la politesse aux geôliers de Sainte-Pélagie. La Halle-au-Vins a des règlements identiques à ceux de l'entrepôt de Bercy. L'aspect en est moins riant ; mais les amis du « jus divin » peuvent être saisis d'un respect tout semblable devant cette vaste enceinte coupée par des rues qui se nomment rue de Bordeaux, de Bourgogne, de Touraine, de Languedoc et de Champagne.

Rien qu'en les traversant, ces rues, pleines du parfum des barriques, Bassompierre eût fait des zigzags, sans avoir même vidé sa botte. Cependant, les dégustateurs, gens blasés par des libations trop fréquentes, après le « coup de poing » donné dans la futaille, satisfaits de s'être simplement humecté le palais du vin qu'ils goûtent, le crachent aussitôt avec dédain. Il suffit d'être marchand de vin pour ne plus vouloir en boire... Ainsi, le poète Sully-Prudhomme reçoit-il perpétuellement un démenti catégorique à l'un de ses vers les plus beaux et les blus sagement pensés. Nous sommes faits de telle sorte que nous dédaignons les bonheurs proches et faciles.

Si, dans ce coin de Paris, on peut acheter du vrai vin en y mettant le prix, on peut plus facilement encore y acheter du savoir. Les marchands de vins sont moins nombreux encore que les marchands de science. En sortant de la Halle-aux-Vins par la place de Jussieu, poussons une pointe en Italie, car l'Italie est là, ainsi que l'a dit Jean Richepin (1), dans cette rue des Boulangers toute foisonnante de modèles. Nos Raphaëls n'ont point besoin de passer les monts. Il y a là grand déballage de madones et d'Enfants-Jésus. On n'a qu'à parler pour avoir un petit saint Jean, et le macaroni s'y vend comme « les frites » au faubourg Saint-Antoine. Naples, à deux pas de la rue Mouffetard !

L'École Polytechnique est entourée de vieilles rues et ruelles où gîtent des marchands de ferrailles et de chiffons qui n'ont pas besoin d'enseigne. Le flair le moins délicat amènerait la clientèle... C'est dans une de ces ruelles lépreuses que, pour les besoins de l'esprit français, les faiseurs de nouvelles à la main ont découvert cette magnifique enseigne :

« LA BLANCHISSEUSE EST ENCEINTE DU PANTHÉON. »

Les anciens collèges de Navarre et de Boncourt ont servi de local à l'École polytechnique à dater de 1807. De nouveaux bâtiments y ont été ajoutés depuis. Cette institution, créée en 1794, avait d'abord porté le nom d'École centrale des travaux publics. Fourcroy l'avait organisée et elle avait eu pour berceau le Palais-Bourbon. Napoléon était fier de cette école où Lagrange, Monge, Berthollet, Laplace s'étaient groupés, pour enseigner, autour de Fourcroy. Quand il la logea

---

(1) Jean Richepin. — *Le Pavé* (Maurice Dreyfous, éditeur).

dans les bâtiments de l'ancien collège de Navarre, il militarisa le règlement, comptant que la discipline assouplirait l'esprit de l'École, beaucoup trop libéral à son gré. Ces mesures autoritaires ne tempérèrent point la fougue de ces esprits chez lesquels l'étude ne diminuait point l'ardeur des passions. On retrouve les Polytechniciens dans l'histoire de ce siècle à toutes les heures où ils peuvent attester par des actes leur amour de la patrie et de la liberté. En 1814, les élèves, transformés en artilleurs, se couvrent de gloire dans la défense de Paris. En 1830, ils combattent aux Journées de Juillet à la tête des insurgés. En 1832, des polytechnitiens suivaient le corbillard du général Lamarque et se mêlaient ensuite aux combattants des rues.

L'École Polytechnique est placée sous le commandement supérieur d'un général de brigade. Tout le service de discipline, d'administration et de surveillance est confié à des militaires, et cet établissement dépend du ministère de la guerre, bien qu'il fournisse des ingénieurs à plusieurs services civils, tels que les Ponts-et-chaussées, les Mines, les Télégraphes, les Tabacs et le Service hydrographique.

Il existe entre les Anciens élèves de l'École un grand esprit de solidarité et de camaraderie fondé sur une estime réciproque. Les « Pipots » — ainsi qu'on les appelle familièrement — se tiennent dans la vie. Cette franc-maçonnerie n'est point exempte d'une certaine fierté. Elle s'explique et se justifie par la force des études et la nombreuse liste d'illustrations qui sont sorties de l'établissement de la rue Descartes. Le manteau du polytechnicien ne contient point, sans doute, dans ses plis gracieusement drapés, un talisman assez puissant pour faire des hommes distingués de tous ceux qui l'ont porté, mais, on ne risque guère de se tromper en admettant que, là, le plus souvent, l'habit fait le moine.

L'École polytechnique a pour voisin le lycée Henri IV, qui s'est appelé lycée Napoléon sous l'Empire, et où les princes d'Orléans avaient fait leurs études. Le lycée est un des plus beaux de Paris. Sur son emplacement, Clovis et sainte Clotilde avaient fondé l'abbaye de Sainte-Geneviève, rebâtie en 1746. La tour porte improprement le nom de tour de Clovis. Elle devrait porter celui d'Abeilard. Le lycée s'est logé dans l'ancienne demeure des chanoines de Saint-Victor. Le réfectoire lui sert de chapelle et quatre grands dortoirs sont installés dans les anciennes galeries de la bibliothèque Sainte-Geneviève. Un bel escalier conduit à ces dortoirs. Il est surmonté d'une coupole décorée d'une apothéose de Saint-Augustin par Jean Restout.

Le lycée Henri IV forme l'un des côtés de la place du Panthéon. Cette place est grandiose, déserte et solennelle.

La Tour Eiffel causera du tort au Panthéon, dont on faisait l'ascension pour admirer l'un des panoramas les plus étendus de Paris et de ses environs. Les amateurs de beaux points de vue se partageaient entre la Butte-Montmartre et la lanterne qui domine ce dôme que l'on a tant de fois comparé à un biscuit de Savoie.

Commencé sous Louis XV sur les plans de Soufflot, destiné par la Constituante à recevoir les restes des grands hommes, le Panthéon a été le théâtre de toutes les fureurs et de toutes les apothéoses. Le peuple s'y rua en plusieurs occasions sur les sépultures de ceux qu'il y avait conduits en grande pompe; et le père de Gambetta a refusé de laisser transporter les restes de son fils (1) dans cet asile si peu sûr.

D'abord église de Sainte-Geneviève, patronne de Paris, puis temple des grands hommes, le Panthéon a perdu

Le Panthéon

tout son caractère religieux. Il n'est plus aujourd'hui que le monument réservé à ses plus illustres citoyens par la patrie reconnaissante.

David d'Angers s'était inspiré dans la magistrale composition du fronton de l'édifice de cette simple et

(1) Ce fait a été exposé et commenté dans un volume de M. Edmond Deschaumes paru sous ce titre, le *Grand Patriote*, chez Victor Havard. (Note de l'Éditeur.)

24.

civique pensée. La Patrie distribue les palmes et les couronnes à ses plus illustres enfants. La Liberté l'assiste, tandis que l'Histoire inscrit sur ses tablettes le récit des grandes actions. La Patrie couronne la vertu des citoyens, le génie des artistes, la gloire des capitaines. Malesherbes, Mirabeau, Monge, Fénelon, Manuel, Carnot, Berthollet, Laplace, Louis David, Cuvier, Lafayette, Jean-Jacques, Voltaire et Bichat viennent recevoir leur récompense. De l'autre côté, s'avance Napoléon, suivi d'un cortège guerrier.

Tout, dans cet immense monument, respire la grandeur et la force. Le monumental fronton de David repose sur vingt-deux grosses colonnes cannelées, et les immenses murailles de l'édifice dénuées d'ornements, sont d'une imposante majesté.

Tout, le peuple de Paris a suivi le char des pauvres qui contenait les dépouilles de Victor Hugo. Il défila devant les marches du temple dans lequel venait d'être déposé le cercueil du poète. A sept heures du soir, les délégations et les citoyens déposaient encore des fleurs et des couronnes. Les troupes saluaient de leurs armes. On allait ensevelir le poète dans cette église vouée uniquement au culte de la gloire, tant de fois violée par les révolutions et les gouvernements.

Mirabeau, Rousseau, Voltaire, Marat ont été ensevelis dans les caveaux du Panthéon, et leurs tombes, aujourd'hui, sont vides. Par contre, les monuments de Lagrange, de Bougainville, et de ce vaillant et pur soldat, le maréchal Lannes, ont été respectés.

La décoration picturale du Panthéon a subi autant de vicissitudes que le monument. La seconde coupole du dôme a été décorée de fresques du baron Gros représentant l'Apothéose de sainte Geneviève. Le peintre Puvis de Chavannes a reçu de l'État la commande de fresques ayant pour sujet la vie de sainte Geneviève : chef-d'œuvre de la peinture religieuse de notre époque.

Ces perturbations successives ont troublé la sérénité de ces voûtes immenses et donné à l'édifice entier une impression de provisoire et d'inachevé à laquelle

s'ajoute le désordre causé par les visites fréquentes de véritables caravanes d'étrangers (1).

Les monuments sont nombreux sur cette large place du Panthéon. La belle église de Saint-Étienne-du-Mont souffre du colossal voisinage de l'énorme

---

(1) Voir *Annexe méthodique des Renseignements spéciaux*. IV° partie, chap. II, note 1.

coupole. A l'angle de la rue Clovis, elle est encaissée et étouffée ; mais, intérieurement, elle renferme des beautés de premier ordre. C'est la dernière église de Paris qui ait conservé son jubé, splendide morceau d'architecture datant du commencement du XVII⁰ siècle. On y voit encore une chaire de bois sculpté, de superbes vitraux des grands artistes verriers Jean Cousin et Pinaigrier, et des tableaux de Philippe de Champaigne, Largillière, Le Naïn, Coypel, Abel de Pujol.

Le Panthéon et Saint-Etienne du Mont ont été pillés, et les reliques de sainte Geneviève réduites en cendres. L'ancienne châsse, tout en or, qui les contenait, a été mise à la fonte. La population parisienne a cependant gardé toute sa vénération pour sa patronne. A Saint-Etienne du Mont, le tombeau vide de la sainte est demeuré l'objet d'un culte fervent et les fidèles chargés d'offrandes y font brûler des cierges.

Au mois de janvier, on fête la neuvaine de sainte Geneviève et une sorte de foire d'objets religieux se tient encore sur la place du Panthéon. Ce fut pendant la neuvaine de l'année 1857 que le prêtre Verger assassina, dans l'église même de Saint-Etienne du Mont, Mgr Sibour, archevêque de Paris.

Nous n'avons que quelques pas à faire, au sortir de l'église, pour entrer à la Bibliothèque Sainte-Geneviève, qui est placée entre le collège Sainte-Barbe et l'Ecole de Droit. Le bâtiment, élevé par Labrouste, se reconnaît de suite à sa façade percée de larges fenêtres dominant des arcades sur lesquelles sont inscrits les noms d'écrivains de tous les temps et de tous les pays.

Il faut traverser un vaste vestibule, décoré des bustes des gloires littéraires de la France, pour gagner, par le grand escalier, la salle de lecture qui occupe tout le premier étage et contient plus de 400 places.

La Bibliothèque possède environ 120,000 volumes, parmi lesquels est assemblée la plus complète réunion d'ouvrages de théologie qui existe au monde. Elle offre aux bibliophiles et aux érudits un véritable écrin : ce sont des collections d'Aldes, d'Elzévirs et d'ouvrages rarissimes du seizième siècle. Les fureteurs savent qu'ils ne trouveront que là les journaux, chroniques, mercures et recueils littéraires et politiques des règnes de Louis XIV, Louis XV, Louis XVI ainsi que de la période révolutionnaire. Le cabinet des Estampes renferme 6,000 pièces, et il faut ajouter à cette énumération sommaire 3,000 manuscrits dont plusieurs sont ornés de précieuses miniatures.

Cette Bibliothèque a été fondée par le cardinal de La Rochefoucauld qui la dota de suite de 500 volumes de sa bibliothèque, lorsqu'il fut nommé abbé de l'abbaye de Sainte-Geneviève. A ce moment (1624), l'ordre des Génovéfains ne possédait pas un seul ouvrage imprimé. Ce fut ainsi que le cardinal troubla le bon repos des moines.

Son œuvre fut continuée par les Pères Fronteau et Lallemant, qui étaient des bibliophiles de premier ordre. La Bibliothèque s'enrichit soit par des achats, soit par des héritages, des livres de l'abbé Flecelle, de Letellier, archevêque de Reims, qui possédait 16,000 volumes de choix, et des ouvrages acquis par Daunou et provenant de la vente de la bibliothèque particulière de Pie VI.

Par sa situation, la bibliothèque Sainte-Geneviève

a une clientèle spéciale : des professeurs, des étudiants, même des lycéens. Ces jeunes travailleurs ne sont pas guidés, le plus souvent, par un amour immodéré de la science. Ils viennent chercher dans des traductions juxtalinéaires l'interprétation des textes latins, ce qui leur évite la peine de s'essayer dans les

Bibliothèque Ste Geneviève

travaux où les Nisard et les Burnouf ont atteint une perfection à laquelle ils renoncent modestement de parvenir. La salle de lecture est en même temps le chauffoir de la bohème en détresse. Que de fois les gardiens sont-ils obligés de frapper légèrement à l'épaule un pauvre diable de professeur libre, las d'avoir erré toute la nuit, abîmé dans un lourd sommeil et ronflant sur l'ouvrage qu'il s'est fait communiquer. A côté des laborieux, les oisifs flanent, baguenaudent, ou font sur un lambeau de papier un bout d'article pour un journal ou de notice pour un éditeur qui fabrique un dictionnaire à bon marché. Vallès, dans ses *Réfractaires*, parle de ceux qui ne peuvent pas se placer parce qu'ils n'ont pas de chemise. Il y a aussi ceux qui sont dans l'impossibilité d'écrire parce qu'ils n'ont ni plume ni papier. Il serait bien facile de réparer cette lacune dans nos salles de travail des bibliothèques. Y songera-t-on ?

En quittant la Bibliothèque, on passe devant la porte de Sainte-Barbe. Ce vieux collège est un établissement particulier, monté depuis 1841 en société anonyme. Les Barbistes les plus forts suivent les cours du lycée Louis-le-Grand. C'est la province qui fournit le plus gros contingent d'écoliers à cette Institution. Les études y sont bonnes et le prix de la pension plus élevé que dans les lycées de l'Etat. Cela excite les vanités de province. Dans les chefs-lieux de canton, les mamans se regorgent quand elles peuvent dire : « Nous avons mis notre fils à Sainte-Barbe. »

En continuant à tourner ainsi autour du Panthéon, nous arrivons, à l'angle de la rue Soufflot, à l'entrée de l'Ecole de Droit.

La cour intérieure et les abords de l'Ecole sont encombrés d'étudiants. Ces Messieurs se remettent aujourd'hui à porter le béret. Ils redeviennent autonomistes et veulent faire un groupe distinct dans Paris.

Ce n'est qu'à dater de l'Assemblée constituante et de la période impériale que l'enseignement du droit à la Faculté de Paris put avoir un programme sérieux et nettement défini, chaque province ayant, avant cette époque, sa juridiction particulière et ses coutumes locales. A présent, nos tabellions et nos avoués peuvent se former à la même école et nos magistrats n'ont plus qu'un seul code à appliquer. Si nos juristes se perdent toujours dans le fatras des interprétations, ils n'ont plus du moins à se fourvoyer dans un dédale de lois contradictoires, variant avec chaque baillage.

Les professeurs de l'Ecole de Droit sont généralement fort aimés de leur élèves, autant pour leur caractère que pour leur profond savoir. Dans les périodes autoritaires, professeurs et élèves se réunissaient par un sentiment commun de résistance et d'indépendance ; et cette jeunesse savait se révolter contre ses maîtres quand elle les accusait de servilité. Le gouvernement se trouva plus d'une fois dans la nécessité de fermer des cours, où les professeurs suspectés étaient accueillis en montant en chaire par des huées et des cris d'indignation, et de rouvrir des cours interdits pour la raisons opposée.

Pendant le règne de Charles X et de Louis-Philippe, les étudiants furent à la tête du mouvement libéral, parcoururent les rues, se mêlèrent aux bagarres et firent le coup de feu sur les barricades.

L'Ecole de Droit a été construite par Soufflot, en harmonie avec le Panthéon. L'entrée est décorée d'un fronton supporté par des colonnes ioniques. Une bibliothèque spéciale très complète, pour l'entretien de laquelle les étudiants payent un droit supplémentaire et obligatoire, est annexée à l'Ecole.

A l'angle opposé de la rue Soufflot, la mairie du

Vᵉ arrondissement a été bâtie sur le même plan que l'École de Droit. Cet ensemble donne à l'entrée de la place un aspect d'une belle régularité.

Nous sommes en plein Paris studieux. C'est ici que se trouvent groupés nos lycées les plus anciens, les plus célèbres, et les grands centres des Facultés et de l'Enseignement supérieur.

Tout s'apprend et s'enseigne aux quartiers des Écoles : tout jusqu'à l'art d'enseigner, professé avec tant d'éclat à l'École Normale. C'est dans le fameux établissement de la rue d'Ulm que se forme et se recrute le personnel universitaire. Nous retrouvons, dans sa création, l'esprit de la Constituante et l'initiative de Lakanal. L'époque de sa fondation fut un des plus beaux et des plus heureux moments de l'École, entièrement libre alors, et ne recevant que des externes. Bonaparte changea cette libérale ordonnance. Il formula un règlement militaire et disciplina, comme il avait fait à Polytechnique. Les Normaliens furent astreints à une claustration réelle, portèrent l'uniforme et subirent une surveillance comme les premiers écoliers venus. Napoléon s'ocupa de leurs chapeaux, de leurs cravates avec autant de minutie que de leur programme d'enseignement. « Son » École Normale tenait de la caserne, de la prison et du cloître, car dans la pensée de l'Empereur, le personnel universitaire devait, comme le clergé, être astreint au célibat. La Constituante avait organisé des cours spéciaux. On relevait sur la liste de ses professeurs les beaux noms de Monge, Laplace, Lagrange, Berthollet, Daubenton, Hauy, Volney, La Harpe, Bernardin de Saint-Pierre. Napoléon décida que les élèves de l'École suivraient simplement les cours du Collège de France, de l'Ecole Polytechnique et du Muséum d'histoire naturelle, selon le genre d'enseignement auquel ils désireraient se consacrer.

Malgré les rigueurs du régime napoléonien, l'esprit de l'Ecole était resté imbu des principes de sa fondation. Il ne changea point sous la Monarchie. Dénoncée violemment par le clergé comme un foyer d'idées démocratiques, l'École fut supprimée par M. de Corbières. Elle fut reconstituée un peu plus tard et, suivant le cours des événements politiques, son régime et son enseignement devinrent plus largement ouverts à l'esprit libéral.

L'établissement de la rue d'Ulm n'est pas, ainsi que le supposent des esprits mal renseignés, un lieu d'étude austère et morose. Le labeur continuel et opiniâtre provoque au contraire chez ces jeunes gens séparés du monde des crises de gaieté et des heures de détente. Le Normalien est épris de bouffon, de paradoxe, de calembour, de fantaisies macaroniques. La parodie lui semble un délicieux passe-temps.

Le champ de manœuvre que l'Université offre aujourd'hui à ses jeunes maîtres s'est largement développé. La modestie des débuts s'oublie facilement dans la perspective de la route à parcourir, route glorieuse et pure qui mène sûrement les persévérants et les laborieux aux plus hauts postes de l'enseignement supérieur. D'anciens élèves de la rue d'Ulm ont eu la sagesse de comprendre la grandeur de leur carrière et de s'y tenir. Ils ont obtenu l'estime et la sympathie en récompense de leurs efforts, et, s'il est une chose regrettable dans le fonctionnement de nos services nationaux, c'est que la direction de l'instruction publique ne soit pas confiée à ces universitaires restés fidèles à leur mission. Seule, une direction ferme et uniforme, à l'abri des fluctuations politiques, permettrait de réaliser les progrès réclamés par notre système d'instruction et d'éducation.

La liste des hommes de premier ordre que l'Ecole a produits est la meilleure réponse que l'on puisse faire aux attaques de ses adversaires. Il ne faut pas oublier cependant que c'est l'enseignement secondaire qui a préparé et formé les élèves de la rue d'Ulm et qu'ils n'ont eu là qu'à développer des connaissances plus sommairement acquises, à se perfectionner dans des travaux déjà consciencieusement poussés. Parmi les hommes les plus distingués qui ont passé par la rue d'Ulm, rappelons les noms de Cousin, d'Augustin Thierry, Patin, Duruy, Jules Simon, Bersot, Zévort, Martha, Janet, Boissier, Grenier, Beulé, Caro, Mézières, Lenient, Hervé, About, Taine, Levasseur, Prévost-Paradol, Fustel de Coulange, Michel Bréal.

La maison de la rue d'Ulm, par sa situation, se trouve un peu en dehors du point central du quartier des Ecoles, qui est la Sorbonne.

C'est à la Sorbonne, en effet, qu'est le siège de l'Académie, et que les professeurs de la faculté de théologie catholique, de la faculté des lettres et de la faculté des sciences font leurs cours, qui, sans exception, sont publics et gratuits.

Le vieux et célèbre collège (*pauperrima domus*) fut fondé, en vertu d'un acte royal daté du 21 octobre 1250, par Robert de Sorbon, ancien élève de ce collège de Montaigu, surnommé de la *Pouillerie*, où les pauvres escholiers faisaient leurs études et vivaient de charité. Il occupait la maison de Jean d'Orléans et l'Ecurie de Pierre-Pique-l'Ane, rue Coupe-Gueule, devant le Palais des Thermes. La valeur de l'enseignement théologique assura bientôt au nouveau collège la première place, et le bonnet de docteur en Sorbonne devint la coiffure la plus enviée et la

La Sorbonne.

plus recherchée des théologiens. On n'obtenait ce bonnet privilégié qu'après avoir soutenu force thèses. La dernière, dite grande sorbonique, était une terrible épreuve qui durait de six heures du matin à six heures du soir. Le malheureux candidat devait, sans boire ni manger, triompher des attaques de vingt contradicteurs qui se succédaient à chaque demi-heure, l'accablant d'une grêle d'objections et d'arguments qu'il devait réfuter sur-le-champ même. Notons en passant quelques points saillants de l'histoire de la Sorbonne. A la mort de Jeanne d'Arc, elle figura dans la procession publique de toutes Facultés pour remercier Dieu et le grand saint Martin-des-Champs d'avoir délivré le royaume de la sorcière et de l'hérétique.

Elle a de plus honorables souvenirs à évoquer au sujet de l'établissement de l'imprimerie en France. Jean Heynlin, prieur de la Sorbonne, fit venir en France les premiers imprimeurs : Ulrich Gering, Michel Friburger et Martin Crantz, de Mayence, qui établirent leurs presses rue Saint-Jacques, au *Soleil d'Or*. Elle fit longtemps une opposition terrible aux jésuites, *personnas facinorosas, illegitimas et infames,* et soutint à différentes reprises des luttes ardentes contre la papauté. Elle formenta la Ligue et voua à l'excommunication, à la mort éternelle, quiconque reconnaîtrait pour roi Henri de Navarre. A dater du règne de Henri IV, dont elle n'avait pu arrêter le succès, elle fut réduite par l'autorité royale aux pures discussions religieuses. Elle défendit avec passion les doctrines ultramontaines, censura Descartes, raya Arnauld du nombre de ses docteurs. N'allait-elle pas, plus tard, condamner Montesquieu pour l'*Esprit des Lois*, et Buffon pour son *Histoire Naturelle?* Elle continua cette guerre impuissante contre tous les encyclopédistes, et, quand elle fut supprimée en 1790, elle s'était tuée de ses propres mains.

C'était la cloche de la Sorbonne qui sonnait le couvre-feu pour les escholiers de l'Université. En 1629, le cardinal de Richelieu avait fait reconstruire par Lemercier le vieux collège augmenté des bâtiments du collège du Plessis, et posé la première pierre de l'église où il fut enseveli plus tard, dans un tombeau magnifique dessiné par Lebrun, exécuté par Girardon.

Les professeurs les plus distingués occupent aujourd'hui les chaires de la Sorbonne. On trouve sur la même liste les noms de Biot, Gay-Lussac, Thénard, Haüy, Brongniart, Geoffroy Saint-Hilaire, Dumas, Pouillet, Milne-Edwards, Leverrier, etc., pour les sciences ; et, pour les lettres les Boissonnade, Royer-Collard, Guizot, Cousin, Jouffroy, Maine de Biran, Victor Leclerc, Patin, Saint-Marc-Girardin, Ozanam, Géruzez, Jules Simon, Janet, Berger, Egger, Wallon, Himly, Nisard.

De nouveaux travaux d'une grande importance ont été exécutés à la Sorbonne (1) pour son amélioration et sa décoration.

Les Cours du Collège de France jouissent d'une vogue au moins égale à celle des Cours de la Sorbonne. Comme eux, ils sont publics et gratuits. Budé, premier magistrat de Paris, en fut le créateur sous le règne de François Ier (1529). On y enseignait les trois langues que Michelet appelle si justement « les trois langues saintes », l'hébreu, le grec et le latin et Budé y fit adjoindre une chaire de mathématiques. « Cette chaire, écrit Michelet (2), tint pour ainsi dire sa porte entre-bâillée, et toute science va y entrer peu à peu. »

Henri IV voulut que l'œuvre créée par François Ier eût une installation digne de son but. Les collèges de Cambrai et de Tréguier furent rasés, mais ce ne fut qu'en 1610 que Louis XIII posa la première pierre des

(1) Voir *Annexe méthodique*. IVe partie, Chap. II, note 2.
(2) Michelet. — *Paris guide* : Le Collège de France.

nouvelles constructions qui ne furent achevées qu'en 1774, par Chalgrin.

Le Collège de France est formé de trois corps de bâtiments qui encadrent une grande cour d'honneur. Un ministre de l'Instruction publique, dont tout le monde connaît le nom, après avoir visité les salles de cours, les laboratoires, les cabinets de minéralogie et d'histoire naturelle, demanda à inspecter également les dortoirs. On en rit encore sous les coupoles des Instituts !

Quelques femmes du monde ont mis à la mode la fréquentation des Cours du Collège de France. M. Caro, le philosophe spiritualiste, avait à la Sorbonne des fidèles qui avaient été surnommées les Carolines. Les Cours de philosophie et de littérature ont également leurs habituées.

L'écrivain qui se chargera d'étudier la femme au xixe siècle assumera une lourde tâche. Elle se révèle sous toutes les formes. Elle revêt toutes les incarnations. Elle est à la fois écuyère, chasseresse, femme savante, cantatrice et comédienne. Elle a des professeurs favoris, ressemblant plus ou moins au *Bellac* du *Monde où l'on s'ennuie*, de M. Édouard Pailleron, et elle passe avec une admirable sérénité de la promenade à cheval à l'allée des Poteaux au Cours où le psychologue à la mode lui enseignera le fin du fin dans l'art d'étudier son « moi. »

Par un logique enchaînement, la femme du monde qui suit les Cours de l'enseignement supérieur nous a valu le professeur mondain qui mène les cotillons et qui joue le soir les rôles de Delaunay sur les tréteaux de la marquise, après avoir étudié dans la journée la doctrine pessimiste de Schopenhauër. L'Université apprend aux femmes du monde à désespérer et les femmes du monde lui enseignent en retour la pavane et le menuet.

Il faut qu'elles aient la foi qui sauve, nos nouvelles précieuses, pour laisser leurs élégants coupés s'aventurer jusqu'à la porte du Collège de France par cette rue Saint-Jacques qui, percée en maint endroit, éventrée, déchiquetée, conserve encore son odeur fade et, sur les façades de ses maisons, les traces d'une moisissure verdâtre. Cette rue Saint-Jacques a été pourtant une des grandes artères de l'ancien Paris, une des deux voies romaines (via superior) qui joignaient Lutèce à l'Italie. Elle fut peuplée de couvents, d'églises, de chapelles : couvent des Jacobins ou Frères prêcheurs, des Mathurins ou Matelins ; de la Visitation, occupé aujourd'hui par les Dames de Saint-Michel et où sont détenues les jeunes filles renfermées par la volonté de leurs familles ; couvent des Ursulines, séminaire de Saint-Magloire, couvent des Bénédictins anglais, le Val-de-Grâce et le couvent des Carmélites.

Il y avait encore, dans cette rue Saint-Jacques, la chapelle Saint-Jacques, l'église Saint-Etienne-des-Grès, la chapelle Saint-Yves, au coin de la rue des Noyers, fondée par les écoliers bretons en l'honneur d'un avocat de leur pays, qui avait défendu les pauvres pendant sa vie et avait été canonisé après sa mort. On croyait qu'il les défendait encore du haut du ciel, et Millin raconte que les plaideurs venaient suspendre à la voûte de sa chapelle leurs sacs à procédure « comme un boiteux redressé suspend sa béquille dans la chapelle d'une madone ». L'église de la

Sainte Benoîte Trinité est devenue une maison de rapport, après avoir été transformée en théâtre. L'église Saint-Etienne-des-Grès a été complètement détruite. La légende attribuait sa création à saint Denis.

C'est dans cette rue, qui avait été peuplée de libraires, parmi lesquels, les rois de la librairie, les Cramoisy, puis les Badius, les Vascosan, les Nivelle, les Edelinck, enterrés tous dans le cimetière de l'église de la Sainte-Benoîte-Trinité, c'est dans cette rue, peuplée aujourd'hui de crèmeries, d'hôtels borgnes et d'assommoirs, où la bohème famélique déjeune ou dîne d'une absinthe, que se trouvait le collège de Clermont, longtemps dirigé avec succès par les Jésuites, et qui porta le nom de Louis-le-Grand, qu'il a conservé malgré la Révolution, après s'être appelé successivement Collège de l'Egalité, Prytanée français, Lycée impérial et Lycée Descartes. Les Jésuites eurent Voltaire au nombre de leurs élèves. Allez donc discuter, après cela, sur l'influence de la première éducation !

L'église Saint-Jacques-du-Haut-Pas a traversé la tourmente révolutionnaire pendant laquelle elle avait été transformée en temple de la Bienfaisance. Commencée en 1630, elle n'avait pu être achevée que grâce aux libéralités de madame de Longueville et de ses futurs paroissiens. Les carriers du faubourg Saint-Jacques fournirent gratuitement la pierre. Les artisans prêtèrent leurs bras. La duchesse de Longueville fut enterrée dans cette église. On dirait : « son église », si les carriers d'aujourd'hui n'étaient pas électeurs et éligibles.

Bientôt, il ne restera plus trace de cette lèpre de

Paris, de cet enchevêtrement de petites rues sales et fétides qui prenaient naissance rue Saint-Jacques. Partout, les vieux pignons et les murailles crevassées s'écroulent sous les pics. La rue des Cordiers n'existe plus, cette rue sombre comme un cachot où habitèrent Jean-Jacques, Gresset, Mably, Condillac, George Sand et Gustave Planche. Ils disparaissent aussi à leur tour, ces étroits corridors de bâtisses sinistres, qui partent du bord de la Seine au quai Montebello, et entourent les anciens bâtiments de l'Hôtel-Dieu et la vieille église de Saint-Julien-le-Pauvre.

La rue Galande va disparaître. Elle était remplie de cabarets sinistres, par lesquels sont passés tous les gens de lettres, tous les artistes, tous les curieux de la vie parisienne. Ils étaient devenus trop classiques, ces coupe-gorge ! Quand la fin du Château-Rouge et de la bibine du Père Lunette eut été décidée, des journalistes et de jolies demi-mondaines allèrent y faire en bande un dernier pèlerinage, comme s'il se fût simplement agi d'enterrer le Bal Mabille ou de verser une dernière larme et une dernière libation sur les ruines du Moulin-Rouge ! M. Verdier jeune avait offert le champagne de la Maison-Dorée à cette mission scientifico-cythéréenne, et les alcooliques de ces bouges infâmes trinquèrent avec les plus jolies filles de Paris, ce qui devait les changer sensiblement de leurs habitudes.

Les dernières rues noires de la place Maubert et les abords de la rue Galande sont en effet les repaires de ce vieux quartier. La mendicité, le vice, le crime et la prostitution y vivent côte à côte, et, quand on parle de prostitution, on ne peut que renvoyer le lecteur, au cas où il en aurait la curiosité, aux documents humains qui grouillent autour des tables poissées de gros vin et d'alcool, ou qui trébuchent dans des ruisseaux. C'est un vivant musée d'horreurs. A ce déjeuner d'adieu aux bouges condamnés à la démolition, les belles horizontales, qui sont dites de grande marque, ont dû considérer, avec une certaine stupeur, les horizontales de marque immonde qui font les belles nuits de ce ghetto, Laïs incomplètes et Phrynées avariées, les unes sans dents, les autres sans cheveux, et certaines hideusement camardes — comme la Mort.

On voit encore là, comme aux Halles, des marchands de nourriture d'occasion : boulangeries en vieux et gargotes offrant aux consommateurs des plats du jour à cinq centimes. Voilà qui nous change de ces belles rôtisseries de la rue de la Huchette où les chapons dorés tournaient sur leur broche au-dessus de brasiers étincelants ! D'ici quelques années, il ne restera rien de ce quartier fortement entamé, qui nous conservait quelques vestiges du vieux Paris, mais qui exhalait trop de puanteurs et renfermait trop de misère et trop de vice pour que les amateurs d'archéologie doivent le regretter.

Deux vieilles églises ont subsisté dans ce dédale de maisons vermoulues. La première, Saint-Séverin, renferme de belles peintures de Flandrin, de Heim, Schnetz, Signol, Hesse, Gérôme, Jobbé-Duval et des vitraux des XVe et XVIe siècles. Les orgues étaient les plus anciennes de Paris. La seconde, Saint-Julien-le-Pauvre, a servi longtemps de chapelle au vieil Hôtel-Dieu. Elle a été affectée au culte grec. Ce vieil édifice date du XIIe siècle.

Le quai de Montebello sera rajeuni comme les rues qui viennent y déboucher, quand les vieux bâtiments de l'Hôtel-Dieu auront été rasés. Sur son voisin, le quai de la Tournelle, sont établis les laboratoires de la Pharmacie centrale, où s'approvisionnent les établissements du service de l'Assistance publique.

Saint-Julien-le-Pauvre

Vu d'ensemble, le V° arrondissement offre un coup d'œil étrangement teinté. Là, des ruelles sordides et noires. Ici, de grandes avenues aux blanches façades inondées de lumière et de soleil, telles que la rue des Ecoles et la rue Monge. Des rues solennelles comme les rues des Feuillantines et Claude-Bernard, habitées par des magistrats, des jurisconsultes et des professeurs. Des rues ouvrières, comme la rue Mouffetard, avec sa vieille église de Saint-Médard, à laquelle était réuni le cimetière où les convulsionnaires se donnaient rendez-vous sur le tombeau du diacre Pâris et s'y livraient à de tels scandales qu'il fut signifié :

> De par le roi, défense à Dieu,
> De faire miracle en ce lieu.

Saint-Médard dépendait de l'abbaye de Sainte-Geneviève. On y voit encore un portrait de la sainte, peint par Watteau.

La grande voie qui sert de limite au Ve et au VIe arrondissement est à la rive gauche ce que les boulevards sont à la rive droite. Le boulevard Saint-Michel est le boulevard des étudiants. Moralement, ils en sont les maîtres. Ils y ont leurs cafés et leurs brasseries et certains de ces établissements servent de lieu de réunion à des jeunes gens des mêmes provinces ; mais les maisons du boulevard Saint-Michel sont habitées par des bourgeois paisibles. Cela enlève à l'artère principale du Quartier-Latin un peu de sa fougue, de sa fantaisie, de sa gaieté. La maréchaussée veille au bon ordre et Messieurs les Escholiers modernes n'apprennent plus leurs futurs devoirs de magistrats en rossant le guet. Pour affirmer qu'ils ne tenaient point en mince estime les errements du passé, les étudiants ont décidé qu'ils porteraient le béret, orné des insignes de la Faculté dont ils suivent les cours. Il est probable que cette révolution n'ira guère plus loin que la coiffure et ne sera pas suivie par la majorité des étudiants. Les notaires en retraite, qui se souviennent encore des Mimi Pinson de leur jeunesse, s'exposeraient à une grosse déception s'ils espéraient que les descendantes des grisettes coifferont, de leur côté, le bonnet disparu.

La grisette moderne ne travaille plus chez la modiste et la lingère, ainsi que faisait l'ancienne, les jours où elle avait le temps. Si elle a un métier, elle est « verseuse » dans une de ces brasseries trop nombreuses, où les garçons sont remplacés par des servantes, et où cet usage n'aurait en soi rien de déplaisant. Ce qui s'est dépensé de madrigaux et d'œillades autour des beautés de comptoirs dans les cafés, ce qui s'est conté de gaudrioles à de faciles filles d'auberge, le petit dieu Eros est seul à le pouvoir connaître. De tout temps, les hommes ont aimé à être servis par de jolies créatures, et il y aurait mauvaise grâce à reprocher aux étudiants de préférer le tablier blanc à la serviette douteuse, les frisons soyeux aux favoris épais et rudes, le sourire d'une jolie bouche au « Boum! » d'un lourdaud, une fine taille bien prise dans un corsage souple à un torse de manant revêtu d'une veste souillée de taches de liquide. Malheureusement, la brasserie de filles a des dangers qui ont ému autant que les hygiénistes les familles des jeunes gens qui vivent au Quartier-Latin. Certaines sont de véritables maisons de jeu. Toutes sont des sortes d'assommoirs où les filles poussent les jeunes gens à boire avec excès des alcools dangereusement frelatés.

Les étudiants n'ont plus de bal public. Ils ne dansent pas à Bullier, où l'on retrouve une population semblable à celle des habitués de l'Elysée-Montmartre. Il a été longtemps de mode, dans le demi-monde de la rive droite, d'aller à Bullier le jeudi soir. Cette mode a été abandonnée peu à peu. Un des plaisirs les plus recherchés des étudiants, en ripaille, c'est d'organiser un monôme et d'aller de la fontaine de la place Saint-Michel, en traversant les cafés, jusqu'à Bullier, en passant devant la statue du maréchal Ney. Ces monômes servent de prétexte à un charivari dans lequel les cris d'animaux se mélangent aux refrains burlesques.

Fontaine St Michel

Les confréries de plaisirs sont peu nombreuses au quartier. Il y en a au contraire plusieurs de sérieuses et d'utiles : conférences, cercles, association générale. Les professeurs des Facultés encouragent cet esprit d'association. M. Ernest Lavisse est un de ceux qui travaillent le plus à créer des liens d'amitié entre les maîtres et les élèves, comme dans les Universités allemandes. Quelques institutions excellentes ont été créées dans ce but avec succès, et les professeurs peuvent se mettre en contact avec les étudiants, sans pour cela être obligés de passer leurs soirées à la brasserie entre deux chopes et dans une épaisse fumée de tabac, ainsi qu'il est d'usage chez leurs confrères d'Outre-Rhin.

Un des attraits, une des curiosités du boulevard Saint-Michel, une des perles du Paris artiste, c'est ce décor des ruines du Palais des Thermes encadré d'un beau jardin jonché de pierres ensevelies sous le lierre, qui entoure d'une ceinture d'ombrage le gracieux hôtel commencé par Jean de Bourbon pour les abbés de Cluny, et achevé à la fin du règne de Charles VIII par Jacques d'Amboise, évêque de Clermont et abbé de Jumièges.

Du palais où Julien fut proclamé empereur, où résidèrent nos rois francs, il subsiste encore de belles et nobles traces. Le *frigidarium*, où l'on reconnaît facilement l'emplacement de la piscine et les restes des conduites d'eau qui l'alimentaient, a conservé sous la hauteur de sa belle voûte un caractère monumental ; mais, du *tepidarium*, il ne reste que les murailles.

Quand le visiteur a parcouru toute cette partie du musée et du jardin consacrée aux antiquités gallo-romaines, il a d'autres richesses à admirer : tous les arts de la civilisation de siècles nombreux à étudier. L'hôtel de Cluny contient un monde de merveilles exposées et groupées dans un ordre exquis : des morceaux précieux de la statuaire du moyen âge et de la Renaissance, d'incomparables ivoires dont plusieurs portent la marque du génial et patient travail de François Flamand, d'anciens et splendides ouvrages d'orfèvrerie, les couronnes d'or massif des rois wisigoths enrichies de pierres précieuses et de perles, des châsses, des reliquaires, des coffrets, de superbes ou rarissimes ferronneries, des landiers, des armatures de meubles, des verrous et des serrures gothiques; une superbe collection de faïences, des émaux de Palissy, des plats hispano-mauresques, des médaillons italiens, des Nevers, des Rouen, des Moustiers, des verres de Venise et des vitraux de Suisses, des lames de Tolède, des dagues, des épées, des tapisseries de Beauvais et de Flandres, des meubles de toutes les époques, depuis le superbe dressoir de la cathédrale de Saint-Pol jusqu'aux chaises à porteurs laquées, dorées et peintes du seizième siècle et de la cour de Louis-le-Grand.

Ce qui attire et retient le visiteur dans ce riche et charmant ensemble, c'est qu'il y retrouve l'intimité de la vie des âges évanouis, une familiarité du passé qui se livre à l'observateur par un détail, une étoffe, un meuble façonné aux besoins de l'existence courante et qui a été conservé pieusement dans ces rares vitrines pour l'élégance de sa forme ou le fini de son exécution.

Puis, ce qui ajoute encore à la perfection de ce musée de Cluny, c'est la beauté de l'écrin qui renferme ces incomparables collections, la grâce de cet hôtel ouvragé, ciselé, aux combles percés de fenêtres dont la pierre a été fouillée comme un travail d'orfèvrerie, aux toitures surmontées de cheminées qui sont des chefs-d'œuvre de hardiesse et d'habileté.

Le jardin du Palais des Thermes et de l'Hôtel de Cluny sont situés à l'angle formé par l'intersection du boulevard Saint-Michel et du prolongement du boulevard Saint-Germain, qui a fait une trouée dans tout ce vieux quartier et assaini la place Maubert, sur laquelle Etienne Dolet a été brûlé et a maintenant sa statue. Des rues neuves et baignées de lumière sont percées dans ce coin sombre où les marchands de bouts de cigare tenaient leur marché, où les Limou-

sins, réunis en « coteries », avaient leurs chambrées.

Un des théâtres du Quartier Latin, le théâtre Cluny, a sa façade sur le boulevard Saint-Germain. Il a obtenu quelques succès éclatants qui ont fait traverser la Seine à tous les amateurs de Paris. Au nombre de ces succès figurent, en première ligne, une comédie d'Édouard Cadol, *les Inutiles*, un vaudeville de Grenet-Dancourt : *Trois Femmes pour un Mari*.

Sur ce même boulevard Saint-Germain, un souvenir à donner au peintre Lebrun. Il a été enterré dans l'église Saint-Nicolas-du-Chardonnet (rue des Bernardins), qui avait été édifiée d'après ses dessins et pour laquelle il peignit la *Résurrection*. On voit également dans cette église des peintures de Coypel, une *Adoration des Bergers* de Giordano, et un *Baptême du Christ*, de Corot.

Une des chapelles du chœur, qui est pavée en marbre, porte le nom de chapelle de Lebrun. Sa mère et sa femme y ont été enterrées près de lui dans de magnifiques tombeaux décorés d'allégories, et l'on y voit son buste, qui est l'œuvre de Coysevox.

Longtemps, ce quartier de la jeunesse fut un des plus anciens de Paris. Les maisons avaient des rides, mais les fronts de ceux qui les habitaient n'en avaient pas. Les murailles sévères et grises semblaient donner à ceux qu'elles abritaient les leçons du passé et évoquer dans leur esprit les souvenirs des temps écoulés. Chaque rue avait sa légende, chaque maison son souvenir. Cela s'écroule. Les monuments mêmes se transforment. Bientôt le quartier Latin ne sera plus qu'un souvenir. Il aura eu ses historiens, ses chroniqueurs, ses poètes et ses chansonniers qui perpétueront sa mémoire. Puis, une ville moderne occupera définitivement la place sur laquelle il avait élevé ses collèges, ses couvents, ses chapelles, ses systèmes, et réglé ses coutumes, si bien que la révolution des idées scientifiques et philosophiques se sera opérée, sur cette terre féconde du Travail et de la Pensée, en même temps que la transformation des maisons, des carrefours et des rues.

III

LE LUXEMBOURG

Le Palais Médicis. — Les poètes du Luxembourg. — Son jardin.
— Un peuple de statues. — Le Musée. — Un coin artistique.
— La rue de Vaugirard. — L'Odéon. — Une galerie littéraire.
— Petites Revues. — Le café Tabourey. — La plume d'or de
Gustave Planche. — L'Ecole de Médecine. — Le quartier du
Bon-Dieu. — Saint-Sulpice. — La Monnaie. — L'Institut. —
Le monde académique. — La comédie de M. Pailleron et la
réalité. — L'Ecole des Beaux-Arts. — Les Rapins. — L'église
Saint-Germain-des-Prés. — Les tombeaux des Mérovingiens.

VIe ARRONDISSEMENT

Le VIe arrondissement porte le nom du Luxembourg. Il est le trait d'union du quartier des Ecoles et du quartier des salons aristocratiques ou des salons officiels : le faubourg Saint-Germain. C'est par le palais du Luxembourg que nous commencerons notre excursion.

Le Luxembourg n'est pas une ancienne résidence royale comme le Louvre, le Palais-de-Justice, les châteaux de Saint-Germain et de Fontainebleau. Aussi, a-t-il passé par bien des mains différentes.

Marie de Médicis avait acheté en 1612 l'hôtel du Luxembourg qui avait été construit primitivement (XVIe siècle) pour Robert de Harlay de Sancy. Elle

PLAN DU VIe ARRONDISSEMENT

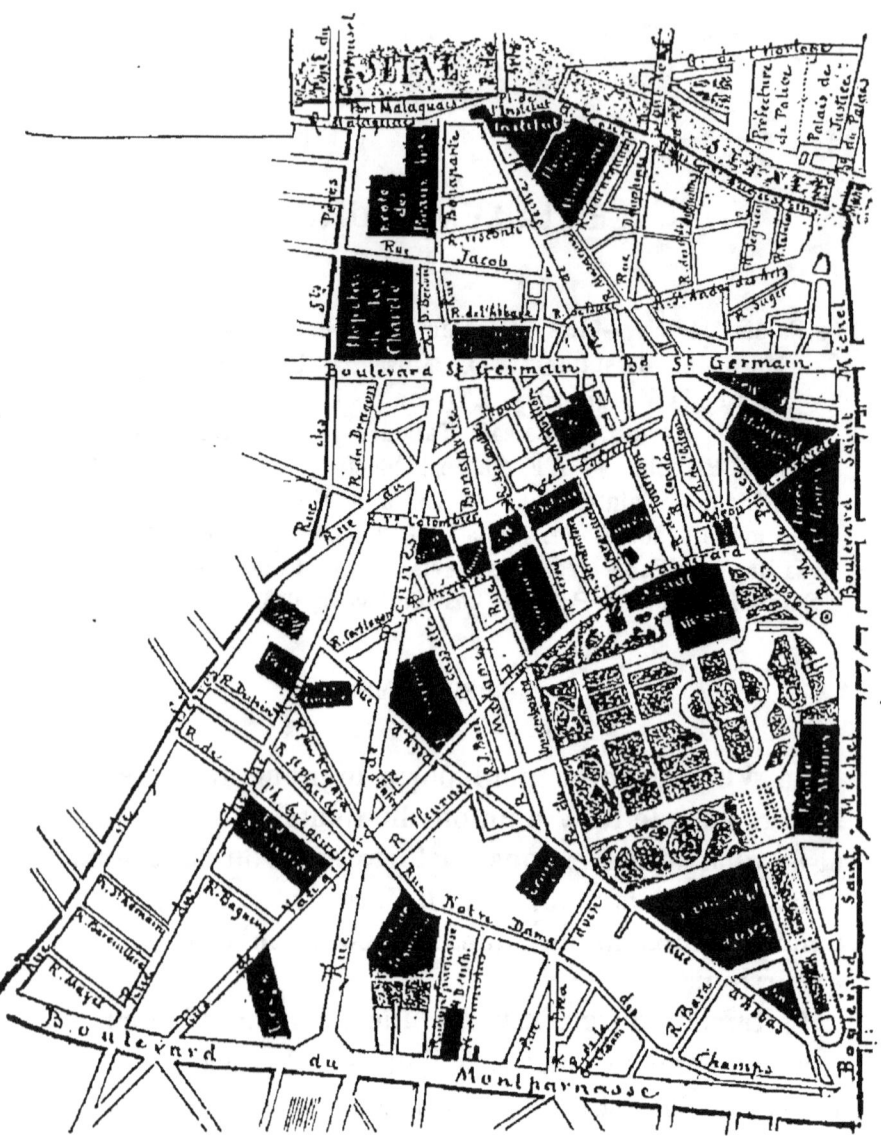

(Voir au dos les renseignements pratiques.)

VIᵉ ARRONDISSEMENT

(LUXEMBOURG)

Mairie. — Rue Bonaparte, 78.

Commissariats de police. — Rue Suger, 11. — Rue Crébillon, 2. — Rue du Cherche-Midi, 71. — Rue des Saints-Pères, 47.

Poste, télégraphe, cabines téléphoniques. — Boulevard Saint-Germain, 104. P. T. C. — Rue Littré, 22. P. T. C. Palais du Sénat. P. T. C. — Rue Vaugirard, 36. P. T. C. — Rue Bonaparte, 21. P. T. C. — Rue du Vieux-Colombier, 21. P. T. C.

Eglises catholiques. — *Notre-Dame des Champs.* — *Saint-Germain des Prés.* — *Saint-Sulpice.* — *Sainte-Chapelle.*

Chapelle protestante libre. — Rue Madame, 59.

avait chargé Jacques Debrosse de reconstruire une nouvelle résidence plus vaste et plus magnifique.

Ce fut cet architecte qui éleva la façade principale de la rue de Tournon, avec son pavillon central recouvert d'une toiture en forme de dôme et relié par deux galeries à deux autres pavillons d'angle. Les faces latérales étaient également flanquées de pavillons reliés par un petit arrière-corps. La façade méridionale — celle qui s'ouvre sur les jardins — se composait d'un petit pavillon central coiffé d'un dôme, joint à deux corps de bâtiments faisant saillie et reliés à ce petit pavillon central par un arrière-corps. Tel était alors le palais de Jacques Debrosse, dont la décoration avait été confiée à Rubens (Voir le musée du Louvre).

Le palais Médicis fut légué par la reine à son second fils, Gaston, duc d'Orléans. Il devint alors palais d'Orléans et passa ensuite aux mains de la Grande Mademoiselle, qui y vécut avec Lauzun, puis à la fille du régent, cette duchesse de Berry qui fit du Luxembourg, comme du château de la Muette, un rendez-vous d'orgies, de débauches sans nom, et qui mettait dans les résidences princières en pratique constante sa significative devise : « Courte et bonne ».

Il en vit de belles, ce vieux Luxembourg, qui, dans ce quartier des écoles, à quelques pas des Facultés, du Collège de France, prend des airs sages d'ancien palais des pairs de France et de palais du Sénat, au milieu de cette jeunesse ardente et folle... Il vit d'abord Monsieur le comte de Provence, le futur Louis XVIII, qui avait installé à côté de lui sa maîtresse, madame de Balbi, dans un hôtel de la rue Madame. Il vit ensuite, après la Révolution, pendant laquelle il était devenu prison et « pourvoirie » de guillotine, succéder aux condamnés à mort montant à l'échafaud en pressant un billet doux sur leur cœur, les fêtes du Directoire et les orgies de Barras. Il devint alors le palais du Premier Consul et servit de palais à Bonaparte après avoir servi de prison au comte de Beauharnais, premier mari de Joséphine Tascher de la Pagerie.

La Chambre des Pairs et le Sénat se constituèrent en cours de justice au Luxembourg. Le maréchal Ney y fut condamné à mort, et ce fut là encore que se déroulèrent les procès des ministres de Charles X, de Fieschi et de ses co-accusés, du prince Louis-Napoléon, à la suite de sa tentative de Boulogne.

L'ancien palais Médicis avait été à plusieurs reprises modifié et agrandi : par Chalgrin en 1804, par de Gisors en 1835. Il contient de belles peintures de Vinchon, Brisset, Couderc, Robert Fleury, Decaisne, Scheffer, Boulanger, Gigoux, une grande scène de l'*Enfer* du Dante (coupole de la Bibliothèque), et l'*Alexandre après la bataille d'Arbelles*, de Delacroix.

Le Petit-Luxembourg, qui fut habité par le comte de Provence, Laplace et Joseph Bonaparte, est aujourd'hui la demeure du président du Sénat.

Il n'est pas de jardin public à Paris qui ait été plus poétisé, plus chanté que le jardin du Luxembourg. Hugo y a fait éclore avec les fleurs les douces et chastes amours de Cosette et de Marius de Pontmercy. Les « poetæ minores » du Pays Latin, à la suite de Murger, y ont semé les tendresses de leurs églogues dans lesquelles ils se posaient en héros de romance. Au Luxembourg, et dans la littérature du terroir, l'Amour, maître du monde, prend de sublimes revanches sur les épiciers. Les rapins sont aimés par de riches héritières et les épousent. Les belles bourgeoises ne peuvent contempler les longs cheveux d'un poète inconnu, sans vouloir devenir aussitôt les « Laures » de ces Pétrarques de mansardes. Tout une littérature sentimentale s'est greffée sur ces bosquets et sur ces allées.

Cela se conçoit. Peuplé de dieux et de déesses de marbre, de statues de reines et de rois, tour à tour mystérieux et grandiose, ce parc semble fait pour l'amour comme au temps où, sous ses ombrages, passaient la Grande Mademoiselle et Lauzun, où la duchesse de Berry se promenait tendrement appuyée au bras de l'un de ses nombreux et robustes favoris. Le promeneur, qu'il ait été romantique ou parnassien, qu'il soit symboliste ou décadent, y subit la loi commune :

> Qui que tu sois, voici ton maître.
> Il l'est, le fut ou le doit être.

Ce beau jardin de l'Amour et de la Jeunesse est peuplé, dans ses parterres et sur ses pelouses, de statues de nos plus grands sculpteurs. Sans parler de la belle fontaine de la rue Médicis, qui s'élève au bout d'une allée de platanes séculaires aux lourdes guirlandes de lierre, et dont l'eau jaillit dans un long bassin où se jouent les carpes et les poissons rouges, nous rencontrons sur les talus qui entourent le grand parterre de la blanche couronne de leurs balustrades, les statues des Françaises illustres, parmi lesquelles la sainte Clotilde de Klagman, la Blanche de Castille de Dumont, la Louise de Savoie et la Marie de Médicis de Clésinger, la Clémence Isaure d'Auguste Préault.

Dans ce peuple de marbre, de pierre ou de bronze, nous admirons, près de la porte qui regarde l'Odéon, le Joueur de Flûte, le Rapsode, de Bourgeois, et, devant la fontaine, la Famille d'Adam, de Garraud ; puis, près de la grille de la place Médicis, l'œuvre gracieuse de Lequesne, le Faune de bronze dansant sur une outre, le Faune au chevreau de Barthélemy, les deux groupes de bronze de Valois et de Chartrousse.

Autour du grand bassin, nouvelles richesses : au sud, une Diane à la Biche d'après l'antique et le Marius de Vilain, au nord, le Gladiateur de Borghèse (copie de Guiard), à l'ouest une Amphitrite et des statues de femmes.

Enfin, il faut ajouter à cette liste déjà longue de magnifiques vases de marbre, le lion de bronze d'Auguste Caïn (près de l'Allée centrale) ; des copies de l'antique : des Faunes, des Bacchantes, des Vestales ; les Lutteurs et l'Hercule d'Ottin ; la Charité, de Petitot.

Au Jardin, se rattache le square actuel de l'avenue de l'Observatoire, décoré de quatre groupes : Le Matin, de Jouffroy ; le Midi, de Ferrand ; le Soir de Cranck et la Nuit de Gumery. C'est au bout de ce jardin que se trouve la fontaine décorée du groupe des Quatre Parties du Monde, de Carpeaux, et de chevaux marins et de tortues de mer de Frémiet.

La politique n'a point tout envahi dans le Palais du Luxembourg. Après avoir respecté les arbres et les statues, elle a dû réserver une place aux chefs-d'œuvre de l'art moderne. L'honneur de la création de ce Musée revient à Louis XVIII.

Il y aurait à faire dans ce riche Musée une bien divertissante étude de la bêtise des hommes et de leur petitesse, si l'on écrivait l'histoire de certaines admissions de tableaux et de certaines exclusions dans cette galerie de l'art contemporain ; mais il vaut mieux encore consacrer toute son attention aux œuvres de

Musée du Luxembourg

premier ordre qui s'offrent à nos regards dans ce Louvre du XIXᵉ siècle.

Les Galeries du Luxembourg ont réuni, parmi leurs plus belles toiles, la Mal'aria d'Hébert, les Romains de la Décadence de Couture, la Dame au Gant de Carolus Duran, le Saint-Sébastien de Ribot, l'Appel des derniers condamnés de la Terreur de Muller, l'Exécution sans jugement, sous les rois Maures de Grenade et le portrait équestre du maréchal Prim, d'Henri Regnault ; le Combat de Coqs de Gérôme, la Chasse au Faucon de Fromentin, les Baigneuses de Millet, les Bulles de savon de Chaplin. Sur cette liste glorieuse, se trouvent les noms du père Corot, de Delaunay, Jules Breton, Baudry, Bouguereau, Cabanel, Henner, Tony-Robert Fleury, Cabat, Signol, Dubufe, Gervex, Marchal, Bida, Tassaert, Vollon, etc.

Un quartier mystique, solitaire, s'étend derrière les grilles du Luxembourg et à gauche de ses grandes avenues. C'est là, dans la rue Auguste Comte, qu'a été installée la nouvelle Ecole de pharmacie (1).

De longues rues traversent ce coin paisible. La rue d'Assas, où on retrouve une colonie d'artistes, de peintres, de sculpteurs : MM. Lauth, l'ancien directeur de la manufacture de Sèvres ; Delaplanche, professeur à l'Ecole des Beaux-Arts ; Falguière, Saglio, Gautherin, Frémine, Monginot, Signol... Rue du Cherche-Midi, se dressent les sombres façades de l'Hôtel de Toulouse, où se tiennent les Conseils de guerre, et de la prison militaire bâtie sur l'emplacement de l'ancienne prison de l'Abbaye. La rue Notre-Dame-des-Champs s'appelait naguère le Chemin-Herbu. Le collège Stanislas y occupa longtemps un grand et bel hôtel qui avait appartenu à l'abbé Terray. Il a été entièrement reconstruit depuis dans cette même rue peuplée de religieux, de prêtres et d'artistes. Les ateliers semblent attirés par le voisinage des Chapelles. Ce sont ceux de W. Bouguereau, J.-P. Laurens, Emile Bayard, le dessinateur de l'*Illustration*, Chocarne-Moreau, etc...

(1) Voir **Annexe méthodique**, IV° partie, chap. III, note 1.

Une des plus longues et des plus vieilles rue de Paris, une ancienne voie romaine passe devant la façade septentrionale du Palais du Luxembourg. C'est la rue de Vaugirard, rue calme, paisible, peu fréquentée et serpentant au siècle dernier entre des cultures, des couvents et des pensions. C'est dans la rue de Vaugirard que demeuraient Mme de La Fayette et La Rochefoucauld. On voit bien La Rochefoucauld écrivant ses maximes dans cette retraite ombragée de grands arbres.

C'est également rue de Vaugirard que se dressent la façade et les galeries du Théâtre de l'Odéon; galeries studieuses, aux trois quarts envahies par les vitrines et les casiers d'une des succursales de la librairie Marpon. Le chef de cette succursale, M. Vaillant, est bien connu des gens de lettres de la Rive Gauche. C'est dans ces librairies des galeries de l'Odéon que se fait à peu près toute la vente des petites revues littéraires rédigées par des jeunes. Il y a quelques années, c'étaient la *Revue réaliste* de Vast-Ricouard (le premier est fou, le second est mort), la *Revue moderne et naturaliste*, dirigée par Harry Alis, aujourd'hui rédacteur au *Journal des Débats*, l'*Hydropathe* qui publiait les caricatures pompéïennes de Sapeck, devenu conseiller de préfecture. Nous avons vu ensuite la *Revue Contemporaine* d'Adrien Remacle et d'Edouard Rod, les *Taches d'Encre* de Maurice Barrès, le *Décadent* d'Anatole Baju, la *Revue Wagnérienne*, la *Chronique moderne*, la *Revue indépendante*, le *Moderniste*, la *Plume* et toutes les plaquettes symboliques et décadentes sortant de la boutique du « bibliopole » Vanier.

Notre-Dame-des-Champs a son église boulevard Montparnasse, une église bâtarde et de construction récente. Rue Stanislas, la Société de Saint-Vincent-de-Paul a fondé une maison de retraite pour les vieillards. Elle est connue sous le nom de Maison de Nazareth.

Le Théâtre de l'Odéon, ou second Théâtre français, a été le champ de bataille des classiques et romantiques. Il a traversé des périodes de fanatisme et d'indifférence. Tantôt, ce fut un désert en butte aux railleries des gens de lettres. Tantôt, ce fut la lice dans laquelle s'escrimèrent les plus ardents champions de nos luttes littéraires. C'est sur cette scène que furent jouées les premières œuvres de Casimir

Delavigne. C'est sur ces planches que l'aventureux Harel fit représenter le répertoire d'Alfred de Vigny, d'Alexandre Dumas, de Frédéric Soulié. C'est là que tout un parterre d'artistes et de jeunes gens passionnés de beaux vers, altérés d'idéal, applaudirent frénétiquement Mlle Georges et l'incomparable Frédérick Lemaître.

Une des dernières batailles de l'Odéon a été livrée par M. Edmond de Goncourt, avec sa *Germinie Lacerteux*. Mais ces tournois se font rares. Malgré l'esprit de son cahier des charges et de son institution, voici de longues années que l'Odéon, sous les directions successives de MM. Duquesnel, de La Rounat et Porel, s'éloigne de sa destination véritable de théâtre d'expérience et d'essai ouvert à toutes les tentatives audacieuses et originales.

Il n'y a pas bien longtemps que, tout à côté de l'Odéon, quelques hommes de lettres connus se réunissaient dans un café qui fut célèbre, le café Tabourey que Barbey d'Aurevilly honorait fréquemment de sa présence. On y voyait MM. François Coppée, Paul Bourget, Elemir Bourges, Albert Samanos qui venaient communier, sous les espèces du mazagran, à la table de leur dieu, le critique intraitable, l'auteur de la *Vieille Maîtresse* et des *Diaboliques*. Ce même café eut un autre habitué non moins illustre : Gustave Planche. C'est là, nous dit Vallès, qu'il écrivit son article sur *Adolphe*, un jour qu'il n'avait pas de quoi payer son déjeuner. C'est à peine s'il gagnait 3 à 4,000 francs par an à la *Revue des Deux-Mondes*. Il n'avait de luxe que pour son papier, son encre, sa plume, ses outils d'écrivain. Barbey écrivait avec des encres de toutes les couleurs, et Planche avec de l'encre de Chine.

La place de l'Odéon est le point central du VIᵉ arrondissement. Le triangle formé par la rue Monsieur-le-Prince, le boulevard Saint-Michel et le boulevard Saint-Germain contient le Lycée Saint-Louis, construit sur l'emplacement de l'ancien Collège d'Harcourt. Sa façade est rébarbative. Il ressemble beaucoup plus

à une caserne, même à une prison, qu'à un lycée. Il est grandement renommé pour la force de son enseignement scientifique.

L'École de Médecine a été considérablement agrandie. Sa façade du boulevard Saint-Germain est ornée de cariatides de Crauck. Dans la cour, une statue de bronze de Bichat. La Bibliothèque renferme une centaine de mille de volumes. Le grand amphithéâtre peut contenir 1,400 auditeurs. Un des coins les plus curieux de l'École est le musée Dupuytren.

Le voisinage de l'Ecole de Médecine se révèle dans ce quartier par la nature des commerces qui occupent les magasins ou les boutiques. Ce sont des fabriques d'instruments de chirurgie ou d'appareils orthopédiques et de bandages, des librairies médicales, des vitrines où sont étalées des pièces anatomiques et des planches violemment enluminées, pantelantes comme des quartiers de chair humaine. Rien qu'à passer par ces rues studieuses, on se sent pris d'un frisson. Il semble que toutes ces maladies, ces tares, ces infirmités humaines guettent le passant et le menacent..... Les étudiants, blasés sur les émotions de ce spectacle, s'arrêtent devant ces exhibitions qu'ils examinent avec autant d'intérêt qu'une jolie femme, une devanture de bijoutier, et un amateur les gravures, les pastels, les sanguines d'un marchand d'estampes.

De l'autre côté de l'Odéon, nous entrons dans le quartier du Bon Dieu. Tout autour de l'église Saint-Sulpice et du grand Séminaire prospèrent de nombreuses industries qui, tout autant que le prêtre, vivent de l'autel. Dans ces rues qui avoisinent l'église, voici les chasubliers étalant les broderies et les dentelles des rochets et des nappes, et les chapes étincelantes, dont les riches étoffes ont été tissées dans les ateliers de Lyon. Voici les drapiers qui vendent l'étamine, la serge et la bure aux congrégations et ordres religieux. Puis, ce sont les tailleurs et chapeliers pour ecclésiastiques, les imagiers avec leurs chromos enluminés : les Saint-Jean aux joues rouges, les Vierges en manteau bleu, l'Agneau pascal avec sa croix et sa toison frisée, le Christ tenant son calice ou saignant sous sa couronne d'épines. Les orfèvres exposent les ciboires, les burettes, les crosses constellées de pierres précieuses et les tabernacles. Les marchands de statues font revivre le Paradis. Ce sont des anges en tunique blanche, dans l'agenouillement de la prière, des Saint-Pierre tenant la clef du Paradis, des Thérèse au regard enflammé, de bons Saint-Martin et des Vincent de Paul, coiffés de la calotte noire et le surplis blanc sur la soutane. Puis, encore, les librairies religieuses et les fleuristes qui fabriquent des guirlandes de lis montés sur des feuillages d'or.

Anne d'Autriche posa la première pierre de Saint-Sulpice. L'achèvement de cette église se fit longtemps attendre. Commencés par Gamart, les travaux furent poursuivis par Levau, Gittard père et fils, Servandoni, que l'on peut considérer comme le véritable architecte du monument.

La façade de Saint-Sulpice se compose de deux rangs de portiques élevés, dorique et ionique, flanqués de deux grandes tours plus hautes que celles de Notre-Dame, et réunissant dans l'ornementation de leurs trois étages la superposition des trois ordres dorique, ionique et corinthien.

A remarquer, à l'intérieur, la chapelle des Saints-Anges, décorée de peintures par Delacroix : un *saint Michel vainqueur de Satan, Héllodore battu de verges, Jacob luttant avec l'ange.* A signaler également une Vierge, de Pigalle, un saint Denis, de Jobbé-Duval, un saint Roch, de Pujol, un saint Jean, de Gleize, une belle chaire du XVIIIe siècle, surmontée d'un groupe de la Charité, donnée par le cardinal de Richelieu, de gigantesques conques, offrande de François Ier, transformées en bénitiers.

Saint-Sulpice est l'église paroissiale où la pompe des cérémonies a le plus d'éclat.

Eglise St Sulpice

Un des côtés de la place de l'église est occupé par le séminaire diocésain de l'archevêché de Paris, qui appartenait avant la Révolution aux Filles de l'instruction chrétienne. C'est là que les jeunes prêtres du diocèse reçoivent leur instruction et se préparent à recevoir le sacrement de l'ordination. L'instruction des prêtres dure trois ans. On leur enseigne la théologie dogmatique, la théologie morale, l'écriture sainte, l'hébreu, l'histoire ecclésiastique, la patristique, le droit canonique et la liturgie.

Il y a dans le quartier Saint-Sulpice une industrie qu'on chercherait vainement ailleurs : ce sont les hôtels pour ecclésiastiques. Dans ses *Souvenirs*, M. Ernest Renan a décrit l'intérieur de l'une de ces pieuses maisons, où la salle à manger avec son crucifix ressemble à un réfectoire, où les chambres ont la sévérité de cellules.

La mairie du Luxembourg se trouve sur la place Saint-Sulpice, près de la rue de Mézières. Sa façade se compose d'un ordre dorique et d'un ordre corinthien.

Ce quartier Saint-Sulpice, ainsi que le carrefour de la Croix-Rouge, est sillonné de rues dont les noms se retrouvent maintes fois dans l'histoire de Paris. Rue Férou, était l'hôtel de la marquise de Villette, l'amie de Voltaire. Rue de Condé, était l'ancien hôtel Gondi, acheté par le prince de Condé. Rue Garancière, était l'hôtel de Sourdéac. Les Filles du Précieux-Sang avaient un couvent rue de Madame. Il y avait encore des couvents rue du Vieux-Colombier : la maison des Filles-Notre-Dame de la Miséricorde et le couvent des Orphelines de Saint-Sulpice. Boileau a demeuré dans cette rue. Les pompiers y ont une caserne. La rue Cassette était également peuplée d'ordres religieux. Elle est maintenant le siège d'un commerce d'imprimerie et d'édition catholiques. La rue du Four tire son nom du four banal de l'abbaye de Saint-Germain et s'était appelée de la Blanche-Oie.

Nous allons descendre vers la Seine, après avoir traversé le boulevard Saint-Germain, où la librairie a son cercle dans un hôtel fort luxueux, en prenant pour point de départ le carrefour Buci, célèbre par le cabaret de Landelle, fréquenté par Crébillon et Gresset connu pour un souvenir plus dramatique : les enrôlements volontaires de Quatre-vingt-douze. De ce carrefour, partent les rues de Buci (ancienne rue du Pilori) où se tenait le Théâtre Illustre, sur lequel débuta Molière, la rue Dauphine, dont une maison (n° 30) porte une plaque de marbre, marquant l'emplacement de l'ancienne porte Dauphine ; la rue Saint-André des Arts, (Il faut écrire des Arcs) où le saint avait une église dont il ne reste plus trace et qui contenait les sépultures de Jacques Coyctier, médecin de Louis XI, de l'historien Christophe de Thou, du président Séguier, de Nanteuil, de d'Hozier et de plusieurs membres de la famille de Conti ; enfin la rue Mazarine où se trouvait le Jeu de Paume du sieur Bergeron, où siégea le Club des Cordeliers.

Par la rue Dauphine, nous gagnons le quai Conti et l'hôtel de la Monnaie. Dans cette rue, au coin d'une ruelle d'apparence médiocre, sur l'enseigne d'un restaurant qui jouit longtemps d'une grande renommée avec ses dîners du vendredi, se lit un nom : Magny. Autour de la table de ce dîner, se réunissaient Théophile Gautier, Saint-Victor, Taine, Renan, Sainte-Beuve, Flaubert, les Goncourt, etc.

La rue de Nevers est la ruelle qui servait jadis à l'écoulement des eaux du collège Saint-Denis, et que deux portes fermèrent plus tard, grise, étroite, semblable à un coin de décor planté là, en bordure des anciens terrains de l'hôtel de Nevers ou de Nesles. Puis la rue Guénégaud, peuplée de bouquineries, d'ateliers de reliure sentant la colle, évoquant le souvenir de la troupe de Molière, débouche également sur le quai Conti, où s'aligne la façade de l'Hôtel de la Monnaie, que nous avons décrite en suivant le cours de la Seine.

La fabrication des monnaies est une entreprise particulière, bien que l'hôtel soit une propriété nationale et qu'une partie du matériel appartienne à l'État. La collection et les ateliers de la Monnaie valent une visite. On y voit une fort curieuse et complète collection de timbres. Les médaillers contiennent des médailles anciennes et modernes : des types du règne de Charlemagne et de celui de Charles VIII, des échantillons de l'art de la Renaissance en Allemagne et en Italie, tout ce qui a été frappé sous le règne de Louis XIV, c'est-à-dire plus de 600 pièces.

Les collections des monnaies, anciennes ou courantes, ne sont pas moins complètes. On y rencontre jusqu'à d'anciennes monnaies d'Asie, des empires de Chine et de Siam. L'ensemble de ce musée d'un ordre spécial s'achève par l'exposition des outils et des machines qui ont été employés ou s'emploient aujourd'hui dans l'art et l'exécution des médailles et des monnaies. On voit dans cet assemblage du matériel des creusets, des touchaux, des coupelles, des balanciers, des fourneaux et des coins. On y voit également une petite merveille de patience, la réduction de la colonne Vendôme et de la statue de l'empereur, de Chaudey, exécutée par le graveur Brenet, qui consacra treize années consécutives à ce travail.

C'est dans le cour d'honneur que se trouvent les ateliers de fabrication avec leurs presses, découpoirs et laminoirs, et les fonderies d'or, d'argent et de bronze. L'atelier de monnayage est situé au fond de la cour d'Honneur et orné d'une statue de la Fortune, de l'aveugle Fortune, par Mouchy. C'est là que les pièces sont frappées par les presses Thonnelier. C'est de là qu'elles s'envolent en rouleaux, après avoir été vérifiées, pour commencer leur course à travers le monde, passer de caisses en poches, de poches en caisses, glisser entre les mains des joueurs et des filles galantes et s'arrêter dans celles des laborieux et des travailleurs.

Dans l'histoire du Crime, il y a tout un gros chapitre consacré à la fausse monnaie. Crime toujours puni avec une extrême rigueur. Crime qui a toujours tenté les esprits aventureux et tourmentés par l'ardente soif de la richesse! Dans cette liste de faux-monnayeurs, trop longue même pour qu'il en soit donné ici quelques extraits, se trouvent en première ligne plusieurs de nos rois de France, gênés dans leurs affaires et menacés de faire banqueroute. Les princes de la famille de Valois ont fait sans vergogne de la fausse monnaie et méritent ainsi de passer à la postérité au même titre (Titre est bien le mot de la situation!) que ces faux-monnayeurs auxquels le bourreau féodal arrachait les yeux, leur infligeant ainsi la même peine et le même supplice qu'aux voleurs d'églises.

L'Hôtel de la Monnaie a pour voisin le Palais de l'Institut, avec ses lions, ses colonnes et sa coupole qui est solide, car elle a résisté aux sarcasmes, aux railleries, aux épigrammes dont elle a été bombardée par ceux qui haïssaient l'Académie, peut-être pour l'unique raison qu'ils désespéraient d'y avoir jamais un fauteuil.

Semblable en cela à toutes les institutions humaines, l'Académie a traversé des périodes d'un éclat différent. Elle a eu ses années d'abondance et ses années de disette. Un des pamphlets qui ont le plus nui à son prestige, c'est la jolie variation brodée par M. Arsène Houssaye sur le *Quarante-et-Unième Fauteuil*. On lui a fort reproché de n'avoir appelé dans ce « fameux sein » ni Molière, ni Balzac, ni Gautier.

Il est vrai que ces trois grands hommes ont « manqué à sa gloire », mais on ne saurait nier que l'Académie, à part quelques omissions injustes et quelques choix révélant un peu trop la complaisance et l'esprit de parti, a réuni les plus grands esprits et les plus admirables artistes. Les noms d'Alexandre Dumas, de Meilhac et de Halévy démontrent qu'elle a renoncé à cet esprit exclusif qui lui a été si souvent reproché. Elle a fait beaucoup pour s'affranchir de ce qu'on appelait le genre académique, estimant avec raison que toute belle œuvre et toute glorieuse carrière appartenaient à l'Académie.

Sa mission officielle est d'achever la révision du Dictionnaire de la langue française qui est son œuvre et de rédiger le dictionnaire historique de la langue. La commission du dictionnaire, qui est composée de sept membres, poursuit ce travail sans précipitation. La mission toute morale de l'Académie est, pour parler le jargon administratif, de maintenir le niveau des lettres et des arts, et au besoin même de l'élever. On conçoit aisément que cette mission soit une sinécure et que nul de nos Immortels ne l'ait prise au sérieux.

Le rôle de l'Académie et à la fois beaucoup plus simple et plus pratique. Cette compagnie est le foyer autour duquel se réunissent les artistes de génie, les écrivains de grand talent et les esprits très distingués qui sont l'honneur de leur temps. M. Edmond de Goncourt et M. Alphonse Daudet lui ont tourné le dos avec ostentation, mais M. Zola lui fait les yeux doux; et tous les hommes remarquables, s'ils ne considèrent pas le fauteuil d'académicien comme l'unique et infaillible sanction de leur carrière, considèrent le titre d'Immortel comme une des distinctions les plus flatteuses.

Cette distinction a encore un mérite qui la rehausse considérablement. Elle est pour ainsi dire honorifique, et c'est la raison pour laquelle son prestige est demeuré si longtemps intact. L'Académie est riche. Elle dispose de nombreux de prix qui ont encouragé bien des efforts, récompensé bien des labeurs qui n'avaient pas été rétribués en raison de leur utilité et de leur difficulté d'exécution. Parmi ces prix, se trouvent en première ligne le prix Montyon, le prix Gobert, le prix Bordin, le prix Lambert, le prix Thiers, le prix Janin, le prix Guizot, le prix de Jouy accordés à des ouvrages utiles aux mœurs, à des travaux de littérature ou d'histoire, à des jeunes hommes sans fortune et digne d'être secourus au début de leur carrière. Hélas! il y a de ces prix qui ressemblent à des aumônes, à des secours, et qui sont destinés à des veuves, à des orphelins! Hélas! dans cette rude et noble carrière des lettres, les vaincus sont plus nombreux encore que les imprévoyants.

Il y a autour de l'Académie bien des compétitions, bien des éclosions de vanité. Un des membres de la docte compagnie, M. Edouard Pailleron, a peint dans une comédie qui obtint un vif succès — le *Monde où l'on s'ennuie* — les intrigues des salons où l'on fait des académiciens. L'excellent Labiche, après avoir endossé l'habit vert, constatait avec stupéfaction qu'il était accablé d'invitations à dîner. « C'est un très bon métier, s'écriait-il en riant aux larmes. On est nourri ! »

Les réceptions académiques, même les plus froides et les plus ennuyeuses, sont très recherchées. Elles ont leurs habituées qui se considèrent là comme chez elles. Il y a des droits acquis que M. Pingard, l'honorable secrétaire de l'Académie, n'oserait léser, et certaines places ont leurs titulaires. Presque tous les nouveaux académiciens, en venant prendre séance, éprouvent ce que les comédiens appellent dans un style fort peu soutenu le *trac*. Une émotion égale fait trembler les candidats quand ils commencent la tournée des visites. La réponse de Royer-Collard à Vigny était devenue proverbiale : « Je ne lis plus, monsieur, je relis ! »

L'Institution créée par Richelieu est restée fidèle à l'esprit de sa fondation. Elle compte quarante membres, et son bureau se compose d'un directeur, d'un chancelier, d'un secrétaire perpétuel. Ce poste est occupé depuis de longues années déjà par M. Camille Doucet.

L'Institut comprend cinq classes : 1° l'Académie française ; 2° l'Académie des Inscriptions et Belles-Lettres ; 3° l'Académie des Sciences ; 4° l'Académie des Beaux-Arts ; 5° l'Académie des Sciences morales et politiques.

Sauf la première, ces différentes classes comptent

des titulaires, des membres libres, des associés étrangers et des membres correspondants. Le chef de l'Etat confirme les élections des académiciens et des secrétaires perpétuels.

Le premier mercredi de chaque trimestre, les cinq Académies réunies tiennent des séances fermées. Le 25 octobre, chaque année, la séance est publique et l'Académie distribue les prix à ses lauréats.

Une commission de dix membres est chargée de l'administration du Palais, de la Bibliothèque et des affaires de l'Académie. La bibliothèque, où l'on ne peut être admis que sur la présentation de deux académiciens, contient 180,000 volumes et plus de 1,600 manuscrits. C'est là que se trouve la fameuse statue de Voltaire par Pigalle, représentant l'auteur de l'*Histoire du siècle de Louis XIV* absolument nu. On comprend que cette conception tout au moins bizarre n'ait pas été exposée sur une place publique.

Le Palais de l'Institut possède plusieurs belles statues ou bustes, parmi lesquels on remarque, dans le vestibule de la salle des séances, le Montaigne, le Molé, le Montesquieu de Clodion, le Montausier de Mouchy, Corneille et Molière par Caffieri ; Pascal, Racine, Lafontaine, par Pajou, Boizot, Julien ; et dans la salle des séances, un Fénelon de Lecomte, un Sully de Mouchy, Bossuet et Descartes, de Pajou.

La Bibliothèque Mazarine, bibliothèque publique, celle-là, est également installée dans le Palais de l'Institut. Elle est fort riche et possède dans son mobilier des pièces d'une grande valeur historique : une sphère terrestre sur laquelle Louis XVI a travaillé, de splendides meubles de Boule et l'écritoire du grand Condé. Parmi ses bibliothécaires, la Mazarine compte des hommes du plus haut mérite : Ferdinand Fabre, le romancier qui nous a donné de si belles et si vivantes peintures du clergé et qui nous a chanté de si candides et si touchantes églogues cévenoles, et M. Armand d'Artois, un des auteurs dramatiques les plus remarquables de notre génération.

L'Ecole des Beaux-Arts a deux entrées : l'une sur le quai Malaquais, l'autre sur la rue Bonaparte.

Les bâtiments du quai Malaquais sont l'œuvre de Duban. C'est dans la première salle (salle de Melpomène), que se font les expositions particulières et celles des travaux des élèves de l'Ecole. En ces dernières années, ces expositions sont devenues fort éclectiques pour la plus grande affliction des peintres de l'Institut. On y a vu les toiles violentes de Manet et les Cancalaises « amontmartrées » de Feyen-Perrin, le filet sur l'épaule et flicflaquant, les jambes nues, dans une marée basse de guimauve. La caricature y a eu son exposition, où Daumier a brillé au premier rang, Daumier à qui M. Arsène Alexandre a consacré un gros volume fort remarquable, fort remarqué, et qui mérite d'avoir, dans les bibliothèques, sa place à côté du *Gavarni* des frères de Goncourt. C'est dans la galerie du premier étage des bâtiments du quai Malaquais que sont exposés les grands prix et les envois de l'Ecole de Rome.

L'Ecole des Beaux-Arts occupe l'emplacement du couvent des Petits-Augustins dont Marguerite de Valois fut la fondatrice. L'ancienne chapelle de cette princesse subsiste encore. Elle a été transformée en un Musée Renaissance pour lequel Sigalon a exécuté une copie du *Jugement dernier* de Michel-Ange à la chapelle Sixtine. On y voit encore des moulages de la statue de Moïse et des tombeaux de Julien et Laurent de Médicis, incomparables chefs-d'œuvre de ce génie tout-puissant.

Rue Bonaparte, on entre dans l'Ecole en franchissant une belle grille ornée des bustes du Poussin et de Puget, par Mercier. Les cours de l'Ecole sont de

Cour du palais des Beaux-Arts.

véritables musées. Voici des sculptures de l'hôtel de la Trémouille, puis le portail exécuté par Jean Goujon et Philibert Delorme pour le château d'Anet ; des fragments du château de Gaillon et des pièces gallo-romaines.

Un grand vestibule, orné d'échantillons de l'art grec, précède la cour intérieure dont les murs sont ornés de médaillons et recouverts des nom d'artistes célèbres. A droite et à gauche de cette cour, deux galeries sont consacrées à l'art grec et à l'art romain.

L'amphithéâtre est décoré de la belle peinture à la cire de Paul Delaroche représentant tous les grands artistes de l'humanité. Dans la salle Louis XIV, une cheminée de Germain Pilon décorée d'anges, et la *Descente aux Enfers* de Mantegna. N'oublions pas, dans cette visite, le monument de marbre blanc élevé par Coquart à la mémoire des artistes tués pendant la guerre, avec son buste d'Henri Regnault par Degeorge, et la belle statue de la *Jeunesse*, de Chapu.

L'enseignement de l'Ecole des Beaux-Arts comporte trois grandes divisions : la peinture, la sculpture et l'architecture. Mais c'est la peinture qui occupe la première place et attire l'attention universelle.

La peinture déchaîne chaque année un nombre toujours grossissant de vocations, dont certaines sont contestables. Depuis l'artiste sincère et violemment épris du Beau jusqu'au fabricant de tableaux, en passant par le jeune amateur riche qui veut avoir son atelier, nous avons aujourd'hui, dans la nation, toute une nation qui tourne à l'huile. Les exhibitions annuelles du palais de l'Industrie attestent la fécondité de ces producteurs du mérite le plus varié. Aussi, l'Ecole des Beaux-Arts est-elle un des établissements les plus suivis par la jeunesse désireuse de se créer une position.

Les uns versent à droite, les autres à gauche. Les sages s'efforcent de copier servilement leurs maîtres, de flatter leurs manies, de se laisser aller aux mêmes tendances. Où le maître a passé passera bien l'élève ! Les téméraires tentent de tirer des coups de pistolet pour forcer les Philistins à tourner la tête. Les moins nombreux sont ceux qui, après avoir appris à l'Ecole ce que l'on y enseigne et ce que l'on peut y apprendre, cherchent, en profitant des leçons reçues, à faire une œuvre originale et personnelle selon leur propre conception de l'art et leur vision particulière de la nature.

L'Ecole des Beaux-Arts anime ce coin dont les brasseries sont des cénacles. Les crémeries sont envahies par des consommateurs ardents qui proclament les principes de l'art. Esthètes et rapins discutent bruyamment sur le Beau — si bruyamment qu'ils ne s'entendent pas. Déjà, dès l'Ecole même, les nuances s'accusent. Les intransigeants poussent l'intransigeance jusque dans le costume et dans la coupe des cheveux, et l'on voit des malins tirés à quatre épingles, mis à la mode de demain, qui feront certainement leur chemin à travers le monde et qui, jugeant la gloire à « sa juste valeur », estiment que le talent se traduit sur la terre par un joli cheval de selle sur lequel on se montre le matin au Bois à ses riches et splendides clientes

Derrière l'Ecole des Beaux-Arts passe la rue Jacob, pépinière d'éditeurs, ainsi que les rues qui l'avoisinent, et où se trouvent, côte à côte, les Firmin-Didot, avec leur glorieux passé, les Hetzel, dont la maison s'honore du souvenir d'un homme de cœur et de talent, Charavay, l'homme de France le plus habile à établir l'authenticité d'un autographe, la maison Quantin et tant d'autres, qui apportent leur part d'effort et de production dans l'énorme poussée littéraire de nos fécondes années.

A l'angle des rues Jacob et des Saints-Pères, l'hôpital de la Charité. Une de ses cliniques médicales a été fondée par Corvisart.

N'oublions pas, avant de quitter le VIe arrondissement, l'église de Saint-Germain-des-Prés, sur la place du même nom, au confluent de la rue Bonaparte et de la rue de Rennes.

Les rois Mérovingiens, qui ont été transportés depuis dans les caveaux de la basilique de Saint-Denis, y furent autrefois ensevelis, et l'abbaye de Saint-Germain était une des plus riches du royaume. L'autorité de l'abbé était absolue, et parmi ses titulaires, l'abbaye compta Hugues Capet.

De l'église primitive, il ne subsiste que de rares vestiges. Celle que nous voyons aujourd'hui date des onzième et douzième siècles. Elle a été restaurée vers le milieu de celui-ci ; l'intérieur, d'un style composite, a été couvert d'enluminures, et Flandrin a exécuté des deux côtés de la nef des scènes tirées de l'Ancien et du Nouveau-Testament. Ce peintre a été enterré dans l'église même. On y voit son buste par Oudiné.

IV

LE NOBLE FAUBOURG

Le monde de Balzac. — Boudeurs et modernes. — Ministères et ambassades. — Le long du quai d'Orsay. — Un palais en loterie. — Le Palais-Bourbon. — Cris du peuple et cris d'animaux. Leçons salutaires. — L'Hôtel des Invalides. — Louis XIV et

PLAN DU VIIe ARRONDISSEMENT

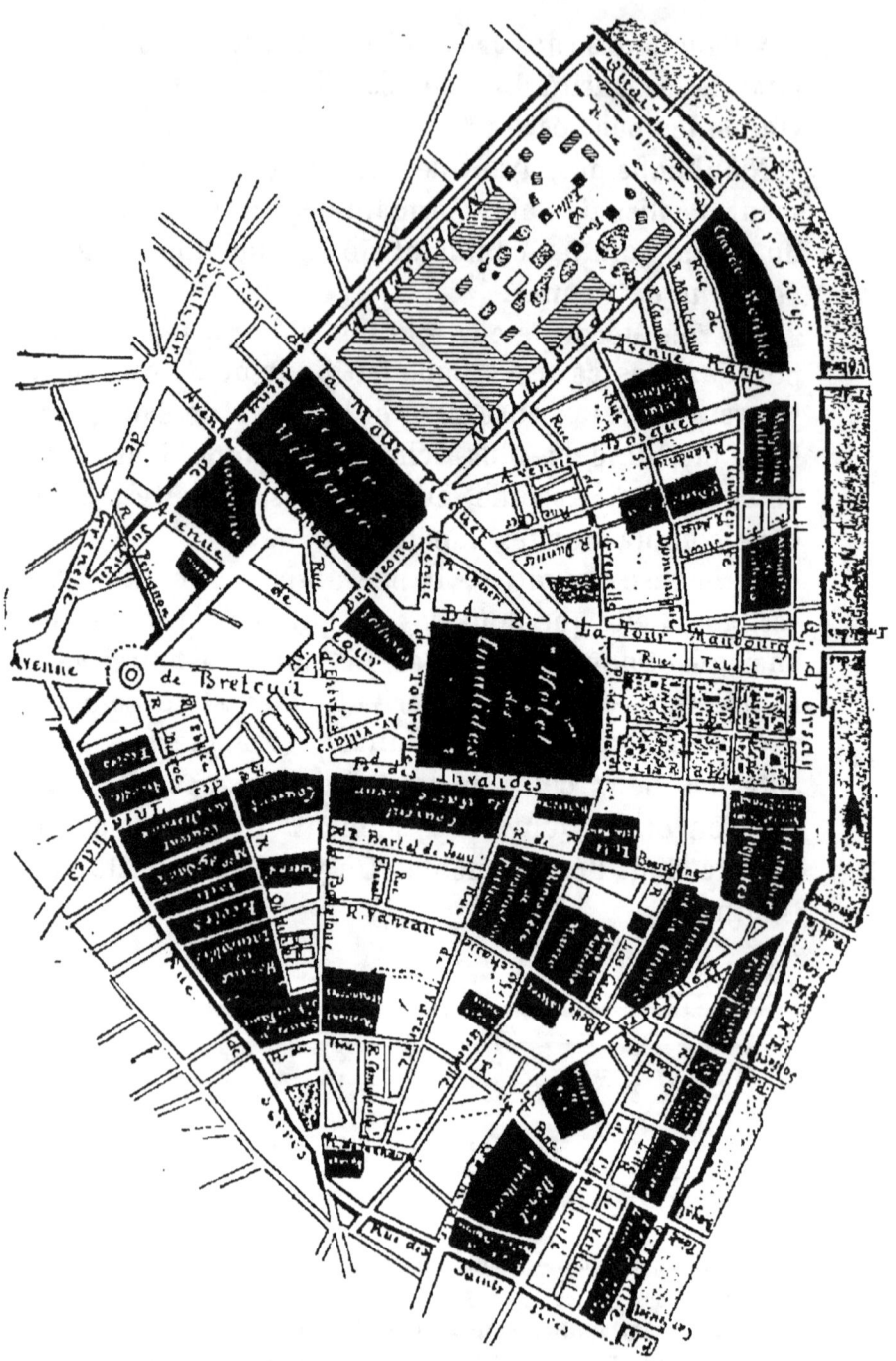

(Voir au dos les renseignements pratiques.)

VIIᵉ ARRONDISSEMENT

(PALAIS-BOURBON)

Mairie. — Rue de Grenelle, 116.

Commissariats de police. — Rue Gribeauval, 3. — Rue de Varennes, 84. — Avenue de Breteuil, 55. — Avenue de la Mothe-Piquet, 32.

Poste, télégraphe, cabines téléphoniques. — Rue Saint-Dominique-Saint-Germain, 86. P. T. C. — Chambre des Députés. P. T. C. — Boulevard Saint-Germain, 195. P. T. C. — Rue du Bac, 146. P. T. C. — Rue de Grenelle, 103. P.T.C.

Eglises catholiques. — *Sainte-Clotilde.* — *Saint-François-Xavier.* — *Saint-Thomas d'Aquin.* — *Chapelle des Invalides.* — *Saint-Pierre du Gros-Caillou.* — *Missions étrangères.*

Temples protestants. — *Pentémont*, rue de Grenelle, 106 (*calv.*). — *Gros-Caillou*, rue Amélie, 19 (*luth.*).

Synagogue. —

Ambassades, légations et consulats. — *Allemagne*, rue de Lille, 78. — *Espagne*, rue Saint-Dominique, 53. — *Pays-Bas*, avenue Bosquet, 7. — *Russie*, rue de Grenelle, 79. — *Saint-Siège*, rue de Varennes, 58.

Ministères. — *Instruction publique*, rue de Grenelle, 110. — *Postes et télégraphes*, rue de Grenelle, 103. — *Affaires étrangères et Protectorats*, rue de l'Université, 130. — *Agriculture*, rue de Varennes, 78. — *Commerce, Colonies, Postes*, boulevard Saint-Germain, 224. — *Guerre*, rue Saint-Dominique, 14. — *Travaux publics*, boulevard Saint-Germain, 244.

Napoléon. — Le dôme des Invalides. — Le Musée d'artillerie.
— Les rues de l'aristocratie. — Saint-Thomas et Sainte-Clotilde. — L'Abbaye aux Bois. — Le tourne-bride de Barbey d'Aurevilly. — L'église Saint-François-Xavier. — L'Ecole militaire. — Les Tabacs. — Le Garde-Meuble.

VIIe ARRONDISSEMENT

Nous voici dans l'arrondissement des hôtels de Ministères et des hôtels de la vieille aristocratie, dans le monde que nous avons vu vivre sous la plume de Balzac. Vouloir peindre le faubourg Saint-Germain, en ce siècle, serait un travail chimérique, car le tableau s'est modifié sans cesse, à chaque règne, sous chaque régime, au lendemain des révolutions.

Bien que les déserteurs soient fort nombreux, il est toujours d'un goût aristocratique de rester fidèle à la rue de Sèvres, aux rues de Lille, de l'Université, de Varennes ou de Bellechasse. Sous les Bourbons, la raison de cet habitat était parfaitement logique. On se trouvait dans le quartier des ministères et des ambassades, au centre même de ses relations, de ses occupations, de ses plaisirs. L'aristocratie vivait repliée sur elle-même. Elle se partageait entre son hôtel et ses terres, entre la cour et la retraite aux châteaux. Les longs séjours à la campagne étaient déterminés par des raisons d'économie tout autant que par le souci d'une bonne administration des domaines. La noblesse se consacrait ainsi au service du roi et à l'agriculture.

Les révolutions politiques et les transformations sociales ont profondément modifié ces mœurs. La monarchie de Juillet et l'Empire enrôlèrent sous leurs drapeaux un nombre respectable de recrues. Il n'y eut qu'une cohorte héroïque pour résister et s'obstiner dans sa bouderie. L'abaissement notable des revenus des fortunes foncières acheva encore la déroute. Le faubourg vit se multiplier les défections. Il pactisa avec les salons de la finance. Il accepta des ambassades et des candidatures officielles. Il se laissa mettre sur le dos la clef emblématique des chambellans et ne recula même pas devant ce qu'il appelait les mésalliances. Aussi, peut-on dire que, sauf quelques rares et respectables exceptions, le faubourg s'est radicalement modernisé.

Cinq ministères sont installés dans l'arrondissement du Palais-Bourbon.

Trois d'entre eux ont leur entrée principale sur le boulevard Saint-Germain. Ce sont les ministères des Travaux publics, du Commerce et de la Guerre.

Le ministère des Travaux publics est voisin de celui du Commerce. Cette administration est établie dans l'ancien hôtel habité par Cambacérès quand il eut le titre d'archi-chancelier de l'Empire. C'est d'elle que dépendent les chemins de fer, les ponts et chaussées, la navigation, les mines, etc., etc.

Le ministère de la Guerre se reconnaît à son pavillon central, décoré d'une figure de la France assise entre deux lions, et à la grande horloge de sa tour. Toutes les constructions neuves sont de l'architecte Bouchot.

Au point de vue historique, le ministère de la Guerre possède les documents les plus rares. Ses archives contiennent des pièces d'un prix inestimable et des dossiers absolument complets depuis le règne de Louis XIV.

Pour ce qui est de l'importance de ses services, du nombre considérable de ses employés, on le conçoit aisément, dans une nation dont tous les citoyens sont soldats.

L'hôtel du ministère de l'Instruction publique est situé rue de Grenelle. Depuis l'extension donnée à l'enseignement primaire par l'obligation qu'ont imposée les lois nouvelles, tous les Français des deux sexes passent par l'école. On voit par là la grosse place prise par ce département dans l'Etat.

Le ministre de l'Instruction publique est assisté d'un conseil supérieur de quarante membres, dont il a la présidence, et qui doit donner des avis motivés sur toutes les questions pédagogiques mises à l'étude.

Au quai d'Orsay, derrière une terrasse fermée par une grille, s'étend la façade de l'hôtel des Affaires étrangères, décorée d'écussons de marbre blanc aux armes des grandes puissances et surmontée d'une balustrade. Les appartements de ce ministère sont meublés avec un grand luxe. Le plus beau de ces appartements est celui qui porte le nom de salon des Ambassadeurs.

Plusieurs ambassades se sont installées dans le voisinage de l'hôtel du quai d'Orsay. Ce sont les ambassades de Russie, d'Allemagne et d'Espagne.

Nous avons suivi la ligne des quais en bateau. Nous allons la reprendre à pied, sur toute la longueur du quai d'Orsay, depuis le pont de Solférino jusqu'au pont de l'Alma. Mieux vaut en effet ne pas s'attarder devant les ruines du Conseil d'Etat, souvenir cruel pour la France, humiliant pour son prestige, sous le regard de l'étranger !

Voici d'abord les jardins et la rotonde du Palais de la Légion d'honneur : la rotonde avec sa décoration de statues mythologiques.

L'entrée principale, en forme d'arc de triomphe, est rue de Lille. Elle est bordée de deux pavillons entourés de colonnes ioniques.

Hôtel de la Légion d'Honneur

Les salons de la Légion d'honneur contiennent de belles œuvres d'art : la *Fondation de l'Ordre*, plafond de J.-P. Laurens, des marbres et des bronzes de Cain, de Cavelier, Taluet et Dumont, etc., etc.

Les incendies allumés par l'insurrection de Mai avaient fait de ce palais un monceau de décombres. Il a été reconstruit avec les fonds d'une souscription couverte par les membres de l'Ordre et organisée par son grand chancelier, le général Vinoy.

Ce Palais, avant de recevoir son affectation actuelle, avait traversé une destinée assez bizarre. D'abord propriété du prince de Salm, pour le compte duquel il avait été édifié par Rousseau, il avait été mis en loterie et ce gros lot tomba entre les mains d'un

Chambre des Députés

garçon coiffeur qui le revendit à un aventurier qui ne tarda pas à se faire renvoyer au bagne d'où il n'aurait jamais dû sortir. Le contraste est assez piquant.

Après avoir dépassé la Rotonde du Cercle Agricole, nous arrivons au mur du Palais-Bourbon, fortifié d'artichauts par les soins du plus fameux des questeurs de la Chambre, M. Madier de Montjeau.

Le Palais avait été construit par un Italien, Cardini,

pour la duchesse de Bourbon. Il devint propriété nationale en 1790 et fut attribué au Conseil des Cinq Cents en 1795. En 1804, l'architecte Poyet érigea la façade du quai, avec son perron et son portique dont les colonnes supportent un fronton triangulaire orné d'un bas-relief représentant la *Loi protégeant l'Innocence.*

La salle des séances actuelles a été disposée et aménagée par M. de Joly. C'est un vaste hémicycle entouré de gradins en amphithéâtre éclairé par le plafond et garni de tribunes réservées au Corps diplomatique, au Sénat, à la presse, ou laissées à la disposition du public.

La Bibliothèque contient une centaine de milliers de volumes. Elle est ornée de superbes peintures de Delacroix.

Le régime parlementaire a donné une nouvelle vie au Palais-Bourbon. On arriverait à un chiffre colossal si l'on voulait fixer, au moyen d'une statistique, le nombre des Français qui ont franchi ce seuil. La puissance considérable des députés leur a créé à tous une clientèle. La « gens » de la Rome républicaine s'est reconstituée à leur suite. Mais cette clientèle qu'ils se sont donnée est impérieuse et insatiable. Le mandat du député ne comporte point seulement l'application des cahiers électoraux. Il doit, avant tout, être influent, c'est-à-dire avoir le crédit nécessaire pour obtenir, dans les bureaux, les faveurs réclamées par les électeurs capables de contribuer par leurs relations et leur autorité locale à sa réélection. Le député a généralement ainsi la physionomie d'un Parisien qui promène, en une douloureuse corvée, de naïfs parents de province. Il n'est pas rare que, dans la même journée, il fasse la chasse à un bureau de tabac, une loge pour l'Opéra, et au ruban violet d'officier d'Académie. Son rôle est d'obtenir des faveurs et de faire perpétuellement des heureux.

Rien de plus curieux que l'aspect de la salle des Pas-Perdus ou de la Buvette, pendant une séance orageuse. Les députés influents, les directeurs de journaux, les reporters, se croisent, s'interpellent, s'agitent. Au moment du vote, les chefs battent la générale pour rassembler toutes les voix qu'ils peuvent réunir. Dans la salle des séances, l'activité est plus grande encore et la passion plus furieuse. On a entendu au Palais-Bourbon des cris d'animaux, des vociférations, des invectives. On y a vu des pugilats.

Cependant, ce monument devrait inspirer la sagesse par son histoire même. Avec ou sans artichauts, il a été envahi bien des fois par le peuple las d'avoir été mal gouverné à son gré, et le souvenir des révolutions, crainte salutaire, devrait être sous tous les régimes le commencement de la sagesse pour ceux qui prétendent à l'honneur de nous gouverner.

Topographiquement, l'Hôtel des Invalides forme le centre du VII° arrondissement et établit par sa masse une démarcation entre tous les quatiers qui le composent et qui se distinguent par leur aspect, leurs mœurs, leur population.

Devant les Invalides s'étend une immense esplanade de 500 mètres de long sur 250 de large, animée par le passage des fantassins qui s'y exercent chaque matin et, le jeudi, par les cris et les jeux des élèves des pensions et des collèges.

Ce fut Louis XIV qui eut l'honneur et la gloire de

la belle fondation de l'Hôtel des Invalides. Les rois de France s'étaient à plusieurs reprises préoccupés de la vieillesse de leurs anciens serviteurs ; mais rien de définitif n'avait été établi et, le plus souvent, les vétérans couverts de cicatrices glorieuses ou mutilés sur les champs de bataille n'avaient eu d'autre res-

Les Invalides.

source que de prendre l'habit religieux des Oblats.

Les deux souverains qui ont apporté le plus de soin à la prospérité de cette institution, ceux dont l'âme semble encore habiter ses murailles, sont Louis le Grand et Napoléon. Partout, on retrouve dans cet asile de la bravoure les deux qualités primordiales et caractéristiques de ces deux monarques : l'ordre et la grandeur.

Dès que le visiteur a franchi l'enceinte aux larges fossés armés de canon, cette impression s'empare de lui devant la façade de l'Hôtel, ouvrage dont la beauté a fait impérissable le nom de Libéral Bruant.

Cette immense façade est élevée de quatre étages, couronnée de mansardes, éclairée de plus de cent fenêtres et décorée, avec un goût sévère, de glorieux trophées. L'entrée principale, formant avant-corps, est ornée de colonnes supportant un arc massif, et de deux statues de Minerve et de Mars, de Coustou le jeune. Cet artiste a sculpté pour le tympan une noble effigie équestre de Louis XIV, escorté de la Justice et la Prudence.

La Révolution envahit les Invalides, s'empara des armes de ces héros impuissants à les défendre et mutila l'image de leur bienfaiteur. Les traces de ces mutilations ont disparu, et, malgré les secousses révolutionnaires et la haine vivace qui poursuivit les rois jusque sur la pierre des édifices, l'œuvre de Coustou le jeune porte toujours l'inscription latine :

Ludovicus magnus, militibus regali munificentia in perpetuum providens, has ædes posuit, anno 1615.

A diverses reprises, le roi était venu visiter ses vieux héros, qui, dans leur jaloux orgueil de posséder leur maître, ne voulaient point laisser les gardes françaises pénétrer dans leurs murs et prétendaient avoir seuls la garde de leur souverain. Louis goûtait le pain qu'ils mangeaient et parcourait leur demeure. Les princes étrangers voulurent voir cet asile et ces braves. Pierre le Grand vint à eux comme pour visiter un temple de la Victoire, il leur parla et les admira. Ils eurent encore d'autres illustres visiteurs : le roi de Danemark, qui vint en 1768 et Joseph II une dizaine d'années plus tard.

Les immenses dortoirs et les marmites phénoménales des Invalides sont légendaires et obtiennent toujours, de la part des étrangers, le même succès de stupéfaction.

Mais, quand le visiteur a payé son tribut à ces attractions d'un ordre tout spécial, il se laisse reprendre par le sentiment qui, tout d'abord, s'était emparé de lui. Tout l'y convie : l'éloquence des souvenirs et ces reliques militaires au milieu desquelles ces soldats aux cheveux blancs terminent paisiblement une rude et périlleuse existence, en cultivant les fleurs de leurs jardinets.

C'est ici que revit la mémoire de cette belle figure du brave et loyal Turenne admiré même de ses adversaires. Ici, dans la bibliothèque, on voit le même boulet qui le tua après avoir emporté le bras de Saint-Hilaire, et, tout à côté de ce boulet, deux petits flambeaux dont il se servait pendant ses campagnes.

C'est sous le dôme des Invalides que la République et l'Empire avaient entassé leurs sanglants trophées, les étendards d'Aboukir et les drapeaux d'Austerlitz et d'Iéna. Cette voûte glorieuse était entièrement pavoisée et contenait plus de 1,500 de ces drapeaux. Tout fut brûlé en 1814...

Mais, si les drapeaux ont disparu, les tombeaux et les statues sont toujours debout autour du tombeau de l'empereur, placé dans la crypte de l'église. Une porte en bronze, avec ces mots gravés sur l'imposte : « Je désire que mes cendres reposent sur les bords de la Seine, au milieu de ce peuple français que j'ai tant aimé », ferme ce lieu de sépulture. Semblables à deux sentinelles vigilantes, deux statues de Duret, la Force civile et la Force militaire, veillent sur l'entrée du tombeau.

La crypte a la figure d'un cercle. Au milieu, s'élève le monument qui contient les cendres de Napoléon et qui repose sur un socle de granit vert. Le sarcophage est également taillé dans le granit, un granit rouge de Finlande offert par l'empereur Nicolas, et les mânes de l'empereur reposent non loin des bords de la Seine, entourées de drapeaux et de douze blanches figures de Victoires, œuvre dernière de Pradier. A côté du tombeau, un caveau de marbre noir éclairé par une lampe nuit et jour allumée renferme une statue de Simart représentant le conquérant dans le costume du sacre, l'épée d'Austerlitz et les décorations qu'il porta sur sa poitrine dans les grandes pompes militaires.

Le dôme des Invalides, ce merveilleux ouvrage de J. Hardouin Mansard, ne possède point seulement les cendres de Napoléon. Sous ses voûtes, dorment Vauban et Turenne. Le tombeau de Turenne a été exécuté par Tuby, d'après les compositions de Lebrun. On y voit Turenne mourant entre les bras d'une pathétique figure de l'Immortalité. Le monument de Vauban est orné de deux statues d'Etex, la Sience et la Guerre. Bertrand a suivi son maître aux Invalides, comme il l'avait suivi à Sainte-Hélène.

L'église Sant-Louis, qui aboutit au dôme et qui forme un monument absolument distinct, contient les tombes de gouverneurs des Invalides et de maréchaux, parmi lesquels Mouton, Jourdan, Oudinot.

Le musée d'artillerie qui était place Saint-Thomas

d'Aquin a été transféré à l'Hôtel des Invalides. Il est impossible de rêver une collection plus artistique et plus belle d'engins destinés par les hommes à s'entretuer. Cette préoccupation constante à travers les âges de se débarrasser de ses semblables s'affirme dans les salles du musée d'une façon durable et qui n'est pas à l'honneur de la fraternité humaine.

La cour d'Angoulême et la cour de la Victoire contiennent une collection de bouches à feu, depuis les bombardes du moyen-âge jusqu'aux pièces de marine du dernier siège de Paris.

De même que dans la *Légende des Siècles*, le visiteur, semblable à Eviradnus, voit se dresser autour de lui les paladins et les chevaliers, des armures de preux qui bataillèrent sous les ordres de Charlemagne, empereur à la barbe fleurie, le harnois de François Ier, des cottes de maille de croisés, des épées, des dagues, des poignards, des casques, des gorgerins, des boucliers, des écus, lances, hallebardes, piques, arquebuses, arcs et arbalètes, puis les mousquets lourds, les énormes pistolets d'arçon, les carabines, les lattes, les briquets, les sabres-baïonnettes.

Et, non seulement, le musée nous donne l'image de la guerre et de son complet outillage dans notre vieille Europe, mais encore, dans sa galerie ethnographique, nous trouvons une collection de tous les types militaires connus de l'Océanie, de l'Afrique et de l'Amérique.

Autour de l'hôtel des Invalides, nous trouvons des quartiers d'un aspect très différent : le quartier aristocratique et le quartier militaire.

Nous avons déjà visité les hôtels des ministères et

les ambassades. Il nous reste à parcourir les rues principales de cette portion de terrain comprise entre les limites du VI° arrondissement (rue de Sèvres et rue des Saints-Pères) et le boulevard des Invalides.

Longtemps, l'hôtel de la première division militaire occupa le n° 1 de la rue de Lille; toute couverte d'hôtels habités par des personnages de marque : hôtels de Lauraguais, de Praslin, bâti par Libéral Bruant, l'architecte des Invalides, pour le surintendant Fouquet; hôtels d'Ozembray, de Valentinois, de Carvoisin, d'Avray (ambassade d'Allemagne), de Périgord, de Thorcy, de Seignelay, d'Humières, de Villeroi et du Maine.

On retrouve les noms de Carle Vernet, d'Ancelot, de Lafayette, des maréchaux Ney et Mortier, du prince Eugène, parmi ses anciens habitants. Parmi ses habitants actuels de la rue de Lille, relevons ceux des familles de Mailly de Nesles, Bonjean, d'Argy, de Pomereu, de Béthune, Clermont-Tonnerre, Polignac, Benoist d'Azy, Cosnac, Daru, Beugnot, d'Andigné, de Barbentane, de Lorges, d'Épinoy, de Malézieux, de Chabrol, Gramont, Desmaisons, Maillé de la Tour-Landry, Lévis-Mirepoix, Nadaillac, Malouet, la Châtaigneraie.

La plus longue de ces rues aristocratiques est la rue de l'Université qui, traversant tout l'arrondissement, ne s'arrête qu'au Champ-de-Mars. Elle s'appela longtemps chemin des Treilles et conduisait à travers le Pré-aux-Clercs à l'île qui porte aujourd'hui le nom de l'île des Cygnes. Elle passe devant le dépôt des cartes et plans de la Marine (hôtel de Noailles), l'hôtel du ministre de la Guerre (hôtel d'Aiguillon), le Palais-Bourbon, l'hôtel du président de la Chambre (hôtel de Lassay), le dépôt des marbres du gouvernement.

Parmi les hôtels particuliers, se remarquent l'hôtel de Guéménée (n° 7) et d'Aligre (n° 15). Cet hôtel est habité aujourd'hui par les familles Lefuel, Richet, Buloz. La *Revue des Deux-Mondes* y a ses bureaux. A ajouter à ces hôtels déjà cités : l'hôtel Mortemart, l'hôtel de Mailly et l'hôtel d'Harcourt. Les noms les plus fameux se remarquent dans la longue liste des habitants de la rue de l'Université, noms historiques ou noms nouveaux. Relevons ceux de Villaret-Joyeuse, Lorgeril, Pelouze, de Puymaigre, Cambacérès, Boulay de la Meurthe, Dr Baillarger, Choiseul d'Aillecourt, Guénaut de Mussy, Laugier-Villars, Barbet de Jouy, de Germiny, Waldeck-Rousseau, des Rotours, de Brou, Canclaux, Espivent de la Villeboisnet, Rouger, Sieyès, Lascoux, La Rochefoucauld, Pascalis, Beaumont, Pomar, Pozzo di Borgho, Bréda, Juigné, Quélen, Caraman, Pimodan, Melun, Hennessy, Costa de Beauregard, de Courval, de Saint-Clou, Peyronnet, Boisgelin, Prax-Paris, Montlaur, d'Estampes. En un mot, une forte tranche de d'Hozier.

Même affluence de noms connus rue de Bellechasse et rue Vaneau : comtesse de Béarn, La Bédoyère, Alphonse Daudet, madame Robert-Houdin, comte d'Abzac, Gontaut-Biron, La Bourdonnaye, de Reinach, La Tour-du-Pin-Chambly, maréchal de Mac-Mahon, comte Dalwin de Pienne, d'Ursel, Divonne, Bourbon-Linière, d'Antioche, d'Escalopier, de Montaignac de Chauvance, de Malartic. La rue Vaneau, qui porte le nom d'un polytechnicien tué le 29 Juillet à l'attaque de la caserne de Babylone, comprend les anciennes rues de Mademoiselle et des Brodeurs.

La rue de Varennes n'est pas moins remarquable. C'est rue de Varennes qu'ont été construits les hôtels de Novion, de Narbonne, Tinguy, Matignon, La Rochefoucauld, d'Orsay, de Tessé, de Castries, de Broglie, de Biron occupé maintenant par le couvent du Sacré-Cœur.

Nous relevons, dans cette aristocratique rue de Varennes, les noms suivants : Bourbon-Busset, de Croy, de La Villarmois, du Luart, de Narbonne-Pelet, Veuillot, Keller, de Gabriac, de Grouchy, du Petit-Thouars, Lambrecht, Villequier, Cossé-Brissac, Gontaut-Biron, Bérard des Glajeux, La Rochefoucauld-Doudeauville, Le Gonidec de Pënlan, d'Haussonville, de Luynes, Blacas, Guébriant, Pothuau, Galliera, Rochethulon, Colbert-Chabanais, Péan de Saint-Gilles, d'Imécourt, de Châteaurenard, de Ligne, Firmin-Didot, Cochin, de Contades, de Lapeyrouse, Cafarelli, Lauriston-Boubers.

La rue de Grenelle offre la même physionomie que ses voisines, et elle est aussi aristocratiquement habitée que la rue de Varennes. Les hôtels qui l'ornèrent? Hôtels Feuquières, de Créquy, Rochechouart, où habitèrent Lannes et Augereau, de Conti et d'Avaray, de Brissac, de Sens, de Beuzeval et de Beauvais. Les habitants? Marquis de Caulaincourt, de Gouvello, Audren de Kerdrel, de Jouvencel, Marcilhacy, Pajol, duc d'Aumale, baron de Beaufort, Gramont, Kergolay, Castries, La Rochejacquelein, de Morenheim, de Moustier, d'Avaray, Chaptal, Cornudet, Meaupeou, d'Argenson, d'Argout, Bocher, Vallombrosa, Cahen d'Anvers, Castellane, Sainte-Suzanne, Beaurepaire-Louvagny, etc.

Avec ces noms, ces demeures, ces souvenirs d'un seul quartier, on reconstruirait l'histoire de France.

C'est dans cette rue de Grenelle que se trouve une

maison chère à la littérature, maison par laquelle ont passé Musset, Gautier, Flaubert, fréquentée assidument par Zola, Goncourt, Ferdinand Fabre, Daudet, la maison de l'éditeur Charpentier, avec son hall clair et spacieux, devenant tout d'un coup trop étroit les jours de « départ » d'un nouveau livre de Zola.

L'ancien hôtel Duchâtelet, à l'angle du boulevard des Invalides, est occupé actuellement par l'Archevêché, qui était autrefois dans la Cité, sur l'emplacement de la nouvelle sacristie. Cet hôtel, qui est un des plus beaux que l'on ait vus du temps de Louis XIV, servit longtemps de résidence à l'ambassade d'Autriche. Il avait été construit par Cherpitel. Sous le premier Empire, il fut habité par le duc de Cadore. L'Ecole d'état-major lui fait face.

Le VIIe arrondissement a deux paroisses aristocratiques : Saint-Thomas-d'Aquin et Sainte-Clotilde.

Saint-Thomas s'élève sur une place bordée par la rue du Bac et le boulevard Saint-Germain. La rue du Bac, si chère à madame de Staël, comptait au nombre de ses monuments les couvents de la Visitation Sainte-Marie et des *Récollets*, l'hôtel de La Vallière, l'église des Missions, les hôtels de Bourgogne, Valbelle, de Galliffet et des Mousquetaires gris. C'est aujourd'hui une des rues les plus commerçantes et les plus encombrées de la rive gauche. Le faubourg Saint-Germain est très fidèle à ses fournisseurs et à ses habitudes. Une marraine du noble Faubourg admet difficilement d'autres dragées que celles de Seugnot.

L'église Saint-Thomas appartenait aux Dominicains. Elle est des XVIIe et XVIIIe siècles et a la forme d'une croix grecque. Ses carêmes sont les plus suivis. Les femmes, pendant cette époque de pénitence, ne portent que des étoffes carmélite ou violet d'évêque. La mortification est à la fois chose religieuse et élégante. On obtient d'un seul coup l'absolution pour le passé et l'indulgence pour l'avenir.

Sainte-Clotilde est un pastiche du style ogival. Cette église a été commencée par Gau et continuée par Ballu. Elle n'a été achevée qu'en 1857. A l'intérieur, la clôture du chœur est décorée de bas-reliefs de Guillaume reproduisant des épisodes de la vie de sainte Clotilde. Le maître-autel est enrichi de gemmes et de verres niellés d'or. On y remarque des fresques de Lenepveu : *la Conversion* et *le Martyre de saint Valère*. La paroisse est tout aussi aristocratique que celle de Saint-Thomas, et le monde apporte là cette piété spéciale, mitigée d'élégance, qui confond, dans un imprévu mélange, l'eau bénite et le parfum à la mode.

Tout à côté de cette église, à signaler l'Administration centrale des Télégraphes, et la Mairie du VIIe arrondissement.

A l'Ouest des Invalides, se prolongeant vers le Sud (*Voir* notre plan du VIIe arrondissement), se dessine un vaste triangle. L'Abbaye-aux-Bois en forme le sommet et le boulevard des Invalides, la base. La rue de Varennes et la rue de Sèvres en font les côtés.

C'est par un souvenir profane que l'Abbaye-aux-Bois est demeurée célèbre. C'est là que Châteaubriand, vieilli et attristé, ainsi que le bon et digne Ballanche, venaient encore faire leur cour à cette femme qui avait été reine par le charme et la beauté, à madame Récamier, retirée en cette pieuse retraite.

Les religieuses de Notre-Dame-des-Bois, du diocèse de Noyon, avaient donné leur nom à ce couvent, qui fut supprimé par la Révolution et qui appartint plus tard aux Chanoinesses de Saint-Augustin.

L'Eglise de l'Abbaye-aux-Bois servit de paroisse jusqu'à l'achèvement de Sainte-Clotilde. On y voit encore un Christ de Lebrun.

Rue de Sèvres, la plus grande partie des terrains est occupée par le Square des Ménages, l'Hôpital Laennec, l'Institut des Frères des Ecoles Chrétiennes, et le Couvent des Oiseaux, avec sa chapelle de style ogival, aux stalles copiées sur le modèle de celles du chœur de la cathédrale de Poitiers. C'est le Couvent aristocratique par excellence que ce Couvent des Oiseaux. Aussi que de brigues et de compétitions pour faire entrer les filles de roture dans ce pensionnat de la noblesse. Puis, que de luttes entre la race et l'argent! Que de dédains, souvent réciproques! Et combien de filles du bonhomme Poirier qui sortent de chez les sœurs pour entrer triomphantes dans l'hôtel hypothéqué de quelque marquis de Presles, tout aussi délabré et rongé que le château de l'infortuné Sigognac!

Sur le boulevard des Invalides, base de ce triangle dont nous venons de suivre un des côtés, se profile la masse du Couvent du Sacré-Cœur avec ses grands bâtiments et ses jardins sur le terrain qui s'étend entre le boulevard et la rue Barbet-de-Jouy, très aristocratiquement habitée et dans laquelle on retrouve encore maint nom illustre : les de Ligne, Aubry-Vitet, d'Aubigny, Verclause de la Tour du Pin, Salignac-Fénelon, de Sabran-Pontevès, Arconati Visconti, Montebello, Isoard-Vauvenargues, Rambuteau, etc.

Les rues Oudinot, Rousselet, Monsieur, ont la physionomie discrète qui convient à ce quartier religieux aux portiques austères surmontés d'une croix et coupés de longues murailles. C'est rue Oudinot que les Frères Saint-Jean-de-Dieu ont leur maison où ils prodiguent aux malades les soins les plus intelligents.

Ils ont sauvé les yeux de Francisque Sarcey (Il l'avoue d'ailleurs!) alors qu'il aurait mérité qu'ils les lui arrachassent — tant il avait mangé de prêtres dans ses polémiques du journal le *XIXe Siècle*, au temps d'Edmond About. Des artistes, des écrivains habitent dans ce coin retiré. C'est là que MM. Blaze de Bury, de Luppé, de Coubertin, Condamin ont fixé leur demeure, ainsi que François Coppée qui possède la maison de Socrate, avec moins d'ambition que le philosophe. Il y reçoit admirablement ses amis, connus ou inconnus, anciens ou nouveaux, mais il suffit au bonheur du poète du *Passant* qu'elle soit pleine de chats, étant d'accord en cela avec M. Alexandre Dumas sur les qualités de premier ordre du chat, créature incomprise à laquelle il fallait, pour sa réhabilitation, toute l'autorité de l'auteur du *Demi-Monde*. MM. Boutet de Monvel et Régamey ont élu domicile dans cette rue Rousselet où Barbey d'Aurevilly, fier dans la pauvreté, est mort à côté de la table de travail de cet humble logis qu'il appelait son tourne-bride de sous-lieutenant. Il avait pour voisin Paul Bourget, l'ermite mondain de la rue Monsieur, où, la nuit, les corsets sont noirs...

De l'autre côté du boulevard des Invalides, l'Eglise Saint-François-Xaxier, achevée en 1875, commencée par Lusson, terminée par Uchard, dresse ses deux tours, hautes de 40 mètres. Son style s'inspire de la Renaissance. On remarque à l'intérieur des peintures de Bouguereau et de Delaunay.

Au coin de la rue de Sèvres et du même boulevard, l'institution des Jeunes Aveugles, avec, dans sa cour, la statue de son fondateur Valentin Hauy, dont le nom mérite d'être conservé parmi ceux des bienfaiteurs de l'humanité. Presque tous les professeurs de cette institution sont aveugles. L'enseignement porte sur les langues vivantes, la musique et même les métiers manuels. La durée des études est de huit ans.

La chapelle a été décorée par Lehmann. Les jeunes élèves y donnent de remarquables concerts. L'enseignement s'est perfectionné d'une façon sensible depuis la création de cette belle et charitable fondation. Il en est peu au monde de plus consolantes, de plus intelligentes et de plus fécondes.

Au sud et au sud-ouest de l'Hôtel des Invalides, les bâtiments et les noms des rues sont consacrés à la guerre.

Tourville, Vauban, Ségur, Villars, Eblé, Duroc, Bertrand, La Motte-Picquet, Duquesne, donnent leurs noms glorieux aux noms et aux avenues.

La caserne de l'Ecole-Militaire forme le centre de cette vaste place d'armes. C'est un édifice grandiose construit par Gabriel, sous le règne de Louis XV, et dans lequel se retrouvent l'ampleur et la majesté de lignes du style du grand règne. Cette caserne est occupée par l'artillerie et la cavalerie. Les exigences du service militaire ont nécessité la création de nouveaux quartiers de cavalerie autour du bel édifice de Gabriel.

Devant cette magnifique caserne s'étend le vaste espace du Champ-de-Mars, encadré par les avenues de Suffren et de La Bourdonnais.

Borné par la Seine, les avenues de La Bourdonnais, de La Tour-Maubourg et de La Motte-Picquet, le quartier du Gros-Caillou semble être une sorte de dépendance de la charité et des services administratifs et militaires : là sont installés l'Hôpital militaire et les Magasins centraux des hospices de l'armée.

Les magasins sont situés sur le quai d'Orsay, entre la Manufacture des Tabacs et le Garde-Meuble.

La Manufacture des Tabacs occupe près de deux mille personnes, employés ou ouvriers, parmi lesquelles beaucoup de femmes, car ce sont elles qui procèdent à la confection des cigares et des cigarettes. La manufacture du quai d'Orsay ne fabrique que les cigares ordinaires. Les cigares de La Havane sortent de Reuilly. La salle des forces motrices et les ateliers sont fort curieux à visiter. Si la consommation du tabac à fumer a beaucoup progressé depuis une vingtaine d'années, il faut reconnaître que celle de la poudre à priser a beaucoup diminué. Les rois cessent de faire présent à leurs favoris de tabatières enrichies de leur portrait en miniature encadré de perles. Quand un priseur obstiné se montre avec des habits et du linge couverts de fines miettes de tabac, ce n'est plus talon rouge, petit abbé ou régence, c'est simplement sale. Par contre, les doigts jaunis par la nicotine de la cigarette ne sont l'objet d'aucun dégoût. Voilà bien les préjugés ! Les priseurs, à part des exceptions peu communes (ménageons les susceptibilités), sont en général des femmes âgées et barbues ou des ecclésiastiques au déclin de la vie, qui, des profondeurs d'une poche de soutane, font surgir des mouchoirs à carreaux aussi vastes que des drapeaux, dans lesquels ils se mouchent avec un tel bruit qu'on croirait qu'ils y ont caché une trompette, sans doute pour laisser supposer aux âmes simples que les serviteurs de Dieu sont toujours capables de faire des miracles et de changer une vulgaire cotonnade en sonores instruments de musique.

Peu d'édifices publics ont subi autant de déménagements que le Garde-Meuble.

Il fut d'abord au Petit-Bourbon, près du Louvre, puis dans les beaux bâtiments où sont le Cercle Royal et le Ministère de la Marine, ensuite dans l'Hôtel Junot et à l'Hôtel des Menus, avant de recevoir au quai d'Orsay une installation définitive. C'est là que sont entassées toutes les réserves de l'ameublement des palais nationaux et tout le matériel décoratif des fêtes officielles. C'est là qu'étaient autrefois soigneusement gardés les diamants de la couronne, parmi lesquels le Sancy et le Régent.

Aujourd'hui, ces diamants ont été vendus en partie, et ceux qui ont été conservés dans un intérêt artistique, ont leur place au Musée du Louvre.

V

LE CHAMP-DE-MARS ET L'EXPOSITION

La vaste esplanade qui s'étend devant les bâtiments de l'ancienne Ecole Militaire et qui porte le nom de Champ-de-Mars, fut le théâtre de grands événements.

C'est là que furent célébrées les fêtes de la Fédération, que Napoléon Ier distribua les aigles impériales à ses légions, et proclama l'acte additionnel du Champ-de-Mai. Durant cette dernière moitié de siècle, le Champ-de-Mars a servi plusieurs fois de terrain à nos Expositions universelles, et le nom qu'il porte est en contradiction flagrante avec l'objet auquel il semble avoir été définitivement réservé.

MOYENS D'ACCÈS A L'EXPOSITION

1º CHEMIN DE FER DE CEINTURE. — Il peut être pris à l'une quelconque des gares du réseau et aboutit au Champ de Mars, près la Tour Eiffel.

On peut également descendre à la gare du *Trocadéro* d'où un tramway spécial (prix 0 fr. 15) conduit au Palais.

2º OMNIBUS. — Lignes A, B, Y, AB, AD. — Palais-Royal — Exposition — Place de la République.

3º TRAMWAYS. — Voitures de la Compagnie des Omnibus A, B, J. L, M, N, P, AB. — Tramways-Sud : 2, 11.

4º BATEAUX. — Tous les bateaux qui font le service de la Seine passent et s'arrêtent à l'Exposition.

5º Nombreux chars à bancs et tapissières.

Dans cette course rapide à travers tant de merveilles qui attirent le monde entier au Champ-de-Mars, il n'y a point de place pour le détail. Il n'est possible ici que de contempler d'un coup d'œil l'Exposition universelle de 1889, kermesse énorme et superbe manifestation esthétique, économique et sociale.

Les artistes ont proclamé le succès du magnifique effort tenté par les ouvriers du fer, véritables architectes de l'avenir. La Tour Eiffel demeurera comme un spécimen de l'audace de nos ingénieurs. Les palais des industries diverses, des machines, des Beaux-Arts et des Arts libéraux, œuvre conçue par des architectes, MM. Bouvard, Dutert, Formigé, exécutée par des ingénieurs, marqueront la date éclatante de l'une des plus belles évolutions architecturales. Déjà, l'Exposition a reçu le nom qui lui restera définitivement de Cité de Fer et Cité d'Azur.

Les peuples viendront et ils jugeront. L'exposition, c'est la réponse éloquente de la France aux calomnies, aux mensonges et aux basses imputations. La France militaire est travailleuse. Le démocratie, prête à défendre l'intégrité du sol national, n'a point rejeté la charrue et l'outil pour l'épée. Elle a voulu montrer au monde qu'elle entendait toujours, plus que jamais, par son labeur et son génie, le faire bénéficier des travaux de ses savants, des perfectionnements de son industrie.

L'œuvre a été conçue, exécutée par trois hommes :

Alphand, directeur des travaux.
Berger, directeur de l'exploitation.
Grison, directeur des finances.

La Tour en est le centre et l'aimant. Elle attire les

foules. A ses pieds, le pont d'Iéna semble ne plus être qu'une planche jetée sur un ruisseau, la Seine.

Placé sous la Tour, on voit devant soi les jardins aux fontaines lumineuses flanqués, à droite, du pavillon des Arts libéraux et, à gauche, du pavillon des Beaux-Arts. Puis, devant soi, le Dôme Central du Palais

Le Dôme central

des groupes divers avec ses deux ailes avançant, l'une à droite jusqu'à la porte Desaix, l'autre à gauche, jusqu'à la porte Rapp. Parallèles à ces deux ailes, s'étendent les deux pavillons de la Ville de Paris.

En suivant la grande galerie du Pavillon Central, on arrive au Palais des machines : un monde, une stupéfaction.

Des phares, envoyant dans la longue galerie la coloration lumineuse de leur prisme, tournent au-dessus de ces roues, de ces volants, de ces courroies. De ce monde de fer, d'acier, de fonte, se dégage un chant puissant et grave, un chant de force qui semble sortir d'une poitrine cyclopéenne.

Alors, à côté de ces engins qui façonnent le fer et

Le Palais des Beaux-Arts

le plient aux exigences de l'industrie, qui tissent le coton et la laine, broient le grain, impriment les journaux, on a très logiquement placé l'Exposition des chemins de fer. Après la force productrice, la force locomotrice.

C'est dans ces grandes divisions de l'Art, de l'Industrie et du Commerce que bat le cœur de l'Exposition et que le passant peut étudier sur la toile, le marbre et le bronze, et dans les produits l'histoire de ce XIXe siècle, si remplie, si étonnante d'imprévu et de ressort.

En revenant sur ses pas, après avoir passé de nouveau sous les fermes colossales de la Tour, le vi-

Pavillon de la Ville de Paris

siteur traverse des jardins entourant des bassins et peuplés de pavillons de tous les styles et de toutes les architectures. Les uns appartiennent à des puissances, les autres sont habités par de simples restaurateurs.

C'est ainsi que dans l'encadrement des verdures bordant les lacs où nagent des bandes de canards, effarés, la nuit, dans leur asile de roseaux, par les tournantes traînées de lumière électrique, et, dans les massifs d'arbustes fleuris, se dressent de jolies constructions, des pavillons qui indiquent le caractère des habitations des pays dont ils contiennent les produits.

A droite, en marchant vers le fleuve, voici l'isba russe, la taillerie de diamants, le restaurant Kuhn, les chalets suédois et norvégiens, le pavillon finlandais, puis l'Exposition des manufactures de l'Etat, le pavillon Eiffel, la Société des Téléphones et le pavillon du gaz s'allumant le soir du resplendissement de son dôme embrasé.

A gauche de soi, dans la même direction, décor identique, cadre semblable. Voici le bâtiment de la Compagnie de Suez. Puis les Pavillons de la République Argentine, du Brésil, du Mexique, du Vénézuéla, de Bolivie, du Chili, du Nicaragua, du Salvador, luttant d'élégance, de richesse, de couleur et de goût. Tout à côté de ces pavillons, le restaurant Tourtel... Ce n'est point dans cette partie de l'Exposition que les bourses petites ou moyennes doivent chercher leur alimentation. Les organisateurs de l'Exposition ont d'ailleurs pourvu avec une admirable profusion à tous les besoins de la foule. Les bars, les cafés, les tavernes, les brasseries, les restaurants et les établissements de bouillon formeraient une véritable ville dans laquelle on trouverait la cuisine la plus savante à côté du fourneau économique. La philanthropie a eu en effet l'ingénieuse idée d'établir, en pleine Exposition, un de ses fourneaux... On peut voir par l'affluence qui entoure celui-là les services qu'ils rendent à la population ouvrière.

Avant de franchir la Seine, le long des quais, nous

voyons se succéder les maisons de cette rue de l'Habitation humaine qui sert de salle à manger à tous les dîneurs en plein air de l'Exposition. C'est un piquant spectacle de voir des paysans bretons, coiffés du grand chapeau rond, assis sur les marches d'une maison égyptienne, buvant, mangeant, au pied d'un mur recouvert d'inscriptions hiéroglyphiques. La surprise n'est pas moins grande en voyant sortir d'une maison athénienne ou thébaine une Laïs des temps les plus modernes, aux cheveux légèrement frisotés sur le front. De même, l'aspect des pantalons rouges de nos braves troupiers, arrêtés devant les cavernes, les grottes et les huttes des premiers hommes, constitue un des anachronismes les plus bouffons de ce côté. Quand on aura ainsi visité la maison gothique et l'hôtel Renaissance, la maison de thé, la maison japonaise, le konack oriental et la cabane moscovite, il faudra encore s'apprêter à admirer d'autres merveilles sur l'autre rive du fleuve.

La Seine franchie sur la passerelle du pont d'Iéna, nous traversons des jardins dont les allées nous conduisent, le long des cascades, jusqu'au palais du Trocadéro.

Sur ces pentes gazonnées fleurit un jardin éternel. Les jardiniers de la ville et les horticulteurs y ont accompli des prodiges, mais le terrain était préparé et la tâche était moins difficile, moins étonnante, qu'au Champ-de-Mars où les jardiniers avaient eu à transformer en une verdoyante forêt, en un éblouissant champ de fleurs, l'aridité d'un vaste et poudreux champ de manœuvre.

Ici, au pied du palais aux deux hautes tourelles, à

la longue galerie circulaire, se déroule un vaste tableau de la vie rustique et des richesses de la terre. La France administrative, qui a là quelques-uns de ses Pavillons, y compte en première ligne celui des Forêts où l'on voit toutes les merveilles du bois, de ses ingénieuses transformations et de sa culture.

Pavillon Tunisien

Sur l'esplanade des Invalides, non loin de ce dôme, qui protège les cendres des héros, on a fort judicieusement placé l'Exposition du Ministère de la Guerre, reconnaissable de loin à ses deux tourelles, et l'Exposition de nos possessions coloniales.

Là, tout d'un coup, au milieu des maisons chinoises, on entendant les cris des acteurs annamites, au milieu de cette foule de soldats jaunes, de nègres,

PLAN DE L'EXPOSITION DU CHAMP-DE-MARS

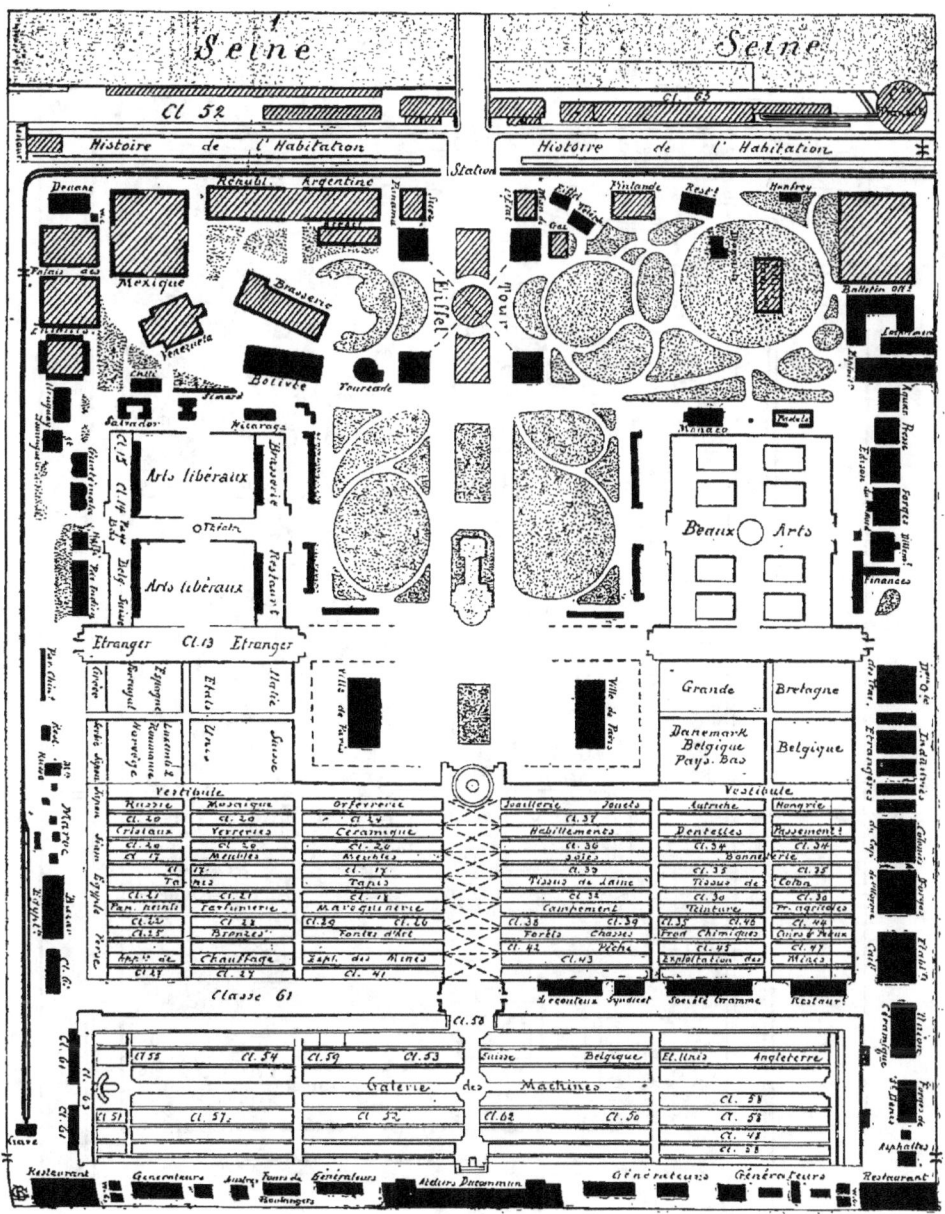

PLAN DE L'EXPOSITION COLONIALE
(Esplanade des Invalides)

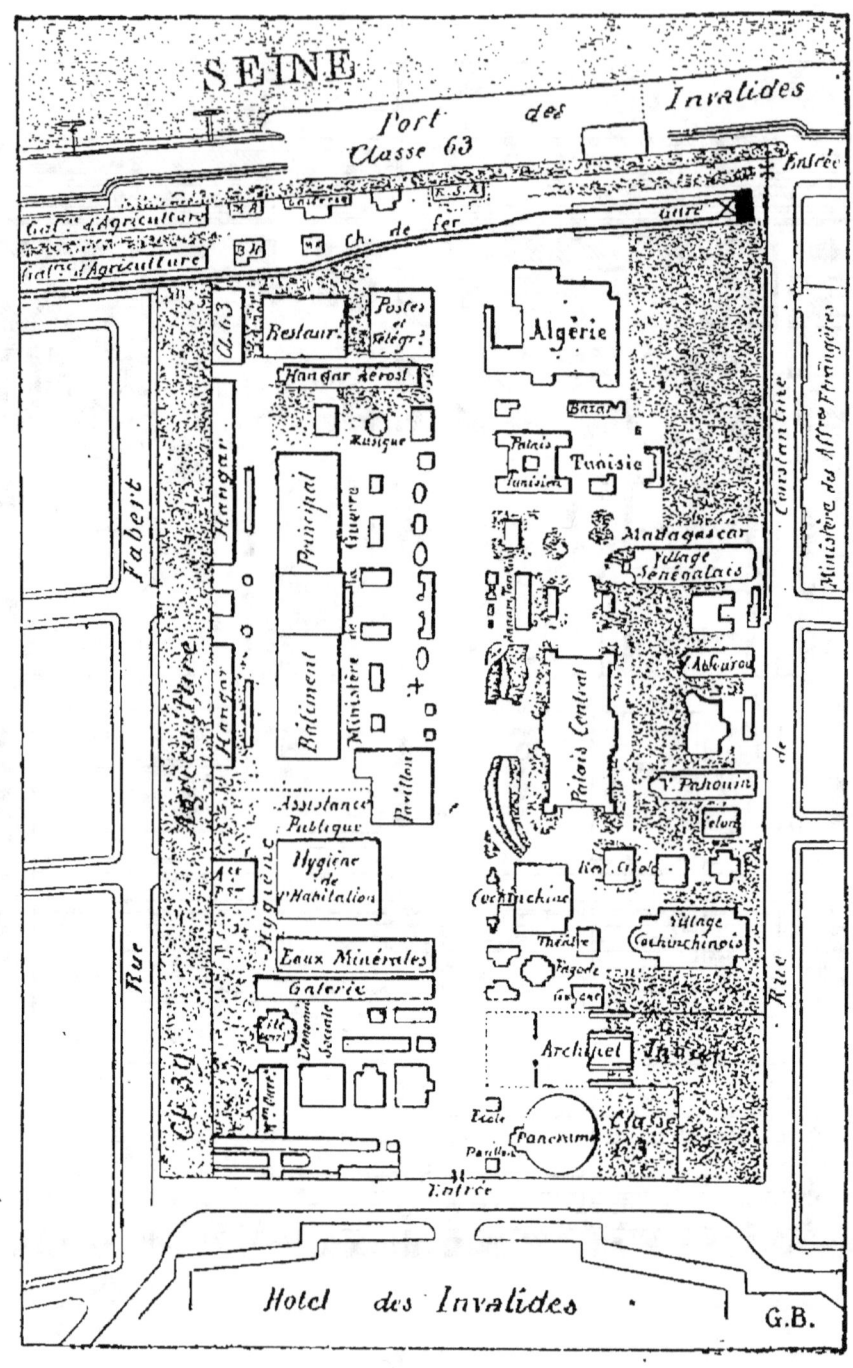

PLAN DES EXPOSITIONS DU TROCADÉRO ET DES QUAIS

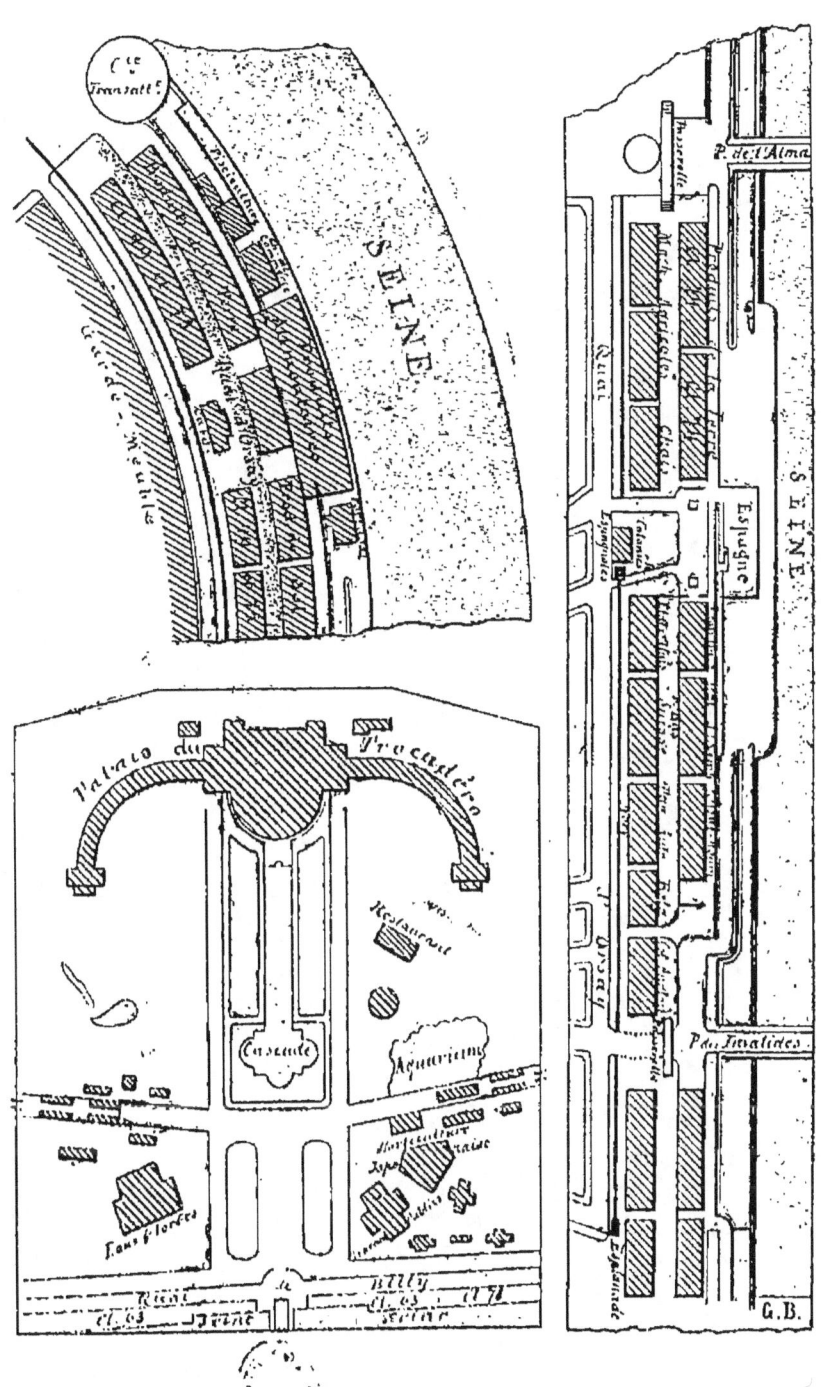

d'Africains et d'Asiatiques, on se croirait transporté dans une immense ville maritime, dans un formidable arsenal. Devant le pavillon de la guerre, les canons dorment sur leurs affûts et des tentes de toile blanche sont dressées. On croirait qu'une expédition s'organise et que le camp vient d'être formé.

Pavillon Algérien.

Il faut visiter avec soin ces expositions coloniales, ces beaux et fantastiques pavillons de Tunisie et d'Algérie, car elles donnent au monde l'idée de la grandeur de la France et du prestige de ce pavillon dont nos ennemis ont tant de fois cherché à ternir l'éclat.

L'art, l'industrie, la terre offrent leurs plus beaux produits : tout ce que la nature a conçu sans effort et tout ce que la patience des siècles et le génie de l'homme ont accommodé à nos besoins.

Pour aller du pont d'Iéna à cette Exposition des Invalides, on peut s'embarquer dans le petit chemin de fer Decauville, à moins que l'on ne préfère suivre le long de la Seine les vastes galeries qui bordent les quais. Là, se trouvent les expositions de pisciculture et des Chambres de Commerce maritimes, la czarda hongroise et le palais des produits alimentaires, où l'on voit une Vénus de Milo en chocolat et des palais construits en flacons ou boîtes de conserves, où des bars sont installés, permi lesquels le bar Driessen, tenu par de jolies hollandaises en costume, coiffées du bonnet national en vieille dentelle fixé par des épingles d'or. Puis, c'est l'Espagne avec ses colonies, la Havane avec ses cigares et ses éponges, les boulangeries anglaises et belges et, enfin, l'Agriculture avec ses charrues, ses batteuses, ses herses : tout son outillage, son travail et sa richesse.

Mais l'Exposition ne nous procure point seulement l'enseignement d'une énorme leçon de choses. Elle nous convie aux plaisirs les plus variés, les plus étranges. Les tambourins algériens ou tunisiens nous appellent aux danses des almées dont les castagnettes sont d'argent. Les bohémiennes moscovites, les orchestres annamites, l'orchestre roumain, les tziganes, les Chinois, les Japonais se livrent à une permanente parade, et, dans la rue du Caire, aux mystérieux moucharabieh, circulent les vigoureux ânons d'Egypte.

Quand le voyageur se sera étourdi de ce bruit, aveuglé de ces rayons, grisé de l'ivresse de cette colossale tranche de vie, ô commerçants jaloux du succès de la kermesse gigantesque, consolez-vous ! Il vous reviendra.

Après avoir vu la merveille, il voudra voir la ville qui la possède. Visiter l'Exposition, c'est bien. Fouiller Paris, c'est mieux. L'Exposition, c'est la parure, c'est l'illusion. Paris, c'est, au contraire, l'exposition réelle et permanente de toute la France.

Aussi bien, ai-je pensé, en écrivant ce livre, à ceux qui voudront nous étudier et nous connaître.

Il existe des guides excellents, tels que le Joanne, le Bædecker, le Conty. Je n'ai pas voulu les recommencer. Cet ouvrage, on l'a vu, n'est pas un guide, mais un compagnon, un ami, qui, simplement, aide à cheminer en cherchant moins à montrer l'extérieur des choses qu'un peu de ce qui se dégage de leur être.

Les hommes, qui n'ont peut-être point d'âme, en ont donné une aux choses : aux églises gothiques de pierre comme aux modernes édifices de fer ; aux armures des chevaliers comme aux monstrueux canons d'airain.

Paris, juin 1889

ANNEXE MÉTHODIQUE
DES RENSEIGNEMENTS SPÉCIAUX

PREMIÈRE PARTIE

CHAPITRE III

Note 1. — L'Opéra. — Nous avons à ajouter quelques détails importants à ce qui a été dit sur l'Opéra.

La façade principale offre un rez-de-chaussée à arcades, orné de statues et de groupes symbolisant le Drame, le Chant, l'Idylle, la Cantate, la Musique, la Poésie lyrique, le Drame lyrique, la Danse, exécutés par Falguière, Dubois, Aizelin, Chapu, Guillaume, Jouffroy, Perraud, Carpeaux.

Au-dessus de ce rez-de-chaussée, règne le vaste portique à colonnade sur lequel s'ouvre le grand foyer : les colonnes sont de pierre de Bavière, d'un seul bloc.

On trouve à l'Opéra un fumoir public, une brasserie, un comptoir de fleurs, un glacier-restaurant, et de nombreux *water-closet*.

Nous recommandons tout spécialement aux amateurs une visite à la Bibliothèque de l'Opéra.

CHAPITRE IV

Note 1. — Le théâtre du Vaudeville, construit par M. Magne, s'ouvre en demi-rotonde sur le boulevard des

Capucines au coin de la Chaussée-d'Antin. Un Apollon de Chevalier orne le fronton. Trois grandes fenêtres ornent la façade. Elles sont surmontées de niches dans lesquelles sont placés les bustes de Collé, Scribe et Désaugiers.

La salle peut contenir 1,300 spectateurs. Le plafond a été peint par Mazerolle. Le Vaudeville a été ouvert le 1er octobre 1861.

CHAPITRE V

Le Théâtre des Variétés, construit par Cellerier, contient 1,250 places. Sa façade se compose de deux étages à colonnes: un rez-de-chaussée avec perron, et, au premier étage, un balcon. Cette façade est surmontée d'un fronton triangulaire. Ensemble lourd et froid portant bien la marque du style architectural du premier empire.

Note 2. — Le Théâtre du Gymnase (ancien théâtre de Madame), a été construit par Ronyevinet et Guerche (1820). Il a été restauré entièrement par M. Victor Koning, qui a fait construire la grille de fer qui s'étend tout le long de la terrasse et la marquise de verre sous laquelle, en été, le restaurateur Marguery installe des tables au milieu de plantes et de fleurs (1,000 places.)

Note 3. — Le Théâtre de la Porte-Saint-Martin a été reconstruit en 1870 sur l'emplacement de l'ancienne salle brûlée pendant la Commune.

Il se reconnaît à sa large baie et son grand balcon encadrés dans un vaste cintre.

La Porte-Saint-Martin peut recevoir environ 1,800 spectateurs.

Note 4. — Le Théâtre de la Renaissance. — Jolie construction ornée de sculptures de Carrier-Belleuse, de Caccia et Cruchot fils, exécutée sur les plans de M. Lalande (1872-1873). Contenance: 1,200 places.

Note 5. - Le Théâtre de l'Ambigu-Comique, intérieurement remis à neuf par son directeur actuel M. Rochard, peut recevoir 1,600 spectateurs. Extérieurement, cet édifice est d'un ensemble lourd et morose.

CHAPITRE VI

Note 1. — Le Monument de la place du Château-d'Eau a été érigé à la suite d'un concours provoqué par le Conseil municipal. Il est l'œuvre des deux frères Morice, l'un comme architecte, l'autre comme sculpteur.

CHAPITRE VII

Note 1. — La Gare de Vincennes présente cette particularité qu'elle est construite sur un large viaduc occupé dans les intervalles compris entre les arcades par des fabricants d'ustensiles pour marchands de vins et autres industries analogues. Il s'y trouve également d'immenses écuries.

Note 2. — La Colonne de Juillet, élevée sur les caveaux où reposent les morts des journées de Juillet 1830 et de Février 1848, inaugurée le 28 juillet 1848, porte les noms de ces morts gravés en lettres d'or. Elle est haute de 47 mètres et surmontée d'un génie de la liberté de Dumont, fondu en bronze doré.

CHAPITRE VIII

Note 1. — Château de Vincennes. — Il a été converti en caserne et magasin d'armes par Napoléon Ier. A visiter le donjon (escalier de 224 marches pour arriver à la plate-forme), la chapelle (monument du duc d'Enghien) et la salle d'armes.

DEUXIÈME PARTIE

CHAPITRE I

Note 1. — La Gare d'Orléans a été reconstruite en 1867. Les travaux étaient dirigés par M. Renault. La gare de départ est le long du quai. La cour du débarcadère s'ouvre sur le boulevard de l'Hôpital.

Le pavillon central de l'embarcadère est surmonté d'un campanile encadrant une grosse horloge, orné des armes des villes de Paris et d'Orléans, et flanqué de deux immenses statues de l'Industrie et de l'Agriculture.

Les bâtiments d'arrivée sont fort ingénieusement distribués et aménagés. Une marquise de verre court tout le long de leur façade.

Note 2. — Pont d'Austerlitz. — Longueur 130 mètres. — Arches de pierre. — Porte les noms des officiers tués à Austerlitz.

CHAPITRE II

Note 1. — Le Pont Saint-Louis, remplaçant la passerelle Saint-Louis, est entièrement construit en fer.

Note 2. — Le Pont Marie. — Tout en pierre. — Longueur 94 mètres. — Cinq arches.

Note 3. — Le Pont Louis-Philippe. — Trois arches de pierre chacune de 30 mètres.

Note 4 — Le Pont de la Tournelle. — Six arches de pierre. — Longueur 116^m,60.

Note 5. — La Fontaine Notre-Dame, de style ogival, construite en 1843 d'après les dessins de Vigouroux, surmontée d'une aiguille dominant trois colonnettes, abritant une Vierge à l'enfant.

Note 6. — Le Trésor de Notre-Dame contient nombre de reliquaires précieux, dont la plupart ne sont exposés qu'aux grandes fêtes et sont destinés à recevoir la couronne d'épines et les reliques rapportées des lieux saints par Louis IX. La salle du Conseil possède une superbe collection de camées.

On y voit également des objets ayant appartenu aux archevêques de Paris : Mgr Affre, Mgr Sibour, Mgr Darboy, et des ornements qui ont servi lors du sacre de Napoléon Ier.

L'agencement des armoires qui contiennent ces richesses est fort ingénieux et mériterait à lui seul une visite.

Note 7. — Quai aux Fleurs. — Le marché des fleurs le plus important de Paris. Il se tient sur les trottoirs tous les mercredis et tous les samedis.

Note 8. — La Conciergerie ne peut être visitée que le jeudi de 10 heures à 4 heures sur l'autorisation du Directeur des Prisons. (Préfecture de Police.)

Note 9. — La Sainte-Chapelle. — Ouverte au public de midi à 4 heures sauf le lundi et le vendredi. S'adresser pendant ces deux jours au gardien.

Le portail est formé de deux porches superposés, en avant-corps, percés de fenêtres en ogive et décorés d'une rosace.

Note 10. — Pour les permis de visite, le lecteur trouvera dans la liste des monuments les indications nécessaires concernant la Préfecture de police.

Note 11. — Le Pont d'Arcole (portant le nom d'un jeune homme tué dans l'insurrection du 28 juillet 1830) est construit en fer d'après le système Oudry.

Note 12. — Pont Notre-Dame. — Ancien Pont-de-la-Planche-Mibray, plusieurs fois détruit, a été réédifié vers 1500, tout en pierre, et a subi depuis de très importantes réparations.

Note 13. — Pont-Neuf. — Longueur 229 mètres. — Il est orné d'une corniche supportée par des consoles. A été presque entièrement reconstruit en 1852.

CHAPITRE III

Note 1. — Institut. — Construit sur les dessins de Louis Leveau : Achevé en 1662. — Façade principale sur le quai Conti, y prenant accès par un avant-corps à colonnes corynthiennes. L'horloge du tympan encadrée par un bas-relief représentant l'Art et la Science. Huit lions de fonte décorent le perron.

Note 2. — Pont des Arts. — Réservé aux piétons. — Longueur 136 mètres. — Huit arches de fer fondu.

Note 3. — Pont des Saints-Pères. — Construit en 1834 par l'ingénieur Polonceau. — Trois arches de fer fondu. Décoré de quatre statues de Petitot : l'Abondance et l'Industrie, la Seine et la Ville de Paris.

Note 4. — Pont-Royal. — A porté les noms suivants : Pont Barbier, Pont des Tuileries, Pont Rouge. Se compose de cinq arches de pierre, à plein cintre.

Note 5. — Pont-Solferino. — Longueur : 144 mètres. Trois arches. Inscription portant les noms des victoires de la campagne d'Italie.

Note 6. — Pont de la Concorde. — Longueur : 150 mètres. Construit par Perronnet. Cinq arches.

Note 7. — Pont des Invalides. — Pont de pierre. Quatre arches. Orné de deux statues : la *Victoire terrestre* et la *Victoire maritime*, l'une de Dieboldt, l'autre de Villain.

Note 8. — Pont d'Iéna. — Construit en pierre. Décoré de statues allégoriques (chevaux domptés). Cinq arches.

Note 10. — Pont d'Auteuil. — Construit par M. de Bassompierre. Longueur : 175 mètres. Cinq grandes arches.

Supporte sur 31 arcades le viaduc du chemin de fer de ceinture.

TROISIÈME PARTIE

CHAPITRE I

Note 1. — Les serres de la Muette. — Cet établissement municipal est un des plus importants du service des jardins de Paris. Il faut, pour le visiter, être muni d'une autorisation de la Préfecture de police. Rien de plus beau et de plus varié que sa collection d'azalées.

CHAPITRE II

Note 1. — L'Arc de Triomphe. — (Voir au chapitre suivant. Page 161.)

Note 2. — Le Pré Catelan. — Jardin enclavé dans le Bois de Boulogne. Entrée gratuite. Restaurant. Vacherie. Location de vélocipèdes. Ce lieu tire son nom d'un sieur Catelan, qui fut assassiné à la place où se voit encore, à l'entrée même du jardin, une petite pyramide de pierre surmontée d'une croix.

Note 3. — L'entrée du jardin d'Acclimatation est soumise à un droit. Prix d'entrée (pendant la semaine) : 1 fr. (jours fériés et dimanches) : 0 fr. 50.

Jendis et dimanches, Musique. Orchestre dirigé par Mayeur.

CHAPITRE III

Note 1. — Palais de l'Industrie. — Entrée, avenue des Champs-Élysées, dominée par une statue de la *France offrant des couronnes à l'Art et à l'Industrie* (Regnaut) entre deux groupes de Génies, par Dieboldt. Beaux vitraux de Maréchal, de Metz.

Cet édifice a été construit pour l'Exposition nniverselle de 1856.

Note 2. — **Hôtel Pontalba**. — L'un des plus beaux et des plus vastes du faubourg, est placé entre une très grande cour et un jardin planté d'arbres séculaires qui aboutit à l'avenue Gabriel. Jusqu'en ces dernières années, il était la propriété de la famille Pontalba. Il a été acheté par le baron de Rothschild, qui l'a notablement transformé et auquel il a coûté plus de sept millions.

Note 3. — **Église Saint-Philippe du Roule**. — Bâtie par Chalgrin en forme de basilique. Vitraux de Maréchal, de Metz.

Note 4. — **Ministère de la Marine**. — Construit de 1760 à 1768, par Gabriel. La façade de la place de la Concorde se reconnaît à sa belle colonnade corinthienne.

Le Dépôt de la marine (archives, cartes, ateliers de gravure et de collage, imprimerie, bibliothèque) est installé, 13, rue de l'Université. (Ouvert de 11 à 4 heures. Autorisations accordées par le Directeur général.)

CHAPITRE IV

Note 1. — **Église Saint-Augustin**. — Construite par Baltard (1860 à 1868). Porche à trois arcades, orné de sculptures emblématiques de Jacquemont, de statues du Christ et des Apôtres, de Jouffroy.

Les trois portes d'entrée, en cuivre galvanoplastique, ont été exécutées par les ateliers Christofle.

Peintures de Bouguereau et de Brissot.

CHAPITRE VI

Note 1 — **Église de la Trinité**. — Construite par Ballu

(1861-1867). Square. Terrasse et bassin orné de trois fontaines surmontées de groupes des vertus théologales par Duret et Lequesne.

Porche de trois arcades aux piliers décorés de statues des Pères de l'Église, de Guillaume.

Au premier étage, grande rose. Au sommet, quatre groupes : la *Force* (Carpeaux), la *Justice* (Cranck), la *Tempérance* (Maillet), la *Prudence* (Cavelier).

A l'intérieur : bénitiers de marbre de Gurnery ; maitre-autel en cuivre exécuté par la maison Poussielgue sur les dessins de Ch. Gauthier ; vitraux d'Oudinot.

Sculptures de Dantan jeune, Lescorné, Bosio, Le Bourg, Varnier, Dénécheau, E. Thomas, Demesmay, Truphème, Chamtrousse, Frison, Hébert, Dubois.

Peintures de Jobbé-Duval, Brissot, Lecomte-Dunouy, Barrias, Élie Delaunay, Émile Lévy.

Note 2. — Saint-Louis-d'Antin. — Ancienne église d'un couvent de capucins, construite en 1782, par Brongniart.

Peintures de Signol dans le chœur.

Note 2. — Lycée Condorcet occupant l'emplacement de ce même couvent de capucins. Ne reçoit que des élèves externes ou demi-pensionnaires.

CHAPITRE VII

Note 1. — La Bourse. — Commencée par Brongniart. Achevée par Leserre. Perron de seize marches. Péristyle de soixante-six colonnes corinthiennes tout autour de l'édifice. Deux étages.

Dimensions : Longueur, 71 mètres ; largeur, 49 mètres ; hauteur, du sol au comble, 30 mètres.

Note 2. — Église Notre-Dame des Victoires. — Commencée par Pierre Lemuet, continuée par Libéral Bruant, Gabriel Leduc, achevée par Cartault (1740).

Portail de Cartault.

Tombeau de Lulli. Chapelle de la Vierge. Sept toiles de Vanloo.

CHAPITRE VIII

Note 1. — Musée de la Révolution. — Ce Musée contient des pièces nombreuses de l'époque révolutionnaire : des meubles, des tableaux, des autographes; un modèle de la guillotine, des souvenirs personnels de Danton, de Robespierre, de Camille Desmoulins, etc., etc.

Note 2. — Salle Lacaze : Tableaux de Terbury, Watteau, Fragonard (la *Chemise enlevée*), Gérard Dow, Greuze, Largillière, D. Téniers (les *Joueurs de boule*), Le Nain, Boucher, Lancret, Velasquez, Chardin, Ribera, Ph. de Champaigne, Rembrandt. Van Ostade, Coypel, Pater, Claude Lorrain, Rigaud, etc.

Note 3. — Salle Henri II. — Tableaux de Boucher, Wanloo et Prudhon, etc.

Note 4. — Salon des Sept Cheminées : Tableaux de Géricault (le *Radeau de la Méduse, Officiers de chasseurs à cheval, Cuirassier blessé,* un *Carabinier,* etc.). Mme Lebrun (*Son portrait*). Prudhon (le *Crime poursuivi par la vengeance céleste*). Girodet, Trioson, Girard, Pierre Guérin, Mauzaisse, etc.

Note 5. — Salon des Bijoux. — Plafond de Mauzaisse (le *Temps montrant et les ruines qu'il amène et les chefs-d'œuvre qu'il laisse découvrir*).

Vitrine centrale : Couronne en or et émail. Colliers d'or. Épingles à cheveux. Colliers gréco-étrusques.

Note 6. — Galerie d'Apollon. — Admirable grille de fer. Table en mosaïque de pierres dures.

Vitrines : Reliquaire du bras de Charlemagne et Couronne dite de Charlemagne. Cassette de saint Louis. Couronne du sacre de Louis XV, Cassette d'Anne d'Autriche. Crosses d'abbés. Émaux de Pierre et Nardon Pénicaud, de Léonard Limosin, de Courtey, de Pape de Limoges. Main de justice et sceptre royaux. Armure de fer de Henri II. Casque et bouclier de Charles IX. Bougeoir et miroir de Marie de Médicis. Livre d'heures de Catherine de Médicis.

CHAPITRE IX

Note 1. — Chambre des notaires. — Sorte de conseil de la corporation des notaires se réunissant sous la présidence d'un de ses membres, servant d'arbitre dans les discussions et accordant les certificats d'honorabilité aux candidats au notariat.

Note 1. — La décoration de la Salle des fêtes de l'Hôtel de Ville est achevée. Le Conseil municipal donne chaque année plusieurs fêtes.

Note 2. — Lycée Charlemagne. — Ne reçoit pas de pensionnaires internes. Compte près de 900 élèves.

CHAPITRE XI

Note 1. — Porte Saint-Martin. — Construite en 1674, à la suite de la conquête de la Franche-Comté.

Bas-reliefs Sud : Prise de Besançon et la Triple Alliance (Dujardin, G. Mart).

Bas-reliefs Nord : Prise de Limbourg et Défaite des Allemands (Le Hongre et Legros).

Note 2. — Porte Saint-Denis. — Construite en 1672.

Bas-reliefs Sud : La Hollande vaincue. Le Rhin (François Auguier).

Façade Nord : Des Lions.

Obélisques ornés de trophées de pierre.

CHAPITRE XIV

Note 1. — Église Saint-Joseph. — Construite en 1869.

Note 2. — Église Sainte-Marguerite. — Date des XVIe et XVIIe siècles. A été fondée par Antoine Fayet.

Vaucanson y a été enterré. On prétend que le corps du Dauphin fut transporté du Temple dans le cimetière de Sainte-Marguerite.

Note 3. — Église Saint-Ambroise. — Mélange de style roman et de style ogival. Est flanquée de deux grandes tours surmontées de flèches de pierre, d'une hauteur de 68 mètres.

QUATRIÈME PARTIE

CHAPITRE II

Note 1 — Panthéon. — La Crypte est ouverte de 10 à 4 heures. Entrée publique. L'écho produit un effet des plus curieux dans les souterrains qui ont servi de poudrière pendant le Siège de Paris.

Note 2. — La partie décorative est déjà commencée, mais n'a pas encore été mise en place. Une partie de sa décoration a été exposée au Salon de peinture de ces deux dernières années.

CHAPITRE III

Note 1. — École de pharmacie. — Très belle collection dans la magnifique salle du premier étage. Serres, jardins botaniques. Amphithéâtres. Belle bibliothèque.

Dans la cour, statues de Vauquelin et de Parmentier

RENSEIGNEMENTS PRATIQUES

GARES DES CHEMINS DE FER

EMPLACEMENT DES GARES

I

DESSERVANT LES ENVIRONS DE PARIS

CHEMINS DE FER DE CEINTURE, gare Saint-Lazare, place du Havre.

CHEMIN DE FER DE SCEAUX, place Denfert-Rochereau.

CHEMIN DE FER DE VINCENNES, place de la Bastille.

CHEMIN DE FER DE CEINTURE. — Gare Saint-Lazare. (Cette ligne fait le tour de Paris en longeant les fortifications.) Les trains s'arrêtent à Batignolles, Courcelles, Neuilly, Avenue du Bois de Boulogne, Avenue du Trocadéro, Passy, Auteuil, Point du Jour Grenelle (embranchement pour le Champ-de-Mars), Issy, Ouest Ceinture, Montrouge, La Glacière, La Maison Blanche, Orléans-Ceinture, La Râpée-Bercy, Bel-Air, Avenue de Vincennes, Charonne, Ménilmontant, Belleville-Villette, Pont de Flandre, Est-Ceinture, La Chapelle (Nord-Ceinture), Boulevard Ornano, Avenue de Saint-Ouen, Avenue de Clichy, Courcelles, Batignolles, Saint-Lazare. La durée totale de ce trajet circulaire est de deux heures.

II

DESSERVANT LES GRANDES LIGNES

GARE DU NORD. — Place Roubaix. — Trains pour l'Angleterre *via* Boulogne et Calais, pour la Belgique et la Hollande, pour l'Allemagne, *via* Belgique.

Gare de l'Est. — Place de Strasbourg. — Trains pour l'Allemagne par Nancy et Strasbourg, et pour la Suisse et l'Autriche *via* Delle.

Gare de l'Ouest. — Place du Havre (lignes de Normandie). — Trains pour l'Angleterre, *via* Dieppe, le Hâvre, Cherbourg, Saint-Malo, pour New-York, *via* Le Havre.

Gare Montparnasse (lignes de Bretagne). — Boulevard Montparnasse.

Gare d'Orléans. — Place Walhubert. — Trains pour l'Espagne et le Portugal *via* Bordeaux ou Toulouse et la ligne du Midi, pour l'Amérique du Sud *via* Saint-Nazaire et Bordeaux.

Gare de Lyon-Méditerranée. — Boulevard Diderot. — Trains pour la Suisse *via* Pontarlier, Genève, etc., pour l'Italie, *via* Modane et Vintimille, pour l'Espagne *via* Cette et Cerbère, pour l'Orient, l'Afrique et l'Asie, l'Australie *via* Marseille, pour l'Algérie *via* Marseille et Port-Vendres.

III

MOYENS D'ACCÈS AUX GARES

A la *Gare Saint-Lazare*. — Omnibus de la Compagnie de l'Ouest, partant de la Place de la République et de la Pointe-Saint-Eustache. — Omnibus : lignes B, F, X, A, I. — Tramways : Nord, 4, 6, 7.

A la *Gare Montparnasse*. — Omnibus de la Compagnie, partant de la Place de la Bourse. — Omnibus, ligne O. — Tramways : Sud, 1, 2, 3, 5.

A la *Gare du Nord*. — Omnibus : lignes K, V, AC. Tramways : ligne I.

A la *Gare de l'Est*. — Omnibus : lignes B, M. — Tramways : lignes G, H, I ; Nord, 9, 10.

A la *Gare d'Orléans*. — Omnibus de la Compagnie d'Orléans, partant de la rue de Londres. — Omnibus : lignes G, P, T, A-E. Tramways : ligne M ; Sud, 3, 4, 8.

A la *Gare de Lyon*. — Omnibus, ligne R. — Tramways : ligne M ; Sud, 3.

A la *Gare de Sceaux*. — Omnibus de la Compagnie d'Orléans, partant de la rue de Londres. — Omnibus, ligne J. — Tramways : ligne G ; Sud, 1.

A la *Gare de Vincennes*. — Omnibus de la Compagnie de l'Est, partant de la place de la Bourse. — Omnibus : lignes E, F, P, R, S, Z. — Tramways : lignes C, I, K, L ; Sud, 7.

MOYENS DE TRANSPORT

DANS L'INTÉRIEUR DE PARIS

AVIS IMPORTANT. — Les objets oubliés dans les voitures ou bateaux (de même que ceux qui sont trouvés sur la voie publique) sont transportés à la Préfecture de Police. — Entrée : Quai du Marché-Neuf (Bureau des Objets trouvés, ouvert de 10 h. à 4 h.).

I

VOITURES PRISES SUR LA VOIE PUBLIQUE

TARIF

De six heures du matin à minuit trente :

    Voitures à 2 places : la course, 1 fr. 50 ; l'heure, 2 fr.
        —   4   —   —   2 fr.   —   2 fr. 50
        —   6   — :   —   2 fr. 50   —   3 fr.

De minuit trente à six heures du matin.

    Voitures à 2 places : la course, 2 fr. 25 ; l'heure, 2 fr. 50
        —   4   — :   —   2 fr. 50 ;   —   2 fr. 75
        —   6   — :   —   3 fr,   —   3 fr. 50

Hors des fortifications, le tarif est ainsi modifié :

    Voitures à 2 places : l'heure : 2 fr. 50
        —   4   — :   —   2 fr. 75

Indemnité de retour : 1 fr.
Bagages : 25 cent. par colis ; Maximum : 75 cent.

NOTA. La première heure se paie toujours intégralement et les autres par fractions de 5 minutes proportionnellement au prix de l'heure.

Les cochers sont tenus de remettre aux voyageurs le *numéro* de leurs voitures.

Les tarifs et les règlements de police sont inscrits sur ce *numéro*.

EXTRAIT DES RÈGLEMENTS DE POLICE

1° Les cochers de voitures dépourvues de galeries ne sont pas tenus d'accepter de bagages.

NOTA. Ne sont pas regardés comme bagages; les valises et objets pouvant être portés à la main ou placés dans la voiture sans la détériorer.

2° Les cochers ont le droit de demander des arrhes lorsqu'ils attendent à l'entrée d'un jardin ou d'un établissement où il est notoire qu'il existe plusieurs issues.

3° Les cochers ne sont pas tenus d'admettre plus de voyageurs qu'il n'y a de places indiquées à l'intérieur de leurs voitures.

NOTA. La voiture munie d'un strapontin est considérée comme voiture à 2 places, mais le cocher qui a accepté 3 voyageurs n'a plus le droit de refuser de conduire.

Un enfant au-dessous de 5 ans ne compte pas pour une personne.

4° Lorsque le temps employé pour le déplacement du cocher et l'attente du voyageur au lieu de chargement excèdent 15 minutes, le tarif à l'heure est appliqué à partir du moment où la voiture a été louée.

5° Le cocher qui se rend au lieu de chargement et n'est pas occupé a droit à la moitié du prix d'une course, si le temps employé pour le déplacement et l'attente ne dépasse pas un quart d'heure; le prix entier d'une course, si le temps excède un quart d'heure.

6° Lorsqu'un cocher est requis de s'arrêter en route ou de changer l'itinéraire le plus direct, l'heure est due; toutefois le cocher, quoique pris à la course, est tenu de laisser monter ou descendre un voyageur en route.

7° Après 10 heures du soir en hiver et minuit en été, les cochers ne sont pas tenus de franchir les fortifications.

8° Ils ne sont pas obligés, non plus, de recevoir des animaux.

9° Ils seront prévenants envers le public. Tout acte de grossièreté de leur part sera sévèrement réprimé.

II

LIGNES D'OMNIBUS

A. — Auteuil, Madeleine.
B. — Trocadéro, Gare de l'Est.
C. — Porte-Maillot, Hôtel-de-Ville.
D. — Ternes, Boulevard des Filles-du-Calvaire.
E. — Madeleine, Bastille.
F. — Place Wagram-Bastille.
G. — Batignolles-Clichy-Odéon.
H. — Batignolles-Jardin des Plantes.
I. — Place Pigalle, Halle aux vins.
J. — Montmartre, Place Saint-Jacques.
K. — Gare du Nord, Boulevard Saint-Marcel.
L. — La Villette, Saint-Sulpice.

LIGNES DE TRAMWAYS

M. — Lac Saint-Fargeau, Arts-et-Métiers.
N. — Belleville, Louvre.
O. — Ménilmontant, Gare Montparnasse.
P. — Charonne, Place d'Italie.
Q. — Plaisance, Hôtel-de-Ville.
R. — Gare de Lyon, Saint-Philippe-du-Roule.
S. — Charenton, Place de la République.
T. — Gare d'Orléans, square Montholon.
U. — Chaussée d'Antin, Gare du Nord.
V. — Parc Montsouris, Place de la République.
X. — Vaugirard, Gare Saint-Lazare.
Y. — Grenelle, Porte Saint-Martin.
Z. — Grenelle, Bastille.
AB. — Passy, Bourse.
AC. — Petite Villette, Champs-Elysées.
AD. — Place de la République, Ecole militaire.
AE. — Forges d'.vry, Pont Saint-Michel.
AF. — Panthéon, Place Courcelles.
AG. — Louvre, Porte de Versailles.
AH. — Auteuil, Place Saint-Sulpice.
AI. — Gare Saint-Lazare, Place Saint-Michel.
AJ. — Parc Monceau, La Villette.

III

LIGNES DE TRAMWAYS

1° Réseau central

A. — Louvre, Saint-Cloud.
B. — Louvre. Sèvres.
C. — Louvre, Vincennes.
D. — L'Etoile, la Villette.
E. — La Villette, Place de la Nation.
F. — Louvre, Cours de Vincennes.
G. — Montrouge, Gare de l'Est.
H. — Square Monge, La Chapelle.
I. — Saint-Ouen, Bastille.
J. — Louvre, Passy.
K. — Louvre, Charenton.
L. — Bastille, Pont de l'Alma.
M. — Gare de Lyon, Pont de l'Alma.
N. — Rue Taitbout, La Muette.
O. — Gare d'Auteuil, Boulogne.

P. — Trocadéro, La Villette.
Q. — Halles, Porte d'Ivry.
R. — Boulogne, Pont de Billancourt.
S. — Pont de Charenton, Créteil.
AB. — Louvres, Versailles.

1° Réseau Nord

1. — Madeleine, Levallois-Perret.
2. — Madeleine, Parc de Neuilly.
3. — Madeleine, Suresnes.
4. — Boulevard Haussmann, Asnières.
5. — Place de la République, Pantin.
6. — Place de la République, Aubervilliers.
7. — Rue Taitbout, Saint-Denis.
8. — Boulevard Haussmann, Saint-Ouen.
9. — L'Etoile, Courbevoie.
10. — Rue de Lafayette, Saint-Denis.

3° Réseau Sud

1. — Saint-Germain-des-Prés, Fontenay-aux-Roses.
2. — Gare Montparnasse, L'Etoile.
3. — Gare Montparnasse, Bastille.
4. — Gare d'Orléans, Villejuif.
5. — Saint-Germain-des-Prés, Clamart.
6. — Place de la Nation, Montreuil.
7. — Bastille-Charenton.
8. — Place de la Nation, Gare d'Orléans.
9. — Square Cluny, Ivry.
10. — Square Cluny, Vitry.
11. — Champs-Elysées, Vanves.

IV

BATEAUX A VAPEUR

Bateaux-Express. — Pont de Charenton, Auteuil, Point-du-Jour, Suresnes.

Hirondelles parisiennes. — Pont de Charenton, Pont d'Austerlitz.

Mouches. — Pont de Bercy, Auteuil.

Hirondelles. — Pont-Royal, Suresnes.

CE QU'ON PEUT VOIR

EN OMNIBUS — EN TRAMWAY — EN BATEAU

I

EN OMNIBUS

Voiture A. — D'Auteuil à la Madeleine.
Voiture jaune. — Feu rouge.

Parcours. — 6596 mètres. — Trajet, 54 minutes.

Voies principales. — Avenue du Trocadéro, Champs-Élysées, Place de la Concorde, rue Royale.

MONUMENTS. — Trocadéro, Hippodrome, Palais de l'Industrie, Panoramas, Cirque d'Été, Place de la Concorde, La Madeleine, Le Marché aux Fleurs.

Voiture B. — Du Trocadéro à la gare de l'Est.
Voiture brun Van Dyck, 1 feu rouge, 1 feu blanc.

Parcours. — 6119 mètres. — Trajet, 48 minutes.

Voies principales. — Avenue Kléber, rues de la Pépinière, Saint-Lazare, Chateaudun, Lafayette.

MONUMENTS. — Eglise Saint-Augustin, Caserne de la Pépinière, gare de l'Ouest, Eglise de la Trinité, Eglise Notre-Dame de Lorette, Square Montholon, Gare de l'Est.

Voiture C. — Porte Maillot à l'Hôtel-de-ville.
Voiture jaune, 1 feu rouge, 1 feu blanc.

Parcours. — 5600 mètres. — Trajet, 40 minutes.

Voies principales. — Champs-Elysées, Place de la Concorde, rue de Rivoli, Châtelet.

MONUMENTS. — Cirque d'Été, Palais de l'Industrie, Place de la Concorde, Tuileries, Palais et musée du Louvre, Ministère des Finances, Théâtre du Châtelet, Théâtre Lyrique, Hôtel-de-Ville.

Voiture D. — Ternes au boulevard des Filles-du-Calvaire.

Voiture jaune, feu rouge.

Parcours. — 7747 mètres. — Trajet, 52 minutes.

Voies principales. — Rue Saint-Honoré, Boulevard de la Madeleine, Palais-Royal, rue de Rivoli, les Halles.

MONUMENTS. — Eglise Saint-Philippe du Roule, Ministère de l'Intérieur, Palais de l'Elysée, Ambassade d'Angleterre, Théâtre Français, Madeleine, Place Vendôme, Palais-Royal, Colonne Vendôme, Louvre, Mairie du Ier arrondissement, Louvre, Saint-Germain l'Auxerrois, Eglise Saint-Eustache, Eglise Saint-Roch.

Voiture E. — Madeleine-Bastille.

Voiture brun, Van Dyck, 1 feu rouge, 1 feu blanc.

Parcours. — 4588 mètres. — Trajet, 32 minutes.

Voies principales. — Les grands boulevards.

MONUMENTS. — Eglise de la Madeleine, Marché aux Fleurs, Montagnes russes, Salle des Conférences, Opéra, Vaudeville, Robert Houdin, Musée Grévin, Variétés, Gymnase, Porte Saint-Denis, Porte Saint-Martin, Théâtre de la Renaissance et de la Porte Saint-Martin, Théâtre de l'Ambigu comique, Place du Château-d'Eau, Caserne, Marché aux Fleurs, Théâtre Déjazet, Cirque d'Hiver, Théâtre Beaumarchais, la Place de la Bastille, Gare de Vincennes, Colonne de Juillet.

Voiture F. — De la place Wagram à la Bastille.

Voiture brun foncé, feu rouge.

Parcours. — 6966 mètres. — Trajet, 53 minutes.

Voies principales. — Place du Havre, Opéra, la Bourse, Place des Vosges.

MONUMENTS. — Réservoir municipal, Collège Chaptal, Gare Saint-Lazare, Grand Opéra, Eglise Notre-Dame des Victoires, Place des Victoires, La Banque, Eglise Saint-Eustache, Archives nationales, Halles centrales, Musée Carnavalet, Place des Vosges, Théâtre Beaumarchais, Place de la Bastille.

Voiture G. — Des Batignolles au Jardin des Plantes.

Voiture brun clair, 1 feu vert, 1 feu blanc.

Parcours. — 6805 mètres. — Trajet, 56 minutes.

Voies principales. — Chaussée d'Antin, Opéra, Palais-Royal, Châtelet, Cité, Halle aux Vins.

MONUMENTS. — Square des Batignolles, Mairie du XVII· arrondissement, Eglise et square de la Trinité, Opéra, Théâtre-Français, Palais-Royal, Magasins du Louvre, Ministère des Finances, Palais et musée du Louvre, Place du Louvre, Place et théâtre du Châtelet, Ancien théâtre Lyrique, Pont Notre-Dame, Hôtel-Dieu, Caserne de la Cité, Place du Parvis Notre-Dame, Palais de l'Archevêché, Halle aux Vins, Jardin des Plantes.

Voiture H. — Clichy à l'Odéon.

Voiture jaune, 1 feu rouge, 1 feu blanc.

Parcours, — 6756 mètres. — Trajet, 58 minutes.

Voies principales. — Rue de Richelieu, Carrousel, rue des Saints-Pères.

MONUMENTS. — Place Clichy, Place Saint-Georges (Hôtel Thiers), Eglise Notre-Dame de Lorette, Bibliothèque nationale, Théâtre-Français, Place du Carrousel, Tuileries, Louvre, Monument Gambetta, Pont des Saints-Pères, Hôpital de la Charité, Ecole des Ponts et Chaussées, Académie de médecine, Statue de Diderot, Eglise Saint-Germain-des-Prés, Mairie du VI· arrondissement, Grand séminaire, Fontaine et église Saint-Sulpice, Caserne-Palais du Luxembourg, Odéon.

Voiture I. — Place Pigalle à la Halle aux Vins.

Voiture verte, feu rouge.

Parcours. — 5387 mètres. — Trajet, 42 minutes.

Voies principales. — Rue des Martyrs, La Bourse, Place des Victoires.

MONUMENTS. — Cirque Fernando, Eglise Notre-Dame de Lorette, Hôtel des Ventes, Mairie du IX· arrondissement, La Bourse Place des Victoires, La Banque, Mairie du I·· arrondissement, Eglise Saint-Germain l'Auxerrois, Pont-Neuf, Palais de Justice Tribunal de commerce, Place Saint-Michel, Ancien Hôtel-Dieu Place Maubert, Eglise Saint-Nicolas-des-Champs, Halle aux Vins.

Voiture J. — De Montmartre à la place Saint-Jacques.

Voiture rouge, feu jaune.

Parcours. — 7503 mètres. — Trajet, 69 minutes.

Voies principales. — Rue Rochechouart, faubourg et rue Montmartre, Les Halles, La Cité, boulevard Saint-Michel, rue Saint-Jacques.

MONUMENTS. — Eglise Notre-Dame de Clignancourt, Square Montholon, Hôtel des Postes, Eglise Saint-Eustache, Les Halles, Place du Châtelet, Pont au Change, Tribunal de commerce, Palais de justice, Sainte-Chapelle, Caserne de la Cité, Préfecture de police, Pont et fontaine Saint-Michel, Musée de Cluny, Lycée Saint-Louis, Place de la Sorbonne, Luxembourg, Eglise Saint-Jacques du Haut-Pas, La Maternité, Hôpital du Midi, Hospice Cochin, Observatoire, Place Saint-Jacques, Gare de Sceaux.

Voiture K. — Gare du Nord au boulevard Saint-Marcel.

Voiture jaune, 1 feu vert, 1 feu rouge.

Parcours. — 5773 mètres. — Trajet, 50 minutes.

Voies principales. — Châtelet, Cité.

MONUMENTS. — Gare du Nord, Prison Saint-Lazare, Porte Saint-Denis, Fontaine des Innocents, Place du Châtelet, Pont Notre-Dame, Hôtel-Dieu, La Cité, Notre-Dame, La Morgue, Pont de l'Archevêché, Halle aux Vins, Jardin des Plantes, La Pitié, Marché aux chevaux, Manufacture des Gobelins.

Voiture L. — De la Villette à Saint-Sulpice.

Voiture brun Van Dyck, 1 feu vert, 1 feu blanc.

Parcours, — 7500 mètres. — Trajet, 58 minutes.

Voies principales. — Faubourg Saint-Martin, Cité, boulevard Saint-Michel.

MONUMENTS. — Abattoirs, Canal Saint-Denis, Canal de l'Ourcq, Bassin de la Villette, Canal Saint-Martin, Gare de Strasbourg, Hôpital militaire, Mairie du Xe arrondissement, Porte Saint-Martin, Conservatoire et square des Arts-et-Métiers, Théâtre de la Gaîté, Pont Notre-Dame, L'Hôtel-Dieu, Parvis Notre-Dame, Caserne de la Cité, Préfecture de police, Petit Pont, Place et fontaine Saint-Michel, Musée de Cluny, Ecole de Médecine, Place Saint-Germain-des-Prés, Place Saint-Sulpice.

Voiture M. — Du Lac Saint-Fargeau aux Arts-et-Métiers.

Voiture brun foncé, 1 feu vert et 1 feu rouge.

Parcours. — 5727 mètres. — Trajet, 50 minutes.

Voies principales. — Faubourg Saint-Martin, Boulevard de Strasbourg.

MONUMENTS. — Buttes-Chaumont, Gare de Strasbourg, Eglise Saint-Laurent, Square des Arts-et-Métiers.

Voiture N. — De Belleville au Louvre.

Voiture verte, feu rouge.

Parcours. — 3852 mètres. — Trajet, 32 minutes.

Voies principales. — Boulevards Saint-Martin et Saint-Denis, rues d'Aboukir et Croix-des-Petits-Champs.

MONUMENTS. — Caserne du Château-d'Eau, Place de la République, Folies-Dramatiques, Théâtres de la Renaissance et Porte Saint-Martin, Porte Saint-Denis, Place des Victoires, La Banque, Magasins du Louvre.

Voiture O. — De Ménilmontant à la gare Montparnasse.

Voiture verte, 1 feu rouge, 1 feu vert.

Parcours. — 7334 mètres. — Trajet, 60 minutes.

Voies principales. — Boulevard Sébastopol, Châtelet, rue de Rennes.

MONUMENTS. — Mairie du XXe arrondissement, Eglise Notre-Dame de la Croix, Cirque d'Hiver, Imprimerie Sainte-Barbette, Mairie du IVe arrondissement, Hôtel-de-Ville, Place du Châtelet, Pont-Neuf, Place Saint-Germain des Prés, Gare Montparnasse.

Voiture P. — De Charonne à la place d'Italie.

Voiture jaune, feu rouge.

Parcours. — 6313 mètres. — Trajet, 18 minutes.

Voies principales. — Rue de la Roquette, rue de Lyon, Boulevard de l'Hôpital.

MONUMENTS. — Cimetière de l'Est (Père-Lachaise), Prisons de la Grande et Petite Roquette, Place de la Bastille, Gare de Vincennes, Pont d'Austerlitz, Place Valhubert (Jardin des Plantes, Gare d'Orléans), Marché aux chevaux, Salpêtrière, Eglise Saint-

Marcel, Anciens abattoirs de Villejuif, Mairie du XIII° arrondissement.

Voiture Q. — De Plaisance à l'Hôtel-de-Ville.
Voiture bleu foncé, feu rouge.

Parcours. — 4782 mètres. — Trajet, 44 minutes.

Voies principales. — Rue du Montparnasse, rue Bonaparte, La Cité, boulevard Sétabospol.

Monuments. — Cimetière Montparnasse, Théâtre Montparnasse, Eglise Notre-Dame des Champs, Jardin du Luxembourg, Mairie du VI° arrondissement, Place Saint-Sulpice, Place et Pont Saint-Michel, Préfecture de Police, Caserne Palais, de Justice, Pont au Change, Place du Châtelet, Hôtel-de-Ville.

Voiture R. — Gare de Lyon à Saint-Philippe-du-Roule.
Voiture brun Van Dyck, 1 feu rouge, 1 feu blanc.

Parcours. — 6372 mètres. — Trajet, 50 minutes.

Voies principales. — Avenue Victoria, Boulevard Sébastopol, rue Royale, rue Saint-Honoré.

Monuments. — Gare de Lyon, Place de la Bastille, Mairie du IV° arrondissement, Hôtel-de-Ville, Place du Châtelet, Place du Palais-Royal, Théâtre Français, Ambassade d'Angleterre, Elysée, Ministère de l'Intérieur, Eglise Saint-Philippe du Roule.

Voiture S. — Barrière de Charenton à la Place de la République.
Voiture brun Van Dyck, 1 feu rouge, 1 feu blanc.

Parcours. — 5058 mètres. — Trajet : 40 minutes.

Voies principales. — Boulevards Beaumarchais, Filles-du-Calvaire et du Temple.

Monuments. — Mairie du XII°, Hospice Saint-Eugène, Place de la Bastille, Théâtre Beaumarchais, Hôtel de Ninon de Lenclos, Théâtre Déjazet, Place de la République.

Voiture T. — Gare d'Orléans au Square Montholon.
Voiture jaune, feu orange.

Parcours. — 5337 mètres. — Trajet, 42 minutes.

Voies principales. — Rue de Rivoli, Faubourg Saint-Denis, rue Lafayette.

MONUMENTS. — Place Walhubert, Jardin des Plantes, Halle aux Vins, Pont de la Tournelle, Église Saint-Louis-en-l'Ile, Pont-Marie, Mairie du IVe arrondissement, Conservatoire des Arts-et-Métiers, Porte Saint-Martin, Porte Saint-Denis, Conservatoire de Musique, Square Montholon.

Voiture U. — Du Parc de Montsouris à la Place de la République.

Voiture jaune, 1 feu vert et un feu rouge.

Parcours. — 6218 mètres. — Trajet, 50 minutes.
Voies principales. — Rue Cuvier, rue Monge, rue de Turenne.
MONUMENTS. — Parc de Montsouris, Eglise Saint-Médard, Halle aux cuirs, Place Monge, Eglise Saint-Nicolas du Chardonnet. — Pont de Sully, Bibliothèque de l'Arsenal. — Musée Carnavalet, Les Archives, Square du Temple, Place de la République.

Voiture V. — Du Maine à la Gare du Nord.

Voiture brun clair, 1 feu vert et 1 feu rouge.

Parcours. — 7540 mètres. — Trajet, 55 minutes.
Voies principales. — Rue de Rennes, rue de la Banque, rue Vivienne, faubourg Montmartre.
MONUMENTS. — Gare Montparnasse, Prison militaire du Cherche-Midi, Place Saint-Germain-des-Prés, Ecole des Beaux-Arts, Palais de l'Institut, Pont-Neuf, Place du Louvre, la Banque, Place des Victoires, Caserne de la rue de la Banque, Le Timbre, La Bourse, Conservatoire de Musique, Caserne Poissonnière, Eglise Saint-Vincent-de-Paul, Gare du Nord.

Voiture X. — De Vaugirard à la Gare Saint-Lazare.

Voiture jaune, 1 feu vert, 1 feu jaune.

Parcours. — 6100 mètres. — Trajet, 46 minutes.
Voies principales. — Rue du Bac, Rue des Tuileries, Rue Tronchet, Rue Saint-Lazare.
MONUMENTS. — Eglise Saint-Humbert, Mairie du XVe arrondissement, Hospice Necker, Hôpital des Enfants malades, Intendance militaire, Pont Royal, Les Tuileries.

Voiture Y. — De Grenelle à la Porte Saint-Martin.

Voiture brun clair, 1 feu rouge, 1 feu blanc.

Parcours. — 7225 mètres. — Trajet, 52 minutes.

Voies principales. — Rue de Grenelle, rue de l'Université, rue J.-J. Rousseau, rue Montmartre.

MONUMENTS. — Théâtre de Grenelle, Champ-de-Mars, Ecole militaire, Les Invalides, Archevêché, Ecole d'Etat-Major, Palais-Bourbon, Ministère de la Guerre, Pont-Royal, Les Tuileries, Le Louvre, Place du Carrousel, Place du Palais-Royal, Hôtel des Postes, Le Gymnase, la Ménagère, Porte Saint-Denis, Porte Saint-Martin.

Voiture Z. — De Grenelle à la Bastille.

Voiture brun clair, feu vert.

Parcours. — 6979 mètres. — Trajet, 52 minutes.

MONUMENTS. — Réservoirs de Vaugirard, Couvent des Carmes, Luxembourg, Odéon, Collège de France, Pont de la Tournelle, Église de Saint-Louis-en-l'Ile, Pont Marie, Lycée Charlemagne, Église Saint-Antoine, Place de la Bastille.

Voiture A-B. — De Passy à la Place de la Bourse.

Voiture verte, feu vert.

Parcours. — 6280 mètres. — Trajet, 52 minutes.

Voies principales. — Avenue Victor-Hugo, Faubourg Saint-Honoré, rue Royale, rue du 4 Septembre.

MONUMENTS. — Mairie du XIV° arrondissement, Trocadéro, Maison de Victor Hugo, Place de l'Étoile, Arc de Triomphe, Église Saint-Philippe du Roule, Ministère de l'Intérieur, Palais de l'Elysée, Ambassade d'Angleterre, Place de la Madeleine.

Voiture A-C. — Petite-Villette aux Champs-Élysées.

Voiture jaune, 1 feu blanc, 1 feu vert.

Parcours. — 6079 mètres. — Trajet, 50 minutes.

Voies principales. — Rue de La Fayette, Chaussée d'Antin, rue Royale.

MONUMENTS. — Bassin de La Villette, Gare du Nord, Église Saint-Vincent-de-Paul, caserne Poissonnière, Square Montholon, Eglise Notre-Dame-de-Lorette, Vaudeville, Place de la Madeleine, Place de la Concorde, Cours-la-Reine.

Voiture A-D. — Place de la République à l'Ecole-Militaire.

Voiture verte, feu vert.

Parcours. — 6985 mètres. — Trajet, 54 minutes.

Voies principales. — Rue de Rivoli, rue Dauphine, rue Saint-Dominique, Avenue de la Motte-Piquet.

MONUMENTS. — Place de la République, Marché du Temple, Hôtel Saint-Aignan, Hôtel-de-Ville, Tour Saint-Jacques, Place du Châtelet, Pont-Neuf, Place Saint Germain-des-Prés, Hôpital de la Charité, Ministère de la Guerre, Ambassade d'Espagne, Esplanade des Invalides, Eglise Saint-Pierre, Hospice Leprince, Ecole militaire, Eglise Saint-Xavier.

Voiture A-E. — Des Forges d'Ivry au Pont Saint-Michel.

Voiture verte, feu vert.

Parcours. — 6102 mètres. — Trajet, 46 minutes.

Voies principales. — Les quais, depuis le Pont de la Gare jusqu'au Pont Saint-Michel.

MONUMENTS. — Pont de Tolbiac, Gare des Marchandises, Pont de Bercy, Gare du Départ (Orléans), Place Walhubert, Pont d'Austerlitz, Halle et Port aux vins, Pont de Sully, Pont de la Tournelle, Pont de l'Archevêché, Pont au Double, Petit-Pont, Pont et Place Saint-Michel.

Voiture A-F. — Du Panthéon à la Place de Courcelles.

Voiture verte, feu rouge.

Parcours. — 7567 mètres. — Trajet, 56 minutes.

Voies principales. — Rue Soufflot, rue de Médicis, rue de Sèvres, rue du Bac, rue Royale, Boulevard Malesherbes, Avenue de Messine.

MONUMENTS. — Panthéon, Ecole de Droit, Luxembourg, Théâtre de l'Odéon, Place Saint-Sulpice, Fontaine de la rue de Grenelle, Ministère des Travaux publics, Ministère de la Guerre, Cercle Agricole, Palais Bourbon, Pont et Place de la Concorde, Ministère de la Marine, Place de la Madeleine, Eglise Saint-Augustin.

Voiture A-G. — Porte de Versailles au Louvre.

Voiture brun Van Dyck, 1 feu rouge, 1 feu blanc.

Parcours. — 5002 mètres. — Trajet, 42 minutes.

Voies principales. — Rue de Vaugirard, rue de Sèvres, rue Bonaparte.

MONUMENTS. — Etablissement des Jésuites, Institut des Frère

des Ecoles chrétiennes, Hôpital Laennec, Square des Ménages, Place Saint-Germain-des-Prés, Place du Carrousel, Théâtre-Français, Place du Palais-Royal, Magasins du Louvre.

Voiture A-H. — D'Auteuil à la Place Saint-Sulpice.
Voiture jaune, feu orange.

Parcours. — 6334 mètres. — Trajet : 49 minutes.

Voies principales. — Avenue de Lowendall, rue de Babylone, rue de Sèvres.

MONUMENTS. — Pont de Grenelle, Ecole Militaire, Caserne Lowendall, Couvent du Sacré-Cœur, Caserne de Babylone, Sœurs de Saint-Vincent-de-Paul, Missions étrangères, Square des Ménages, Place Saint-Sulpice.

Voiture A-I. — De la Gare Saint-Lazare à la Place Saint-Michel.
Voiture bleue, 1 feu rouge, 1 feu blanc.

Parcours. — 3250 mètres. — Trajet, 26 minutes.

Voies principales. — Rue Auber, rue de Rivoli, La Cité.

MONUMENTS. — Gare Saint-Lazare, Lycée Condorcet, Opéra, Société des Comptes-courants, Cercle militaire, Place du Théâtre-Français, Tour Saint-Jacques, Place du Châtelet, Pont-au-Change, Tribunal de Commerce, Palais de Justice, Sainte-Chapelle, Préfecture de Police, Caserne de la Cité, Pont et Place Saint-Michel.

Ligne A-J. — Du Parc Monceau à La Villette.
Voiture verte, 1 feu vert, 1 feu blanc.

Parcours. — 5100 mètres. — Trajet, 48 minutes.

Voies principales. — Rue Championnet, rue Ordener, rue de Crimée.

MONUMENTS. — Parc Monceau, Eglise Sainte-Marie (Batignolles), Eglise de Clignancourt, Ateliers de la Compagnie du Nord, Gare de la Chapelle, Pompes funèbres, Mairie du XIXe, Eglise de la Villette, Canal de l'Ourcq, Place de Bitche.

II

EN TRAMWAY

1° TRAMWAYS DE LA COMPAGNIE DES OMNIBUS

Tr. A. — De Saint-Cloud au Louvre.
Voitures vertes, feux orangé et blanc.

Parcours. — 10135 mètres. — Trajet, 1 heure.
Itinéraire. — Place d'Armes (Saint-Cloud), Pont de Saint-Cloud, Rond-Point de Boulogne, Avenue de Versailles, Quais de Passy, de Billy et de la Conférence, Place de la Concorde, Quai des Tuileries.
MONUMENTS. — Trocadéro, Hippodrome, Palais de l'Industrie, Tuileries, Louvre, Saint-Germain-l'Auxerrois

Tr. B. — Du Louvre à Sèvres.
Voitures bleues, feux vert et blanc.

Parcours. — 11345 mètres. — Trajet, 1 heure 10 minutes.
Itinéraire. — Quais du Louvre et des Tuileries, Place de la Concorde, Quais de la Conférence, de Billy et de Passy, Avenue de Versailles, Point-du-Jour, Route de Versailles, Pont de Sèvres, Grande-Rue de Sèvres.
MONUMENTS. — Saint-Germain-l'Auxerrois, Louvre, Tuileries, Palais de l'Industrie, Hippodrome, Trocadéro.

Tr. C. — Du Louvre à Vincennes.
Voitures brunes, feux orangé et blanc.

Parcours. — 8258 mètres. — Trajet, 58 minutes.
Itinéraire. — Quais du Louvre, de la Mégisserie, de Gesvres, de l'Hôtel-de-Ville et des Célestins, Boulevard Henri IV, Bastille, Faubourg Saint-Antoine, Place de la Nation, Boulevard Picpus, Avenues de Saint-Mandé, du Bel-Air et Poirier, Rue de Paris, Avenue de Vincennes.
MONUMENTS. — Saint-Germain-l'Auxerrois, Louvre, Théâtres du Châtelet et de l'Opéra-Comique, Hôtel-de-Ville, Colonne de Juillet, Gare de Vincennes.

Tr. D. — De l'Etoile à La Villette.
Voitures brun foncé, feux blanc et rouge.

Parcours. — 5939 mètres. — Trajet, 44 minutes.

Itinéraire. — Avenue de Wagram, Boulevards de Courcelles, de Batignolles, Clichy, Rochechouart, de La Chapelle, de La Villette.

MONUMENTS. — Arc-de-Triomphe, Collèges Chaptal et Rollin.

Tr. E. — De La Villette à la Place de la Nation.
Voitures brun foncé, feux rouge et blanc.

Parcours. — 4861 mètres. — Trajet, 32 minutes.

Itinéraire. — Boulevards de La Villette, de Belleville, de Ménilmontant et de Charonne.

MONUMENT. — Père-Lachaise.

Tr F. — Du Cours de Vincennes au Louvre.
Voitures bleues, feux rouge et blanc.

Parcours. — 6495 mètres. — Trajet, 48 minutes.

Itinéraire. — Cours de Vincennes, Place de la Nation, Boulevard Voltaire, Place de la République, Rue Turbigo, rue Baltard, Rue du Pont-Neuf, Rue de Rivoli.

MONUMENTS. — Eglise Saint-Ambroise, Caserne du Château-d'Eau, Ecole Centrale, Eglise Saint-Eustache, les Halles, Eglise Saint-Germain-l'Auxerrois, Louvre.

Tr. G. — De Montrouge au Chemin de Fer de l'Est.
Voitures brun foncé, feux rouge et blanc.

Parcours. — 6395 mètres. — Trajet, 48 minutes.

Itinéraire. — Avenue d'Orléans, Rue Denfert-Rochereau, Boulevard et Pont Saint-Michel, Boulevard du Palais, Pont-au-Change, Place du Châtelet, Boulevards de Sébastopol et de Strasbourg.

MONUMENTS. — Gare de Sceaux, Lion de Belfort, Observatoire, Ecole des Mines, Luxembourg, Sorbonne, Lycée Saint-Louis, Musée de Cluny, Palais-de-Justice, Tribunal de Commerce, Théâtres de l'Opéra Comique et du Châtelet, Tour Saint-Jacques, Eglise Saint-Leu, Théâtre de la Gaîté, Conservatoire des Arts-et-Métiers, Théâtre des Menus-Plaisirs, Eglise Saint-Laurent, **Gare de l'Est**.

Tr. H. — De La Chapelle au Square Monge.

Voitures jaunes, feux vert et blanc.

Parcours. — 6237 mètres. — Trajet, 50 minutes.

Itinéraire. — Rue de La Chapelle, Faubourg-Saint-Denis, Rue de Strasbourg, Boulevards de Strasbourg et de Sébastopol, Pont-au-Change, Boulevard du Palais, Pont et Boulevard Saint-Michel, Rue des Ecoles.

MONUMENTS. — Gare de l'Est, Eglise Saint-Laurent, Théâtre des Menus-Plaisirs, Conservatoire des Arts-et-Métiers, Théâtre de la Gaîté, Eglise Saint-Leu, Tour Saint-Jacques, Théâtres de l'Opéra-Comique et du Châtelet, Tribunal de Commerce, Palais-de-Justice, Musée de Cluny, Sorbonne, Collège de France, Ecole Polytechnique.

Tr. I. — Du Cimetière Saint-Ouen à la Bastille.

Voitures vertes, feux orangé et blanc.

Parcours. — 7062 mètres. — Trajet, 50 minutes.

Itinéraire. — Route départementale n° 20, Porte Clignancourt, Boulevards Ornano, Barbès et Magenta, Rue de Strasbourg, Boulevards de Strasbourg et Magenta, Place de la République, Boulevards Voltaire et Richard-Lenoir.

MONUMENTS. — Gares du Nord et de l'Est, Caserne du Château-d'Eau, Colonne de Juillet, Gare de Vincennes.

Tr. J. — Du Louvre à Passy.

Voitures brun Van Dick, feux rouge et blanc.

Parcours. — 5519 mètres. — Trajet, 42 minutes.

Itinéraire. — Quais du Louvre et des Tuileries, Place de la Concorde, Quai de la Conférence, Avenues du Trocadéro, d'Iéna et Delessert, Rue de Passy, Chaussée de la Muette.

MONUMENTS. — Eglise Saint-Germain-l'Auxerrois, Louvre, Tuileries, Palais de l'Industrie, Hippodrome, Trocadéro, Château de la Muette.

Tr. K. — Du Louvre à Charenton.

Voitures jaunes, feux orangé et blanc.

Parcours. — 8372 mètres. — Trajet, 1 heure.

Itinéraire. — Rue du Louvre, Rue de Rivoli, Rue Saint-

Antoine, Bastille, Boulevard Contrescarpe, Quais de la Râpée et de Bercy, route départementale n° 50.

Monuments. — Eglise Saint-Germain-l'Auxerrois, Louvre, Tour Saint-Jacques, Hôtel-de-Ville, Eglise Saint-Paul, Lycée Charlemagne, Colonne de Juillet, Gare de Vincennes, Entrepôt de Bercy.

Tr. L. — De la Bastille au Pont de l'Alma.

Voitures bleues, feux vert et blanc.

Parcours. — 5543 mètres. — Trajet, 40 minutes.

Itinéraire. — Boulevard Henri IV, Pont Sully, Boulevard Saint-Germain, Quai d'Orsay.

Monuments. — Gare de Vincennes, Colonne de Juillet, Théâtre et Musée de Cluny, Ecole de Médecine, Eglise Saint-Germain-des-Prés, Hôpital de la Charité, Ministère de la Guerre, Palais-Bourbon (Chambre des Députés), Ministère des Affaires étrangères.

Tr. M. — De la Gare de Lyon au Pont de l'Alma

Voitures jaunes, feux orangé et blanc.

Parcours. — 6450 mètres. — Trajet, 48 minutes.

Itinéraire. — Boulevard Diderot, Pont d'Austerlitz, Place Walhubert, Quai Saint-Bernard, Boulevard Saint-Germain, Quai d'Orsay, Pont de l'Alma

Monuments. — Gares de Lyon et d'Orléans, Jardin des Plantes, Halle aux Vins, Théâtre et Musée de Cluny, Ecole de Médecine, Eglise Saint-Germain-des-Prés, Hôpital de la Charité, Ministère de la Guerre, Palais-Bourbon (Chambre des Députés), Ministère des Affaires étrangères.

Tr. N. — De la Muette à la rue Taitbout.

Voitures vertes, feux vert et blanc.

Parcours. — 6464 mètres. — Trajet, 44 minutes.

Itinéraire. — Chaussée de la Muette, Avenues Prudhon, Raphaël, du Trocadéro et Kléber, L'Etoile, Avenue Friedland, Boulevard Haussmann.

Monuments. — Château de la Muette, Palais du Trocadéro, Arc-de-Triomphe, Hôpital Beaujon, Eglise Saint-Augustin, Caserne de la Pépinière, Chapelle expiatoire, Opéra.

Tr. O. — De la Gare d'Auteuil au Rond-Point de Boulogne.

Voitures brun foncé, feux rouge et blanc.

Parcours. — 2760 mètres. — Trajet, 20 minutes.

Itinéraire. — Rue et Porte d'Auteuil; route départementale n° 29, Grande-Rue de Boulogne.

Tr. P. — Du Trocadéro à La Villette.

Voitures jaunes, feux orange et blanc.

Parcours. — 7502 mètres. — Trajet, 56 minutes.

Itinéraire. — Avenue Kléber, L'Etoile, Avenue de Wagram, Boulevards de Courcelles, Batignolles, Clichy, Rochechouart, La Chapelle et La Villette.

MONUMENTS. — Palais du Trocadéro, Arc-de-Triomphe, Collèges Chaptal et Rollin.

Tr. Q. — De la Porte d'Ivry aux Halles.

Voitures jaunes, feux blanc et rouge.

Parcours. — 5590 mètres. — Trajet, 45 minutes.

Itinéraire. — Routes d'Ivry et de Choisy, Place d'Italie, Avenue des Gobelins, Rue Claude-Bernard, Rue Gay-Lussac, Boulevard, Place et Pont Saint-Michel, Boulevard du Palais, Pont-au-Change, Place du Châtelet, Rue Saint-Denis, Rue des Halles, Rue Baltard.

MONUMENTS. — Les Gobelins, Ecole Normale, Luxembourg, Sorbonne, Lycée Saint-Louis, Musée de Cluny, Palais-de-Justice, Sainte-Chapelle, Tribunal de Commerce, Théâtres de l'Opéra-Comique et du Châtelet, les Halles, Saint-Eustache.

Tr. R. — De Boulogne au Pont de Billancourt.

Voitures bleues, feux rouge et blanc.

Parcours. — 2578 mètres. — Trajet, 18 minutes.
Itinéraire. — Boulevard de Strasbourg.

Tr. S. — Du Pont de Charenton à Créteil.

Voitures bleues, feux rouge et blanc.

Parcours. — 4732 mètres. — Trajet, 32 minutes.
Itinéraire. — Route nationale n° 19, Grande-Rue de Créteil.

Tr. A-B. — Du Louvre à Versailles.

Parcours. — 19000 mètres. — Trajet, 1 heure 50 minutes.

Itinéraire. — Quais du Louvre et des Tuileries, Place de la Concorde, Quais de la Conférence, de Billy et de Passy, Avenue de Versailles, Point-du-Jour, Route de Versailles, Sèvres, Chaville, Viroflay.

MONUMENTS. — Eglise Saint-Germain-l'Auxerrois, Louvre, Tuileries, Palais de l'Industrie, Hippodrome, Palais du Trocadéro.

2° TRAMWAYS-SUD

1. — De Saint-Germain-des-Prés à Fontenay-aux-Roses.

Feu rouge.

Parcours. — 9374 mètres. — Trajet, 1 heure 5 minutes.

Itinéraire. — Rue de Rennes, boulevards Montparnasse et d'Enfer, avenue d'Orléans et de Châtillon, Malakoff, Châtillon, route de Fontenay.

MONUMENTS. — Saint-Germain-des-Prés, Gares Montparnasse et de Sceaux, Lion de Belfort, Cimetière Montparnasse.

2. — De l'Etoile à la gare Montparnasse.

Feu rouge.

Parcours. — 4190 mètres. — Trajet, 28 minutes.

Itinéraire. — Avenue Marceau, Pont de l'Alma, Avenues Bosquet et de Tourville, Place Vauban, Avenue de Villars, Boulevards des Invalides et Montparnasse.

MONUMENTS. — Arc de triomphe, Hippodrome, Ecole militaire, Invalides, Eglise Saint-François-Xavier, Gare Montparnasse.

3. — De la gare Montparnasse à la Bastille.

Feu vert.

Parcours. — 5042 mètres. — Trajet, 35 minutes.

Itinéraire. — Boulevards Montparnasse, de Port-Royal, Saint-Marcel et de l'Hôpital, Pont d'Austerlitz, quai de la Rapée, boulevard Diderot, rue de Lyon.

MONUMENTS. — Gare Montparnasse, Observatoire, Gobelins, La Salpêtrière, Gare d'Orléans, Jardin des Plantes, Gare de Lyon, Colonne de Juillet.

4. — De la place Walhubert à Villejuif.
Feu rouge.

Parcours. — 5934 mètres. — Trajet, 43 minutes.

Itinéraire. — Quai d'Austerlitz, Pont de Bercy, Boulevard de la gare, Avenue d'Italie, routes de Fontainebleau, de Bicêtre et de Villejuif.

Monuments. — Gare d'Orléans, Jardin des Plantes.

5. — De Saint-Germain-des-Prés à Clamart.
Feu vert.

Parcours. — 9728 mètres. — Trajet, 1 heure 8 minutes.

Itinéraire. — Rue de Rennes, boulevard Montparnasse, rue de Sèvres, rue Lecourbe, rue Croix-Nivert, rue de Vaugirard, Issy, Vanves.

Monuments. — Eglise Saint-Germain-des-Prés, Gare Montparnasse.

6. — De la place de la Nation à Montreuil.
Feu rouge.

Parcours. — 4104 mètres. — Trajet, 33 minutes.

Itinéraire. — Avenue Taillebourg, boulevard de Charonne, rue d'Avron, Porte de Montreuil.

7. — De la Bastille à Charenton.
Feu rouge.

Parcours. — 6148 mètres. — Trajet, 33 minutes.

Itinéraire. — Rue de Lyon, Avenue Daumesnil, Saint-Mandé, Bois de Vincennes.

Monuments. — Gare de Vincennes, Colonne de Juillet, Mairie du XII* arrondissement.

8. — De la place de la Nation à la place Walhubert.
Feu vert.

Parcours. — 4191 mètres. — Trajet, 27 minutes.

Itinéraire. — Avenue du Bel-Air, Boulevards de Picpus, de Reuilly et de Bercy, Quais de Bercy et d'Austerlitz.

Monuments. — Entrepôt des vins, Gare d'Orléans, Jardin des Plantes.

9. — Du square Cluny à Ivry.
Feu rouge.

Parcours. — 7497 mètres. — Trajet, 56 minutes.
Itinéraire. — Boulevard Saint-Germain, rue Monge, Avenue des Gobelins, boulevard de la Gare, rue Jeanne d'Arc, rue de Patay, route d'Ivry.
Monuments. — Musée de Cluny, Théâtre de Cluny, Ecole polytechnique, Gobelins, Mairie du XIII° arrondissement.

10. — Du square Cluny à Vitry.
Feu rouge.

Parcours. — 8464 mètres. — Trajet, 1 heure 20 minutes.
Itinéraire. — Boulevard Saint-Germain, rue Monge, Avenue des Gobelins et d'Italie, route de Fontainebleau, Bicêtre.
Monuments. — Musée de Cluny, Théâtre Cluny, Ecole polytechnique, Gobelins, Mairie du XIII° arrondissement.

11. — De Vanves à l'avenue d'Antin.
Feu vert.

Parcours. — 7500 mètres. — Trajet, 59 minutes.
Itinéraire. — Issy, rue de Vaugirard, rue Nivert, rue Lecourbe, rue Cambronne, Boulevard de Grenelle, Champ-de-Mars, Avenue de la Motte-Piquet et de la Tour-Maubourg, Pont des Invalides.
Monuments. — Ecole militaire, Invalides, Palais de l'Industrie.

3° TRAMWAYS-NORD

1. — De l'Etoile à Courbevoie.
Feu vert.

Parcours. — 3533 mètres.
Itinéraire. — Avenues de la Grande-Armée et de Neuilly, Porte Maillot, Pont de Neuilly, Avenue de Saint-Germain.
Monuments. — Arc de triomphe.

2. — De la Madeleine au parc de Neuilly.
Feu orangé.

Parcours. — 4240 mètres.

EN BATEAU

Itinéraire. — Boulevard Malesherbes, Avenue de Villiers, Boulevard de Courcelles, Porte de Champerret, Boulevard Bineau.

Monuments. — Madeleine, Caserne de la Pépinière, Eglise Saint-Augustin, Parc Monceau, Ecole Monge.

3. — De la Madeleine à Levallois-Perret.
Feu vert.

Parcours. — 4141 mètres.

Itinéraire. — Boulevard Malesherbes, Avenue de Villiers, Boulevard et rue de Courcelles, rue Cavé.

Monuments. — Madeleine, Caserne de la Pépinière, Eglise Saint-Augustin, Parc Monceau, Ecole Monge.

4. — Du boulevard Haussmann à Gennevilliers.
Feu vert.

Parcours. — 6518 mètres.

Itinéraire. — Rue de Rome, rue Saint-Pétersbourg, Place, avenue et porte de Clichy, Asnières.

Monuments. — Gare Saint-Lazare.

5. — De la rue de La Fayette à Saint-Denis.
Feu orangé.

Parcours. — 8000 mètres.

Itinéraire. — Rue de Lafayette, rue de Chateaudun, rue de Maubeuge, boulevard, rue et porte de la Chapelle, Plaine Saint-Denis.

6. — Du boulevard Haussmann à Saint-Denis.
Feu rouge.

Parcours. — 6229 mètres.

Itinéraire. — Rue de Rome, rue Saint-Pétersbourg, Place et avenue de Clichy, Avenue et porte de Saint-Denis, route de la Révolte.

Monument. — Gare Saint-Lazare.

7. — Du boulevard Haussmann à Saint-Ouen.
Feu orangé.

Parcours. — 7300 mètres.

Itinéraire. — Rue de Rome, rue Saint-Pétersbourg, Place et avenue de Clichy, Avenue de Saint-Ouen, rue de Paris.

MONUMENT. — Gare Saint-Lazare.

8. — De la Madeleine à Suresnes.
Feu rouge.

Parcours. — 9184 mètres.

Itinéraire. — Boulevard Malesherbes, Avenue de Villiers, Courbevoie.

MONUMENTS. — La Madeleine, Caserne de la Pépinière, Église Saint-Augustin, Parc Monceau, École Monge.

6. — De la Place de la République à Aubervilliers.
Feu rouge.

Parcours. — 6716 mètres.

Itinéraire. — Boulevard Magenta, Faubourg Saint-Denis, rue Lafayette, Faubourg Saint-Martin, rue de Flandre, Les Quatre-Chemins.

MONUMENTS. — Caserne du Château d'Eau, Gare de l'Est.

10. — De la Place de la République à Pantin.
Feu vert.

Parcours. — 5921 mètres.

Itinéraire. — Boulevard Magenta, Faubourg Saint-Denis, rue Lafayette, Faubourg Saint-Martin, rue d'Allemagne, Pantin.

MONUMENTS. — Caserne du Château-d'Eau, Gare de l'Est.

III

EN BATEAU

Départ : Pont de Bercy.
Arrivée : Pont du Point du Jour.

Rive gauche.	*Rive droite.*
Gare d'Orléans.	Entrepôt de Bercy.
Jardin des Plantes.	Magasin de fourrages militaires.
Halle aux vins.	Archives de la Seine.

EN BATEAU

Rive gauche.

Ile Saint-Louis.
Notre-Dame (Cité).
Hôtel-Dieu   id.
Tribunal de commerce, id.
Palais de Justice, id.
Préfecture de Police, id.
Monnaie.
Institut.
Ecole des Beaux-Arts.
Ecole des langues orientales.
Caisse des dépôts et consignations.
Palais de la Légion d'honneur
Palais-Bourbon.
Ministère des affaires étrang.
Invalides.
Manufacture des tabacs.
Magasin des hôpitaux.
Garde-meuble.
Champ-de-Mars (Tour Eiffel).

Rive droite.

Mag. de ville de Paris.
Hôtel de Ville.
Opéra-Comique.
Théâtre du Châtelet.
Louvre.
Tuileries.
Place de la Concorde.
Palais de l'Industrie.
Hippoprome.
Intendance militaire.
Palais du Trocadéro.

PRINCIPAUX MONUMENTS

I

PALAIS

Palais-Bourbon (Chambre des Députés), rue de l'Université et quai d'Orsay. — Pour assister à une séance, demander des billets à la questure ou à un député. Pendant les vacances, on peut visiter la salle des séances sous la conduite d'un gardien. (Pourboire.)

Palais de l'Élysée, Faubourg-Saint-Honoré et avenue Gabriel. — Résidence officielle du Président de la République. — On n'y est admis que dans le cas d'une audience demandée et accordée.

Hôtel-de-Ville, place de l'Hôtel-de-Ville. — Ce monument n'est pas, à proprement parler, ouvert aux visiteurs; mais comme il renferme des services publics, on y pénètre et l'on y circule librement. — Les séances du Conseil municipal sont publiques.

Palais de l'Industrie, Champs-Elysées. — Ouvert seulement durant les expositions.

Palais de l'Institut, 21, quai Conti. — Visible tous les jours, excepté le dimanche, de onze heures à une heure. S'adresser au concierge. (Pourboire.)

Palais des Invalides, Esplanade des Invalides. — Ouvert tous les jours, de midi à trois heures en hiver, et de midi à quatre heures en été. (Pourboire.) — Le dimanche, à midi, messe militaire. — Le *Tombeau de Napoleon I*^{er} est visible les lundis, mardis, jeudis et vendredis, de midi à trois heures en hiver, et de midi à quatre heures en été.

Palais de Justice, boulevard du Palais. — Ouvert librement tous les jours, excepté les dimanches et fêtes. — Néanmoins, pour visiter la Conciergerie et les cuisines de saint Louis, il faut demander une autorisation au préfet de police. (Pourboire.)

Palais de la Légion-d'Honneur, quai d'Orsay. — On n'y est admis que pour audience.

Palais du Louvre. — Voir *Musées*.

Palais du Luxembourg, rue de Vaugirard. — Occupé par le Sénat. Ouvert seulement les jours de séance aux personnes munies de cartes délivrées par la questure ou par un sénateur. — Visible pendant les vacances, sur autorisation délivrée par la questure. (Pourboire.)

Palais-Royal, place du Palais-Royal. — Occupé par le Conseil d'Etat. N'est pas visible à l'intérieur.

Palais du Trocadéro, avenue du Trocadéro. — *La salle des fêtes* est visible tous les jours (Pourboire). On peut monter dans les *tours* au moyen d'un *ascenseur*. (Prix, 1 franc.) L'*aquarium* est ouvert de 9 à 11 heures et de 1 à 5 heures (Pour les *musées de sculpture comparée et d'ethnographie*, voir *Musées*.)

II

MUSÉES

Musée d'Anatomie comparée, 12, rue de l'Ecole-de-Médecine. — Ouvert seulement aux médecins et aux étudiants, tous les jours, dimanches exceptés, de 11 heures à 4 heures.

Musée des Archives nationales, 60, rue des Francs-Bourgeois. — Ouvert le dimanche, de midi à 3 heures.

Musée d'Artillerie, palais des Invalides. — Visible les mardis, jeudis et dimanches, de midi à 3 heures en hiver et de midi à 4 heures en été.

Musée des Arts décoratifs, palais de l'Industrie, pavillon Sud-Est, porte n° 7. — Ouvert tous les jours, de 10 heures à 5 heures. Prix d'entrée : la semaine, 1 franc ; le dimanche, 50 cent.

Conservatoire des Arts-et-Métiers, 292, rue Saint-Martin. — Ouvert les mardis, jeudis et dimanches, de 10 heures à 4 heures. — Visible les autres jours, de midi à quatre heures, avec une autorisation du directeur (Pourboire.)

Musée astronomique, à l'Observatoire. — Visible avec permission du directeur. (Pourboire.)

Musée Carnavalet, 23, rue de Sévigné. — Visible les jeudis et dimanches, de 11 heures à 4 heures.

Musée de Cluny, 24, rue du Sommerard. — Ouvert tous les

jours, lundis et jours de fête exceptés, de 11 heures à 4 heures en hiver, et de 11 heures à 5 heures en été.

Musée Dupuytren, 15, rue de l'Ecole-de-Médecine. — Ouvert seulement aux médecins et aux étudiants, tous les jours, excepté le dimanche, de 11 heures à 3 heures.

Musée ethnographique, palais du Trocadéro (1ᵉʳ étage). — Ouvert les jeudis et dimanches, de midi à 4 heures. Visible le mardi, aux mêmes heures, avec cartes délivrées par l'administration du musée. (Pourboire.)

Muséum d'Histoire naturelle, Jardin des plantes. — La *ménagerie* est ouverte le jeudi, de 1 heure à 4 heures; et les autres jours, aux mêmes heures, sur la présentation de cartes délivrées par le directeur du Muséum. — *Le Pavillon des reptiles* peut être visité dans les mêmes conditions que la ménagerie. — La *Galerie d'anatomie comparée* est ouverte les jeudis et dimanches, de 11 heures à 3 heures; et, avec carte, les mardis, vendredis et samedis, aux mêmes heures. — Les *serres* sont visibles les mardis, vendredis et samedis, de 1 heure à 4 heures, avec des cartes (Pourboire). — Les *Galeries de zoologie* sont ouvertes les jeudis et dimanches, de 11 heures à 3 heures; et, avec cartes, les mardis, vendredis et samedis, aux mêmes heures. — Les *Galeries de minéralogie, de géologie et de botanique* sont visibles les jeudis et dimanches, de 11 heures à 3 heures; et, avec cartes, les mardis, vendredis, de 11 heures à 4 heures.

Musée d'instruments de musique, Conservatoire de musique et de déclamation, rue du Faubourg-Poissonnière. — Ouvert le jeudi, de midi à 4 heures. Visible pour les étrangers le lundi, aux mêmes heures.

Musée du Louvre, palais du Louvre. — Ouvert tous les jours, *excepté les lundis*, l'hiver, de 10 heures à 4 heures, l'été de 9 heures (le dimanche, de 9 heures à quatre heures (Entrée générale par le pavillon Denon ou par le pavillon Sully). — Le *Musée des sculptures du moyen âge et de la Renaissance* a son entrée au guichet du pont des Arts; le *Musée égyptien*, à droite, sous la Colonnade; le *Musée assyrien*, à gauche, sous la colonnade.

Musée du Luxembourg, Jardin du Luxembourg. — Entrée par la grille donnant sur la rue de Vaugirard, en face de la rue Férou. — Ouvert tous les jours, excepté le lundi, l'hiver de 10 heures à 4 heures, l'été de 9 heures à 5 heures (le dimanche, de 9 heures à 4 heures).

Musée minéralogique, école nationale des Mines, boulevard Saint-Michel. — Ouvert les mardis, jeudis et samedis, de 11 heures à 3 heures.

Musée pédagogique, 51, rue Gay-Lussac. — Ouvert tous les jours, excepté le lundi, de 10 heures à 4 heures, aux personnes munies de cartes délivrées par le directeur du Musée ou par le directeur de l'enseignement primaire (s'adresser au ministère de l'instruction publique).

Musée de sculpture comparée, palais du Trocadéro. — Entrée sous le péristyle, à gauche. Ouvert tous les jours, excepté le lundi, de 11 heures à 4 heures.

III

ÉGLISES

N.-B. — Les églises sont ouvertes au public toute la journée. Le dimanche et les jours de fête, la grand'messe est chantée en musique.

Dans la liste qui suit, nous ne mentionnons que les églises qui donnent lieu à des indications spéciales.

Notre-Dame. — Le *Trésor* est visible tous les jours, excepté les dimanches et fêtes, de 10 h. 1/2 à 4 heures. S'adresser au suisse (prix : 50 centimes). — Pour monter aux *tours*, 20 centimes; pour voir le *bourdon*, 20 centimes. Entrée à gauche du portail.

Saint-Gervais, place Lobau. — Pour voir la chapelle de Scarron, s'adresser au sacristain. Prix : 50 centimes.

Église du Sacré-Cœur, Butte-Montmartre. — Pour visiter les chantiers et la crypte, s'adresser derrière l'église, 31, rue de la Fontenelle. Rétribution facultative (on donne généralement 50 centimes).

Panthéon (voir *Monuments divers*).

Sainte-Chapelle, Palais-de-Justice. — Visible tous les jours, excepté les lundis et vendredis, de midi à 4 heures. (Pourboire.)

Chapelle expiatoire, Boulevard Haussmann. — Pour visiter, s'adresser au gardien. (Pourboire).

IV

ÉGLISES ET CHAPELLES NON CATHOLIQUES

ÉGLISES RÉFORMÉES. (CALVINISTES). — *Oratoire*, 147, rue Saint-Honoré. — *Saint-Esprit*, 5, rue Roquépine. — *Pentemont*,

106, rue de Grenelle. — *Sainte-Marie*, 216, rue Saint-Antoine.
— *Batignolles*, 46, boulevard des Batignolles. — *Milton*, 5, rue
Milton. — *Belleville*, 97, rue Julien-Lacroix. — *Passy*, 65, rue
des Sablons. — *Plaisance*, 97, rue de l'Ouest. — *Etoile*, 54, avenue de la Grande-Armée. — *Montmartre*, 2 bis, rue Berthe. —
Vincennes, 37, rue de Montreuil. — *Neuilly*, 17, rue du Marché.
— *Boulogne*, 117, route de la Reine. — *Gobelins*, 35, rue
Lebrun.

Eglises de la confession d'Augsbourg. (Luthériennes.)
— *Rédemption*, 16, rue Chauchat. — *Billettes*, 18, rue des Billettes. — *Saint-Marcel*, 19, rue Tournefort. — *Montmartre*, 43,
rue des Poissonniers. — *Résurrection*, rue Quinault. — *Maison-Blanche*, 22, avenue d'Italie. — *Bon-Secours*, 97, rue de Charonne. — *La Villette*, 93, rue de Crimée. — *Batignolles*, 53, rue
Dulong. — *Gros-Caillou*, 19, rue Amélie.

Eglises et chapelles libres. — *Taitbout*, 42, rue de Provence. — *Luxembourg*, 59, rue Madame. — *Nord*, 17, rue des
Petits-Hôtels. — *Saint-Maur*, 134, rue Saint-Maur. — *Saint-Honoré*, 23, rue Royale. — *Saint-Antoine*, 153, avenue Ledru-Rollin. — *Etoile*, 74, avenue de la Grande-Armée.

Eglises et Chapelles anglaises. — *Wesl. Method.*, 4, rue
Roquépine. — *Congries-chapel*, 23, rue Royale. — *Englisch
Church*, 5, rue d'Aguesseau. — *American Chapel*, 21, rue de
Berri. — *American episcopal church*, 17, rue Bayard. — *Church
of Scotland*, 160, rue de Rivoli.

Synagogues. — 15, rue Notre-Dame-de-Nazareth; 144, rue de
la Victoire; 23, rue des Tournelles; 28, rue Buffaut.

Eglise russe, 12, rue Daru. — Visible les mercredis et dimanches, à 11 heures, et les jeudis et dimanches, de 3 heures à
5 heures; les autres jours moyennant pourboire.

V

BIBLIOTHÈQUES

Bibliothèque de l'Arsenal, 1, rue de Sully. — Ouverte tous les
jours, excepté le dimanche, de 10 heures à 3 heures. Fermé du
15 août au 1ᵉʳ octobre.

Bibliothèque du Conservatoire des Arts-et-Métiers, 292, rue
Saint-Martin. — Ouverture tous les jours, lundis et fêtes exceptés,
de 10 heures à 3 heures; et le soir, de 7 h. 1/2 à 10 heures.

PRINCIPAUX MONUMENTS

Bibliothèque du Conservatoire de musique et de déclamation, rue du faubourg Poissonnière. — Ouverte tous les jours, excepté le dimanche, de 10 heures à 4 heures. Fermée pendant les mois d'août et de septembre.

Bibliothèque de l'Ecole des Beaux-Arts, 14, rue Bonaparte. — Ouverte tous les jours non fériés, de midi à 4 heures, en hiver, et de midi à cinq heures, en été. — Fermée du 1er août au 14 octobre.

Bibliothèque de l'Ecole de médecine, place de l'Ecole-de-Médecine. — Ouverte tous les jours, excepté le dimanche, de 11 heures à 5 heures, et de 7 h. 1/2 à 10 heures du soir. Fermée du 1er au 15 octobre.

Bibliothèque Mazarine, Palais de l'Institut, Quai Conti. — Ouverte tous les jours, excepté le dimanche, de 11 heures à 4 heures en hiver, de 11 heures à 5 heures en été. — Fermée du 15 juillet au 1er septembre.

Bibliothèque nationale, 58, rue Richelieu et rue Colbert. — Ouverte pour les lecteurs munis de cartes d'admission à la salle de travail, tous les jours (excepté le dimanche), de 9 heures à 4 heures en hiver, et de 9 heures à 6 heures en été ; les cartes sont délivrées par l'administration. — La salle publique (entrée rue Colbert) est ouverte à tous les lecteurs, aux mêmes heures que la salle de travail, tous les jours, dimanches compris. — Les deux salles sont fermées pendant les quinze jours qui précèdent Pâques.

Pour visiter les collections (médailles, manuscrits, inscriptions, estampes, etc., demander une carte au secrétariat.

Bibliothèque de l'Opéra, à l'Opéra. — Entrée par le pavillon de la rue Scribe. — Ouverte tous les jours non fériés, de 11 heures à 4 heures. Fermée du 15 juillet au 15 septembre.

Bibliothèque Sainte-Geneviève, place du Panthéon. — Ouverte tous les jours, excepté le dimanche, de 10 heures à 3 heures, et de 6 heures à 10 heures du soir. Fermée du 1er septembre au 15 septembre et pendant la semaine de Pâques.

Bibliothèque de la Sorbonne ou de l'Université, à la Sorbonne, rue de la Sorbonne. — Ouverte aux professeurs et aux étudiants, tous les jours non fériés, de 11 heures à 5 heures et de 7 heures à 10 heures du soir. Fermée du 5 juillet au 20 août.

Bibliothèque de la ville de Paris, Hôtel Carnavalet, 23, rue Sévigné. — Ouverte, tous les jours non fériés, de 10 heures à 4 heure en hiver, et de 10 heures à 5 heures en été.

VI

MONUMENTS DIVERS

Arc de triomphe, place de l'Etoile. — Pour pénétrer dans l'intérieur et monter sur la plate-forme, s'adresser au gardien, de 10 heures à 4 heures. (Pourboire).

Bourse, place de la Bourse. — Ouverte tous les jours non fériés, de midi à 5 heures. Les dames ne peuvent circuler que dans la galerie.

Colonne de Juillet, place de la Bastille. — Pour monter au sommet et visiter les caveaux funèbres, s'adresser au gardien, de 10 heures à 4 heures. (Pourboire.)

Colonne Vendôme, place Vendôme. — On peut monter au sommet de 10 heures à 4 heures. (Pourboire).

Ecole des Beaux-Arts, 14, rue Bonaparte et quai Malaquais. — Visible le dimanche, de midi à 4 heures (le samedi de midi à 3 heures), sous la conduite du gardien (Pourboire). S'adresser au concierge.

Garde-Meuble, 103, quai d'Orsay. — Ouvert les jeudis, dimanches et jours fériés, de 10 heures à 4 heures. Visible les autres jours avec cartes délivrées par le ministre des travaux publics.

Les Gobelins, 42, avenue des Gobelins. — Visible les mercredis et samedis, de 1 heure à 3 heures, avec carte délivrée par le directeur. (Pourboire.)

Imprimerie nationale, 87, rue Vieille-du-Temple. — Visible le jeudi, à 2 heures, avec carte délivrée par le directeur. (Pourboire.)

Manufacture des tabacs, 63, quai d'Orsay. — Visible, avec carte délivrée par le directeur, le jeudi, de 10 heures à midi et de 2 heures à 4 heures. (Pourboire.)

La Monnaie, quai Conti. — Visible les mardis et vendredis, de midi à 3 heures, avec carte délivrée par le directeur. (Pourboire.)

Observatoire, avenue de l'Observatoire. — Visible le premier samedi de chaque mois. Demander par lettre une carte d'entrée au directeur.

Panthéon, place du Panthéon, ancienne église Sainte-Geneviève. — Visible tous les jours, excepté le lundi, de 10 heures à

4 heures. La visite des caveaux se fait par groupes, de 1 heure à 4 heures, sous la conduite d'un gardien (Pourboire). Pour monter au dôme, s'adresser également à un gardien. (Pourboire.)

Tour Saint-Jacques, rue de Rivoli. — Pour monter au sommet, demander une carte, de 11 heures à 3 heures, à l'Hôtel-de-ville, direction des travaux. Pourboire au gardien du square.

Tribunal de commerce, boulevard du Palais. — Ouvert toute la journée.

VII

CIMETIÈRES, CATACOMBES, ÉGOUTS

Cimetière du Père-Lachaise, boulevard de Ménilmontant. — Ouvert toute la journée.

Cimetière Montmartre, boulevard de Clichy. — Ouvert toute la journée.

Cimetière Montparnasse, boulevard de Montrouge. — Ouvert toute la journée.

Cimetière de Passy, place du Trocadéro, entrée rue des Réservoirs. — Ouvert toute la journée.

Catacombes, entrée Barrière d'Enfer. — Visibles plusieurs fois par an, avec permission délivrée par l'ingénieur en chef des mines, inspecteur général des carrières, à qui il faut adresser une demande à l'Hôtel-de-ville. (Pourboire au guide.)

Egouts. — Visibles une fois par semaine (en été seulement). Adresser une demande au directeur des eaux et égouts, à la Préfecture de la Seine. La carte que l'on reçoit indique l'endroit et l'heure où l'on doit se présenter.

TOUR EIFFEL

CHAMP DE MARS. — Le tarif des ascensions de la Tour est ainsi fixé :

Tous les jours, de 8 heures du matin à 11 heures du soir :
Premier étage. Billets *bleus* : 2 francs. Deuxième étage. Billets *blancs* : 3 francs. Troisième étage. Billets *rouges* : 5 francs.

Le dimanche, de 11 heures du matin à 6 heures du soir :
Premier étage : 1 franc. Deuxième étage : 2 francs. Troisième étage : 4 francs.

On s'arrête à chaque étage, pour changer d'ascenseur : les visiteurs munis de billets rouges (3° plate-forme) ont donc le droit de visiter les premier et second étages, avant de continuer leur ascension ; les visiteurs munis de billets blancs (2° plate-forme) sont de même autorisés à s'arrêter à la première plate-forme.

THÉATRES ET CONCERTS

NOTA. — La lettre *l* : signifie prix en location
et la lettre *b* : prix aux bureaux.

Opéra. — place de l'Opéra. — Parterre : *l.*, 9 fr.; *b.*, 7 fr. — Fauteuils d'orchestre, Baignoires d'avant-scène, Premières loges de côté : *l.*, 15 fr.; *b.*, 13 fr. — Fauteuils d'amphithéâtre, Premières loges d'avant-scène, d'entre colonnes et de face : *l.* 17 fr.; *b.*, 15 fr. — Baignoires de côté et deuxièmes loges : *l.*, 14 fr.; *b.*, 12 fr. — Troisièmes loges de face : *l.*, 10 fr.; *b.*, 8 fr. — Troisièmes loges de côté : *l.*, 8 fr; autres places : *l.*, 3 fr.; *b.*, 2 fr. 50.
Les dames ne sont pas admises à l'orchestre et au parterre.

Théâtre-Français, place du Théâtre-Français. — Premières loges d'avant-scène : *l.*, 12 fr. 50; *b.*, 10 fr. — Loges du rez-de-chaussée, premières loges et baignoires de face : *l.*, 10 fr.; *b.*, 8 fr. — Baignoires de côté et fauteuils de balcon : *l.*, 9 fr.; *b.*, 7 fr. — Fauteuils d'orchestre : *l.*, 8 fr.; *b.*, 6 fr. — Loges découvertes : *l.*, 7 fr.; *b.*, 5 fr. — Deuxièmes loges : *l.*, 6 fr.; *b.*, 4 fr.. — Troisièmes loges : *l.*, 4 fr. 50; *b.*, 3 fr. — Fauteuils de deuxième galerie : *l.*, 4 fr.; *b.*, 3 fr. — Parterre : *b.*, 2 fr. 50. — Autres places : *b.*, 2 fr., 1 fr. 50 et 1 fr.
Les dames ne sont pas admises à l'orchestre et au parterre.

Opéra-Comique, place du Chatelet. — Avant-scènes et premières loges : *l.*, 15 fr.; *b.*, 10 fr. — Baignoires et fauteuils de balcon : *l.*, 10 fr.; *b.*, 9 fr. — Fauteuils d'orchestre : *l.*, 10 fr.; *b.*, 7 fr. — Deuxièmes loges : *l.*, 8 fr.; *b.*, 6 fr. — Stalles d'orchestre, *l.*, 6 fr ; *b.*, 4 fr. — Deuxième galerie : *l.*, 5 fr.; *b.*, 4 fr. — Parterre : *l.*, 3 fr. 50; *b*, 2 fr. 50. — Troisièmes loges : *l.*, 3 fr.; *b.*, 2 fr. — Autres places : *b.*, 1 fr. 50 et 1 fr.
Les dames ne sont pas admises aux fauteuils d'orchestre.

Odéon, place de l'Odéon. — Avant-scènes des premières : *l.*, 14 fr.; *b.*, 12 fr. — Avant-scènes du rez-de-chaussée : *l.*, 12 fr.

b., 10 fr.; — Premières loges de face : *l.*, 10 fr.; *b.*, 8 fr. — Fauteuils d'orchestre, baignoires et premières loges de côté : *l.*, 8 fr.; *b.*, 6 fr. — Fauteuils de première galerie: *l.*, 7 fr.; *b.*, 5 fr. — Stalles de la deuxième galerie : *l.*, 5 fr.; *b.*, 4 fr. — Deuxièmes loges : *l.*, 4 fr.; *b.*, 3 fr. — Parterre : *l.*, 3 fr.; *b.*, 2 fr. — Autres places : 1 fr. 50 et 75 c.
Les dames sont admises à l'orchestre.

Vaudeville, rue de la Chaussée-d'Antin. — Avant-scènes du rez-de-chaussée et des premières : *l.*, 12 fr. 50; *b.*, 12 fr. 50. — Premières loges et fauteuils de balcon (premier rang) : *l.*, 9 fr.; *b.*, 8 fr. — Baignoires, *l*, 8 fr.; *b.*, 6 fr. — Fauteuils d'orchestre et fauteuils de balcon (deuxième rang) : *l.*; 8 fr.; *b.*, 7 fr. — Fauteuils et loges du foyer (face) : *l.*, 6 fr.; *b.*, 5 fr. — Autres places : 4 fr., 3 fr., 2 fr. et 1 fr.
Les dames sont admises à l'orchestre.

Gaîté, Square des Arts-et-Métiers. — Avant-scènes du rez-de-chaussée et des premières : *l*., 12 fr.; *b.*, 10 fr. — Premières loges et baignoires d'avant-scène : *l.*, 10 fr.; *b.*, 8 fr. — Baignoires et fauteuils de balcon : *l*, 8 fr.; *b.*, 6 fr. — Fauteuils d'orchestre : *l.*, 7 fr., *b.*, 5 fr. — Deuxièmes loges et stalles d'orchestre : *l.*, 5 fr.; *b.*, 4 fr. — Stalles de la deuxième galerie : *l.*, 3 fr. 50; *b.*, 3 fr. — Autres places : *b.*, 2 fr. 50, 2 fr., 1 fr., 50 c.
Les dames sont admises à l'orchestre.

Gymnase, boulevard Bonne-Nouvelle. — Avant-scènes : *l.*, 15 fr.; *b.*, 10 fr. — Loges et fauteuils de balcon : *l.*, 10 fr.; *b.*, 8 fr. — Fauteuils d'orchestre : *l.*, 9 fr.; *b.*, 7 fr. — Baignoires : *l.*, 8 fr.; *b.*, 7 fr. — Fauteuils de foyer : *l.*, 6 fr.; *b.*, 5 fr. — Loges de foyer : *l.*, 5 fr.; *b.*, 4 fr. — Deuxième galerie : *l.*, 2 fr. 50; *b.*, 2 fr. — Autres places : *l.*, 1 fr. 50; *b.*, 1 fr. 25.

Palais-Royal, rue Montpensier. — Avant-scènes : *l.* 10 fr.; *b.*, 8 fr. — Premières loges, baignoires de côté, fauteuils d'orchestre et fauteuils de balcon : *l.*, 9 fr.; *b.*, 7 fr. — Baignoires de face : *l.*, 8 fr.; *b.*, 6 fr. — Deuxièmes loges de face et fauteuils de deuxième galerie : *l.* 6 fr.; *b* , 5 fr. — Stalles d'orchestre, avant-scènes et fauteuils des deuxièmes : *l.*, 5 fr.; *b.*, 4 fr. — Troisièmes : *l.*, 3 fr.; *b.*, 2 fr. 50.
Les dames ne sont pas admises à l'orchestre.

Renaissance, boulevard Saint-Martin. — Avant-scènes : *l.*, 15 fr.; *b.*, 12 fr. — Baignoires et loges de balcon : *l.*, 10 fr.; *b.*, 8 fr. — Fauteuils d'orchestre et de balcon (premier rang) : *l.*, 9 fr.; *b.*, 7 fr. — Fauteuils de balcon (deuxième rang) : *l.*, 8 fr.; *b.*, 7 fr. — Stalles d'orchestre : *l.*, 5 fr.; *b.*, 4 fr. — Deuxièmes ; *l.* 4 fr.; *b.*, 3 fr. — Troisièmes : *l.*, 2 fr.; *b.*, 1 fr. 50.
Les dames sont admises à l'orchestre.

Porte Saint-Martin, boulevard Saint-Martin. — Avant-scènes : *l.* (6 places), 60 fr.; *b.* (la place), 8 fr. — Premières loges de face : *l.* (6 places), 48 fr.; *b.* (la place), 7 fr. — Premières loges de côté et baignoires : *l.* (4 places), 28 fr.; *b.* (la place), 6 fr. — Fauteuils de balcon (premier rang) : *l.*, 9 fr.; *b*, 7 fr. — Fauteuils d'orchestre : *l.*, 8 fr.; *b.*, 6 fr. — Fauteuils de balcon, (deuxième rang) : *l.*, 7 fr.; *b*, 6 fr. — Avant-scènes des deuxièmes : *l.* (6 places), 36 fr ; *b.*, 5 fr.— Deuxièmes loges de face : *l.* (4 places, 24 fr.; *b.*, 5 fr. — Stalles d'orchestre et fauteuils des deuxièmes : *l.*, 5 fr ; *b.*, 4 fr. — Avant-scènes des troisièmes : *l.* (6 places), 24 fr.; *b.*, 3 fr. — Parterre : *l.*, 2 fr. 50; *b.*, 2 fr. — Autres places : *l.*, de 3 fr. à 1 fr. 50 : *b.*, de 2 fr. 50 à 75 c.
Les dames sont admises à l'orchestre.

Folies-Dramatiques, rue de Bondy. — Avant-scènes du rez-de-chaussée : *l.*, 10 fr.; *b.*, 8 fr. — Avant-scène du théâtre et des premières : *l* , 8 fr.; *b.*, 6 fr. — Fauteuils d'orchestre et de balcon (premier rang) : *l.*, 7 fr.; *b.*, 3 fr. — Premières loges de face : *l.*, 6 fr ; *b.*, 5 fr. — Fauteuils de balcon (deuxième rang) : *l.*, 5 fr.; *b.*, 4 fr. — Premières loges de côté : *l.*, 4 fr.; *b.*, 3 fr. — Avant-scènes des deuxièmes : *l.*, 3 fr.; *b..* 2 fr. — Stalles d'orchestre : *l.*, 3 fr.; *b..* 2 fr. 50. — Stalles de balcon ; *l.*, 2 fr. 50; *b.*, 2 fr. — Autres places : *l.*, de 2 fr. à 1 fr. 25 ; *b.*, de 1 fr. 50 à 0,75 c.
Les dames sont admises à l'orchestre.

Châtelet. place du Châtelet. — Loges de balcon à salon : *l.*, 64 fr.; *b.*, 48 fr. — Premières loges (6 places) : *l.*, 48 fr ; *b.*, 36 fr. — Fauteuils de balcon (premier rang) : *l.*, 8 fr.; *b.*, 6 fr.; (autres rangs), *l.*, 6 fr.; *b.*, 5 fr.— Fauteuils d'orchestre : *l.*, 6 fr.; *b.*, 5 fr. — Baignoires (4 places) : *l.*, 28 fr.; *b* . 20 fr. — Stalles de première galerie : *l.*, 4 fr. 50; *b.*, 3 fr. 50. — Stalles d'orchestre : *l..* 4 fr ; *b* , 3 fr. — Pourtour : *l.*, 3 fr. 50; *b.*, 2 fr. 50. — Autres places : *b.*, de 2 fr. 50 à 0,75 c.
Les dames sont admises à l'orchestre.

Variétés, boulevard Montmartre.—Avant-scènes : *l.* (5 places), 60 fr.; *b.* (la place), 10 fr. — Premières loges : *l.* (6 places), 60 fr.; *b.* (la place), 8 fr. — Baignoires : *l.* (5 places), 50 fr.; *b.*, 8 fr. — Deuxièmes loges de face : *l.* (6 places), 36 fr.; *b.* (la place), 5 fr. — Deuxièmes loges de côté : *l.* (4 places), 16 fr.; *b.* (la place), 4 fr. — Fauteuils d'orchestre et de balcon : *l.*, 8 fr.; *b.*, 6 fr. — Stalles d'orchestre : *l.*, 5 fr.; *b*·, 4 fr·. — Stalles des deuxièmes : *l.*, 2 fr. 50; *b.*, 2 fr.—Troisièmes loges : *l.* (4 places), 10 fr.; *b.* (la place), 2 fr.—Deuxième balcon : *l.*, 2 fr.; *b.*, 1 fr. 50. — Autres places : *b.*, 1 fr. 50 et 1 fr.

Nouveautés, boulevard des Italiens. — Avant-scènes du rez-de-chaussée et des premières : *l.*, 15 fr.; *b.*, 15 fr. — Premières loges, baignoires et fauteuils de balcon (premier rang) : *l.*, 10 fr.; *b.*, 8 fr. — Fauteuils d'orchestre : *l.*, 9 fr ; *b.*, 7 fr. — Fauteuils de balcon (deuxième rang) : *l.*, 8 fr.; *b.*, 7 fr. — Stalles d'orchestre, fauteuils de galerie (premier rang), avant-scènes des premières et deuxièmes loges : *l.*, 6 fr.; *b.*, 5 fr. — Fauteuils de galerie : *l.*, 5 fr.; *b.*, 4 fr. — Stalles de galerie : *l.*, 2 fr. 50; *b.*, 2 fr.

Les dames ne sont pas admises a l'orchestre.

Bouffes-Parisiens, passage Choiseul et rue Monsigny. — Avant-scènes du rez-de-chaussée et des premières : *l.*, 12 fr.; *b.*, 10 fr. — Premières loges et baignoires : *l.*, 10 fr.; *b.*, 8 fr. — Fauteuils d'orchestre et de balcon : *l.*, 8 fr.; *b.*, 6 fr. — Avant-scènes, loges et fauteuils de galerie : *l.*, 5 fr.; *b.*, 4 fr. — Stalles de galerie : *l.*, 2 fr.; *b.*, 1 fr. 50. — Amphithéâtre : *l.* et *b.*, 1 fr.

Les dames sont admises à l'orchestre.

Ambigu, boulevard Saint-Martin. — Avant-scènes du rez-de-chaussée et de balcon : *l.*, 12 fr.; *b.*, 10 fr. — Premières loges, baignoires, fauteuils d'orchestre et fauteuils de balcon (premier rang) : *l.*, 9 fr.; *b.*, 7 fr. — Fauteuils de balcon (deuxième rang) : *l.*, 6 fr.; *b.*, 5 fr. — Parquet et deuxième galerie : *l.*, 4 fr.; *b.*, 3 fr. — Autres places : *l.*, de 2 fr. à 1 fr. 50; *b.*, de 2 fr. à 0,75 c.

Menus-Plaisirs, boulevard de Strasbourg. — Avant-scène : *l.*, 10 fr.; *b.*, 8 fr. — Baignoires, premières loges, fauteuils d'orchestre et fauteuils de balcon : *l.*, 6 fr.; *b.*, 5 fr. — Deuxièmes loges et fauteuils des deuxièmes : *l.*, 4 fr.; *b.*, 3 fr. — Troisièmes loges et avant-scènes des troisièmes : *l.*, 2 fr.; *b.*, 1 fr. 50. — Stalles des troisièmes : *l.*, 1 fr. 50; *b.*, 1 fr.

Eden-Théâtre, rue Auber. — Baignoires (8 places) : *l.* et *b.*, 60 fr. — Fauteuils d'orchestre : *l*, 9 fr.; *b.*, 7 fr. — Fauteuils de balcon : *l.*, 8 fr.; *b.*, 6 fr. — Promenoir : *b.*, 3 fr.

Déjazet, boulevard du Temple. — (Location sans augmentation de prix) — Avant-scènes du rez-de-chaussée, 4 fr. — Loges de balcon : face, 3 fr. 50; côté, 3 fr. — Loges du rez-de-chaussée et avant-scène de balcon, 3 fr. — Fauteuils d'orchestre et de balcon, 2 fr. — Stalles d'orchestre et fauteuils de première galerie, 1 fr. 50. — Autres places, 1 fr. et 0,50 c.

Cluny, boulevard Saint-Germain. — Avant-scènes du rez-de-chaussée et des premières : *l.*, 7 fr.; *b.*, 6 fr. — Loges, fauteuils d'orchestre et de balcon : *l.*, 5 fr.; *b.*, 4 fr. — Stalles d'orchestre et de première galerie : *l.*, 3 fr.; *b.*, 2 fr. 50. — Parterre et stalles de deuxième galerie : *l.*, 1 fr. 50; *b.*, 1 fr. 25. — Amphithéâtre : *l.*, 1 fr.; *b.*, 0,75 c.

Château-d'Eau, rue de Malte. — Avant-scènes, 5 fr. — Loges de balcon, 4 fr. — Fauteuils d'orchestre et d'amphithéâtre, 3 fr. — Fauteuils de balcon, 2 fr. 50. — Parquet et avant-scène de galerie, 2 fr. (Il est perçu en plus 0,50 par place en location.) — Autres places : *b.*, 1 fr. 75, 1 fr. et 0,50 c. (Location, 0,25 c. en plus.)

Beaumarchais, boulevard Beaumarchais. — Avant-scènes : *l.*, 7 fr.; *b.*, 6 fr. — Premières loges : *l.*, 6 fr.; *b.*, 5 fr. — Fauteuils d'orchestre et de balcon : *l.*, 5 fr.; *b.*, 4 fr. — Deuxième galerie : *l*, 2 fr. 50; *b.*, 2 fr. — Autres places : *b.*, de 1 fr. à 0,50 c.

Folies-Bergère, rue Richer. — 2 fr. à toutes les places non réservées.

Hippodrome, avenue de l'Alma. — Loges : *l.*, 7 fr.; *b.*, 5 fr. — Premières : *l.*, 4 fr.; *b.*, 3 fr. — Deuxièmes : *l.*, 2 fr. 50; *b.*, 2 fr. — Troisièmes : *b.*, 1 fr.

Cirque d'Eté, Champs-Elysées. — Loges : *l.*, 5 fr.; *b.*, 4 fr. — Premières : *l.*, 4 fr.; *b.*, 3 fr. — Deuxièmes : *b.*, 1 fr.

Cirque d'Hiver, boulevard des Filles-du-Calvaire. — Premières : *l.*, 3 fr.; *b.*, 2 fr. — Deuxièmes : *b.*, 1 fr. — Troisièmes : *b.*, 0,50 c.

Nouveau Cirque, Faubourg-Saint-Honoré. — Loges : *l.*, 25 fr.; *b.*, 20 fr. — Fauteuils : *l.*, 4 fr.; *b.*, 3 fr. — Promenoirs : *b.*, 2 fr.

Cirque Fernando, boulevard Rochechouart. — Balcon ; *l*, 3 fr. 50; *b.*, 3 fr. — Premières : *l.*, 2 fr. 50; *b.*, 2 fr. — Deuxièmes : *l.*, 1 fr. 50; *b.*, 1 fr. — Troisièmes : *b.*, 0,50 c.

Théâtre Robert-Houdin (prestidigitation), boulevard des Italiens. — Avant scène, 5 fr. — Loges: 4 fr. — Orchestre, 3 fr. 50. — Balcon, 3 fr. — Stalles, 2 fr. — (Location, 0,50 c. de plus par place.)

N. B. — Dans les **Cafés-concerts**, l'entrée est libre; l'on ne paie que sa consommation. Le tarif — très variable — est généralement supérieur à celui des cafés ordinaires.

POSTES ET TÉLÉGRAPHES
TÉLÉPHONES

I

POSTES

TARIFS POSTAUX INTÉRIEURS

Lettres ordinaires. — Taxe unique de Paris pour Paris, la France, l'Algérie et la Tunisie — jusqu'à 15 grammes, 15 centimes; et 15 centimes pour chaque 15 grammes additionnels. — Les lettres non affranchies sont taxées au double du tarif; les lettres insuffisamment affranchies sont traitées comme non affranchies, déduction faite des timbres non employés. — Il est interdit, sous peine d'une amende de 50 à 500 francs, de mettre dans les lettres ordinaires des pièces de monnaie ou des billets de banque et autres valeurs.

Chargements. — Les valeurs déclarées doivent être déposées au guichet, scellées de cinq cachets en cire; l'affranchissement se compose de la taxe d'une lettre ordinaire du même poids, d'un droit fixe de 25 centimes et d'un droit de 10 centimes par 100 fr. Le maximum de déclaration est de 10,000 fr.

Valeurs déclarées. — Les matières d'or et d'argent, les bijoux et objets précieux renfermés dans des boites sont reçus comme valeurs déclarées. L'affranchissement se compose : 1° d'un droit fixe de 25 centimes; 2° d'un droit de 1 fr. sur les 100 premiers francs de la valeur déclarée et d'un droit de 50 centimes sur les autres 100 fr. Il est interdit d'insérer, dans les boites, des lettres ou des factures. Maximum de déclaration, 10,000 fr.

Lettres et objets recommandés. — Tous les objets de correspondance peuvent être recommandés moyennant une taxe supplémentaire de 25 centimes.

Cartes postales. — La taxe unique des cartes postales est de 10 centimes.

Journaux. — Taxe pour Paris et le département de la Seine : jusqu'à 25 grammes, 1 centime ; et un demi-centime pour chaque 25 grammes additionnels. Pour les autres départements : 2 centimes pour les premiers 25 grammes, et 1 centime pour chaque 25 grammes additionnels.

Imprimés. — 1° Sous bande mobile, couvrant au plus le tiers de la surface : 1 centime par 5 grammes jusqu'à 20 gr. ; de 20 grammes à 50 grammes, 5 centimes ; de 50 grammes à 100 grammes, 10 centimes ; et ainsi de suite, en ajoutant 5 centimes par 50 grammes, jusqu'à 3 kilogrammes. Maximum de dimension : 45 centimètres. — 2° Sous enveloppe ouverte : 5 centimes par 50 grammes.

Echantillons et papiers d'affaires. — 5 centimes par 50 grammes.

UNION POSTALE

Tous les États de l'Europe font également partie de l'Union postale.

En font également partie les Etats suivants : Brésil, Chili, Colombie, Égypte, États-Unis, Guatemala, Haïti, Hawaï, Honduras, Japon, Sibérie, Mexique, Nicaragua, Paraguay, Pérou, Perse, République Argentine, République Dominicaine, Salvador, Uruguay, Vénézuéla.

L'affranchissement des lettres ordinaires est, pour tous ces pays, de 25 centimes par 15 grammes.

MANDATS DE POSTE

France. — Il est perçu pour les envois d'argent en mandat un droit fixe de 1 p. 100.

Étranger. — Allemagne, Autriche-Hongrie, Belgique, Danemark, Égypte, Italie, Luxembourg, Norvège, Pays-Bas, Portugal, Roumanie, Suède, Suisse : 25 centimes par 25 fr. ou fraction de 25 fr. Maximum : 500 fr. — Colonies françaises : 1 p. 100, avec minimum de 25 centimes. Maximum : 500 fr. — Colonies françaises : 1 pour 100, avec minimum de 25 centimes. Maximum : 500 fr. — Grande-Bretagne : 20 centimes par 10 fr. ou fraction de 10 fr. Maximum : 252 fr. Indes : même tarif. Maximum : 315 fr.

DÉPARTS ET ARRIVÉES DES COURRIERS

Levées. — Il est fait chaque jour dans Paris huit levées des lettres : elles *ont lieu dans les bureaux de quartier*, aux heures suivantes :

7 heures 30, matin; 10 h., matin; midi; 2 h., soir; 4 h., soir; 5 h. 45, soir; 6 h. (cette levée est spéciale aux bureaux principaux du centre de Paris); 9 h. 30, soir.

Nota I. — Moyennant une surtaxe de 15 centimes, les lettres sont expédiées par levées spéciales, le soir, jusqu'à 6 h. 30, dans les grands bureaux du centre et jusqu'à 7 heures à l'Hôtel des Postes.

Les levées des *boîtes placées sur la voie publique* ont lieu 30 minutes avant l'heure fixée pour celles des bureaux.

II. — En outre, les bureaux situés auprès de chacune des gares font porter les lettres au fur et à mesure des trains-postes du soir partant de la gare qu'ils desservent spécialement.

Distribution des courriers. — Il est fait chaque jour, dans Paris, huit distributions. — De 7 h. 30 à 9 h. du matin; — de 9 h. à 11 h. 30; — de 1 h. 30 à 3 h. 30; de 5 h. 30 à 6 h. 30; — de 6 h. 30 à 7 h. 30; — de 7 h. 30 à 9 h.

LISTE DES BUREAUX DE POSTE

Hôtel des Postes : Rue du Louvre et rue Étienne-Marcel.

Ier arrondissement. — Rue des Halles, 9; rue Saint-Denis, 90; avenue de l'Opéra, 2; rue Cambon, 9.

IIe arr. — Rue d'Antin, 19; place de la Bourse, 4; rue de Cléry, 28; place Ventadour; rue de Choiseul, 18.

IIIe arr. — Boulevard Beaumarchais, 83; rue Réaumur, 47; rue des Vieilles-Haudriettes, 4.

IVe arr. — Rue de la Tacherie, 4; rue Saint-Antoine, 170; boulevard du Palais (Tribunal de Commerce); Hôtel-de-Ville.

V^e arr. — Rue de Poisey, 9; rue Monge, 106; rue Claude-Bernard, 77; boulevard de l'Hôpital, 26.

VIe arr. — Boulevard Saint-Germain, 104; rue de Vaugirard, 36; rue du Cherche-Midi, 53; rue Bonaparte, 21; rue du Vieux-Colombier, 21; rue de Rennes, 150.

VIIe arr. — Boulevard Saint-Germain, 242; rue de Grenelle, 103; rue de Bourgogne, 2; rue Saint-Dominique, 86; avenue Duquesne, 40.

VIIIe arr. — Place de la Madeleine, 28; boulevard Malesherbes, 68; Avenue des Champs-Elysées, 33; boulevard Haussmann, 121; rue Montaigne, 26; avenue Marceau, 9; rue d'Amsterdam, 19; avenue Friedland, 30.

IXe arr. — Rue Milton, 1; rue Taitbout, 46; rue Sainte-Cécile.

X^e arr. — Gare du Nord; rue d'Enghien, 21; place de la République, 1; rue des Ecluses Saint-Martin, 4; rue de Strasbourg, 10.

XI° arr. — Boulevard Richard-Lenoir, 108; boulevard Voltaire, 105; boulevard de Belleville, 45.

XII° arr. — Rue de Citeaux, 40; boulevard Diderot, 19; rue du Rendez-vous, 36; boulevard de Bercy, 76; rue de Gallois, 12.

XIII° arr. — Rue Jeanne-d'Arc, 57; avenue d'Italie, 77.

XIV° arr. — Boulevard Montparnasse, 171; avenue d'Orléans, 19; rue de l'Ouest, 81.

XV° arr. — Rue Blomet, 93; rue de Lourmel, 35.

XVI° arr. — Rue Pierre Guérin, 9; rue Guichard, 9; place Victor Hugo, 3; rue Dufrénoy, 16 *bis*.

XVII° arr. — Avenue de la Grande-Armée, 52; rue Bayen, 16; rue des Batignolles, 42; rue Jouffroy, 49; rue Legendre, 183.

XVIII° arr. — Rue des Abbesses, 11; boulevard Ornano, 54; rue Doudeauville, 4.

XIX° arr. — Rue de Crimée, 174; rue d'Allemagne, 3; rue d'Allemagne, 139

XX° arr. — Rue des Pyrénées, 397; rue de Bagnolet, 55.

II

TÉLÉGRAPHES ET TÉLÉPHONES

DÉPART ET TAXE DES DÉPÊCHES

Les bureaux télégraphiques sont ouverts :
En été (mars-octobre), de 7 heures du matin à 9 heures du soir;
En hiver (novembre-février), de 8 heures matin à 9 heures soir.
Jusqu'à 11 heures du soir, les bureaux des Champs-Elysées, de la place du Havre, de la rue de Lyon, de la place de la République, de la gare du Nord, de la gare d'Orléans et de la rue des Halles;
Jusqu'à 11 h. 1/2, les bureaux du Luxembourg et de l'Avenue de l'Opéra;
Jusqu'à minuit, le bureau du Grand-Hôtel;
Toute la nuit, les bureaux de la rue de Grenelle 103, et de la Bourse 4.

Entre deux bureaux quelconques, un télégramme est taxé à raison de 5 centimes par mot; le minimum de la taxe est de 50 centimes.

On trouve dans tous les bureaux des cartes-télégrammes destinées à être expédiées dans l'intérieur de Paris. — Paris : cartes ouvertes, 30 centimes; cartes fermées, 50 centimes.

Taxe par mot, pour les PRINCIPAUX PAYS : Algérie et Tunisie, 10 centimes ; Allemagne, 20 centimes ; Australie, 12 fr. 65 ; Autriche, 30 centimes ; Belgique, 10 centimes ; Chine, 9 fr. 75 ; Cochinchine, 8 fr. 10 ; Danemarck, 35 centimes ; Egypte, 1 fr. 70 ; Espagne, 25 centimes ; Grèce, 60 centimes ; Iles Britanniques, 25 centimes ; Hongrie, 35 centimes ; Indes anglaises, 5 fr. 10 ; Indes néerlandaises, 8 fr.; Italie, 25 centimes ; Japon, 11 fr. 10 ; Luxembourg, 25 centimes ; Norwège, 45 centimes ; Pays-Bas, 20 centimes ; Perse, 1 fr. 75 ; Portugal, 25 centimes ; Roumanie, 40 centimes ; Russie d'Europe, 60 centimes ; Serbie, 40 centimes ; Suède, 45 centimes ; Suisse, 15 centimes; Turquie d'Europe, 60 centimes; Turquie d'Asie, 85 centimes ; Canada, 2 fr. 50 ; Brésil, 10 fr. 65 ; Chili, 25 fr. 75 ; Etats-Unis, de 2 fr. à 4 fr. 40, suivant les localités : Mexique, 3 fr. 55; Panama, 13 fr. 55; Pérou, de 25 fr. 50 à 32 fr. 65 ; Uruguay, 18 fr. 65.

LISTE DES BUREAUX TÉLÉGRAPHIQUES

*I*er *arrondissement.* — Avenue de l'Opéra, 4 ; rue Etienne-Marcel (Hôtel-de-Ville); place du Louvre ; boulevard du Palais (Tribunal de Commerce); place Vendôme, 15 ; rue des Halles, 9 ; rue Castiglione (Hôtel Continental); rue Saint-Denis, 90.

*II*e *arr.* — Bourse ; place Ventadour ; rue de Cléry, 30 ; rue de Choiseul, 18.

*III*e *arr.* — Rue des Vieilles-Haudriettes, 6 ; rue Réaumur, 47.

*IV*e *arr.* — Rue de Rivoli, 17 ; boulevard Beaumarchais, 23.

*V*e *arr.* — Boulevard Saint-Germain, 23 ; rue Monge, 104.

*VI*e *arr.* — Boulevard Saint-Germain, 104 ; rue de Vaugirard, 17 ; quai Malaquais ; rue Littré, 1 ; rue du Vieux-Colombier, 21 ; rue Bonaparte, 21.

*VII*e *arr.* — Rue de Grenelle, 101 ; rue de Bourgogne (Chambre des Députés); avenue Duquesne, 40; Ecole militaire : rue Saint-Dominique, 86.

*VIII*e *arr.* — Boulevard Malesherbes, 4; boulevard Malesherbes, 121 ; rue Boissy-d'Anglas, 3; rue Saint-Lazare, 112; avenue Friedland, 39 ; avenue des Champs-Elysées, 33 ; boulevard Haussmann, 121 ; avenue Marceau, 29.

*IX*e *arr.* — Rue Lafayette, 35 ; boulevard des Capucines (Grand-Hôtel); rue de Provence, 56 ; rue Sainte-Cécile, 7 ; boulevard de Clichy, 81 ; rue Milton, 1 ; rue Gérando, 16.

*X*e *arr.* — Rue de Strasbourg, 8 ; gare du Nord ; boulevard Saint-Denis, 16 ; rue de Lancry, 10 : rue des Ecluses-Saint-Martin, 4 ; rue d'Enghien, 21.

*XI*e *arr.* — Place de la République, 8 ; boulevard Voltaire,

105 : boulevard Richard-Lenoir, 108 ; boulevard de Belleville, 45.

XIIe arr. — Gare de Lyon ; rue de Citeaux, 40 ; rue de Charenton, 240 ; rue Gallois, 34 ; rue du Rendez-vous, 36.

XIIIe arr. — Gare d'Orléans ; avenue d'Italie, 77 ; rue Jeanne-d'Arc, 17.

XIVe arr. — Avenue d'Orléans, 17 ; rue de l'Ouest, 81 : boulevard Montparnasse, 74.

XVe arr. — Rue de Lourmel, 35 ; rue Blomet, 93.

XVIe arr. — Rue Guichard, 9 ; rue Pierre-Guérin, 9 ; rue Dufrénoy, 16 ; place Victor-Hugo, 3.

XVIIe arr. — Rue Legendre, 183 ; avenue de la Grande-Armée, 56 *bis* ; rue Bayen, 16 ; rue des Batignolles, 52 ; rue Jouffroy, 49.

XVIIIe arr. — Rue Doudeauville, 4 ; boulevard Barbès, 50 ; rue des Abbesses, 8.

XIXe arr. — Rue d'Allemagne, 3 : rue d'Allemagne, 139 ; rue d'Allemagne, 211 ; rue de Crimée, 174.

XXe arr. — Rue des Pyrénées, 397 ; rue de Bagnolet, 55.

BUREAUX DE TÉLÉPHONES

Il existe des cabines téléphoniques dans tous les bureaux de télégraphe ou leurs annexes, et dans toutes les agences de la compagnie des Téléphones.

Prix de la communication : 0 fr. 50 par 5 minutes.

Téléphonie à grandes distances. —

Entre Paris et Bruxelles .	3 fr. par 5 minutes.
—	—	Lyon . . .	2	—
—	—	Marseille .	3	—
—	—	Reims . . .	1	—
—	—	Le Havre .	1	—
—	—	Lille . . .	1	—

Bureau unique de communication du Palais de la Bourse, escalier gauche à l'entresol.

MINISTRES ET DIPLOMATES

MINISTÈRES FRANÇAIS

Affaires étrangères. — Hôtel de Meaux, quai d'Orsay, et 130, rue de l'Université.

Agriculture. — Cabinet du ministre, 78, rue de Varennes; bureaux, 244, boulevard Saint-Germain.

Commerce et colonies. — Cabinet du ministre, 25, quai d'Orsay; bureaux, 241, boulevard Saint-Germain.

Finances. — Bâtiments du Louvre, rue de Rivoli.

Guerre. — 10, 12, 14, rue Saint-Dominique.

Instruction publique et Beaux-Arts. — 110, rue de Grenelle.

Intérieur. — Hôtel Beauvau, place Beauvau.

Justice. — 11, place Vendôme.

Marine. — Place de la Concorde (entrée rue Royale).

Travaux publics. — 241, boulevard Saint-Germain.

LÉGATIONS, AMBASSADES ET CONSULATS

Allemagne. — Ambassade, 78, rue de Lille; Consulat, 2, rue de Mailly.

Autriche-Hongrie. — Ambassade, 7, avenue de l'Alma; Consulat, 21, rue Laffite.

Bavière. — Légation, 23, rue Washington.

Belgique. — Légation et Consulat, 153, faubourg Saint-Honoré.

Bolivie. — Consulat, 27, rue de l'Echiquier.

Brésil. — Légation, 17, rue de Téhéran; Consulat, 8 rue de Chateaudin.

Chili. — Légation, 12, rue de Magellan; Consulat, 12, avenue Carnot.

Chine. — Légation, 7, place Victor Hugo.
Colombie. — Consulat, 10, boulevard d'Enfer.
Confédération Argentine. — Légation, 22, rue de Téhéran, Consulat, 13, rue Grange-Batelière.
Costa-Rica. — Légation, 16, rue Pierre-Charron; Consulat, 91, rue de Lafayette.
Danemark. — Légation, 29, rue de Courcelles; Consulat, 53, rue Hauteville.
Equateur. — Légation, 41, boulevard Malesherbes; Consulat, 21, boulevard Haussmann.
Espagne. — Ambassade et Consulat, 63, rue Saint-Dominique.
Etats-Unis. — Légation, 3, 'place des Etats-Unis; Consulat, 24, rue du Quatre-Septembre.
Grande-Bretagne. — Ambassade et Consulat, 39, faubourg Saint-Honoré.
Grèce. — Légation, 127, boulevard Haussmann; Consulat, 20, rue Taibout.
Guatemala. — Légation, 16, rue Pierre-Charron; Consulat, 32, avenue Marceau.
Haïti. — Légation, 9, rue Montaigne; Consulat, 55, rue de Chateaudun.
Havaï. — Consulat, 10, rue la Paix.
Honduras. — Consulat, 136, avenue du Trocadéro.
Italie. — Ambassade et Consulat, 11, rue de Penthièvre.
Japon. — Légation, 76, avenue Marceau.
Liberia. — Consulat, 34, rue des Petits-Hôtels.
Luxembourg. — Consulat, 153, faubourg Saint-Honoré.
Madagascar. — Consulat, 77, boulevard Haussmann.
Mexique. — Légation, 5, rue Cimarosa; Consulat, 7, rue de Maubeuge.
Monaco. — Légation, 5, boulevard de la Tour Maubourg.
Nicaragua. — Consulat, 40, rue Blanche.
Orange (République d'). — Consulat, 4, rue Meissonier.
Paraguay. — Consulat, 1, rue Lafayette.
Pays-Bas. — Légation, 26, avenue Marceau, Consulat, 56, avenue Marceau.
Pérou. — Légation, 28, avenue Marceau; Consulat, 11, rue de Milan.
Perse. — Légation, 1, place d'Iéna; Consulat, 87, rue La Boétie.
Portugal. — Légation, 6, rue Saint-Philippe-du-Roule; Consulat, 122, avenue des Champs-Elysées.
République Dominicaine. — Légation, 1, rue Balzac.
Roumanie. — Légation et Consulat, 5, rue de Penthièvre.

Russie. — Ambassade et Consulat, 79, rue de Grenelle.
Saint-Siege. — Nonciature, 58, rue de Varenne.
San-Marin. — Légation, 38, rue de la Tour.
San-Salvador. — Légation, 20, rue Fortuny ; Consulat, 46, rue de Chateaudun.
Serbie. — Légation, 240, rue de Rivoli ; Consulat, 127, avenue de Wagram.
Siam. — Légation, rue de Siam ; Consulat, 8, rue Pierre-Legrand.
Suède et Norvège. — Légation, 8, rue de la Baume ; Consulat, 15, rue Pasquier.
Suisse. — Légation et Consulat, 4, rue Cambon.
Turquie. — Ambassade, 10, rue de Presbourg ; Consulat, 31, rue Saint-Ferdinand.
Uruguay. — Légation, 25, boulevard de Courcelles ; Consulat, 3, rue Desbrousses.
Venezuela. — Consulat, 81 rue Jouffroy.
Zanzibar. — Consulat, 65, avenue des Champs-Elysées.

MOYENS DE TRANSPORT

AUX PRINCIPALES LOCALITÉS
DES ENVIRONS DE PARIS

Alfortville. — Bateaux-mouches, rive gauche.
Arcueil. — Chemin de fer de Sceaux.
Argenteuil. — Chemins de fer du Nord, de l'Ouest et de la Grande-Ceinture.
Asnières. — Tramway ou chemin de fer de l'Ouest (gare Saint-Lazare).
Aubervilliers. — Tramway (place de la République).
Bagneux. — Chemin de fer de Sceaux, tramway (Saint-Germain-des-Prés - Fontenay-aux-Roses).
Bagnolet. — Chemin de fer de Vincennes.
Bellevue. — Tramway (Louvre-Versailles), chemin de fer de l'Ouest (gare Montparnasse).
Bercy. — Tramway (Louvre-Charenton), bateaux.
Billancourt. — Tramway (Louvre-Sèvres), bateaux.
Bois-Colombes. — Chemin de fer de l'Ouest (gare Saint-Lazare).
Bougival. — Chemin de fer de l'Ouest (gare Saint-Lazare).
Bourget (Le). — Chemins de fer du Nord et de Grande-Ceinture.
Bourg-la-Reine. — Chemin de fer de Sceaux.
Bry-sur-Marne. — Chemin de fer de l'Est ou de Vincennes.
Buzenval. — Chemin de fer de l'Ouest (gare Saint-Lazare).
Champigny. — Chemin de fer de Vincennes.
Chantilly. — Chemin de fer du Nord.
Charenton. — Bateaux, tramways.
Chatou. — Chemin de fer de l'Ouest (gare Saint-Lazare).
Chevreuse. — Chemin de fer de Sceaux.
Choisy-le-Roi. — Chemin de fer d'Orléans.
Clamart. — Chemin de fer de l'Ouest (gare Montparnasse).

Courbevoie. — Tramway, chemin de fer de l'Ouest (gare Saint-Lazare).
Enghien. — Chemin de fer du Nord ou de l'Ouest (gare Saint-Lazare).
Fontainebleau. — Chemin de fer de Lyon-Méditerranée.
Fontenay-aux-Roses. — Tramway, chemin de fer de Sceaux.
Fontenay-sous-Bois. — Chemin de fer de Vincennes.
Gennevilliers. — Chemin de fer de l'Ouest (gare Saint-Lazare).
Gentilly. — Chemin de fer de Sceaux.
Issy. — Tramway, chemin de fer de l'Ouest (gare Montparnasse).
Joinville-le-Pont. — Chemin de fer de Vincennes.
Levallois-Perret. — Tramway.
Les Lilas. — Tramway (place de la République).
Meudon. — Chemin de fer de l'Ouest (gare Montparnasse).
Montmorency. — Chemin de fer du Nord ou de l'Ouest (gare Saint-Lazare).
Montreuil. — Chemin de fer de Vincennes.
Nanterre. — Chemin de fer de l'Ouest (gare Saint-Lazare).
Nogent-sur-Marne. — Chemin de fer de l'Est ou de Vincennes.
Pantin. — Chemin de fer du Nord, tramway.
Puteaux. — Chemin de fer de l'Ouest (gare Saint-Lazare).
Robinson. — Chemin de fer de Sceaux.
Romainville. — Chemin de fer de l'Est.
Rueil. — Chemin de fer de l'Ouest (gare Saint-Lazare).
Saint-Cloud. — Chemin de fer de l'Ouest (gare Saint-Lazare), tramway, bateau.
Saint-Cyr. — Chemin de fer de l'Ouest.
Saint-Denis. — Tramway, chemin de fer du Nord.
Saint Germain-en-Laye. — Chemin de fer de l'Ouest (gare Saint-Lazare), Le Touriste.
Saint-Mandé. — Tramway, chemin de fer de Vincennes.
Saint-Maur. — Tramway, chemin de fer de Vincennes.
Saint-Ouen. — Tramway, chemin de fer du Nord.
Sceaux. — Chemin de fer de Sceaux.
Sèvres. — Bateau, chemin de fer de l'Ouest (gare Montparnasse).
Suresnes. — Tramway, bateau, chemin de fer de l'Ouest (gare Saint-Lazare).
Vanves. — Tramway, chemin de fer de l'Ouest (gare Saint-Lazare).
Versailles. — Tramway, chemin de fer de l'Ouest (gare Saint-Lazare ou Montparnasse).
Vésinet (le). — Chemin de fer de l'Ouest (gare Saint-Lazare)
Ville-d'Avray. — Chemin de fer de l'Ouest (gare Saint-Lazare).
Vincennes. — Tramway, chemin de fer de Vincennes.
Viroflay. — Chemin de fer de l'Ouest (par les deux gares).

LISTE ALPHABÉTIQUE

DES RUES, BOULEVARDS, AVENUES PLACES, PASSAGES, ETC.

Les chiffres placés à gauche de chaque nom indiquent les arrondissements.

(Voir dans le corps de l'ouvrage les plans de chacun des dits arrondissements.)

A

6 Abbaye (de).
5 Abbé-de-l'Epée (de l').
6 Abbé-Grégoire (de l').
15 Abbé Groult (de l').
18 Abbesses (rue des).
10 Abbeville (d').
12 Abel-Leblanc (pass.).
2 Aboukir (d').
18 Abreuvoir (de l').
17 Acacias (des).
20 Achille (rue).
18 Achille-Martinet.
4 Adolphe-Adam.
19 Adour (villa de l').
18 Affre.
8 Aguesseau (d').
12 Aguttes (passage).
19 Aisne (de l').
15 Alain-Chartier.
10 Albouy.
14 Alembert (d').
15 Alençon.
14 Alésia (cité d').
14 Alésia (d').
15 Alexandre (pass.).
20 Alexandre-Dumas.
18 Alex.-Lecuyer (imp.)
11 Alexand.-Lepeu(pas.)
9 Alfred-Stévens (pas.)
9 Alfred-Stévens.
1 Alger (d').
10 Alibert.
12 Aligre (place d').
1 Aligre (cour d').
12 Aligre (d').

19 Allemagne (d').
19 Allemagne (pass. d').
7 Allent.
15 Alleray (d').
15 Alleray (cité d').
15 Alleray (place d').
16 Alma (place de l').
8 Alma (avenue de l').
7.8 Alma (pont de l').
7 Alma (cité de l').
19 Alouettes (des).
13 Alphand (passage).
15 Alphonse.
10 Alsace (d').
12 Alsace-Lorr. (c. d').
20 Amandiers (pas. des).
20 Amandiers (des).
2 Amboise (d').
10 Ambroise-Paré.
7 Amélie.
11 Amelot.
11 Amelot (impasse).
16 Amiral-Courbet (de l')
18 Amiraux (des).
17 Ampère.
8.9 Amsterdam (d').
8 Amsterdam (imp. d').
5 Amyot.
15 Anatole-Loudin.
6 Anc.-Comédie (de l').
3 Ancre (passage de l').
18 André-del-Sarte.
8 Andrieux.
18 Androuet.
18 Angélique-Compoint.

5 Anglais (des).
11 Angoulême (d').
11 Angoulême (pl. d').
11 Angoulême (pass. d').
11 Angoulême (cité d').
4 Anjou (quai d').
8 Anjou (d').
20 Annam (d').
20 Annam (imp. d').
19 Annelets (pass. des).
19 Annelets (des).
14 Annibal (cité).
16 Annonciation (de l').
11 Antony.
8 Antin (avenue d').
8 Antin (impasse d').
9 Antin (cité d').
2 Antin (d').
6 Antoine-Dubois.
13 Antoine Vramant.
18 Antoinette.
9 Anvers (place d').
17 Apennins (des).
16 Appert.
10 Aqueduc (de l').
14 Arago (boulevard).
5 Arbalète (de l').
1 Arbre-sec (de l').
8 Arcade (de l').
17 Arc-de-Triomp. (de l')
4.5 Archevêché (p. de l').
4 Archevêché (qu. de l')
4 Archevêché (sq. de l').
3 Archives (des).
4 Arcole (pont d').

LISTE DES RUES, BOULEVARDS, ETC.

4 Arcole (d').
14 Arcueil (porte d').
14 Arcueil (d').
19 Ardennes (des).
5 Ar.-de-Lutèce (sq. des)
8 Argenson (d').
1 Argenteuil (d').
19 Argonne (de l').
19 Argonne (place de l').
2 Argout (d').
17 Armaillé (d').
19 Armand-Carrel (pl.).
19 Armand-Carrel.
15 Armorique (de l').
3 Arquebusiers (des).
5 Arras (d').
15 Arrivée (de l').
4 Arsenal (de l').
14 Artistes (des).
14 Arts (passage des).
1.6 Arts (pont des).
12 Arts (imp. des).

18 Arts (villa des).
3 Arts-et-Mét. (sq. des).
11 Asile (pass. de l').
6 Assas (d').
19 Asselin.
16 Assomption (de l').
8 Astorg (d').
15 Astrolabe (imp. de l').
1 Athènes (pass. d').
9 Athènes (d').
19 Atlas (de l').
19 Atlas (pass. de l').
4 Aubé.
9 Auber.
19 Aubervilliers (d').
19 Aubervilliers (imp. d')
19 Aubervilliers (port. d')
4 Aubigné (d').
4 Aubriot.
20 Aubry (cité).
4 Aubry-le-Boucher.
14 Aude (imp. de l').

14 Aude (de l').
18 Audran.
20 Auger.
6 Auguste-Comte.
14 Auguste Mie.
9 Aumale (d').
17 Aumont-Thiéville.
12 Austerlitz (pass. d').
5.13 Austerlitz (pont d').
13 Austerlitz (quai d').
16 Auteuil (porte d').
16 Auteuil (quai d').
16 Auteuil (place).
15.16 Auteuil (p., viad. d').
16 Auteuil (d').
19 Auvry (pass.).
4 Ave-Maria (de l').
11 Avenir (cité de l').
13 Avenir (imp. de l').
20 Avenir (imp. de l').
20 Avron (d').

B

7 Babylone (de).
7 Bac (du).
17 Bac-d'Asnières (imp.)
17 Bac-d'Asnières (du).
18 Bachelet.
17 Bacon.
6 Bagneux (de).
20 Bagnolet (porte de).
20 Bagnolet (de).
1 Baillet.
1 Bailleul.
1 Baillif.
3 Bailly.
11 Bains (pass. des)
18 Bains (cité des).
2 Bains (galerie des).
17 Balagny.
20 Balkans (des).
9 Ballu.
8 Balzac (de).
16 Bamboul (villa).
15 Banis (cité).
2 Banque (de la).
13 Banquier (du).
6 Bara.
19 Barbanègre.
18 Barbès (boulevard).
7 Barbet-de-Jouy.
3 Barbette.
15 Bardou (imp.).
15 Bargue.
17 Baron.
17 Baron (passage).

13 Barrault.
13 Barrault (passage).
4 Barres (des).
10 Barthélemy (pass.).
15 Barthélemy.
17 Barye.
2 Basfour (passage).
11 Basfroi.
11 Basfroi (passage).
16 Bassano (de).
5 Basse-des-Carmes.
9 Basse-du-Rempart.
16 Bassins (des).
4 Bassompierre.
8 Bastiat.
16 Bastien-Lepage.
4 Bastille (de la).
12 Bastille (place de la).
17 Bastion (cité du).
17 Batignolles (b. des).
17 Batignolles (pl. des).
17 Batignolles (rue des).
17 Batignolles (sq. des).
5 Battoir (du).
16 Bauches (rue des).
18 Baudelique.
9 Baudin.
13 Baudoin (pass.)
4 Baudoyer (place).
13 Baudricourt (imp.).
13 Baudricourt.
12 Baulant.
15 Bausset.

8 Bayard.
17 Bayen.
17 Bayen (passage).
3 Béarn (de).
3 Béarn (imp. de).
3,4 Beaubourg.
3 Beaubourg (imp.).
3 Beauce (de).
8 Beaucourt (avenue).
11 Beauharnais (cité).
1 Beaujolais (pass. de).
1 Beaujolais (Palais R.)
1 Beaujolais (galerie).
1 Beaujolais (péryst.).
8 Beaujon.
8 Beaujon (cité).
11 Beaumarchais (boul.)
7 Beaune (de).
14 Beaunier.
2 Beauregard.
10 Beaurepaire.
2 Beaurepaire (cité).
16 Beauséjour (boul. de)
16 Beauséjour (villa).
4 Beautreillis.
8 Beauvau (place).
6 Beaux-Arts (des).
12 Beccaria.
18 Becquerel.
16 Beethoven.
12 Bel-Air (avenue).
12 Bel-Air (cour du).
12 Bel-Air (villa du).

11 Belfort (de).
20 Belgrand.
18 Belhomme.
17 Belidor.
15 Bella.
15 Bellart.
4 Bellay (du).
7 Bellechasse (place).
7 Bellechasse (de).
7 Bellechasse (square).
9 Bellefond (de).
16 Belles-Feuilles (c.des)
16 Belles-F. (imp. des).
16 Belles-Feuilles (des).
20 Belleville (boul. de).
20 Belleville (de).
13 Bellevue (aven. de).
19 Bellevue (de).
18 Belliard.
13 Bellièvre (de).
16 Bellini.
15 Belloni.
19 Bellot.
16 Belloy (de).
8 Bel-Respiro (du).
10 Belzunce (de).
11 Bénard (cité).
14 Bénard.
19 Benjamin-Constant.
16 Benouville.
3 Béranger.
16 Béranger (hameau).
12 Bercy (boul. de).
12 Bercy (pont de).
12 Bercy (porte de).
12 Bercy (quai de).
12 Bercy (de).
1 Berger.
9 Bergère (cité).
9 Bergère (galerie).
9 Bergère.
15 Bergers (des).
6 Berite.
8.9 Berlin (de).
16 Berlioz.
5 Bernardins (des).
6 Bernard-Palissy.
8 Berne.
19 Bernkoff (cité).
8 Bernouilli.
8 Berri (de).
8 Berryer.
8 Berryer (cité).
18 Berthe.
17 Berthier (boulev.).
17 Berthier (imp.).
5 Berthollet.
1 Bertin-Poirée.
16 Berton.
7 Bertrand.

11 Bertrand (cité).
18 Bervic (de).
17 Berzélius (pass.).
17 Berzélius.
17 Berzélius prolongée.
17 Bessières (boul.).
17 Bessières (pass.).
4 Béthune (quai de).
17 Beudant.
15 Beuret.
14 Bezout.
10 Bichat.
20 Bidassoa (de la).
18 Bienaimé (cité).
8 Bienfaisance (de la).
5 Bièvre (de).
12 Bignon.
11 Bigorre (de).
18 Bilcoq (imp.).
16 Billancourt(porte de).
16 Billancourt (de).
4 Billettes (des).
16 Billy (quai de).
17 Biot.
4 Birague (de).
12 Biscornet.
20 Bisson.
19 Bitche (place de).
16 Bizet.
5 Blainville.
11 Blaise.
14 Blanche (cité).
9 Blanche.
9 Blanche (place).
4 Blancs-Manteaux (des)
9 Bleue.
15 Blomet.
2.3 Blondel.
11 Blottière (imp.).
14 Blottière.
11 Bluets (cité des).
8 Boccador.
9 Bocard-de-Saron.
7 Boétie.
4 Bœuf (imp. du).
2 Boieldieu (place).
16 Boileau (hameau).
16 Boileau.
16 Boileau (imp.)
16 Boileau (villa).
18 Boinod.
19 Bois (des).
17 Bois (allée des).
10 Bois-de-Boulogne (p.).
16 Bois-de-Boul. (av. du)
16 Bois-de-Boul. (sq. du)
16 Boisloveat.
16 Boissière.
18 Boissieu.
14 Boissonade (imp.).

8 Boissy-d'Anglas.
13 Boiton (pass.).
19 Bolivar.
6 Bonaparte.
10 Bondy (de).
18 Bonn (de la).
11 Bonne-Graine (cour et passage de la).
10 Bonne-Nouvelle (b.).
10 Bonne-Nouvelle (imp.
18 Bonnet.
1 Bons-Enfants (des).
3 Borda.
5 Bordeaux (de).
20 Borrégo (du).
15 Borromée.
16 Bosio.
7 Bosquet (avenue).
7 Bosquet (passage).
10 Bossuet.
19 Botzaris.
10 Bouchardon.
11 Bouchardy (pass.).
1 Boucher.
19 Bouchet (imp.).
18 Boucry.
20 Boudin (pass.).
16 Boudon (avenue).
9 Boudreau.
16 Bouffiers (av. de).
7 Bougainville.
16 Boulainvilliers (cité).
16 Boulainvilliers (de).
20 Bouland (impasse).
5 Boulangers (des).
14 Boulard.
17 Boulay (pass.).
17 Boulay.
12 Boule-Blanche (porte de la).
9 Boule-Rouge (imp.).
9 Boule-Rouge (de la).
11 Boulets (des).
11 Boulle.
17 Boulnoy (place).
1 Boulai (du).
16 Bouq.-de-Longchamp
15 Bourbon (pass.).
4 Bourbon (quai).
6 Bourbon-le-Château.
9 Bourdaloue.
4 Bourdon (boul.).
1 Bourdonnais(imp.des)
1 Bourdonnais (des).
19 Bouret.
3 Bourg-l'Abbé (du).
2 Bourg-l'Abbé (p. du)
5 Bourgogne (de).
7 Bourgogne (de).
13 Bourgoin (passage).

LISTE DES RUES, BOULEVARDS, ETC.

13 Bourgoin (imp.).
13 Bourgon.
4 Bourg-Tibourg (du).
12 Bourguignons (c des).
14 Bournisien (passage).
17 Boursault (impasse)
17 Boursault.
2 Bourse (gal. de la).
2 Bourse (pl. de la).
2 Bourse (de la).
4 Boutarel.
5 Boutebrie.
13 Boutin.
10 Boutron (impasse).
11 Bouvines.
11 Bouvines (avenue de).
20 Boyer.
10 Brady (passage).
15 Brancion.
15 Brancion (impasse).
15 Brancion (porte de).
3 Brantôme.
3 Braque (de).
11 Bras-d'Or (cour du).
6 Bréa (de).
12 Brèche-aux-Loups (de la).
9 Bréda (place).

9 Bréda.
11 Breguet.
17 Brémontier.
3 Bretagne (de).
15 Breteuil (avenue de).
15 Breteuil (place de).
20 Bretonneau.
10 Bretons (cour des).
4 Bretonvilliers (de).
17 Brey.
11 Brezin.
17 Bridaine.
19 Brie (passage de la).
16 Brignole (de).
18 Briquet (passage).
18 Briquet.
14 Briqueterie (de la).
4 Brisemiche.
4 Brissac (de).
17 Brochant.
2 Brongniart.
4 Brosse (de).
14 Broussais.
13 Bruant.
12 Brulon (passage).
14 Brune (boulevard).
14 Brune (passage).
17 Brunel.

12 Brunoy (passage).
9 Bruxelles (de).
5 Bûcherie (de la).
6 Buci (carrefour de).
6 Buci (de).
4 Budé.
9 Buffault.
5 Buffon (de).
16 Bugeaud (avenue).
16 Bugeaud.
16 Bugeaud (rond-point).
16 Buis (rue du).
10 Buisson-St-Louis (du)
10 Buisson-St-Louis (p.).
10 Buisson-St-Louis (impasse).
12 Bullant.
11 Bullourde (passage).
13 Buot.
18 Burq.
11 Bureau (passage du).
19 Burnouf.
13 Butte-aux-Caille (de).
12 Buttes (des).
19 Buttes-Chaumont (p. des).
18 Buzelin.
20 Buzenval (de).

C

14 Cabanis.
14 Cabanis (impasse).
13 Cacheux.
9 Cadet.
3 Caffarelli.
10 Cail.
13 Caillaux.
18 Caillié.
2 Caire (passage du).
2 Caire (place du).
2 Caire (du).
9 Calais (de).
16 Callot.
18 Calmels.
18 Calmels (passage).
18 Calmels (impasse).
18 Calvaire (place du).
18 Calvaire (rue du).
8 Cambacérès.
20 Cambodge (du).
1 Cambon.
19 Cambrai (de).
15 Cambronne.
15 Cambronne (place).
15 Cambronne (imp.).
11 Camille-Desmoulins.
7 Camou.

14 Campagne-Première.
13 Campo-Formio (de).
15 Camulogène.
18 Canada (du).
10 Canal St-Martin (du).
5 Candolle.
6 Canettes (des).
6 Canivet (du).
18 Caplat.
18 Capron.
1.2 Capucines (des).
2.9 Capucines (boul. des).
15 Carcel.
6 Cardinale.
5 Cardinal-Lemoine (du).
5 Cardinal-Lemoine (cité).
17 Cardinet.
17 Cardinet (passage).
15 Carlier (passage).
5 Carmes (des)
17 Carnot (avenue).
17 Caroline.
17 Caroline (passage).
4 Caron.
19 Carrières (chem. des).

16 Carrières (imp. des).
19 Carrières-d'Amérique
1 Carroussel (place du).
1.7 Carrousel (pont du).
20 Cascades (des).
6 Casimir-Delavigne.
7 Casimir-Périer.
6 Cassette.
14 Cassini.
20 Casteggio (imp. de).
8 Castellane (de).
4 Castex.
1 Castiglione (de).
18 Cauchois (imp.).
18 Cauchois.
15 Cauchy.
18 Caulaincourt.
1 Caulaincourt (cour).
9 Caumartin (de).
15 Cavalerie (de la).
18 Cavé.
19 Cavendisih (rue).
20 Célestins (impasse).
4 Célestins (quai des).
14 Cels.
20 Cendriers (des).
5 Censier.

20 Centre-de-Rondeaux (s. p.).
15 Cepré (passage).
4 Cerisaie (de la).
13 Cerisaie (imp. de la).
8 Cerisoles.
15 Cévennes (des).
2 Chabanais (de).
12 Chablis (de).
10 Chabrol.
10 Chabrol (cité de).
16 Chaillot (de).
7 Chaise (de la).
10 Chalet (du).
16 Chalets (av. des).
16 Chalgrin.
12 Chaligny.
12 Châlon (de).
12 Châlon (imp. de).
13 Chamaillards (des).
12 Chambertin (de).
15 Chambéry (de).
8 Chambiges.
5 Champagne (de).
7 Champagny (de).
14 Champ-d'Asile (du).
13 Champ-de-l'Alouette (du).
7 Champ-de-Mars (du).
7 Champ-de-Mars (le).
7 Champ-de-Mars (parc).
18 Championnet.
18 Championnet (pas.).
20 Champlain (cité).
20 Champlain.
18 Champ-Marie (pas. du).
5 Champollion.
8 Ch.-Elysées (av. des).
8 Ch.-Elysées (Jardin des).
8 Ch.-Elysées (r.-point des).
7 Chanaleilles (de).
16 Chanez.
4 Chanoinesse.
12 Chantier (pas. du).
5 Chantiers (des).
1 Chantres (des).
14 Chanudet.
18 Chapelle (boul. de la).
18 Chapelle (cité de la).
18 Chapelle (de la).
18 Chapelle (porte de la).
18 Chapelle (place de la)
18 Chapelle (imp. de la)
17 Chapelle (allée de la).
3 Chapon.
18 Chappe.

9 Chaptal.
18 Charbonnière (de la).
12 Charbonniers (des).
16 Chardin.
19 Charente (quai de la).
12 Charenton (porte de).
12 Charenton (de).
4 Charlemagne (pas.).
4 Charlemagne.
18 Charles-Albert (imp.)
13 Charles-Bertheau (pas).
11 Charles-Dallery (pas.)
4 Charles V.
18 Charles-Nodier.
3 Charlot.
15 Charmilles (imp. des).
12 Charolais (pass. du).
12 Charolais (du).
20 Charonne (boul. de).
11 Charonne (de).
9 Charras.
5 Chartière.
18 Chartres (de).
1 Chartres (galerie de).
1 Chartres (périst. de).
6 Chartreux (des).
17 Chasseurs (aven. des)
15 Château (du).
8 Chateaubriand (de).
10 Château-d'Eau (du).
13 Château-des-Rentiers (du).
9 Châteaudun (de).
10 Château-Landon (de)
18 Château-Rouge (p. du).
11 Châtelain.
17 Châtelet (pas.).
1-4 Châtelet (place du).
14 Châtillon (aven. de).
14 Châtillon (imp. de).
14 Châtillon (porte de).
5 Chat-qui-Pêche (du).
9 Chauchat.
10 Chaudron.
19 Chaufourniers (des).
4 Chaume (du).
9 Chaussée-d'Antin (de la).
10 Chausson (imp.).
10 Chausson (pas.).
8 Chauvenu-Lagarde.
15 Chauvelot.
15 Chauvelot (boul.).
17 Chazelles (de).
13 Ch. fer Orl. (ch. latér)
11 Chemin-Vert (du).
11 Chemin-Vert (passage du).

2 Chénier.
20 Cher (du).
8 Cherbourg (gal. de).
15 Cherche-Midi (du).
13 Chéreau.
17 Chéroy.
2 Cherubini.
1 Cheval-Blanc (pas.).
13 Chevaleret (imp. du)
13 Chevaleret (du).
7 Chevert.
9 Chevérus (de).
11 Chevet (du).
11 Chevreul.
6 Chevreuse (de).
18 Chimay (cité).
20 Chine (imp. de la).
20 Chine (de la).
2 Choiseul (pas. de).
2 Choiseul (de).
13 Choisy (avenue de).
13 Choisy (porte de).
7 Chomel.
19 Choquet (imp.).
9 Choron.
18 Christiani.
6 Christine.
8 Christophe-Colomb.
16 Cimarosa.
18 Cimet. du Nord (av. du).
5 Cimet. Saint-Benoît.
13 Cinq-Diamants (des)
8 Cirque (du).
6 Ciseaux (des).
4 Cité (de la).
4 Cité (quai de la).
12 Citeaux (de).
10 Civiale.
10 Givry (rue de).
17 Clairant.
8 Clapeyron.
5 Claude-Bernard.
12 Claude-Decaen.
16 Claude-Lorrain.
16 Claude-Lorrain (imp.)
17 Claude-Pouillet.
10 Claude-Vellefaux.
9 Clausel.
19 Clavel.
5 Clef (de la).
6 Clément.
8 Clément-Marot.
7 Cler.
2 Cléry (de).
18 Clichy (avenue de).
18 Clichy (boulev. de).
9 Clichy (de).
18 Clichy (place de).
18 Clichy (passage).

LISTE DES RUES, BOULEVARDS, ETC.

17 Clichy (porte de).
18 Clignancourt (imp.).
18 Clignancourt (de).
18 Clignancourt (port. de)
13 Clisson.
20 Cloche (de la).
4 Cloche-Perce.
4 Cloître-N.-Dame (du).
4 Cloître-St-Merri (du).
5 Clopin (impasse).
5 Clopin.
17 Clos (imp. des).
20 Clos (du).
5 Clos-Bruneau (pas.).
15 Clos-Feuquières (du).
5 Clotaire.
5 Clotilde.
5 Clovis.
18 Cloys (des).
18 Cloys (passage des).
18 Cloys (impasse des).
5 Cluny (de).
5 Cluny (square).
5 Cochin.
6 Coëtlogon.
2 Colbert (galerie).
2 Colbert (passage).
2 Colbert.
2 Colbert (rotonde).
4 Coligny (de).
8 Colysée (du).
5 Col. de France (pl.).
5 Collégiale (de la).
19 Colmar (de).
4 Colombe (de la).
12 Colonel-Oudot (r. du).
13 Colonie (de la).
2 Colonnes (des).
7 Combes.
7 Comète (de la).
7 Commaille (de).
8 Commandant-Rivière
14 Commandeur (du).
14 Commandeur (pas. du).
15 Commerce (du).
15 Commerce (pl. du).
3 Commines.
19 Compans.
19 Compans (impasse).
10 Compiègne (de).
17 Compoint (imp.).

17 Compoint aîné (imp.).
8 Concorde (pl. de la).
7.8 Concorde (pont de la).
6 Condé (de).
11 Condillac.
9 Condorcet.
9 Condorcet (cité).
8 Confér. (quai de la).
9 Conservatoire (du).
13 Constance (avenue).
18 Constance.
7 Constantine (de).
3 Constantinople (de).
3 Conté.
6 Conti (impasse de).
12 Contrescarpe (boulev. de la).
5 Contrescarpe (place).
8 Copenhague (de).
16 Copernic.
15 Copreaux.
9 Coq (avenue du).
11 Coq (cour du).
4 Coq (imp. du).
1 Coq-Héron.
1 Coquillière.
10 Corbeau.
10 Corbeau (passage).
12 Corbes (passage).
12 Corbineau.
13 Cordelières (des).
3 Corderie (pl. de la).
3 Corderie (rue)
5 Cordiers (rue des).
16 Corneille (impasse).
6 Corneille.
13 Cornes (des).
16 Corot.
16 Corot prolongée.
18 Cortot.
8 Corvetto.
13 Corvisart.
1 Cossonnerie (de la).
5 Côte-d'Or (de la).
15 Cotentin (du).
16 Cothenet (impasse).
12 Cotte (de).
18 Cottin (passage).
20 Coudriers (pas. de).
11 Couesnon.
14 Coulmiers (de).
14 Couprie.

20 Courat.
17 Courcelles (boul. de).
17 Courcelles (de).
17 Courcelles (porte de).
1 Cour-des-Fontaines (pl. de la).
2 Cour-des-Miracles (p. de la).
20 Cr-des-Noues (de la).
20 Couronnes (des).
20 Couronnes (imp. des)
1 Courtalon.
11 Courtois (passage).
7 Courty.
18 Coustou.
4 Coutellerie (de la).
3 Coutures-St-Gerv. (des).
13 Coypel.
6 Crébillon.
11 Crespin (impasse).
9 Crétet.
16 Crevaux.
4 Crillon (de).
19 Crimée (de).
19 Crimée (passage de).
11 Croisades (des).
2 Croissant (du).
1 Croix-des-Petits-Champs.
13 Croix-Jarry de la).
15 Croix-Nivert (de la).
6 Croix-Rouge (carref. de la).
20 Croix-St-Simon (de la).
13 Crouin (passage).
13 Croulebarbe.
12 Crozatier (impasse).
12 Crozatier.
11 Crussol (cité de).
11 Crussol (de).
18 Cugnot.
5 Cujas.
3 Cunin-Gridaine.
16 Cure (de la).
18 Curé (ruelle du).
19 Curial.
18 Custine.
5 Cuvier.
1 Cygne (du).
15 Cygnes (allée des).

D

14 Daguerre.
2 Dalayrac.
17 Dames (des).

6 Dames (villa des).
13 Damesme.
2 Damiette (de).

19 Dampierre.
18 Damrémont.
18 Dancourt (place).

18 Dancourt.
14 Dantzig (pass. de).
16 Dangeau.
15 Dantzig (de).
19 Danube (place du).
14 Danville.
8 Dany (impasse).
11 Darboy.
17 Darcet.
20 Darcy.
14 Dareau.
14 Dareau (passage).
8 Daru.
18 Darwin.
5 Daubenton.
17 Daubigny (avenue).
17 Daubigny.
15 Daudin (passage).
12 Daumesnil (avenue).
12 Daumesnil (place).
12 Daumesnil (villa).
20 Daumesnil (villa).
16 Daumier.
2 Daunou.
6 Dauphine (passage).
1 Dauphine (place).
6 Dauphine.
16 Dauphine (porte).
17 Dautancourt.
41 Duval.
19 David-d'Angers.
20 Davoust (boulevard).
17 Davy.
18 Davy (passage).
17 Débarcadère (du).
3 Debelleyme.
11 Debille (cour).
13 Deb.lle (passage).
16 Decamps.
1 Déchargeurs (des).
14 Decrès.
14 Decrès (impasse).
2 Degrés (des).
11 Deguerry.
18 Dejean.
20 Delaitre.
14 Delambre.
10 Delanos (passage).
16 Delaroche.
18 Delaruelle (passage).
14 Delbet.
11 Delépine (impasse).
11 Delessert (boulev.)
10 Delessert (passage).
1 Delorme (passage).
9 Delta (du).
10 Demarquay.
17 Demours.

10 Denain (avenue de).
14 Denfert-Rochereau.
14 Denfert-Rochereau (place).
20 Denoyez.
14 Deparcieux.
15 Départ (du).
19 Département (du).
15 Desaix.
16 Désaugiers.
16 Desbordes-Valmore
5 Descartes.
20 Deschamps (pass.).
19 Descombes.
8.9 De Sèze.
7 Desgenettes.
19 Desgrais (passage).
10 Désir (passage du).
13 Désirée (impasse).
20 Désirée.
15 Desnouettes.
16 Despréaux (avenue).
14 Desprez.
17 Desrenaudes.
13 Dess.-des-Berges (r. du).
1 Deux-Boules (des).
1 Deux-Ecus (des).
18 Deux-Frères (imp. des).
18 Deux-Frères (r. des).
10 Deux-Gares (des).
18 Deux-Nèthes (imp. des)
18 Deux-Nèthes (p. des)
4 Deux-Ponts (des).
20 Deux-Portes (imp. d.)
4 Deux-Portes (des).
11 Deux-Sœurs (cour d.)
9 Deux-Sœurs (pas. des)
18 Davillers (allée).
17 Dhier (passage).
20 Dhuis (de la).
18 Diard.
12 Diderot (boulevard).
14 Didot.
16 Dietz-Monin (pass.)
10 Dieu.
20 Dieu (passage).
12 Dijon (de).
17 Docteur (du).
17 Doisy (passage).
5 Domat.
15 Dombasle.
16 Dôme (du).
13 Domremy.
16 Donizetti.
13 Doré (cité).

12 Dorian (avenue).
16 Dosne
9 Douai (de).
10 Douane (de la).
18 Doudeauville (pass.).
18 Doudeauville.
6 Dragon (du).
14 Dressage (du).
18 Drevet.
9 Drouot.
16 Duban.
19 Dubois (passage).
13 Dubois (villa).
12 Dubrunfaut.
14 Ducange
15 Duclos (passage).
14 Ducouédic..
20 Duée (de la)
20 Duée (pass. de la).
16 Dufrénoy.
12 Dugommier.
6 Duguay-Trouin.
15 Duguesclin.
15 Duguesclin (pass.).
18 Duhesme.
1 Dulac (passage).
17 Dulong.
11 Dumas (passage).
13 Duméril.
16 Dumont-d'Urville.
19 Dunes (des).
10 Dunkerque (de).
13 Dunois.
9 Duperré.
3 Dupetit-Thouars.
1 8 Duphot.
6 Dupin.
15 Dupleix (place).
15 Dupleix.
11 Dupont (cité).
3 Dupuis.
6 Dupuytren.
7 Duquesne (avenue).
12 Durance (de la).
14 Duranti (passage).
11 Duranti.
18 Durantin.
15 Duranton.
8 Duras (de).
16 Duret.
20 Duris.
7 Duroc.
14 Durouchoux.
5 Du Sommerard.
2 Dussoubs.
15 Dutot.
7 Duvivier.

LISTE DES RUES, BOULEVARDS, ETC.

E

12 Ebelmen.
7 Eblé.
13 Ebre (de l').
6 Echaudé (de l').
1 Echelle (de l').
10 Echiquier (de l').
10 Ecluses-Saint-Martin (des).
1 Ecole (place de l').
6 Ecole - de - Médecine pl. de l').
6 Ecole - de - Médecine (de l').
5 Ecole - Polytechnique (de l').
5 Ecoles (des).
15 Ecoliers (pas. des).
5 Ecosse (d').
4 Ecouffes (des).
8 Ecuries-d'Artois (des)
20 Ecuyers (sent. des).
14 Edgar-Quinet (boul.).
8 Edimbourg (d').
13 Edmond-Valentin.
4 Eginhard.
20 Eglantiers (rue des).
15 Eglise (de l').
20 Elisa-Borey.

12 Elisa-Lemonnier.
15 Eloi-Thiebault (pas.).
18 Elysée - des - Beaux - Arts (pas. de l').
8 Elysée (de l').
3 Elzévir.
15 Emeriau.
11 Emile Lepeu.
20 Emmery.
6.7 Enfer (boul. prolongé)
14 Enfer (pas. d').
10 Enghien (d').
10 Entrepôt (de l').
15 Entrepreneurs (passage des).
15 Entrepreneurs (des).
20 Envierges (des).
19 Epargne (pas. de l').
5 Epée-de-Bois (de l').
6 Eperon (de l').
17 Epinettes (imp. des).
17 Epinettes (des).
14 Epinettes (pas. des).
19 Equerre (de l').
12 Erard.
16 Erlanger.
16 Ermitage (av. de l').
20 Ermitage (de l').

13 Ernest.
18 Ernestine.
19 Escaut (de l').
13 Espérance (de l').
13 Esquirol.
5 Essai (de l').
20 Est (de l')
5 Estrapade (pl. de l').
5 Estrapade (de l').
7 Estrées (d').
16 Etats-Unis (pl. des).
20 Etienne-Dolet.
1.2 Etienne-Marcel.
16 Etoile (pl. de l').
17 Etoile (de l').
4 Etuves (des).
16 Eugène-Delacroix.
17 Eugène-Flachat.
15 Eugène-Gibez.
18 Eugène-Süe.
8 Euler.
20 Eupatoria (d').
8 Europe (place de l').
18 Evangile (de l').
19 Evette.
16 Exelmans (boulev.)

F

7 Fabert.
12 Fabre-d'Eglantine.
13 Fagon.
16 Faisanderie (de la).
15 Fallempin (passage).
17 Faraday.
11 Faub-du-Temple (du)
9 F.-Montmartre (du).
10 F.-Poissonnière (du).
12 F.-St-Antoine (du).
10 F.-St-Denis (du).
8 Faub.-St-Honoré (du)
14 F.-St-Jacques (du).
10 F.-St-Martin (du).
4 Fauconnier (du).
16 Faustin-Hélie.
18 Fauvet.
2 Favart.
15 Favorites (pas. des).
12 Fécamp (de).
15 Fédération (de la).
6 Félibien.

16 Félicien-David.
17 Félicité (de la).
18 Fénelon.
9 Fénelon (cité).
15 Fenoux.
5 Fer à-Moulin (du).
3 Ferdinand-Berthoud.
14 Fermat.
10 Ferme - St - Lazare (passage de la).
17 Fermiers (des).
6 Férou.
1 Ferronnerie (de la).
14 Ferrus.
19 Fessard.
19 Fêtes (place des).
19 Fêtes (des).
5 Feuillantines (des).
18 Feutrier.
11 Février (cour de).
2 Feydeau.
2 Feydeau (galerie).

10 Fidélité (de la).
4 Figuier (du).
2 Filles-Dieu (des).
11 Filles-du-Calv. (boul. des).
3 Filles-du-Calv. (des).
2 Filles Saint-Thomas (des).
18 Fillettes (imp. des).
19 Flandre (de).
19 Flandre (pas. de).
16 Flandrin (boulev.).
5 Flatters.
9 Fléchier.
17 Fleurs (cité des).
4 Fleurs (quai aux).
6 Fleurus (de).
18 Fleury.
18 Flocon.
8 Florence (de).
20 Florian.
3 Foin (du).

11 Folie-Méricourt (de la)
11 Folie-Regnault (de la)
11 Folie-Regnault (place de la).
15 Fondary.
15 Fondary (villa).
12 Fonds-Verts (des).
9 Fontaine.
13 Fontaine-à-Mulard (de la)
11 Fontaine-au-Roi (de la).
18 Font.-du-But (de la).
3 Fontaines (des).
13 Fontaine-aux-Clercs (de la).
20 Fontarabie (de).
7 Fontenoy (place de).
16 Fontis (des).
18 Forest (rue).
3 Forez (du).
11 Forge-Royale (place de la).
2 Forges (des).
13 Fortin (avenue).

8 Fortin.
17 Fortuny.
5 Fossés-St-Bern. (des).
5 Fossés-Saint-Jacques (des).
5 Fossés-Saint-Marcel (des).
5 Fouarre (du).
16 Foucault.
15 Fougeat (passage).
19 Fouquet (cité).
6 Four (du).
17 Fourcroy.
4 Fourcy (de).
15 Fourneaux (pas. des).
15 Fourneaux (r.-point des).
15 Fourneaux (des).
17 Fourneyron.
17 Fournial.
19 Fours-à-chaux (pas. des).
18 Foyatier.
17 Fragonard.
1.2 Française.
3 Franche-Comté (de).

14 Francis-Garnier.
18 Francœur.
11 François de Neufchât.
16 François-Gérard.
4 François-Miron.
8 François I*r* (place).
8 François I*r*.
3.4 Francs-Bourgeois.
16 Franklin.
14 Franquet.
16 Franquin (villa).
15 Frémicourt.
15 Frémin (impasse).
20 Fréquel (passage).
16 Fresnel.
16 Freycinet.
14 Friant.
8 Friedland (aven. de)
9 Frochot.
9 Frochot (avenue).
3 Froissard (imp.).
11 Froment.
5 Fromentel.
9 Fromentin.
13 Fulton.
6 Furstemberg (de).

G

12 Gabon (du).
8 Gabriel (avenue).
12 Gabriel-Lamé.
18 Gabrielle.
15 Gagé-Gabillot.
9 Gaillard (cité).
2 Gaillon (carrefour).
2 Gaillon.
14 Gaîté (de la).
14 Gaîté (impasse de la).
5 Galande.
16 Galilée.
16 Galiote (de la).
20 Galleron.
16 Galliéra (de).
12 Gallois.
12 Gallois (cour).
17 Galvani.
11 Gambey.
13 Gandon.
18 Ganneron.
6 Garancière.
18 Gardes (des).
13 Gare (boulev. de la).
13 Gare (porte de la).
13 Gare (quai de la).
13 Gare (de la).
15 Garibaldi (boulev.).
18 Carreau.

20 Gasnier-Guy.
15 Gasparin (passage).
15 Gasparin (de).
16 Gaston-de-St-Paul.
12 Gatbois (passage).
20 Gatines (des).
11 Gaudelet (impasse).
11 Gaudelet (petite imp.)
14 Ganguet.
14 Gaules (imp. des).
17 Gauthey.
19 Gauthier (pass.).
16 Gavarni.
5 Gay-Lussac.
13 Gaz (du).
11 Gazan.
19 Général-Brunet (du).
8 Général-Foy (d.).
3 Général-Morin (du).
20 Gênes (cité de).
12 Génie (pass. du).
14 Gentilly (porte de).
13 Gentilly (de).
12 Genty (passage).
12 Geoffroy-Château.
17 Geoffroy-Didelot (p.).
4 Geoffroy-l'Angevin.
4 Geoffroy-l'Asnier.
9 Geoffroy-Marie.

5 Geoffroy-St-Hilaire.
16 George-Sand.
9 Gérando (de).
13 Gérard.
15 Gerbert.
11 Gerbier.
6 Gerbillon.
14 Gergovie (de).
16 Géricault.
18 Germain-Pilon (cité)
18 Germain-Pilon.
5 Gerson.
5 Gerson (place).
4 Gesvres (quai de).
13 Giffard.
12 Gilles (cour).
15 Ginoux.
14 Giordano-Bruno.
18 Girardon (imp.).
18 Girardon.
16 Girodet.
19 Gironde (qu. de la)
12 Gironde (de la).
6 Gît-le-Cœur.
14 Glacière (de la).
9 Gluck.
13 Gobelins (av. des).
13 Gobelins (des).
13 Gobelins (cité des).

LISTE DES RUES, BOULEVARDS, ETC.

11 Gobert.
12 Godard (imp.).
13 Godefroy.
11 Godefroy-Cavaignac.
9 Godot-de-Mauroy.
16 Gœthe.
19 Goix (passage).
1 Gomboust.
1 Gomboust (imp.).
12 Gondi (de).
11 Gonnet (pass.).
19 Gosselin (pass.).
17 Gounod.
14 Gourdon (pass.).
17 Gourgaud (aven.).
18 Goutte-d'Or (de la).
17 Gouvion-St-Cyr (b).
6 Gozlin.
10 Grâce-de-Dieu (cour de la).
5 Gracieuse.
2 Grammont (de).
14 Grancey (de).
2 Grand-Cerf (pas. du).
17 Gr.-Armée (av. de la).
6 Gr.-Chaumière (de la)
1 Gr.-Truanderie (de la)
18 Gr.-Carrières (des).
5 Grand-Préau.
11 Grand-Prieuré (du).
6 Gr.-Augustins (q. des)
6 Gr.-Augustins (des).
20 Grands-Champs (des) (1re partie).

20 Grands-Champs (des) (2e partie).
5 Grands-Degrés (des).
10 Grange - aux - Belles (de la).
9 Grange-Batelière (de la).
3 Gravilliers (pas. des).
3 Gravilliers (des).
8 Greffulhe.
6 Grégoire-de-Tours.
15 Grenelle (boul. de).
7 Grenelle (pass. de).
16 Grenelle (pont de).
15 Grenelle (quai de).
6.7 Grenelle (de).
15 Grenelle (square de).
2.3 Greneta.
2 Greneta (pass.).
3 Grenier-St-Lazare (du
4 Grenier-sur-l'Eau.
20 Grés (place des).
2 Grétry.
15 Greuze.
16 Greuze (cité).
7 Gribeauval.
5 Gril (du).
11 Griset (cité).
14 Grisons (pass. des).
16 Gros.
18 Grosse-Bouteille (impasse de la).
2 Grosse-Tête (impasse de la).

15 Grotte (de la).
18 Guadeloupe (de la).
16 Gudin.
18 Gué (imp. du).
18 Guelma (imp. de).
4 Guéménée (imp.).
6 Guénégaud.
11 Guénot (cité).
11 Guénot (pass.).
4 Guépine (imp.).
14 Guérin (villa).
2 Guérin-Boisseau.
.17 Guersant.
16 Guichard.
20 Guignier (du).
11 Guilhem.
15 Guillaume-Laplagne.
17 Guillaume-Tell.
12 Guillaumot Lainct (p.
12 Guillaumot (imp.).
14 Guilleminot.
4 Guillemites (des).
16 Guillou.
6 Guisarde.
16 Gustave-Courbet.
17 Gustave-Doré.
11 Gustave-Lepeu (pas.)
1 Gutenberg.
17 Guttin.
5 Guy-de-laBrosse.
17 Guyot.
10 Guy-Patin.

H

20 Haies (pass. des).
20 Haies (des).
19 Hainaut (du).
9 Halévy.
14 Hallé.
14 Hallé (villa).
1 Halles (des).
8 Hambourg (de).
15 Hameau (du).
16 Hamelin.
2 Hanovre (de).
1 Harlay (de).
15 Harmonie (de l').
5 Harpe (de la).
13 Harvey.
19 Hassard.
3 Haudriettes (des).
8.9 Haussmann (boul.).
6 Hautefeuille.
10 Hauteville (d').
10 Hauteville (cité d').

19 Hautpoul (d').
20 Hauts-Montibœufs (des).
9 Havre (pass. du).
8.9 Havre (du).
20 Haxo.
18 Hébert (place).
10 Hébrar (imp.).
9 Helder (du).
17 Hélène.
18 Hélène (imp.).
17 Héliopolis (d').
19 Hénain (cité).
12 Hennel (pass.).
20 Henri-Chevreau.
16 Henri-Heine.
8 Henri-Lepage (cité).
16 Henri-Martin (av).
14 Henrion-de-Pansey.
4 Henri-Quatre (boul.).
1 Henri-Quatre (pass.).

4 Henri-Quatre (quai).
14 Henri-Regnault.
19 Henry (cité).
15 Héricart.
18 Hérisson (pass).
18 Hermel.
1 Hérold.
10 Héron (cité).
15 Herr.
16 Hersan.
16 Herran (villa).
6 Herschel.
15 He sent (villa).
9 Hippolyte-Lebas.
6 Hirondelle (de l').
8 Hoche (avenue).
4 Homme-Armé (de l').
6 Honoré-Chevalier.
13 Hôpital (boul. de l').
12 Hôpital - St - Antoine (place de l').

10 Hôpital-Saint-Louis (de l').
9 Horloge (gal. de l').
1 Horloge (quai de l').
13 Hospices (des).
4 Hospitalières-St-Gervais (des).
5 Hôtel Colbert (de l').

4 Hôt.-d'Argenson (impasse).
12 Hôtel (de l').
4 Hôtel-de-Ville (place de l').
4 Hôtel-de-Ville (quai de l').
4 Hôtel-de-Ville (de l').

20 Houdart.
18 Houdon.
5 Huchette (de la).
18 Huilerie (imp. de l').
1 Hulot (passage).
11 Humboldt.
11 Huygens.
4 Hyacinthe (imp.).

I

16 Iéna (pont d').
16 Iéna (avenue d').
16 Iéna (place d').
20 Ile-de-France (imp. de l').
15 Imbault.
11 Immeubles-Ind. (des).
20 Indre (de l').
10 Industrie (pas. de l').
13 Industrie (de l').
11 Industrielle (cité).

16 Ingres (avenue).
1 Innocents (des).
1 Innocents (sq. des).
6 Institut (pl. de l').
7 Invalides (espl. des).
7 Invalides (boul. des).
7.8 Invalides (pont des).
5 Irlandais (des).
16 Isabey.
18 Islettes (des).
8 Isly (de l').

20 Isly (cité d').
15 Issy (porte d').
13 Italie (boul. d').
13 Italie (place d').
13 Italie (avenue d').
13 Italie (porte d').
2.9 Italiens (boul. des).
13 Ivry (avenue d').
13 Ivry (porte d').

J

4 Jabak (passage).
5 Jacinthe.
6 Jacob.
17 Jacob (impasse).
11 Jacquard.
17 Jacquemont.
18 Jacques-Cartier.
4 Jacques-Cœur.
14 Jacquier.
17 Jadin.
19 Jandelle (cité).
20 Japon (du).
11 Japy.
1 Jardin (galerie du).
6 Jardinet (du).
12 Jardiniers (des).
4 Jardins (des).
4 Jarente (de).
10 Jarry (cité).
16 Jasmin.
12 Jaucourt.
15 Javel (quai de).
15 Javel (de).
17 Javotte (impasse).
6 Jean-Bart.
4 Jean-Beauvire.
16 Jean-Bologne.
12 Jean-Bouton (imp.).
18 Jean-Cottin.
5 Jean-de-Beauvais.

13 Jean-Dolfus.
8 Jean-Goujon.
1 Jean-Jacq.-Rousseau
1 Jean-Lantier.
13 Jean-Marie-Jégo.
15 Jeanne.
13 Jeanne-Darc (cité).
13 Jeanne-Darc.
13 Jeanne-Darc (place).
15 Jeanne-Hachette.
7 Jean-Nicot.
18 Jean-Robert.
1 Jean-Tison.
11 Jemmapes (quai de).
13 Jenner.
18 Jessaint (de).
11 Jeu-de-Boules (p. du)
2 Jeûneurs (des).
14 Joanès.
18 Jobert (passage).
19 Joinville (de).
14 Jolivet.
11 Joly (cité).
19 Jomard.
13 Jonas.
14 Jonquoy.
2 Joquelet.
18 Joseph-Dijon.
15 Joseph-Laurent.
20 Josseaume (passage).

11 Josset (passage).
9 Joubert.
9 Jouffroy (passage).
17 Jouffroy.
1 Jour (du).
14 Jourdan (boulevard).
20 Jourdain (du).
11 Jouvence (imp. du)
16 Jouvenet.
4 Jouy (de).
20 Jouy-Rouve.
15 Juge.
4 Juges-Consuls (des).
4 Juifs (des).
20 Juillet.
11 Juin (cour de).
12 Jules-César.
18 Jules-Cloquet.
16 Jules-Janin (avenue)
14 Julie.
20 Julien-Lacroix.
13 Julienne.
17 Juliette-Lamber.
19 Jumeau (impasse).
13 Jura (du).
2 Jussienne (de la).
5 Jus jeu.
5 Jussieu (place).
20 Justice (de la).

LISTE DES RUES, BOULEVARDS, ETC.

K

19 Kabylie (de)
11 Keller.
13 Kellermann (boulev.)

16 Keppler,
16 Kléber (avenue).
13 Kuss.

19 Kuzner (passage).

L

6 La Barouillère (de).
18 La Barre (de).
18 Labat.
8 La Baume (de).
17 Labie.
8 La Boëtie.
19 Labois-Rouillon.
8 Laborde (de).
8 Laborde (place de).
7 La Bourdonnais (av. de).
15 Labrouste.
9 La Bruyère.
17 Lacaille.
11 Lacaze,
5 Lacépède.
11 Lacharrière.
17 La Condamine.
15 Lacordaire.
15 Lacrételle.
17 Lacroix.
12 Lacuée.
10 Lafayette (place).
10 Lafayette.
9 Laferrière.
1,2 La Feuillade.
9 Laffitte.
16 La Fontaine.
18 Laghouat (de).
18 Lagille
20 Lagny (de).
13 Lahire.
15 Lakanal.
14 Lalande.
9 Lallier.
19 Lully-Tollendal.
17 Lamandé.
18 Lamarck.
9 Lamartine.
16 Lamartine (square).
18 Lambert.
12 Lamblardie.
8 Lamennais.
2 La Michodière (de).
15 La Mothe-Piquet (avenue).
17 Lamoureux (cité).

12 Lancette (de la).
16 Lancret.
10 Lancry (de).
7 Landrieu (passage).
18 Langlois (impasse).
5 Languedoc (du).
5 Lannaau (de).
16 Lannes (boulevard).
17 Lantiez.
11 Lappe (de).
5 Laplace.
7 La Planche (de).
16 Lapérouse.
15 La Quintinie (de).
1 Lard (au).
16 Largillière.
1,4 La Reynie (de).
12 Laroche.
9 La Rochefoucauld (de).
5 Laromiguière.
5 Larrey.
8 Larribe.
19 Lassus.
7 Las-Cases.
1 La Sourdière (de).
18 Lathuile (passage).
9 La Tour-d'Auvergne (de).
7 La Tour-Maubourg (boulevard).
5 Latran (de).
8 La Trémoille.
17 Laugier.
19 Laumière (av. de).
20 Laurence-Savart (p.)
16 Lauriston.
19 Lauzin.
5 Lavandières-St-Jacques (des).
1 Lavandières-Sainte-Opportune (des).
11 La Vacquerie.
18 La Vieuville.
8 Lavoisier.
1 La Vrillière.
15 Leblanc.

17 Lebon.
14 Lebouis.
17 Lebouteux.
13 Le Brun.
20 Le Bua.
17 Le Chapelais.
17 Le Châtelier.
14 Leclerc.
17 Lecluse.
17 Lecomte.
15 Lecourbe.
18 Lécuyer,
14 Ledion.
12 Ledru-Rollin (aven.)
15 Lefebvre (boulev.).
17 Legendre,
5 Le Goff.
19 Legrand.
12 Legraverend.
18 Leibnitz.
16 Lekain.
14 Lemaignan.
15 Lemaire (passage).
19 Léman (du).
16 Le Marois.
17 Lemercier.
19 Lemière (cité).
2 Lemoine (passage).
20 Lemon.
15 Lemoult.
16 Le Nôtre.
18 Léon.
17 Léon-Cogniet.
16 Léonce-Reynaud.
16 Léonard-de-Vinci.
9 Léonie.
15 Léontine.
9 Le Peletier.
12 Lepeu.
18 Lepic.
4 Le Regrattier.
15 Leriche.
16 Leroux.
20 Lesage.
4 Lesdiguières (de).
16 Le Sueur.
15 Letellier.

18 Letort.
20 Leuck-Mathieu.
10 Levant (cité du).
20 Levert.
6 Le Verrier.
17 Lévis (place de).
17 Lévis (de).
5 Lhomond.
15 Lhuillier.
14 Liancourt.
20 Liban (du).
12 Libert.
19 Lilas (des).
19 Lilas (petite rue des).
7 Lille (de).
8 Lincoln.
1 Lingerie (de la).
5 Linné.
15 Linois.
4 Lions (des).
8 Lisbonne (de).
20 Lisfranc.

6 Littré.
18 Livingstone.
4 Lobau (de).
6 Lobineau.
17 Logelbach.
19 Loire (quai de la).
13 Loiret (du).
1,4 Lombards (des).
9 Londres (cité de).
6,9 Londres (de).
16 Longchamp (r. point de).
16 Longchamp (de).
13 Longues-Raies (de).
10 Loos (de).
8 Lord-Byron.
19 Lorraine (de).
10 Louis-Blanc.
12 Louis Braille.
16 Louis David.
18 Louisiane (de la).
2 Louis-le-Grand.

4 Louis-Philippe (pont).
11 Louis-Philippe (pas.)
8 Louis XVI (square).
5 Louis-Thuillier.
13 Lourcine (de).
15 Lourmel (de).
2 Louvois (de).
2 Louvois (square de).
1 Louvre (place du).
1 Louvre (quai du).
1,2 Louvre (du)
15 Lowendal (avenue).
16 Lubeck (de).
11 Lugand (cité).
2 Lulli.
2 Lune (de la).
19 Lunéville (de).
4 Lutèce (de).
6 Luxembourg (du).
20 Lyannes (des).
12 Lyon (de).
5 Lyonnais (des).

M

6 Mabillon.
19 Macdonald (boulev.).
17 Mac-Mahon (av. de).
12 Madagascar (de).
6 Madame.
8,9 Madeleine (boul. de).
8 Madeleine (pas. de la).
8 Madeleine (pl. de la).
15 Mademoiselle.
18 Madone (de la).
8 Madrid (de).
15 Magasins-à-Fourrages (ch. de ronde des).
16 Magdebourg (de).
8 Magellan.
13 Magendie.
10 Magenta (boulev.).
2 Mail (du).
7 Mailly (de).
5 Maine (avenue du).
14 Maine (du).
15 Maine (place du).
3 Maire (au).
18 Mairie (cité de la).
13 Maison-Blanche (de la).
11 Maison-Brûlée (c. de la).
14 Maison-Dieu.
18 Maistre (de).
5 Maître-Albert.
16 Malakoff (aven. de).

6 Malaquais (quai).
7 Malar.
15 Malassis (rue et ruelle).
5 Malebranche.
17 Malesherbes (boul.).
9 Malesherbes (cité).
17 Malesherbes (place).
8 Maleville.
4 Malher.
13 Malmaisons (des).
11 Malte (de).
20 Malte-Brun.
5 Malus.
2 Mandar (galerie).
2 Mandar.
19 Manin.
9 Mansart.
9 Manuel.
16 Manutention (de la).
20 Maraîchers (des).
10 Marais (des).
16 Marbeau.
8 Marbeuf.
18 Marcadet.
16 Marceau (avenue).
1 Marchand (passage).
5 Marché-aux-Chevaux (imp. du).
11 Marché-Popincourt (du).
4 Marché-des-Blancs-Manteaux (du).

5 Marché-des-Patriarches (du).
4 Marché-Neuf (quai du)
1 Marché-St-Honoré (place du).
1 Marché-St-Honoré (du).
4 Marché-Sainte-Catherine (pl. du).
20 Mare (de la).
1 Marengo (de).
12 Marguettes (des).
4 Marie (pont).
17 Marie (cité).
10 Marie-et-Louise.
2 Marie-Stuart.
8 Marignan (de).
8 Marigny (avenue de).
14 Mariniers (pas. des).
17 Mariotte.
2 Marivaux (de).
15 Marmontel.
19 Marne (quai de la).
19 Marne (de la).
10 Maroc (place du).
19 Maroc (du).
20 Maronites (des).
10 Marqfoy.
16 Marronniers (des).
11 Mars (cour de).
10 Marseille (de).
2 Marsollier.
10 Martel.

LISTE DES RUES, BOULEVARDS, ETC. 601

7 Martignac.
17 Martin.
13 Martin-Bernard.
18 Martinique (de la).
18 Martyrs (des).
19 Maslier (passage).
13 Masséna (boulev.).
7 Masseran.
4 Massillon.
4 Masure (de la).
1 Mathieu-Molé.
19 Mathis.
8.9 Mathurins (des).
8 Matignon (avenue).
8 Matignon.
5 Maubert (place).
10 Maubeuge (de).
15 Maublanc.
4 Maubuée.
1 Mauconseil.
3 Maure (du).
13 Maurice-Mayer.
4 Mauvais-Garçons (des).
11 Mauve (passage).
19 Mauxins (pass. des).
6 Mayet.
9 Mayran.
10 Mazagran (de).
6 Mazarine.
12 Mazas (place).
6 Mazet.
19 Meaux (de).
14 Méchain.
14 Médéah (de).
6 Médicis (de).
12 Médoc (de).
1 Mégisserie (quai de la).
2 Méhul.
17 Meissonier.
7 Ménages (square des)
2 Ménars.
18 Ménessier.
20 Ménilmont. (boul. de).
20 Ménilmontant (pl. de)
20 Ménilmont. (porte de)
20 Ménilmontant (de).
18 Menuisiers (imp. des)
1 Mercier.
11 Mercœur.
11 Merlin.
3 Meslay.
16 Mesnil.
10 Messageries (des).
1 Messageries - Nationales (cour des).
14 Messier.
8 Messine (avenue de).
8 Messine (square de).

10 Metz (de).
12 Meuniers (des).
12 Meursault (de).
19 Meurthe (de la).
9 Meyerbeer.
19 Meynadier.
6 Mézières (de).
13 Michal.
16 Michel-Ange.
12 Michel-Bizot.
6 Michelet.
3 Michel-le-Comte.
18 Midi (cité du).
16 Mignard.
6 Mignon.
19 Mignottes (des).
9 Milan (de).
12 Millaud (avenue).
9 Milton.
3 Minimes (des).
15 Miollis.
16 Mirabeau.
2 Miracles (cour des).
10 Miracles (cour des).
5 Mirbel.
18 Mire (de la).
8 Miromesnil (de).
9 Mogador (de).
17 Moines (des).
1 Molière.
16 Molière (avenue).
16 Molitor.
8 Mollien.
8 Monceau (de).
8 Monceau (parc de)
9 Moncey.
1 Mondétour.
1 Mondovi (de).
5 Monge (place).
5 Monge.
5 Monge (square).
19 Monjol.
1 Monnaie (de la).
7 Monsieur.
6 Monsieur-le-Prince.
2 Monsigny.
5 Mont-Sainte-Genev. (de la).
8 Montaigne (avenue).
8 Montaigne.
8 Montalivet.
14 Montbrun.
18 Montcalm.
18 Mont-Cenis (du).
17 Montchanin.
17 Mont-Doré (du).
5 Montebello (quai de).
15 Montebello (de).
12 Montempoivre.
19 Montenegro (pas. du)

17 Montenotte (de).
12 Montéra.
16 Montespan (avenue).
1 Montesquieu (gal.).
1 Montesquieu.
7 Montessuy (de).
6 Montfaucon (de).
12 Montgallet.
3 Montgolfier.
9 Monthiers (cité).
9 Montholon (de).
9 Montholon (square de
20 Montibœuf (des).
11 Mont-Louis (de).
9 Montmartre (boul.).
2 Montmartre (galerie)
2 Montmartre.
2 Montmartre (cité).
18 Montmartre (poterne)
16 Montmorency (av.).
16 Montmorency (boul. de).
3 Montmorency (de).
16 Montmorency (villa de).
2 Montorgueil.
14 Montparnasse (boul.)
14 Montparnasse (du).
1 Montpensier (de).
1 Montpensier (gal. de).
11 Montreuil (de).
14 Montrouge (pl. de).
14 Montrouge (por. de).
14 Montrouge (sq. de).
14 Montsouris (avenue).
14 Montsouris (parc de).
14 Montsouris (de).
1 Mont-Thabor (du).
9 Montyon (de).
11 Morand.
12 Moreau.
14 Morère.
11 Moret.
15 Morillons (des).
4 Morland (boul.).
12 Morland (pont).
9 Morlot.
4 Mornay.
20 Mortier (boulevard).
8 Moscou (de).
19 Moselle (de la).
5 Mouffetard.
14 Moulin-de-Beurre (du
13 Moulin-de-la-Pointe (du).
14 Moulin-de-la-Vierge (du).
13 Moulin-des-Prés (du).
13 Moulinet (du).
1 Moulins (des).

34.

14 Moulin-Vert (du).
20 Mouraud.
4 Moussy (de).
14 Mouton-Duvernet.
19 Mouzaïa (de).
16 Mozart.

16 Muette (chaus. de la).
16 Muette (porte de la).
2 Mulhouse (de).
18 Muller.
16 Murat (boulevard).
20 Mûriers (des).

8 Mirillo.
11 Murs-de-la-Roquette (des).
16 Musset (de).
18 Mylord (rue ou imp.).
18 Myrha.

N

10 Nancy (de).
11 Nanettes (des).
14 Nansouty.
19 Nantes (de).
8 Naples (de la).
7 Narbonne (de).
12 Nation (place de la).
18 Nation (de la).
13 National (pont).
13 Nationale (rue et place).
12 Nativité (place de la)
9 Navarin (de).
5 Navarre (de).
17 Navier.
4 Necker.
11 Nemours (de).
6 Nesle (de).
17 Neuilly (porte de).

18 Neuve-de-la-Chardonnière.
11 Neuves-des-Boulets.
11 Neuve-Popincourt.
8 Néva (de la).
6 Nevers (imp. et. r. de)
16 Newton.
18 Ney (boulevard).
15 Nice-la-Frontière (de)
11 Nice (de).
12 Nicolaï.
17 Nicolas-Chuquet
4 Nicolas-Flamel
5 Nicole.
18 Nicolet.
16 Nicolo.
17 Niel (avenue).
14 Niepce.
12 Niger (du).

2 Nil (du).
16 Nitot.
17 Nollet.
4 Nonnains-d'Hyères (des).
3 Normandie (de).
18 Norvins.
4 Notre-Dame (pont).
2 N.-D.-de-Bonne-Nouvelle.
9 N.-D.-de-Lorette.
3 N.-D.-de-Nazareth.
2 N.-D.-de-Recouvr.
6 N.-D.-des-Champs.
2 N.-D.-des-Victoires.
9 Nouvelle.
12 Nuits (de).
11 Nys.

O

11 Oberkampf.
16 Obligado (d').
1 Oblin.
14 Observatoire (av.).
6 Odéon (carref. de l').
6 Odéon (place de l').
6 Odéon (de l').
14 Odessa (d'.).
17 Offémont (d').
19 Oise (quai de l').
19 Oise (de l').
3 Oiseaux (des).
15 Olier.
18 Olive (l').
7 Olivet (d')
15 Olivier-de-Serres.
15 Olivier-de-Serr. (p.)

11 Omer-Talon.
1.2 Opéra (avenue de l').
2.9 Opéra (place de l').
9 Opéra (passage de l').
18 Oran (d').
1 Oratoire (de l').
18 Orchampt (d').
18 Ordener.
1 Orfèvres (quai des).
1 Orfèvres (des).
20 Orfila.
18 Orient (de l').
11 Orillon (de l')
1 Orléans (galerie d').
4 Orléans (quai d').
14 Orléans (aven. d').
11 Orléans (porte d').

1 Orléans (d').
19 Ormes (de l').
20 Ormeaux (des).
4 Orme-son (d').
18 Ornano (boulevard).
15 Orne (de l').
15 Orsay (quai d').
18 Orsel (d').
20 Orteaux (des).
13 Ortolan.
20 Osiaux (des).
7 Oudinot.
11 Ouest (de l').
19 Ourcq (de l').
3 Ours (aux).

P

11 Pache.
5 Paillet.
2 Paix (de la).

18 Pajol.
16 Pajou.
7 Pal.-Bourbon (pl. du)

1 Palais-Royal (pl. du)
1.4 Palais (boulevard du)
6 Palatine.

LISTE DES RUES, BOULEVARDS, ETC.

19 Palestine (de).
2 Palestro (de).
20 Pali-Kao (de).
13 Palmyre.
18 Panama (de).
2 Panoramas (des).
2 Panoramas (p. des).
20 Panoyaux (des).
5 Panthéon (place du.
4 Paon-Blanc (du).
6 Pape-Carpentier.
9 Papillon.
3 Papin.
10 Paradis (de).
5 Parcheminerie (de la)
3 Parc-Royal (du).
15 Paris (Petite-rue-de)
9 Parme (de).
11 Parmentier (avenue).
10 Parmentier (passage)
11 Parmentier (square)
20 Partants (des).
4 Parvis-N.-Dame (pl. du).
13 Pascal.
8 Pasquier.
16 Passy (pont de).
16 Passy (quai de).
16 Passy (de).
16 Passy (place de).
16 Passy (porte de).
3 Pastourelle.
13 Patay (de).
5 Patriarches (des).
16 Pâtures (des).
14 Paturle.
17 Paul-Borel.
2 Paul-Lelong.
7 Paul-Louis-Courier.
14 Pauly.
16 Pauquet.
4 Pavée.
13 Pavillon (av du).
20 Pavillons (des).
15 Payen (passage).
3 Payenne.
19 Péchoin.
15 Péclet.
1 Pélican (du).
20 Pelleport.
8 Pelouze.
12 Pensionnat (du).
8 Penthièvre (de).
8 Pépinière (de la).
14 Perceval (de).
16 Perchamps (place des
16 Perchamps (des).
3 Perche (du).
8 Percier (avenue).
10 Perdonnet.

17 Pereire (boul.)(nord).
17 Pereire (boul.) (sud).
17 Pereire (place).
16 Pergolèse.
15 Périchaux (che. des)
15 Pérignon.
3 Perle (de la).
4 Pernelle.
14 Pernety.
1 Perrault.
3 Perrée.
14 Perrel.
16 Perrichon (avenue).
1 Perron (pass. du).
7 Perronet.
15 Pétel.
11 Pétion.
19 Petit.
16 Petite-Muette (av. de la).
11 Petite-Pierre (de la).
10 Petites-Ecuries (des).
10 Petites-Ecuries (pas).
1 Petite-Truanderie
5 Petit-Moine (du).
4 Petit-Musc (du).
19 Petitot.
4.5 Petit-Pont (le).
5 Petit-Pont (du).
5 Petit-Pont (place du).
2 Petits-Carreaux (des).
12 Petits-Champs (des).
10 Petits-Hôtels (des).
2 Petits-Pères (p. des).
2 Petits-Pères (pl. des).
2 Petits-Pères (des).
16 Pétrarque.
9 Pétrelle.
16 Peupliers (aven. des)
13 Peupliers (des).
17 Phalsbourg (de).
17 Philibert-Delorme.
20 Philidor.
11 Philippe-Auguste (a.)
13 Philippe-de-Champagne.
18 Philippe-de-Girard.
20 Piat.
13 Picard.
3 Picardie (de).
16 Piccini.
16 Picot.
12 Picpus (boulevard de)
12 Picpus (porte de).
12 Picpus (de).
4 Pierre-au-Lard.
16 Pierre-Charron.
16 Pierre-Guérin.
8 Pierre-le-Grand.
18 Pierre-l'Ermite.

7 Pierre-Leroux.
1 Pierre-Lescot.
11 Pierre-Levée.
18 Pierre-Picard.
6 Pierre-Sarrazin.
9 Pigalle (place).
9 Pigalle (cité).
9 Pigale.
13 Pinel.
13 Pinel (place).
1 Pirouette.
2 Pitié (de la).
20 Pixérécourt.
9 Pl.-Cadet (cité de la).
20 Plaine (de la).
20 Planchat.
12 Planchette (de la).
14 Plantes (des).
1 Plat-d'Etain (du).
19 Plateau (du).
4 Plâtre (du).
20 Platrières (des).
15 Plumet.
14 Poinsot.
16 Point-d.Jour (por. du)
16 Point-du-Jour (du).
13 Pointe-d'Ivry (de la).
20 Poiriers (des).
17 Poisson.
2.9 Poissonnière (boul.).
2 Poissonnière.
18 Poissonniers (des).
5 Poissy (de).
6 Poitevins (des).
7 Poitiers (de).
3 Poitou (de).
18 Pôle-Nord (du).
5 Poliveau.
18 Polonceau.
12 Pomard (de).
16 Pompe (de la).
2 Ponceau (du).
2 Ponceau (pass. du).
17 Poncelet.
17 Poncelet (pass.).
12 Poniatowski (boul.).
3 Pont-aux-Choux (du).
15 Pont-de-Grenelle (pl. du).
6 Pont-de-Lodi (du).
8 Ponthieu (de).
4 Pt-Louis-Philip. (du.)
1 Pont-Neuf (du).
1.6 Pont-Neuf.
6 Pont-Neuf (pass. du).
1 Pont-Neuf (place du).
5 Pontoise (de).
11 Popincourt (cité).
11 Popincourt.
8 Portalis (avenue).

8 Portalis.
3 Portefoin.
18 Portes-Blanches (des)
2 Port-Mahon (de).
14 Port-Royal (boul. de).
16 Possoz (place).
13 Pot-au-Lait (pte rue du).
13 Pot-au-lait (du).
5 Pot-de-Fer.
18 Poteau (du).
1 Poterie (de la).
1 Potier (passage).
19 Pottier (cité).
17 Pouchet.
18 Poulet.
4 Poulletier.
15 Pourtour-d-Théâtre (du).
16 Poussin.
13 Pouy (de).
19 Pradier.

20 Prairies (des).
19 Préault
7 Pré-aux-Clercs.
1 Prêcheurs (des).
19 Pré-St-Gervais (du).
16 Presbourg (de).
11 Présentation (de la).
15 Pres e (de).
20 Pressoir (du).
16 Prêtres (imp. des).
1 Prêtres-St-Germ.-l'Auxerrois
5 Prêtres-Saint-Séver. (des).
13 Prévost (impasse).
13 Prévost (passage).
4 Prévôt (du).
19 Priestley.
13 Primatice.
2 Princes (pas. des).
6 Princesse.
15 Procession (pas. de la)

15 Procession (de la).
20 Progrès (imp. ou cité)
17 Prony (de).
12 Proudhon.
1 Proues (ga'erie des).
1 Prouvaires (des).
1 Provençaux (imp. d.)
8,9 Provence (de).
13 Providence (de la).
16 Prudhon (avenue).
18 Puget.
5 Puits-de-l'Ermite (pl. du).
5 Puits-de-l'Ermite (du)
17 Puteaux.
4 Putigneux (imp.).
17 Puzy (cité de).
20 Py (de la).
1 Pyramides (des).
20 Pyrénées (des).

Q

3 Quatre-Fils (des).
2 Quatre-Septemb. (du)
6 Quatre-Vents (des).

11 Quellard (cour).
11 Questre (imp.).
15 Quinault.

3 4 Quincampoix.
12 Quinze-Vingts (pl.).

R

8 Rabelais.
6 Racine.
1 Radziwill.
1 Radziwill (passage).
16 Raffet.
12 Rambouillet (de).
3.4 Rambuteau.
2 Rameau.
18 Ramey.
11 Rampon.
20 Ramponeau.
20 Ramus.
16 Ranelagh (aven. du).
16 Ranelagh (du)
16 Ranelagh (jardin du).
12 Raoul.
12 Rapée (quai de la).
16 Raph ël (avenue).
7 Rapp (avenue).
14 Raspail (boulevard).
20 Rasselins (des).
5 Rataud.
20 Rats (des).
11 Rauch (passage).
18 Ravignan.

16 Raynouard.
1 Réale (de la).
2.3 Réaumur.
19 Rébeval.
10 Récollets (des).
6 Regard (du).
6 Régis.
20 Réglises (des).
6 Regnard.
13 Regnault.
15 Régnier.
10 Reilhac (passage).
14 Reille (avenue).
8 Reine (cours la).
13 Reine-Blanche (de la)
1 Reine-de-Hong (p.).
8 Rembrandt.
20 Remparts (des).
16 Rémusat (de).
8 Renaissance (de la).
4 Renard (du).
11 Renault.
12 Rendez-Vous (du).
17 Rennequin.
6 Rennes (place de).

6 Rennes (de).
20 Repos (du).
20 République (av. de la).
10 République (pl. de la).
16 Réservoirs (des).
5 Restaut.
8 Retiro (cité du).
20 Retrait (du).
12 Reuilly (boulev. de).
12 Reuilly (de).
12 Reuilly (porte de).
3 Réunion (pas. de la).
20 Réunion (place de la).
20 Réunion (de la).
19 Rhin (du).
16 Ribera.
20 Riblette.
9 Riboutté.
11 Richard-Lenoir (boulevard).
11 Richard-Lenoir.
1.2 Richelieu (de).
1 Richelieu (passage).
13 Richemont (de)
1.8 Richepance.

LISTE DES RUES, BOULEVARDS, ETC.

9 Richer (galerie).
9 Richer.
10 Richerand (avenue).
18 Richomme.
16 Rigaud (impasse).
15 Rigault (impasse).
8 Rigny (de).
20 Rigoles (des).
19 Riquet.
1 Rivoli (place de).
1.4 Rivoli (de).
8 Robert-Estienne.
13 Robine I.
13 Robine II.
20 Robineau.
6 Robiquet (imp.).
9 Rochambeau.
11 Rochebrune.
18 Rochechouart (boul.)
9 Rochechouart (de).
8 Rocher (du).
10 Rocroy (de).
9 Rodier.
14 Roger.
1 Rohan (de).
6 Rohan (cour de).
18 Roi-d'Alger (p. du).
18 Roi-d'Alger (du).

4 Roi-de-Sicile (du).
3 Roi-Doré (du).
2 Roi-François (cour du).
14 Roli.
5 Rollin.
20 Romainville (porte de).
19 Romainville (de).
12 Romanée (de).
17 Rome (de).
15 Rome (cour de).
3 Rome (cour de).
20 Rondeaux (des).
12 Rondelet.
20 Rondonneaux (des).
18 Ronsard.
8 Roquépine.
11 Roquette (de la).
15 Rosenwald.
18 Roses (des).
15 Rosière (de la).
4 Rosiers (des).
9 Rossini.
18 Rothschild (impasse).
6 Rotrou.
12 Rottembourg.
10 Roubaix (place de).

11 Roubo.
15 Rouelle.
19 Rouen (de).
11 Rouge (passage).
9 Rougemont.
9 Rougemont (cité).
1 Rouget-de-l'Isle.
1 Roule (du).
8 Roule (square du).
17 Roussel.
7 Rousselet.
15 Roussin.
19 Rouvet.
17 Roux (impasse).
8 Roy.
1.7 Royal (pont)).
8 Royale.
5 Royer-Collard.
13 Rubens.
16 Rude.
13 Rudel (passage).
17 Ruhmkorff.
18 Ruisseau (du).
13 Rungis (place de).
13 Rungis (de).
12 Ruty.
8 Ruysdaël (avenue).

S

(Les noms de Saints et de Saintes figurent à la suite de la lettre S.)

14 Sablière (de la).
16 Sablons (des).
6 Sabot (du).
12 Sahel (du).
16 Saïd (villa).
16 Saïgon (de).
14 Saillard.
6 Sainte-Beuve.
12 Sainte-Claire-Deville.
3 Saintonge (de).
17 Salneuve.
3 Salomon-de-Caus.
2 Salon (gal. du).
13 Salpêtrière (de la).
10 Sambre-et-Meuse (de)
13 Samson.
9 Sandrié (impasse).
14 Santé (de la).
5 Santeuil.
14 Saône (de la).
1 Sartine (de).
17 Sauffroy.
18 Saules (des).
9 Saulnier (passage).

12 Saulniex-Duchesne (couloir).
2 Saumon (passage du).
8 Saussaies (des).
17 Saussier-Leroy.
17 Saussure (de).
12 Sauterne (de).
13 Sauvage.
14 Sauvageot.
1 Sauval.
20 Savies (de).
6 Savoie (de).
15 Saxe (avenue de).
9 Say.
16 Scheffer.
4 Schomberg (de).
14 Schomer.
5 Scipion (rue et place).
9 Scribe.
1.2 Sébastopol (boul. de).
19 Secrétan.
11 Sedaine (cour).
11 Sedaine.
6 Séguier.

18 Séguin.
15 Ségur (avenue de).
19 Seine (quai de la).
6 Seine (de).
19 Sellèque (cité).
20 Sénégal (du).
2 Sentier (passage du).
2 Sentier (du).
6 Serpente.
19 Sérurier (boulevard).
11 Servan.
6 Servandoni.
18 Seveste.
3.4 Sévigné (de).
6.7 Sèvres (de).
16 Sfax (de).
16 Siam (de).
10 Sibour.
12 Sibuet.
18 Simart.
13 Simonet (passage).
4 Simon-le-Franc.
18 Simplon (du).
16 Singer.

34.

4 Singes (pas. des).
15 Smala (de la).
13 Sœur-Rosalie (av.).
19 Soissons (de).
1,7 Solférino (pont de).
7 Solférino (de).
19 Solitaires (des).
15 Sommet-des-Alpes (du).
16 Sontay (de).
14 Sophie-Germain.
20 Sorbier.
5 Sorbonne (place de la).
5 Sorbonne (de la).

16 Souchier (villa).
5 Soufflot.
12 Soult (boulev.).
16 Source (de la).
11 Spinosa.
16 Spontini.
16 Spontini (villa).
15 Staël.
16 Stanislas.
2 Station (pass. de la).
18 Steinkerque (de).
19 Stemler (pass.).
20 Stendhal.
18 Stéphenson.
12 Stinville (pass.).

8 Stockholm (de).
10 Strasbourg (boul. de).
16 Suchet (boulev.).
19 Sud (pass. du).
18 Suez (de).
15 Suffren (aven. de).
6 Suger.
14 Suisses (pas d.) 1ᵉ p.
14 Suisses (pas. d.) 2ᵉ p.
4 Sully (de).
4,5 Sully (pont de).
7 Surcouf.
8 Surène (de).
20 Surmelin (du).
16 Sycomores (av. des).

SAINTS

14 Alice (Ste).
15 Amand.
11 Ambroise.
3 Anastase.
6 André (boulev.).
6 André-des-Arts (pl.).
6 André-des-Arts.
17 Ange (pass.).
11 Anne-Popincourt (p. Sainte).
1,2 Anne (Ste-).
11 Antoine (pass.).
4 Antoine.
2,3 Apolline (Ste).
2 Augustin.
3 Avoie (pass. Ste-).
6 Benoît.
5 Bernard (quai).
11 Bernard.
20 Blaise.
4 Bon.
18 Bruno.
20 Catherine (imp Ste-).
9 Cécile (Ste-).
1 Chapelle (Ste-).
12 Charles (imp.)
17 Charles (pass.).
15 Charles.
19 Chaumont (cité).
3 Claude.
16 Cloud (porte de St).
4 Croix-de-la-Bretonnerie (Sainte).
10 Denis (boulev.).
1,2 Denis.
2 Denis (galerie).
16 Didier.
7 Dominique.
19 Eleuthère.
3 Elisabeth (Ste).
12 Eloi (cour).

12 Emilion (cour).
11 Esprit (cour de l').
5 Etienne-du-Mont.
14 Eugénie (Ste).
15 Eugénie (aven. Ste).
18 Euphrasie (pl. Ste).
18 Euphrasie (Ste).
1 Eustache (imp.).
20 Fargeau.
15 Félicité (imp. Ste).
17 Ferdinand (place).
17 Ferdinand.
2 Fiacre.
4 Fiacre (imp.).
1,8 Florentin.
2 Foy (gal. Ste).
2 Foy (Ste).
12 François (cour).
13 François-de-Sales.
7 François-Xavier (pl.).
5 Geneviève (pl. Ste-).
9 Georges (place).
9 Georges.
5,6 Germain (boulev.).
1 Germain-l'Auxerrois.
4 Gervais (place).
3 Gilles.
14 Gothard (du).
7 Guillaume.
13 Hippolyte.
1 Honoré (cloître).
1,8 Honoré.
1 Hyacinthe.
18 Isaure (Ste).
14 Jacques (boulev.).
5 Jacques.
11 Jacques (place).
4 Jacques (square).
17 Jean.
5 Jean-de-Latran.
18 Jérôme.

2 Joseph.
17 Joseph (villa).
11 Jules.
5 Julien-le-Pauvre.
15 Lambert.
10 Laurent.
8,9 Lazare.
4 Louis (pont).
4 Louis-en-l'Ile.
18 Luc.
15 Lucie (Ste).
12 Mandé (aven. de).
12 Mandé (porte de).
2 Marc.
13 Marcel (boulev.).
11 Marguerite (Ste-).
13 Marie (aven. Ste-).
18 Marie (Ste-).
10 Martha (Ste-).
10 Martin (boulev.).
3,4 Martin.
18 Mathieu.
11 Maur.
5 Medard.
4 Merri.
5,6 Michel (place).
5,6 Michel (boulev.).
17 Michel (pass.).
4,5 Michel (pont).
5 Michel (quai).
12 Nicolas.
11 Nicolas (cour).
1 Opportune (Ste-).
18 Ouen (aven. de).
18 Ouen (porte de).
4 Paul.
6,7 Pères (des Sts-).
8 Pétersbourg (de).
16 Philbert (avenue).
2 Philippe.
8 Philippe-du-Roule.

LISTE DES RUES, BOULEVARDS, ETC.

8 Philippe-du-Roule (p.
18 Pierre (place).
15 Pierre (petite rue).
11 Pierre-Popinc. (pas.)
6 Placide.
10 Quentin (de).
1 Roch (pass.).
1 Roch.
  Romain.

18 Rustique.
11 Sabin.
2 Sauveur.
11 Sébastien (pass.).
11 Sébastien.
5,6 Séverin.
7 Simon (de).
20 Simoniens (p. des Sts)
2 Spire.

6 Sulpice (place).
6 Sulpice.
7 Thomas-d'Aquin (pl.)
7 Thomas-d'Aquin.
5 Victor.
18 Vincent.
10 Vincent-de-Paul.
14 Yves.

T à Z

15 Tabourin (pass.).
4 Tacherie (de la).
13 Tage (du).
11 Taillandiers (des).
11 Taillebourg (av. de).
4 Taille-Pain.
9 Taitbout.
12 Taïti (de).
16 Talma.
19 Tandou.
19 Tanger (de).
13 Tanneries (des).
17 Tarbé.
18 Tardieu.
10 Taylor.
8 Téhéran (de).
20 Télégraphe (du).
11 Temple (boulev. du).
3,4 Temple (du).
3 Temple (squ. du).
16 Téniers.
20 Tenon (square).
11 Ternaux.
17 Ternes (aven. des).
17 Ternes (porte des).
10 Terrage (du).
17 Terrasse (de la).
20 Terre-Neuve (de).
13 Terres-au-Curé (des).
18 Tertre (place du).
15 Tessier.
14 Texel (du).
17 Thann (de).
15 Théâtre (pass. du).
15 Théâtre (du).
17 Théâtre (du).
1 Théâtre-Fr. (gal. du).
1 Théâtre-Fr. (pl. du).
5 Thénard.
1 Thérèse.
14 Termopyles (pas. des)
16 Théry.
2 Thevenot.
14 Thibaud.
15 Thiboumery.
19 Thierry.

19 Thionville (de).
18 Tholozé.
2 Thorel.
3 Thorigny (de).
12 Thorins (de).
5 Thouin.
13 Thuilleux (pass).
15 Thuré (cité).
13 Tibre (du).
13 Tiers.
16 Tilleuls (aven. des).
18 Tilleuls (aven. des).
17 Tilsitt (de).
15 Tiphaine.
2 Tiquetonne.
4 Tiron.
13 Titien.
11 Titon.
9 Tivoli (pass. de).
20 Tlemcem (de).
12 Tocunie (passage).
17 Tocqueville (anc. rue d'Asnières).
13 Tolbiac (de).
13 Tolbiac (pont de).
14 Tombe-Issoire (de la)
18 Torcy (place de).
18 Torcy (de).
17 Torricelli.
5 Toullier.
16 Tour (de la).
16 Tour (villa de la).
5 Touraine (de).
9 Tour-des-Dames (de la).
20 Tourelles (des).
18 Tourlaque (passage).
18 Tourlaque.
5 Tournefort.
4,5 Tournelle (pont de la)
5 Tournelle (quai de la)
3,4 Tournelles (des).
12 Tourneux.
6 Tournon (de).
15 Tournus (passage).
20 Tourtille (de).

7 Tourville (avenue de)
13 Toussaint-Féron.
6 Toustain.
2 Tracy (de).
13 Traéger (cité).
16 Traktir (de).
12 Traversière.
8 Treilhard.
3 Trésor (du).
9 Trévise (cité de).
9 Trévise (de).
17 Trezel (de la).
9 Trinité (de la).
9 Trinité (square de la)
16 Trocadéro (av. du).
16 Trocadéro (place et jardin du).
11 Trois-Bornes (des).
12 Trois-Chandelles (d.)
11 Trois-Couronnes (d.)
11 Trois-Frères (c. des).
18 Trois-Frères (des).
5 Trois-Portes (des).
11 Trois-Sœurs (imp.).
1 Trois-Visages (imp.)
8,9 Tronchet.
12 Trône (avenue du).
8 Tronson-du-Coudray.
12 Trou-à-Sable (du).
17 Troyon.
9 Trudaine (avenue).
17 Truffault.
1 Tuileries (quai des).
1 Tuileries (des).
11 Tunis (de).
19 Tunnel (du).
2,3 Turbigo (de).
3,4 Turenne (de).
9 Turgot.
8 Turin (de).
5 Ulm (d').
7 Union (passage de l').
7 Université (de l').
4 Ursins (des).
5 Ursulines (des).
15 Usines (des).

2 Uzès (d').
7 Valadon.
5 Val-de-Grâce (du).
5 Valence (de).
10 Valenciennes (pl. du).
10 Valenciennes (de).
5 Valette.
13 Valhubert (place).
11 Valmy (quai de).
1 Valois (galerie de).
1 Valois (péristyle de).
1 Valois (place de).
1 Valois (de).
8 Valois (avenue de).
14 Vandal.
14 Vandamme.
13 Vandrezanne.
8 Van-Dyck (avenue).
7 Vaneau.
16 Van-Loo.
14 Vanne (de la).
1 Vannes (de).
14 Vanves (porte de).
14 Vanves (de).
7 Varenne (de).
2 Variétés (galerie d.).
16 Varize (de).
7 Vauban (place).
3 Vaucanson.
15 Vaugelas.
15 Vaugirard (boul. de).
15 Vaugirard (de).
15 Vaugirard (place de).
15 Vaugirard-Nouveau (avenue de).
5 Vauquelin.
18 Vauvenargues.
1 Vauvilliers.
6 Vavin.
6 Vavin (avenue).
12 Véga (de la).
11 Veissière (cour).
8 Velasquez (avenue).
7 Velpeau.
3 Vendôme (passage).
1 Vendôme (place).
4 Venise (de).
1 Ventadour (de).
14 Vercingétorix.
9 Verdeau (passage).
16 Verderet.
8 Vernet.
7 Verneuil (de).
17 Vernier.
17 Verniquet.
1 Véro-Dodat (passage)

18 Véron (cité).
18 Véron.
13 Véronèse.
4 Verrerie (de la).
16 Versailles (avenue de)
16 Versailles (porte de).
18 Versigny.
3 Vertbois (du).
3 Vertus (des).
5 Vesale.
8 Vézelay (de).
15 Viaduc (du).
15 Viala.
15 Viallet (passage).
1 Viarmes (de).
10 Vicq-d'Azir.
9 Victoire (de la).
1.2 Victoires (des).
15 Victor (boulevard).
15 Victor (square).
5 Victor-Cousin.
16 Victor-Hugo (aven.)
16 Victor-Hugo (place).
20 Victor-Vetalie.
1.4 Victoria (avenue).
9 Victor-Massé.
10 Vidanges (quai des).
2 Vide-Gousset.
3.4 Vieille-du-Temple.
6 Vieilles-Tuiler. (c.).
8 Vienne (de).
7 Vierge (pass. de la).
17 Viète.
16 Vieux-Colombier (d)
2 Vigan (passage du).
16 Vignes (des).
20 Vignoles (des).
8.9 Vignon.
15 Vignon (passage).
8 Vigny (de).
11 Vignes (cour).
20 Vilin.
15 Villafranca (de).
7 Villars (avenue de).
1 Villedo.
3 Villehardouin.
13 Villejuif (de).
16 Villejust (de).
8 Ville-l'Evêque (de la).
11 Villemain.
2 Ville-Neuve (de la).
7 Villersexel.
19 Villette (boul. de la).
19 Villette (de la).
19 Villette (porte de la).
17 Villiers (avenue de).

17 Villiers (porte de).
12 Villiot.
10 Vinaigriers (des).
10 Vinaigriers (cour d.).
20 Vincennes (cours d.).
20 Vincennes (porte de).
19 Vincent.
18 Vincent-Compoint.
1 Vindé (cité).
16 Vineuse.
1 Vingt-Neuf-Juillet (du).
9 Vintimille (place de).
9 Vintimille (de).
10 Violet (passage).
15 Violet (place).
15 Violet.
9 Violet-le-Duc.
15 Virginie.
5 Visconti.
13 Vistule (de la).
16 Vital.
20 Vitruve.
2 Vivienne (galerie)
1.2 Vivienne.
14 Voie-Verte (de la).
20 Volga (du).
2 Volney.
15 Volontaires (des).
3 Volta.
11 Voltaire (boulev.).
11 Voltaire (place).
7 Voltaire (quai).
11 Voltaire.
3.4 Vosges (des).
4 Vosges (place des).
15 Vouillé (de).
20 Vou'zie (de la).
12 Voûte (de la).
17 Wagram (place de).
17 Wagram (aven. de).
8 Washington.
13 Watt.
13 Watteau.
12 Wattignies (de).
16 Weber.
20 Westermann.
16 Wilhem.
13 Xaintrailles.
12 Yonne (de l').
15 Yvart.
16 Yvette (de l').
16 Yvon-Villarceau.
5 Zacharie.

INDEX ALPHABÉTIQUE

A

Ambigu, 49.
AMBASSADE d'Espagne, 126.
ARC DE TRIOMPHE DE L'ÉTOILE, 145, 161.
ARC DE TRIOMPHE DU CARROUSEL, 248.
Allée des Acacias, 146.
— de l'Hippodrome de Longchamps, 146.
— des Poteaux, 151.
Abbaye de Longchamps, 152.
Armenonville, 154.
Avenue des Champs-Elysées, 164.
Adam (Madame), 187.
ASILE DE NUIT de la rue Labat, 194.
ASILE DE NUIT de la rue de Tocqueville, 194.
Abbaye de Thélème, 200.
Auberge du Clou, 200.
ASSOMPTION (Eglise de l'), 300.
ARCHIVES NATIONALES, 323.
ABATTOIR DE LA VILLETTE, 350.
Ancienne fontaine du Château-d'Eau, 353.
ASILE DE NUIT de la rue de Crimée, 354.

Asile clinique de Sainte-Anne, 390.
ACADÉMIE FRANÇAISE, 472.
AMBASSADE de Russie, 485.
— d'Allemagne, 485.
— d'Espagne, 485.
ARCHEVÊCHÉ, 498.
Administration centrale des Postes et Télégraphes, 499.

B

Bouillon Duval, 9.
Bal de l'Opéra, 27.
Barbedienne, 45.
BOIS DE VINCENNES, 64.
Bercy, 69.
BOIS DE BOULOGNE, 144.
BAGATELLE, 153.
BOURSE, 219.
BIBLIOTHÈQUE NATIONALE, 222.
BALCON DE CHARLES IX, 252.
BOURSE DU TRAVAIL, 284.
BANQUE DE FRANCE, 284.
BUTTES-CHAUMONT, 341.
Bassins de la Villette, 353.
Bièvre (la), 385.
Bureau des longitudes, 395.
BIBLIOTHÈQUE SAINTE-GENEVIÈVE, 428.
Bullier, 445.
Bibliothèque Mazarine, 475.

C

Café Durand, 8.
— de la Paix, 15.
Cercle militaire, 17.
Café américain, 31, 32.
— anglais, 33.
— Riche, 35.
— de Suède, 42.
— des Variétés, 42.
— de Madrid, 43.
— Brébant, 44.
— de la Chartreuse, 47.
Cirque d'hiver, 56.
COLONNE DE JUILLET, 62.
Canal Saint Martin, 73.
Cité, 73, 75.
Cabaret de la Pomme de Pin, 74.
CONCIERGERIE, 103.
COUR DE CASSATION, 109.
CAISSE DES DÉPOTS ET CONSIGNATIONS, 126.
Caserne du quai d'Orsay, 126.
Cercle agricole, 126, 487.
Cascade du Bois de Boulogne, 146.
Club des patineurs, 152.
Concerts des Champs-Elysées, 165.
Concours hippique, 168.
CHEVAUX DE MARLY, 173.
Collège Chaptal, 182.
Cernuschi, 183.
Chat-Noir, 190, 199.
CONSERVATOIRE DE MUSIQUE, 199, 209.
Claretie, 202.
Cocarde, 224.
Club des Mirlitons, 233.
COLONNE VENDOME, 239.
COLONNADE DU LOUVRE, 255.
Café Foy, 272.
COMÉDIE FRANÇAISE, 275.
Châtelet (Théâtre du), 298.

CONSERVATOIRE DES ARTS-ET-MÉTIERS, 327.
Canal Saint-Martin, 336.
CIMETIÈRE DU PÈRE-LACHAISE, 359.
Château-d'Eau (Théâtre du), 375.
CIMETIÈRE MONTPARNASSE, 400.
CATACOMBES, 402.
Collège Sainte-Barbe, 431.
COLLÈGE DE FRANCE, 438.
Conseil de guerre, 460.
Collège Stanislas, 460.
Café Tabourey, 463.
Cercle de la Librairie, 468.
Couvent des Oiseaux, 500.
— du Sacré-Cœur, 500
Caserne de l'Ecole Militaire, 502.

D

Dépôt de la Préfecture de police, 110.
Dumas (Statue d'Alexandre), 185.

E

Evénement (l'), 36.
EGLISE RUSSE, 173, 188.
Entrepôt de Bercy, 70.
— DU SACRÉ-CŒUR, 196.
Eden-Théâtre, 217.
Estafette (l'), 225.
Echo de Paris, 225.
ETAT MAJOR DE LA PLACE DE PARIS, 238.
EXPOSITION, p. 505 et suivantes.
ECOLE centrale des Arts et Manufactures, 325.
— polytechnique, 422.
— de Droit, 431.
— Normale supérieure, 433.

INDEX ALPHABÉTIQUE

ÉCOLE de Pharmacie (nouvelle), 460.
— de Médécine, 464.
— des Beaux-Arts, 476.

F

Frary (Raoul), 183.
Figaro, 199, 202, 203.
Frites révolutionnaires, 200.
Folies-Bergère, 213.
France (la), 224.
FONTAINE DES INNOCENTS, 295.
— DE LA VICTOIRE, 304.
Four crématoire, 369.
Faubourg Saint-Antoine, 369.
Foire au Pain d'Epice, 371.
— aux Ferrailles, 375.
— aux Jambons, 375.

G

Grand Hôtel, 13.
Gil Blas (le), 31.
Gaulois (le), 31, 37.
Gymnase (le), 45.
GARE de Lyon, 71-378.
— d'Orléans, 71.
GARDE-MEUBLE, 128-504.
Grand prix de Paris, 147.
Gordon Bennett, 164.
Guignol des Champs-Elysées, 165.
GARE Saint-Lazare, 180.
Ph Gille, 187.
Gilbert Augustin Thierry, 187.
Galignani's Messenger, 240.
Guignol des Tuileries, 243.
Gambetta (Monument de), 248.
GARE du Nord, 335.
— de l'Est, 336.
— de Sceaux, 399.

H

Helder (le), 34.

Hôtel Lauzun ou de Pimodan, 74.
— Czartoriski, 74.
HOTEL-DIEU, 93.
Henri IV (statue de), 121.
HOTEL DES MONNAIES, 122, 470.
— DES INVALIDES, 127, 489.
Hippodrome, 170.
HOPITAL BEAUJON, 173.
Hôtel Terminus, 181.
— DES VENTES, 199, 206.
— Thiers, 201.
Halévy, 202.
HOTEL DU TIMBRE, 221.
— DES POSTES, 283.
HALLES CENTRALES, 287.
HOTEL DE VILLE, 305.
— DE L'ARSENAL, 307.
— CARNAVALET, 319.
— Saint-Aignan, 325.
— Barbette, 325.
— Turgot, 325.
— de Gabrielle d'Estrée, 325.
— de Montmorency, 325.
HOPITAL militaire Saint-Martin, 341.
— Saint-Louis, 342.
— de Lariboisière, 342.
— de Ménilmontant, 358.
— Saint-Antoine, 375.
HOSPICE Sainte-Eugénie, 376.
— d'Enghien, 376.
HOPITAL de la Maternité, 389.
— Cochin, 390.
— du Midi, 390.
HOSPICE des Enfants-Assistés, 393.
HOPITAL Necker, 403.
— des Enfants malades, 403.
— militaire du Val-de-Grâce, 417
— de la Pitié, 447.
HOPITAL de la Charité, 470.

Hôpital Laennec, 500.
— militaire du Gros-Caillou, 503.
Halle aux vins, 421.

I

Ile Saint-Louis, 73.
Institut, 123, 471.
Intransigeant (l'), 225.
Imprimerie nationale, 320.

J

Jules Simon, 8.
Jardin des Plantes, 72.
— des Tuileries, 126, 212.
— d'Acclimatation, 154.
Journal des Débats, 297.
Jardin des Plantes, 410.
Jardin du Luxembourg, 456.
Institution des Jeunes Aveugles, 502.

L

Lycée Janson de Sailly, 152.
Labey, 160.
Leroy-Beaulieu, 160.
Lycée Condorcet, 213.
Louvre, 251.
Lycée Charlemagne, 311.
Lion de Belfort, 399.
Lycée Henri IV, 424.
Lycée Louis-le-Grand, 441.
Luxembourg, 452.
Lycée Saint-Louis, 464.

M

Madeleine (église), 3.
Messe de la Madeleine, 3.

Moine (Antonin), 3.
Mérimée, 3.
Marché aux fleurs de la Madeleine, 5.
Meilhac, 8.
Montagnes russes, 13.
Maison d'Or, 33, 34.
Musée Grévin, 40.
Maison de Ninon de l'Enclos, 60.
Morgue, 80.
Moniteur universel, 125.
Ministère des affaires étrangères, 126.
Manutention, 127.
Manufacture des tabacs, 127, 503.
Muette (la), 140.
Marinoni, 160.
Maison de François Ier, 170.
Mabille, 170.
Ministère de l'Intérieur, 171.
— de la Marine, 177.
Moulin de la Galette, 196.
Magnard (F.), 204.
Mot d'Ordre (le), 225.
Matin (le), 240.
Musée du Louvre, 254.
— Galerie de la sculpture antique, 254.
— Galerie de la sculpture Renaissance, 254.
— Galerie de la peinture française, 254.
— Galerie de la peinture italienne, espagnole, hollandaise et flamande, 255.
— Musée Campana, 255.
— Antiquités grecques et égyptiennes, 255.
— Galerie assyrienne, 256.
— — égyptienne, 256.
— Musée oriental, 256.
— Collection Lenoir, 256.

INDEX ALPHABETIQUE

— Collection Davilliers, 256.
— Salle de Suziane, 256.
— Salle des antiquités chaldéennes, 256.
— Salle de Panama, 256.
— Chalcographie, 256.
— Salle Rude, 256.
— Galeries d'antiquités grecques et orientales, 256.
— Collection de La Salle, 256.
— Musée Thiers, 256.
— Musée du Moyen Age et de la Renaissance, 256.
— Musée de Marine, 256.
— Salle des Cariatides, 256.
— Galerie Lacaze, 256.
— Musées ethnographique et chinois, 256.

MONT DE PIÉTÉ, 313.
Maison Dubois (Maison municipale de Santé), 340.
Marché aux bestiaux de la Villette, 352.
Maison de retraite israélite, 376.
MAZAS, 377.
MANUFACTURE des Gobelins, 385.
MARCHÉ aux chevaux, 386.
MUSÉE de Cluny, 448.
— du Luxembourg, 458.
MINISTÈRE des Travaux publics, 484.
MINISTÈRE du Commerce, 484.
— de la Guerre, 484.
— de l'Instruction publique, 485.
— des Affaires étrangères, 485.
MUSÉE d'Artillerie, 493.

N

Nouveautés, 35.
NOTRE-DAME DE PARIS (église), 84.
NOTRE-DAME DES VICTOIRES (église), 221.
Nation (la), 224.
NOTRE-DAME DES CHAMPS (église), 462.

O

OPÉRA (théâtre), 17.
OBÉLISQUE, 174.
Opéra-Comique (ancien), 228.
ORATOIRE (temple de l'), 300.
OBSERVATOIRE, 395.

P

Passage Jouffroy, 40.
PORTE Saint-Denis, 46.
Porte Saint-Martin (théâtre), 49.
PLACE du Château-d'Eau, 56.
PONT Sully, 73.
PALAIS DE JUSTICE, 98.
PRÉFECTURE DE POLICE, 114.
PONT d'Austerlitz, 72.
— Saint-Louis, 79.
— Marie, 79.
— Louis-Philippe, 79.
— de la Tournelle, 79.
— Notre-Dame, 119.
— au Change, 119.
— au Double, 120.
— Saint-Michel, 120.
PONT-NEUF, 121.
— des Arts, 123.
— des Saints-Pères, 126.
— du Louvre, 126.
PONT-ROYAL, 126.
PALAIS du Conseil d'État, 126-488.

Palais de la Légion d'honneur, 126-486.
Palais-Bourbon, 126-437.
Palais de l'Industrie, 126, 167.
Pont de Solférino, 126.
— de la Concorde, 126.
— des Invalides, 127.
— de l'Alma, 127.
— d'Iéna, 128.
Port aux Pierres, 130.
Pont National, 131.
— d'Auteuil, 131.
Pré Catelan, 146, 152.
Palais de l'Elysée, 171.
Place de la Concorde, 173.
Parc Monceau, 184.
Peyrouton (Ab), 187.
Petit Journal, 199, 202.
Place Vendôme, 238.
Petite Provence, 243.
Pavillon de Marsan, 244.
— de Flore, 245.
— de l'Horloge, 250.
Palais-Royal, 269.
Palais-Royal (théâtre du), 274.
Place de Grève, 304.
— des Vosges, 312.
Prison de Saint-Lazare, 338.
Pompes funèbres, 348.
Place de la Nation, 371.
Pont National, 380.
— de Tolbiac, 380.
— de Bercy, 380.
— d'Austerlitz, 380.
Place Saint-Jacques, 395.
Parc de Montsouris, 403.
Puits de Grenelle, 405.
Prison de Sainte-Pélagie, 419.
Panthéon, 424.
Pharmacie centrale de l'Assistance publique, 444.
Palais des Thermes, 448.
Prison militaire du Cherche-Midi, 460.

R

Robert-Houdin, 35.
Renaissance, 49.
Restaurant de la Porte Jaune, 67.
Restaurant de Madrid, 154.
Restaurant Ledoyen, 168.
Richepin (J.), 189.
Rat-mort, 200.
République française, 212.
Reinach, 212.
Radical (le), 224.
Restaurant Véfour, 272.
— Corraza, 272.
Rappel (le), 280.
Roquette (Grande), 362, 365
— (Petite), 362, 365.
Réservoirs de la Vanne, 403.
Revue des Deux-Mondes, 496.

S

Salle des Conférences, 13.
Saint-Louis en l'Ile, 74.
Sainte-Chapelle (église), 77, 112.
Statue de Charlemagne, 96.
Sûreté (chef de la), 116.
— (agents de la), 117.
Sainte-Périne, 136.
Saint-Philippe-du-Roule (église), 173.
Statue de Shakespeare, 180.
Saint-Augustin (église), 183.
Sarcey, 202.
Saint-Louis d'Antin (église), 213.
Square Louvois, 227.
Saint-Roch (église), 240.
Saint-Eustache (église), 286.
Saint-Germain-l'Auxerrois (église), 296.
Saint-Merri (église), 310.

INDEX ALPHABÉTIQUE

Saint-Louis et Saint-Paul (église), 311.
Saint-Laurent (église), 340.
Saint-Vincent de Paul (église), 343.
Saint-Jean-Baptiste (église), 354.
Saint-Joseph (église), 375.
Sainte-Marguerite (église), 375.
Saint-Ambroise (église), 375.
Salon des Gueux, 383.
Saint-Marcel (église), 384.
Salpétrière, 387.
Saint-Pierre de Montrouge (église), 399.
Saint-Etienne du Mont (église), 427.
Sorbonne, 435.
Saint-Jacques du Haut-Pas (église), 441.
Saint-Séverin (église), 443.
Saint-Julien le Pauvre (église), 443.
Saint-Médard (église), 445.
Saint-Nicolas du Chardonnet (église), 451.
Saint-Sulpice (église), 466.
Séminaire diocésain, 467.
Saint-Germain des Prés (église), 480.
Saint-Thomas d'Aquin (église), 498.
Sainte-Clotilde (église), 499.
Saint-François-Xavier (église), 501.

T

Théâtre de l'Opéra, 3.
Tortoni, 17.
Théâtre du Vaudeville, 31.
— des Nouveautés, 35.
Temps (le), 36.
Théâtre des Variétés, 41.
— du Gymnase, 45.
— de l'Ambigu, 49.
— de la Porte Saint-Martin, 49.
— de la Renaissance, 49.
— Déjazet, 56.
Tribunal de Commerce, 96.
Trocadéro, 128.
Tour Eiffel, 129.
Tir aux pigeons, 152.
Tattersall, 178.
Théâtre d'application, 211.
Trinité (église), 213.
Eden théâtre, 217.
Théâtre de l'Opéra-Comique (ancien), 228.
Terrasse des Feuillants, 241.
Tuileries, 244.
Théâtre du Palais-Royal, 274.
Théâtre-Français, 275.
Théâtre du Châtelet, 298.
— lyrique (Opéra-Comique), 304.
Tour Saint-Jacques, 309.
Temple (le), 326.
Théâtre du Château-d'Eau, 375.
— Montparnasse, 400.
— Cluny, 450.
— de l'Odéon, 462.

U

Usine à gaz de la Villette, 348.

V

Vaudeville, 31.
Variétés, 41.
Veuillot, 69.
Vacquerie, 160.
Victor Hugo, 160.

www.ingramcontent.com/pod-product-compliance
Lightning Source LLC
Chambersburg PA
CBHW071201230426
43668CB00009B/1037